उर्वशी सूरती

उर्वशी सूरती एसएनडीटी विश्वविद्यालय, मुम्बई के हिन्दी विभाग की अध्यक्ष रहीं। 'स्वामी रामतीर्थ और उनकी कविता', 'कबीर: जीवन और दर्शन', 'आधुनिक हिन्दी कविता में मनोविज्ञान' उनकी प्रकाशित पुस्तकें हैं।

कबीर
जीवन और दर्शन

उर्वशी सूरती

लोकभारती पेपरबैक्स

पहला संस्करण : 2018
पाँचवाँ संस्करण : 2026

लोकभारती पेपरबैक्स : उत्कृष्ट साहित्य के लोकप्रिय संस्करण

लोकभारती प्रकाशन
पहली मंजिल, दरबारी बिल्डिंग, महात्मा गांधी मार्ग
प्रयागराज-211 001
द्वारा प्रकाशित

वेबसाइट : www.lokbhartiprakashan.com
ई-मेल : info@lokbhartiprakashan.com

शाखाएँ : 1-बी, नेताजी सुभाष मार्ग, दरियागंज, नई दिल्ली-110 002
अशोक राजपथ, साइंस कॉलेज के सामने, पटना-800 006 (बिहार)
1, अनमोल सोराबजी संतुक लेन, धोबी तलाव, मरीन लाइंस, मुम्बई-400 002

बी.के. ऑफसेट
नवीन शाहदरा, दिल्ली-110 032
द्वारा मुद्रित

मूल्य : ₹ 299

KABIR : JEEVAN AUR DARSHAN
Edited by Urvarshi Surati

ISBN : 978-81-8031-239-7

अपनी बात

सन्तों के प्रति श्रद्धा-भक्ति केवल भारतीय विशेषता नहीं है, सम्पूर्ण विश्वसंस्कृति का प्राण है। सन्त के जीवन-दर्शन से शून्य संस्कृति में कभी उदारता, पवित्रता, विराटता और विशालता, हार्दिक एकता और निश्छल प्रेम, समता और उन्नति, परिष्कार और समर्पण, त्याग और सेवा आदि उदात्त गुणों के दर्शन सम्भव नहीं। कहीं-न-कहीं उसके जीवन-दर्शन का प्रभाव अवश्य लक्षित होगा। भौतिकवादी जीवन में भी इसकी कोई विरल रेखा मिल जायगी, तो भारतीय संस्कृति, जो सन्तों की एक पुष्ट और समृद्ध परम्परा का परिणाम है, अध्यात्म-दर्शन जिसका आधार है, वह यदि समय-समय पर अवतरित सन्तों के आशीर्वाद से नित्य नवीन फिर भी चिर-पुरातन अपने स्वरूप को सुरक्षित रख पायी है तो कोई आश्चर्य की बात नहीं है।

अध्ययन-अनुसन्धान में पूर्ववर्ती व्यक्ति का परवर्ती व्यक्ति पर प्रभाव की व्याख्या करने की एक प्रवृत्ति उत्तरोत्तर बढ़ती जा रही है। सन्त कबीर का इस दृष्टि से इतना विशद अध्ययन किया गया है कि ज्ञानेश्वर, तुकाराम, तुलसीदास, गाँधीजी आदि अनेकानेक महापुरुषों के जीवन-दर्शन के प्रकाश में कबीर के व्यक्तित्त्व की व्याख्या हुई है और आगे भी होती रहेगी।

वास्तव में प्रभाव का मूल्यांकन कभी 'वर्तमान काल' की सही प्रवृत्ति नहीं हो सकता। तत्कालीन प्रभाव की प्राणशक्ति की कसौटी भविष्य है। जब संस्कृति के साथ घुल-मिलकर वह एक हो जाती है, तब वह भावी पीढ़ी को भी अनिवार्य रूप से प्रभावित करती है। कबीर की प्रतिभा में भारतीय संस्कृति से अभिन्न ऐसे अनेक तत्त्व थे जिन्होंने उसके परिष्कार-परिवर्द्धन और परिपुष्टि में अपना महत्त्वपूर्ण योगदान दिया। इसी से वे काल की सीमा से ऊपर उठ जाते हैं और प्रभाव की परिभाषा में नित्य और आधुनिक बने रहते हैं। सनातन मूल्यों के पहरेदार ये सन्त इस धरती को छोड़कर एक क्षण के लिए भी कहीं जाना पसन्द नहीं करते, सेवा ही उनका जीवन होता है।

मोहनदास करमचन्द गाँधी को कबीर का अवतार प्रमाणित करने का प्रयत्न हुआ है। उसका उल्लेख कबीर के जीवन-प्रसंगों के सन्दर्भ में इस ग्रन्थ में भी किया गया है। 'गाँधीजी पर कबीर का प्रभाव' खोजनेवाले लेखक ने लिखा है—"इन दोनों ही सन्तों ने अपनी क्रान्तिकारी भावनाओं से भारतीय समाज को ऐसी दिशा दी जिससे वह विश्व-समाज का एक स्वस्थ अंग बन गया। इन महापुरुषों का मानस-क्षेत्र इतना विस्तृत था कि न केवल उसमें एक देश, वरन् उसकी परिधि में सम्पूर्ण जगत् समाया हुआ लगता था, क्योंकि वे

सम्पूर्ण जगत् को, सृष्टि के प्रत्येक अणु को उस ईश्वर का प्रतिरूप मानते थे जो निराकार होकर भी अनेक आकारों में दिखायी देता है तथा जो सबसे परे होते हुए भी चराचर में व्याप्त है।''[1]

स्वयं को ईश्वर रूप अनुभव किये बिना सबमें ईश्वर-दर्शन नहीं हो सकता, यह मात्र मनोवैज्ञानिक सत्य नहीं है, शुद्ध आध्यात्मिक सत्य भी है। मनोवैज्ञानिक सत्य सीमित और खण्डित होने से व्यक्तिगत और एकांगी तथा काल्पनिक और तात्कालिक हो सकता है, आध्यात्मिक सत्य असीम, समग्र, सर्वात्मक, परिपूर्ण, ठोस यथार्थ और सार्वकालिक है। इस दृष्टि से कबीर के व्यक्तित्व पर विचार करने से स्पष्ट हो जाता है कि उनका अहं एक घेरे में बन्द और विशृंखलित न था, परिपूर्ण परब्रह्म परमात्मा से एक और अखण्ड था। इस पूर्णता की प्राप्ति का प्रथम सोपान है, 'व्यक्ति-अहं' का विलय और उसके लिए सद्गुरु की शरण में अपने अहं को समर्पित करने के प्रतीकस्वरूप नमस्कार।

नमस्कार का रहस्य बताते हुए लिखा गया है[2]— ''अनादिकालीन वासनाओं से भिन्न-भिन्न प्रकार के व्यावहारिक ज्ञानों का उदय हुआ करता है। उनके दृढ़ संस्कार से चित्त में अपनी स्वतन्त्रता और स्वत्व का भाव जम जाता है। 'सब-कुछ भगवान् का ही है' इस प्रकार उस व्यावहारिक ज्ञान का विरोधी पारमार्थिक ज्ञान होता है। इसके द्वारा नमस्कर्त्ता अपने पूर्वोक्त दोनों भावों को निकाल फेंकता है। तब नमस्कार का अर्थ क्या है ? अहंकार और ममता को निकाल फेंकना। इनके निकलते ही भगवद्भाव की अनुभूति होने लगती है। वह अनुभूति केवल बौद्धिक अथवा मानसिक नहीं रहती, समस्त इन्द्रियों और रोम-रोम से उसका अनुभव होने लगता है। तब अपना अन्तःकरण शरीर और सारा जगत् भगवान् का भगवन्मय दीखता है। यह 'नमः' पद की स्थिति है और यही उसका परम अर्थ है।''

यह व्याख्या भी ब्रह्मानुभवी सन्त की वाणी है। सन्त इसे चरितार्थ करते हैं और उनके संस्पर्श से दूसरे भी प्रेरणा पाते हैं। तब ब्रह्मानन्द की मस्ती का अर्थ मालूम होता है। कबीर ब्रह्मानन्द-सागर में निश्चित रूप से झूल चुके थे। उन्होंने इसके वर्णन में जो पद गाया है, इसका एक-एक शब्द कबीर के प्रभुमय जीवन को तादृश्य कर देता है—

करत कल्लौल दरियाव के बीच में,
ब्रह्म की छौल में हंस झूलै।
अर्ध औ' ऊर्ध्व की पेंग बाढ़ी तहाँ,
पलट मन पवन को कँवल फूलै।।
गगन गरजै तहाँ सदा पावस झरै,
होत झनकार नित बजत तूरा।
वेद कत्तेब की गम्म नाहीं तहाँ,
कहैं कब्बीर कोई रमै सूरा।।

---

1. नवभारत टाइम्स - 12 जून, 1976, पृ0 4
2. भक्ति सर्वस्व-स्वामी अखण्डानन्द सरस्वती, पृ0 246

गगन की गुफा तहँ गैब का चाँदवा,
उदय और अस्त का नाम नाहीं।।
दिवस औ' रैन तहँ नेक नहिं पाइये,
प्रेम-परकास सिन्धु माहीं।।
सदा आनन्द दुख-दन्द व्यापै नहीं,
पूरनानन्द भरपूर देखा।
भर्म और भ्रांति तहँ नेक आवै नहीं,
कहै कब्बीर रस एक पेखा।।[1]

पदों और गीतों में कवि-हृदय एक खुली पुस्तक के रूप में व्यक्त होता है। कबीर का वास्तविक परिचय भी उनके पदों में मिल जाता है।[2]

एक अनुसन्धाता ऐतिहासिक तथ्यों की खोज करता है और एक व्यक्ति के जीवन की स्थूल रूप-रेखा प्रस्तुत करता है। कोई सूक्ष्मदर्शी सहृदय उसके साहित्य के अन्तरंग पक्ष को ग्रहण कर उसका व्यक्तित्व भी निरूपित कर सकता है, परन्तु आत्मकथा-लेखक की तरह कवि गीतों में अपनी मर्मकथा गाता है तब कहीं अनुमान आदि प्रमाणों की आवश्यकता नहीं रह जाती, उसे ज्यों-का-त्यों हम सीधे ही ग्रहण कर सकते हैं। इस दृष्टि से कबीर ने आत्म-परिचय की शैली में जो कुछ कहा है, उसकी एक झलक-भर वहाँ देना सुसंगत होगा।

कबीर- "मैंने अपनी जाति और कुल दोनों को बिसार दिया है एवं उलट दिया है। अर्थात् शूद्रता छूट गयी, मैं वरेण्य-ब्राह्मण की कोटि में आ गया, क्योंकि मैं धरती पर जीनेवाला जुलाहा नहीं हूँ, मैं सुन्न महल में सहज-समाधि की स्थिति में परमात्म-तत्त्व को बुनता हूँ।

"मैंने पण्डित और मुल्ला दोनों को छोड़ दिया है। किसी भी मजहब या सम्प्रदाय के बन्धन से मैं मुक्त हूँ। इसलिए कोई सैद्धान्तिक द्वन्द्व मेरे मार्ग में नहीं है।

"मैं तत्त्व के ताने-बाने से अपने लिये दिव्य परिधान तैयार कर उसे धारण करता हूँ।

"आगे चलकर मैं वहाँ पहुँचा, जहाँ मेरा 'मैं' भी न रहा। उस परम-पद पर स्थित होकर ये पद गाता हूँ, इसलिए ये पद भी परम-पद का संकेत देते हैं।

"पण्डित और मुल्ला ने धर्मशास्त्र में आज्ञा की है, उसे मैंने नहीं माना है। मैं शास्त्र-बन्धन से, सर्वतन्त्र-स्वतन्त्र हूँ।

"हे मीर। तू भी अपने शुद्ध हृदय में आज ही खोजकर अपनी अन्तरात्मा को देख ले तो वहाँ तुझे कबीर मिल जायगा।" इसमें कबीर का सर्वात्मभाव प्रकट होता है। उन्होंने

---

1. शब्दावली - कबीर की, बेल्वेडियर प्रेस - पृ॰ 104
2. 'कबीर' में डॉ॰ हजारीप्रसाद द्विवेदी द्वारा सम्पादित 'पदावली'
   देखिए - पद 116, 117, 133, 135, 136, 142, 173, 175, 199, 200, 206, 215, 216, 226. 239, 240

गुरु का भी गुरु होकर मीर को परमात्म-दर्शन का सही मार्ग दिखाया— ''मैं एक शरीर में रहनेवाला व्यक्ति नहीं हूँ। मैं परमात्मा से एक होने से जहाँ-जहाँ वह है, वहाँ-वहाँ मैं हूँ। संसारी अलख परमात्मा को न देख सकता हो तो वहाँ कबीर को देखे। कबीर को जान लेगा तो तू परमात्मा को भी जान लेगा।''

ऐसे सन्त कबीर के 'जीवन और दर्शन' के विषय में लिखने का साहस मुझे कैसे हुआ? आज भी इन रचनाओं में जीवित कबीर को हृदयंगम करने की उत्कण्ठा बचपन से ही थी, परन्तु जब पढ़ती तब उलझन में पड़ जाती, कुछ उपलब्ध न होता। उनका निश्छल राम-प्रेम हृदय को भक्ति और उनका दर्शन बुद्धि को तत्त्व-विचार के संस्कार अवश्य देता रहा। लोगों से सुना था, ''कबीर को समझना बहुत कठिन है और उनका काव्य नीरस है।'' परन्तु मैंने उनकी रचनाओं में सरसता पायी और हृदय में एक अज्ञात प्रेरणा ने जिज्ञासा जगायी। यह जिज्ञासा-मात्र कबीर को जानने की न थी, परमात्मा के लिए थी।

सौभाग्यवश परम पूज्य सद्गुरुदेव स्वामी श्री अखण्डानन्दजी से 1962 ई॰ में प्रथम भेंट हुई। आपके प्रवचनों के श्रवण से मेरी उलझन मिट गयी और मार्ग मिल गया। आपके प्रवचनों के संग्रह प्रसिद्ध हुए, उनके अध्ययन और मनन-चिन्तन से भी अध्यात्म क्षेत्र में मुझे प्रकाश मिला। सन्त-चरित्र और सन्तवाणी को हृदयंगम करने की दृष्टि भी आपके सत्संग के फलस्वरूप प्राप्त हुई। मैंने गुजराती कवि 'अखा' और 'कबीर' दोनों की रचनाओं का अध्ययन प्रारम्भ किया। इस कार्य में आठ-दस वर्ष बीत गये। अध्ययन में परमानन्द तो मिला ही, जीवन का अर्थ भी स्पष्ट हुआ। प्रारम्भ में पुस्तक-लेखन की योजना न थी, परन्तु उसने भी एक आकार धारण कर लिया। संक्षेप में, इस ग्रन्थ का पूरा-पूरा श्रेय परम पूज्य श्री स्वामीजी को है; आपकी कृपा न होती तो इस गूढ़ विषय पर लिखना मेरे लिये कभी सम्भव न होता। यदि कहीं क्षति मिल जाय तो पाठक उसे मेरी सीमा मान लें और प्रकाश मिल जाय तो गुरु-प्रसादी।

–उर्वशी सूरती

विषय-सूची

कबीर : जीवन और दर्शन

कबीर का जीवन

कबीरदास के व्यक्तित्व और कृतित्व को, उनके जीवन और दर्शन को वास्तविक रूप में समझने के लिए विशेष रूप से उनसे पूर्व और उनकी समकालीन राजनीतिक, सामाजिक एवं धार्मिक परिस्थितियों को जानना आवश्यक है। उनकी प्रतिभा में पूर्ण मौलिकता रहते हुए भी उनके जीवन और दर्शन के निर्माण में उन्हें प्राप्त परम्पराओं का, सद्‌गुरु की प्रेरणा का और अपने समय के समाज-जीवन के प्रतिक्रिया का प्रत्यक्ष या परोक्ष प्रभाव निश्चित रूप से देखने में आता है।

(1) कबीरदास-पूर्व परिस्थितियाँ

शुद्ध ऐतिहासिक तथ्यों के आधार पर भारत के मध्ययुग की धार्मिक परिस्थितियों के विश्लेषण में 5वीं से 16वीं शती का समय महत्त्वपूर्ण माना जायगा। परन्तु ऐतिहासिक तथ्य मानव के मन को विशेष दिशा में मोड़कर बहुत दूर तक अपना प्रभाव डालते हैं। इस दृष्टि से धार्मिक प्रवृत्तियों की प्रधानता से मध्ययुग का समय 18वीं शती तक मानना उचित प्रतीत होता है। धर्म के प्रति आधुनिक मनोवृत्ति के दर्शन 18वीं शती के बाद होते हैं।

देश की राजनीतिक परिस्थितियाँ इन धार्मिक प्रवृत्तियों के लिए विशेष रूप से जिम्मेदार रहीं। काव्य, नाटक, शिल्प, संगीत, ज्योतिष, आयुर्वेद आदि क्षेत्रों में भारत पिछड़ा रहा, परन्तु भगवद्‌भक्ति के क्षेत्र में वह आगे रहा।

धार्मिक परिस्थिति - भारत में प्रथम शताब्दी के बाद धर्मसाधना एवं दर्शन का महत्त्वपूर्ण साहित्य निर्मित हुआ। इन धार्मिक एवं दार्शनिक ग्रन्थों के निर्माण की प्रेरक शक्ति उस समय देश में प्रवर्तित एवं नवोदित विभिन्न सम्प्रदाय थे। ये प्रवृत्तियाँ प्रारम्भ से ही क्रान्तिकारी और जातीयता के प्रति नया दृष्टिकोण देनेवाली होने से नवीन उत्साह और जोश से पूर्ण थीं। उस समय भारत के उत्कर्ष के लक्षण व्यक्त हो रहे थे, पतन की कोई सम्भावना न थी।

छठी शताब्दी के बाद धर्म-प्रवृत्तियों में नवीनता आयी। उन पर तान्त्रिक प्रभाव स्पष्ट दिखता था। इस प्रभाव से ब्राह्मणधर्म, बौद्धधर्म और जैनधर्म भी नहीं बच पाये। प्राथमिक, प्रभाव के रूप में तन्त्रशास्त्र उनके लिए सहायक सिद्ध हुआ, परन्तु आगे चलकर उनमें अनेक विकृतियों का प्रवेश हो गया। इसके फलस्वरूप होनेवाले अनिष्टों को देखकर भारत के महान् मनीषी भी स्तब्ध रह गये। 18वीं शती के अन्त तक उन्मुक्त विकास के लिए अनुकूल परिस्थितियों का तो अभाव रहा ही, प्रतिकूलता भी इसमें बाधा बनकर आयी थी।

परन्तु मध्ययुगीन भक्ति-साहित्य को देखते हुए यह कहना पड़ेगा कि भारत की प्राणरूप उसकी अध्यात्म-चेतना का दमन किसी के द्वारा भी सम्भव न हुआ, बल्कि दमन का परिणाम विपरीत हुआ। यह प्रवृत्ति और अधिक शक्तिसम्पन्न हुई, परन्तु इसके साथ दो अनिष्ट तत्त्व भी आये— (1) धर्मान्तर की स्थिति— इस लोभ के प्रचार के कारण और ब्राह्मण धर्म की संकुचितता के परिणामस्वरूप हिन्दू का मुसलमान हो जाना और (2) अपने सम्प्रदाय की गूढ़ता को सुरक्षित रखने के प्रयत्नों में स्वस्थ दृष्टि और विवेक के अभाव से विकृतियों का प्रवेश।

इन दो कारणों से मूल वैदिक आस्तिक परम्परा से विच्छिन्न होकर धर्म-प्रवृत्तियों में नास्तिक स्वच्छन्दता आ गयी। उदाहरणार्थ राजा भोज के समय 'नीलपरी-दर्शन' का आविर्भाव हुआ। उसके सिद्धान्त में त्रिरत्न अर्थात् सुरा, सुन्दरी और काम को प्रथम स्थान दिया गया।

पूर्व मध्ययुग की विविध साधनाओं के अन्तर्गत छठी से दसवीं शताब्दी तक मन्त्र, यन्त्र और मुद्रा के तान्त्रिक सिद्धान्त का प्रभाव वैष्णव, शाक्त, शैव, गाणपत्य, सौर, बौद्ध और जैन सब धार्मिक सम्प्रदायों पर पड़ा। उन्होंने अपने-अपने आराध्य को सर्वश्रेष्ठता की मान्यता देकर उपासना-भाव को अधिक प्रगाढ़ता दी। इस भाव-विकास के साथ दर्शन-पक्ष भी पुष्ट हुआ। इससे महान् मनीषियों के जीवन में कर्मण्यता, व्यक्तित्त्व में जागरूकता और दर्शन में प्रतिभा का उत्कर्ष देखने में आता है। परन्तु विदेशी आक्रमणों के साथ यह स्थिति बदल गयी। इस्लाम-धर्म के आतंक से भारतीय प्रजा क्षुब्ध हो उठी। विदेशों से तो उनके सम्बन्ध शिथिल हुए ही, सामान्य प्रजा के जीवन में भी शिथिलता आ गयी। महान् मनीषियों के धर्म-निर्देश का आश्रय पाकर ही लोग कुछ आश्वस्त हो पाये।

तन्त्र और प्रमाण-ग्रन्थों को सामान्य मनुष्य हृदयङ्गम नहीं कर सकता था, परन्तु पांचरात्र का वैष्णव-मन सबके लिए ग्राह्य था और पंचदेवोपासना के विधान से सबकी रुचि की रक्षा भी हो जाती थी। इसके अलावा पाशुपत-मत के साथ शैवागम का प्रवर्तन भी था जो शिव-शक्ति की एकता के प्रतीकात्मक वर्णन में आत्मा-ब्रह्म की एकता का निरूपण करता था। इस काल में प्रत्येक धर्म-सम्प्रदाय संघटित और प्रौढ़ हो रहा था। दक्षिण में आलवारों द्वारा प्रवर्तित वैष्णव-धर्म की बागडोर ऐसे कट्टरपन्थी आचार्यों के अधिकार में आयी कि वे परम्पराओं से प्राप्त शास्त्रीय मर्यादाओं की रक्षा में ही अपने धर्म की सुरक्षा समझते थे। दूसरी ओर आलवार भक्तों के खानपान के व्यवहार में जातिभेद एवं छुआछूत की भावना न थी। वे शूद्र तथा स्त्री को भक्ति का अधिकारी मानते थे। परन्तु इन आचार्यों ने शूद्रों से भक्ति के अधिकार भी छीन लिये और भक्ति की व्यवस्था अपने वर्ग के उच्चवर्ग के हाथों में रखी।

तब 'श्रीपर्वत' प्रसिद्ध तान्त्रिक पीठ था। उसके आश्रय में शैवमत की एक शाखा - 'कापालिक मत' का प्रवर्तन हो रहा था। 8वीं-9वीं शताब्दी में बौद्ध, शैव, शाक्तों तथा योगियों एवं तान्त्रिकों के ग्रन्थों में कुछ समान विशेषताएँ देखने में आती हैं, जैसे कि बाह्याचार का विरोध, चित्तशुद्धि, परमात्मप्राप्ति में शरीर का साधन के रूप में महत्त्व, समरसी-भाव, स्वसंवेदन आदि। 'स्वसंवेदन' उस युग की महत्त्वपूर्ण साधना थी। उससे

उनका तात्पर्य था - "निष्कंचुक जीव का शिव हो जाना" अर्थात् जीव-शिव की अभिन्नता का अनुभव।

परमात्म-रहस्य के अनुभवी जैन सन्तों को 'मरमी' की संज्ञा दी जाती थी। जैन साधक जोइन्दु ने 'स्वसंवेदन' का रहस्य स्पष्ट करते हुए कहा है— "देवालय, शिला, चित्र या चन्दन में देवता नहीं हैं। वह अक्षय, निरञ्जन, ज्ञानमय शिव तो समचित्त में निवास करता है।" यह रहस्य-साधना-पद्धति सन्तों की निर्गुण-भक्ति की परम्परा में अविकल रूप से चली आयी है। कबीर ने भी इसी रहस्यपूर्ण साधना-पद्धति द्वारा ब्रह्मात्मैक्यानुभव प्राप्त किया।

इन निर्गुण-भक्ति के पनपने में दक्षिण की मूल वैष्णव-भक्ति में योग-साधना एवं ज्ञानमार्ग के समन्वय ने विशेष योगदान दिया। प्रारम्भ में योगमत का प्रादुर्भाव उत्तर भारत में एक शक्तिशाली साधना-पद्धति के रूप में प्रसिद्ध हुआ। इसके साथ दक्षिण की स्त्री-शूद्रों को भक्ति की पात्रता प्रदान करनेवाली विचारधारा से भी उत्तर के नाथ और सन्त प्रभावित हुए। सर्वप्रथम गोरखनाथ ने हिन्दू-मुस्लिम एकता की भावना से प्रेरित होकर एक मुसलमान 'रतन हाजी' को अपना शिष्य बनाकर इस विचारधारा का समर्थन किया। परन्तु नवीन भक्तिमार्ग के प्रवर्तन का श्रेय गुरु राघवानन्द के शिष्य और काशी में शांकर अद्वैत की शिक्षा प्राप्त करनेवाले स्वामीनन्द को दिया जाता है जिन्होंने अनुभव किया कि स्त्री-शूद्रों के हृदय में भी ईश्वरप्रेमानुभूति की सच्ची लगन होती है और वह अदम्य होती है। अतः उन्होंने वर्ण-विभेद एवं धार्मिक विद्वेष का परिहार करके सबके लिए भक्तिमार्ग उन्मुक्त कर दिया और ऊँच-नीच, हिन्दू-मुसलमान सबको अपना शिष्य बनाया।

एक ऐतिहासिक तथ्य के अनुसार फैजाबाद के सूबेदार ने कुछ हिन्दुओं को धर्मभ्रष्ट करके जबरदस्ती मुसलमान बना लिया था। स्वामी रामानन्द ने मानव के नाते मानव को स्वीकार करते हुए उन्हें पुनः धर्मशुद्धि के संस्कार से हिन्दू बनाकर अपने सुधारक, प्रगतिशील दृष्टिकोण एवं ईश्वरप्रेम का परिचय दिया।

स्वामी रामानन्द के गुरु राघवानन्द और श्रीसम्प्रदाय के अन्य अनुयायियों ने उनकी इस सुधारक प्रवृत्ति को नापसन्द किया और उनके साथ खानपान का व्यवहार बन्द कर दिया, उस समय धार्मिक संकीर्णतावश ऊँच-नीच के भेद इतने प्रबल थे कि दृष्टि-स्पर्श भी हेय माना जाता था। अतः समाज-जीवन में प्रवर्तित हिन्दू-मुसलमान और द्विज-शूद्र के भेदभाव का निवारण असम्भव-सा ही था। परन्तु उनके प्रयत्नों ने इस भेदभाव को शिथिल अवश्य किया। उनका अधूरा कार्य आगे चलकर कबीर ने पूरा किया।

कबीर में वेदान्त की उच्च विचाराधारा के साथ वर्णभेद के प्रति विरोध एवं हिन्दू तथा मुसलमान दोनों धर्मों की कट्टरता के प्रति नाराजगी थी। जड़ धर्म-बन्धनों द्वारा मर्यादित समाज-व्यवस्था को नाबूद करने के लिए उन्होंने बड़े साहस और निर्भयता के साथ सक्रिय प्रयत्न किये। दूसरे, इस्लाम के एकेश्वरवाद और वेदान्त की अद्वैत भावना में सूक्ष्म एकता को लक्षित कर उन्होंने इन दोनों धर्मों के दोषों का निवारण कर उनकी अच्छाइयों को समन्वित कर एक नयी विचारधारा दी।

इस युग का साहित्य धर्म-भावना, दर्शन और भक्ति की प्रेरणाओं से निर्मित था।

सन्त-साहित्य की मूलप्रेरणा सिद्ध-साहित्य था। सं॰797 वि॰ से सं॰ 1257 वि॰ तक सिद्ध-साहित्य और सं॰ 1100 वि॰ से 1300 वि॰ तक नाथपन्थ का सन्त-काव्य रचित हुआ। कबीर की विचारधारा के अनेक तत्त्व आदिसिद्ध सरहपाद में भी मिलते हैं। वे स्वयं ब्राह्मण भिक्षु होने पर भी धर्म की जड़ रूढ़ियों से मुक्त थे। उन्होंने जातिभेद का विरोध किया और धार्मिक आचार-विचार पर प्रहार किया। कर्मकाण्ड की मान्यताओं को तोड़ने के उद्देश्य से उन्होंने वेद को भी निरर्थक बताया और कहा कि - "जब कोई वस्तु नहीं हैं तो ईश्वर भी एक पदार्थ है और वह भी कैसे रह सकता है ?" शून्यवाद की यह एकांगी परिभाषा तात्त्विक पृष्ठभूमि की कमजोरी के कारण अनेक प्रकार के परिवर्तनों और रूपान्तरों के साथ सन्तों की परम्परा में परिणत हुई।

जिन्होंने वेद को न माना उन्होंने सनातन धर्म अर्थात् सनातन सत्य को भी न माना। कर्मकाण्ड का विरोध अज्ञानता और अन्धश्रद्धा के निवारण के लिए करना आवश्यक था, परन्तु उसके मूल तत्त्व सनातन धर्म से प्रसूत होने के कारण उसके स्वरूप का अस्वीकार सनातन सत्य का भी अस्वीकार था। कर्मवाद कहता है - "मनुष्य को अपने कर्म का फल मिलता है।" जिन्होंने व्यवहार में अकारण किसी को दुःखी देखा, उन्होंने इस सिद्धान्त का खण्डन किया। वेद में निरूपित कर्म-सिद्धान्त पुर्वजन्म और पूनर्जन्म को मानता है और कर्म तथा उसके फल को उनसे सम्बद्ध कर संगति देता है। इससे सनातन धर्म त्रिकालाबाधित सिद्ध होता है। वेद को न माननेवाले पुनर्जन्म और पूर्वजन्म को न मानने के कारण कर्म और उसके फल का सम्बन्ध नहीं समझ पाते। इसलिए सब अवैदिक मतों ने कर्मकाण्ड का विरोध किया है। बौद्धधर्म इस विरोध में सबसे आगे था।

प्रारम्भ में बौद्ध सिद्धों के दो पन्थ हुए— महायान और हीनयान। ये दोनों सैद्धान्तिक मतभेदवश स्वतन्त्र रूप से प्रवर्तित हुए। महायान पन्थ में प्रविष्ट दोषों से बचने के लिए वज्रयान पन्थ चला। उनकी नैतिक प्रवृत्ति के साथ दर्शन में यथार्थवादी, अनेकवादी और नैरात्म्यवादी लक्षण थे। जब यह पन्थ नैतिक प्रवृत्ति में अपनी गतिविधि को ठीक से न सम्हाल पाया, तब इस पन्थ के कुछ अनुयायियों ने 'सहजयान' और कुछ ने 'मन्त्रयान' नाम से अपना अलग सम्प्रदाय शुरू किया। मन्त्र के साथ तन्त्र का प्रवेश भी अनिवार्य हो गया और उसमें गुह्य तत्त्वों की और सांकेतिकता की प्रधानता रही। उन्हीं का रूपान्तर वज्रयान में हुआ।

इतिहास में भी इसका उल्लेख मिलता है— "8वीं शताब्दी के बाद नालन्दा, विक्रमादित्य, ओदन्तपुरी आदि विद्यापीठों में प्रचलित बौद्धधर्म तान्त्रिक और योगक्रियाओं की नवीनता के कारण तीन प्रधान मतों में प्रस्फुटित हुआ— 'वज्रयान, सहजयान और कालचक्रयान।' तीसरा 'कालचक्रयान' का मत आज तिब्बती अनुवाद में सुलभ है।

वज्रयान पन्थ ने सबको साधना का अधिकार दिया, इससे वह अधिक लोकप्रिय हुआ। इस पन्थ के सिद्धों ने बुद्ध में देवत्व का आरोप कर ईश्वरवाद की प्रेरणा दी और अनेक जातक-कथाएँ लिखीं। यही पन्थ साधना की सहजता को व्यक्त करने के कारण 'सहजयान' नाम से प्रसिद्ध हुआ। उसने धर्म और सामाजिक आचरण में व्यावहारिक एकता की स्वाभाविकता का प्रतिपादन किया।

सहजयान में 'वज्र' पुमिन्द्रिय का प्रतीक है। उसे प्रज्ञा का बोधक और बोधिचित् का सारस्वरूप बताया गया। यह महासुख अर्थात् पूर्णानन्द की समरसता की सहज स्थिति है। चित्तशुद्धि के लिए इसकी साधना-पद्धति में 'योगिनी-मार्ग' एक अपूर्व विशेषता रखता है। इसमें पुरुष के लिए अपनी पत्नी के साथ साधना करने का विधान है। इसके समर्थन में बताया गया है कि बन्धनमुक्ति में कारणरूप चित्त सहवास-सुख की अनुभूति के बल पर महासुख की अनुभूति प्राप्त कर सकता है। इस मार्ग को राजमार्ग, अवधूती, चाण्डाली, डोम्बीन आदि नाम भी दिये गये हैं।

इन विविध परम्पराओं के परिवर्तन, रूपान्तर, विकास और प्रवर्तन की प्रक्रिया में सर्वाधिक मुखरित विशेषता उनका धार्मिक दृष्टिकोण है। प्रारम्भिक काल के सन्त आध्यात्मिक बातों को अधिक महत्त्व देते थे। अतः उनके सुधारक तत्त्व भी धार्मिक थे। परन्तु समय के प्रवाह के साथ मानवतावादी और समाजवादी तत्त्वों का प्रवेश हुआ, जिससे एकांगी धार्मिक वातावरण में संशोधनमूलक परिवर्तन हुआ।

कबीर की पूर्व-परम्परा में जयदेव से नामदेव तक के सन्त विशेष रूप से उल्लेखनीय हैं। विकास की नवीं शताब्दी के सिद्ध सरहपा तथा अद्वैतवाद के आचार्य 'शंकर' से लेकर ग्यारहवीं शताब्दी में गुरु गोरखनाथ के समय तक प्रादुर्भूत और निर्मित विविध मतों के जिन सन्तों की आध्यात्मिक विचारधारा का निर्माण भक्तिभाव द्वारा हुआ, उनमें किसी युग-प्रवर्तक प्रतिभा का उदय न होने से सन्तमत को स्पष्ट और प्रौढ़ रूप न मिल पाया।

नामदेव कबीरदास के पथ-प्रदर्शक एवं पूर्वकालीन सन्तों में सबसे अधिक प्रसिद्ध हैं। वे अपने क्षेत्र की सीमा में अपने उपदेशों का प्रचार करते रहे। अतः उत्तर भारत में प्रवर्तित सन्तमत की सारी विशेषताओं को हम उनमें नहीं देख पाते।

वे वारकरी सम्प्रदाय के अनुयायी तो थे पर वाद की संकीर्णता का बन्धन उनके लिए भी असह्य था। उन्होंने कभी भी उसके सिद्धान्तों का शब्दशः पालन करना आवश्यक नहीं माना। स्वानुभूति के आधार पर ही वे जो उपदेश देते थे वे अपने-आपमें पूर्ण स्वतन्त्रता रखते थे। इसी कारण उनके विचारों में सरलता और सजीवता है और उसी से वे लोकप्रिय हुए। देश-भ्रमण के सिलसिले में जब वे मालवा, राजस्थान, पंजाब आदि प्रदेशों में गये और हिन्दी में अपने उपदेश वहाँ की जनता को सुनाये, तो वह उनके प्रति ऐसी आकृष्ट हो गयी कि कई लोग उनके अनुयायी हो गये। उनकी पद-रचना उत्तर भारत से कुछ दूर पूर्व में भी पहुँची। वे जब हाथ में करताल लिये, पद गाते, तब उनकी भावुकता देखकर लोग मुग्ध रह जाते और उनके पदों को कण्ठस्थ करके गाने लगते। ऐसा प्रतीत होता है इन्हीं प्रचलित पदों से प्रभावित होकर ही कबीर बड़ी श्रद्धा के साथ उनका नाम लेते हैं।

इस प्रकार भारत के विभिन्न आन्दोलनों ने कबीर के आविर्भाव के पूर्व ही सन्त-विचारधारा को बहुत-कुछ प्रदान किया था। अजपाजाप के साथ योगाभ्यास, तन्त्रों में गृहीत रहस्यपूर्ण शरीर-रचना और प्राण आदि का उपासनापरक साधना के विकास में उपयोग, शंकराचार्य का अद्वैतवादी ज्ञानमार्ग, वैष्णव-सम्प्रदाय की भक्ति-पद्धति, सबने अपनी व्यापकता के साथ भी एक संश्लिष्ट, सुसंगत रूप में समन्वय के कारण नया रूप धारण किया। सन्त साहित्य में प्रयुक्त भक्तिमार्ग के 'हरि', 'नारायण' तथा बौद्धधर्म के 'शून्य', 'निर्वाण', 'विज्ञान' जैसे शब्द इसके मूल स्रोतों का संकेत करते हैं।

इस नवीन धारा के प्रवाह में कबीर ने अपूर्व योगदान देकर उसकी रहस्यमयी साधना से संकलित विचारधारा को पहचाना तथा उसे स्पष्ट और व्यापक रूप दिया।

राजनीतिक परिस्थिति– विदेशी आक्रमणकारियों ने भारत की राजनीतिक, धार्मिक एवं सामाजिक व्यवस्था में भारी उथल-पुथल मचा दी। गजनी तथा गोरी वंश के मुसलमानों के आक्रमण हुए और तराइन की लड़ाई (सं॰ 1250) में विजय पाकर मुहम्मद गोरी ने यहाँ पर अपने स्थायी राज्य की नींव डाली। उस काल से इस भूखण्ड पर मुसलमानी शासन का आरम्भ हो गया। गुलाम वंश (सं॰ 1263-1347), खिलजी वंश (1347-1377) तथा तुगलक वंश (1377-1469) के भिन्न-भिन्न व्यक्ति क्रमशः सुलतान बनकर यहाँ के सिंहासन पर बैठे। ये सुलतान अपने मजहब— इस्लाम की शरीअत के न्यूनाधिक पाबन्द रहते हुए भी अपना शासन अपरिमित अधिकार की प्रभुता के अर्थ में चलाते थे, परन्तु व्यावहारिक बातों में ये सदा निरंकुश बने रहते थे। मुसलमान उमरा पूरे ठाठ-बाट के साथ जीवन व्यतीत करते थे और इससे कला, साहित्य आदि की उन्नति भी होती जा रही थी।

सामाजिक परिस्थिति– मध्ययुग का समाज-जीवन धर्म द्वारा संचालित और नियन्त्रित था। यह तथ्य हमें तत्कालीन साहित्य में प्रतिबिम्बित युग-जीवन से उपलब्ध होता है। उस समय समाज के प्रत्येक स्तर पर धर्म जीवन की धड़कन थी। इसी कारण विधर्मियों के आक्रामक-अभियानों में, राजनीतिक जुल्मों में, सामाजिक सुधारक प्रवृत्तियों में और साहित्य में धर्म के उन्मूलन या उसकी प्रतिष्ठा के संघर्षमूलक प्रयत्न स्पष्ट दिखते हैं। समाज की प्रिय धार्मिक भावना को अपनानेवाला विदेशी धर्ममतावलम्बी लोकप्रिय हो सकता था और अपनी धार्मिक भावनाओं का प्रचार-प्रसार कर लोक-जीवन को प्रभावित भी कर सकता था।

धर्मशास्त्र और धर्मसाधना एक-दूसरे में ओतप्रोत हैं। मध्ययुग के सर्वसामान्य गृहस्थ-जीवन में धर्मशास्त्र का अनुशासन था। विभिन्न सम्प्रदायों में दीक्षित साधक अपने-अपने सम्प्रदाय में मान्य ग्रन्थों के निर्देशानुसार साधना करते थे। लोगों को तीर्थाटन, स्नान, व्रत, उपवास, पुण्यकर्म, स्वर्ग-नरक, कर्मफल और पुनर्जन्म, पितृश्राद्ध, वर्णाश्रम व्यवस्था आदि में पूर्ण श्रद्धा थी और कर्मकाण्ड के अनुरूप विविध देवी-देवताओं की वे पूजा करते थे। इन्हीं कारणों से मनुष्य अधिक बहिर्मुख हो गया था और बाह्याचार, मूर्तिपूजा आदि को विशेष महत्त्व देता था।

सांस्कृतिक वातावरण– भिन्न-भिन्न विचारों तथा संस्कृतियों के संघर्ष के कारण एक नवीन प्रकार के समाज का निर्माण होता जा रहा था। लोगों को किसी योग्य मार्गदर्शक की आवश्यकता थी। यह विकट कार्य उसी के द्वारा सम्भव था, जिसकी बुद्धि परस्पर-विरोधी प्रकृतियों के बीच समन्वय तथा सामंजस्य लाने के अतिरिक्त किसी स्थायी व सार्वभौम नियम तथा आदर्श का प्रस्ताव रखने में भी समर्थ हो। उक्त युग के पूर्वार्द्ध तक यहाँ का क्षेत्र तैयार हो चुका था। उसके उत्तरार्द्ध के आरम्भ से ही कुछ ऐसे व्यक्तियों का प्रादुर्भाव होने लगा था, जिन्हें कम-से-कम पथ-प्रदर्शक सन्तों के नाते स्मरण करने की प्रवृत्ति होती है। परिस्थितियों की प्रतिक्रिया से उनका आन्तरिक चैतन्य उद्‌बुद्ध हुआ। उन्होंने अबाध गति से कार्यक्षेत्र में प्रवेश किया, अदम्य प्रखरता से समस्या की गम्भीरता की थाह ली और संघर्ष का निर्भय होकर सामना किया। इससे समाज का उद्धार हुआ और धर्म की रक्षा हुई। तब समाज की रक्षा में राजनीति और धर्म दोनों जिम्मेदार माने जाते थे।

परन्तु राजनीतिक वातावरण विषम था। मालवा, जौनपुर, गुजरात में राजपूत राजा और मुसलमान सुलतानों में युद्ध होते थे, दिल्ली और बंगाल के प्रदेशों में सिकन्दर लोदी निर्दयतापूर्वक हिन्दुओं की कत्लेआम करता था। इन परिस्थितियों से धर्म, कला, साहित्य और समाज सब प्रभावित हुए। लोगों की आर्थिक स्थिति दयनीय हो गयी। मुसलमान शासन में हिन्दू निर्धनता और संघर्ष से हार-से गये थे। हिन्दू को उच्च पदाधिकार नहीं दिया जाता था और शासक वर्ग विलासी था। चौदहवीं शताब्दी के अन्त तक प्रजा की शक्ति और पौरुष का ह्रास हो गया, उनकी प्रतिभा कुण्ठित हो गयी। ऐसे ही मौके पर स्वामी रामानन्द और कबीर-जैसे वैष्णव भक्त हो गये।

धर्म-सहिष्णु हिन्दू और कट्टर एकेश्वरवादी मुसलमानों के बीच दीर्घकाल तक विद्वेष चलता रहा और उनका वैमनस्य बढ़ता गया। इससे सर्वत्र अशान्ति और अराजकता फैल गयी। सन्तों ने उद्धार का एक ही मार्ग बताया— 'हिन्दू-मुसलमान की एकता।'

एकेश्वरवादी मुसलमानों ने हिन्दू धर्म के तात्त्विक रहस्य की अज्ञानता के कारण बहुदेववाद की निन्दा की और मूर्तिभंजक का क्रूर रूप अपनाया। वास्तव में हिन्दू बहुदेववाद वैसा नहीं है, जैसा ऊपरी दृष्टि से दिखायी देता है। हिन्दुओं के प्रत्येक देवता का द्वैध रूप है— एक व्यावहारिक और दूसरा पारमार्थिक। उनकी मूर्ति-पूजा और बहुदेववाद हिन्दूधर्म के गहन सिद्धान्तों के बाहरी आवरण-मात्र हैं। यदि हिन्दूधर्म के पूजा-विधान की इस मूल भावना की अवहेलना न की गयी होती तो कबीर उसका विरोध न करते।

एकेश्वरवाद मूर्तिभंजक होकर भी बहुदेववाद की आत्मा से अभिन्न है। लेकिन निर्गुण सन्तों ने परमात्मा-सम्बन्धी जिस विचारधारा का प्रसार किया, वह इन दोनों से तत्त्वतः भिन्न थी। "मुहम्मद ने अपने कुल और राष्ट्र के लोगों में जिस धर्म का प्रचार किया था, वह एक सनातन सत्य था और आवश्यक कल्पना के योग से बना था"— गिबन द्वारा व्यक्त इस मन्तव्य में कल्पना के तत्त्व को कबीर ने अस्वीकार कर सत्य के मार्ग को प्रशस्त करने के लिए 'निर्गुण' को सबल साधन बनाया। कबीर ने मुहम्मद के दूतत्त्व को भी अस्वीकार करके ईश्वर-सम्बन्धी विचार को और भी महान् और आकर्षक बना दिया।

उस परिस्थिति में हिन्दू-मुसलमान में अड़ोसी-पड़ोसी की भाँति प्रेमभाव की अपेक्षा थी। उदारचेता सन्तों ने इसी में मानव-जीवन का कल्याण और देश की शान्ति-सुरक्षा को देखा। वे जातीय पक्षपात से रहित, विरक्त और परमात्मा के सच्चे सेवक थे और प्रेम का सन्देश देते थे।

इस सन्दर्भ में गुरु गोरखनाथ का यह कथन उल्लेखनीय है— "हे काजी! तुम व्यर्थ 'मुहम्मद-मुहम्मद' न कहा करो। मुहम्मद को समझ सकना बहुत कठिन है। मुहम्मद के हाथ में जो छुरी थी वह लोहे अथवा इस्पात की बनी नही थी, अर्थात् वे प्रेम से लोगों को वश में करते थे।"

सन्त-साहित्य– सन्त-साहित्य प्रधान रूप से धार्मिक है, फिर भी उसमें तत्कालीन सामाजिक परिस्थिति की आलोचना की गयी है। उस समय प्रचलित धार्मिक विश्वासों, सामाजिक एवं वैयक्तिक आचरणों के मान तथा विभिन्न सम्प्रदायों द्वारा स्वीकृत सिद्धान्तों पर आक्रमण या सन्देह किया जाता था, क्योंकि अनेक सन्तों में समाज के आचार-विचार

के प्रति तीव्र असन्तोष था। धर्म के नाम पर नैतिक मूल्यों का ह्रास देखकर मनुष्य के व्यवहार की शुद्धि के लिए वे चिन्तित थे। वे समाज की नवरचना के लिए जीवन में पुनः उन मूल्यों की प्रतिष्ठा देखने के लिए आतुर थे। इस कार्य की सफलता मात्र उपदेश और सम्प्रदाय-प्रवर्तन से सम्भव न थी। व्यापक जन-जीवन को समग्रता में प्रभावित करनेवाला एकमात्र साधन साहित्य ही हो सकता था।

समय की इस माँग को पहचानकर सन्तों ने जो साहित्य रचना की, वह उस युग की भक्ति-साधना को उसकी समग्रता में प्रकट कर देती है। काव्य की आत्मा रस और भक्ति का सम्मिलन विश्व-साहित्य के इतिहास की एक महान् और विरल घटना है। दूसरे विविध प्रान्तों की विभिन्न भाषा, विभिन्न जीवन-शैलियाँ और स्थानीय परिस्थितियों से उत्पन्न विशिष्ट वातावरण में निर्मित होनेवाला यह भक्ति-साहित्य अपनी प्रादेशिक विशेषताओं के साथ भी एक-अखण्ड अध्यात्म-चेतना के सूत्र में बँध जाने के कारण राष्ट्र की भावनात्मक एकता में सहायक सिद्ध हुआ। विविध प्रान्तों के राजनीतिक सम्बन्धों का बनना-बिगड़ना उस युग की दैनिक घटना-जैसा था। परन्तु इस साहित्य के माध्यम से राष्ट्रीय एकता को कुछ आत्मिक बल मिला। नाना प्रकार की साधनाओं, विचारों और विश्वासों का एक सूक्ष्म सूत्र सबको एक किये हुए था। इसी कारण आधुनिक युग के प्रारम्भिक काल की प्रथम सीमा-रेखा तक किसी भी एक प्रान्त का साहित्य धर्म और दर्शन को दूसरे प्रान्त-निवासी मात्र उस भाषा के ज्ञान से ही समझ लेते थे।

अर्वाचीन युग के साहित्यकारों के लिए यह एक महान् आश्चर्य और आकर्षण का विषय रहा। अतः अन्य-अन्य प्रान्तों में परस्पर अनुवाद के माध्यम से साहित्य के स्तर पर जो आदान-प्रदान हुआ और हो रहा है, उसने तुलनात्मक अध्ययन की प्रेरणा दी। मूल प्राकृत और अपभ्रंश से सम्बद्ध प्रत्येक प्रान्त की भाषा का इस मध्ययुग में स्वतन्त्र विकास होने से साहित्यिक चेतना अपनी पूर्ण मौलिकता के साथ प्रकट हुई।

जायसी की मृत्यु के सौ वर्ष बाद 'पद्मावत' का बँगला में प्रथम अनुवाद हुआ और 'रामचरितमानस' का रसास्वादन करनेवाले मधुसूदन ने तुलसी की प्रतिभा का मूल्यांकन करते हुए श्लोक लिखा—

आनन्दकानने ह्यस्मिन् जंगमस्तुलसी तरुः।
कवितामंजरी यस्य रामभ्रमरभूषिता।।

सन्तों की काव्यभाषा जनजीवन से गृहीत होने पर भी सांकेतिक होने से 'सन्ध्याभाषा' कही गयी। इसकी व्याख्या में समाधिभाषा, अर्थ की गूढ़ता के कारण अस्पष्टता, अपभ्रंश के अस्त और प्रादेशिक भाषाओं के उदय अर्थात् सन्धिकाल की भाषा आदि अनेक अर्थ घटित किये गये हैं। एक बात स्पष्ट है कि सन्तों की भाषा में गूढ़ता के कारण रूपक और प्रतीक शैली में रचित पहेलियों और उलटवाँसियों में अर्थ सुगम नहीं हैं। दूसरे, अपने-अपने सम्प्रदाय की विचारधारा का प्रतिनिधित्व होने के कारण उनकी पारिभाषिक शब्दावली बिना उनकी धर्म-साधना-पद्धति को जाने और समझे सही अर्थ नहीं दे पाती। तीसरे, अनेक सन्तों के निरक्षर होने से आत्माभिव्यक्ति के लिए न तो शास्त्राध्ययन का ही महत्त्व रह गया न रूढ़िगत रचना-शैली के नियमों को ही अनिवार्य माना गया। मानो, एक नवीन साहित्य-

रचना की परम्परा का जन्म और विकास हुआ। ये जन-जीवन के कवि के नाते जनता तक अपनी वाणी का प्रचार करते थे। गेयता की विशेषता के कारण उनकी रचना का महत्त्व लोकगीत-सा बढ़ा। वे अपनी अभिव्यक्ति में अधिक मौलिक थे, उन्हें शैली से अधिक वर्ण्य-विषय के प्रतिपादन का आग्रह था।

इन्हीं के समानान्तर विद्यापति की पदावली में (मैथिली भाषा में रचित) शास्त्रीय शैली के दर्शन होते हैं। उन्होंने अपने राधाकृष्ण के प्रेमपूर्ण पदों में माधुर्य-भावयुक्त भक्ति का निर्वाह किया है। उनके पद जयदेव के संस्कृत गीतगोविन्द से प्रभावित हैं।

(2) कबीर की समकालीन परिस्थितियाँ

धार्मिक परिस्थिति– भारत में कबीर-पूर्व प्रचलित धर्म से सम्बद्ध विभिन्न सम्प्रदाय कबीर के समय भी थे। कुछ विचारधाराएँ अपनी ही कमजोरियों के कारण क्षीणप्राय स्थिति में थीं तो कुछ विचारधाराएँ अपनी आन्तरिक सच्चाई और आत्मबल के कारण विकासोन्मुख थीं। बौद्ध धर्म में व्यक्तिवाद की प्रधानता से अनेक विकृतियों के आ जाने से हिन्दू धर्म की नैतिकता में भी वे दोष आने लगे और धार्मिक एकता खण्डित हुई। उनके शून्यवाद ने हिन्दू धर्म को कुछ हद तक प्रभावित भी किया। मानो भारतीय चिन्तन-परम्परा में क्रान्ति आ गयी। परन्तु शंकर का मायावाद शून्यवाद के लिए एक चुनौती प्रमाणित हुआ। कबीर के समय इन दोनों को दार्शनिक चिन्तन में स्थान मिला और साधन-परम्परा बौद्ध धर्म की एक विशेष देन सिद्ध हुई।

शैवमत, शाक्तमत और वैष्णवमत में परस्पर सम्बन्ध था। उनमें विचारों का परस्पर आदान-प्रदान भी हुआ और अपने मतवाद की संकीर्णता से प्रेरित संघर्ष भी हुए। इससे उनमें साम्प्रदायिक राग-द्वेष बढ़ गये। मूल में सबकी भावभूमि एक होने से अपनी-अपनी विशेषता के स्वस्थ प्रदर्शन में उन्हें विफलता मिली और विकृतियों के आ जाने से उनकी विचारधारा दूषित हो गयी।

"धर्म में अनेक मतवाद थे। पूर्ववर्ती नाथ-सम्प्रदाय की धारा तो हिन्दू और मुसलमानों में समान रूप से चल रही थी। इस प्रकार मुसलमानों का सूफी धर्म भी समान रूप से गृहीत था। वेदान्त के अद्वैत का सिद्धान्त आठवीं शती से ही प्रकाश पा रहा था। इसके साथ रामानन्द का भक्ति-आन्दोलन राम और कृष्ण के अनन्त नामों के साथ जन-जन के मानस में बसने जा रहा था। दक्षिण के सन्तों ने अपने पर्यटन के साथ निर्गुण ब्रह्म की सेवा विट्ठल के नाम से प्रचारित की थी। इस प्रकार धार्मिक परिस्थितियाँ अपने विविध प्रकार के विश्वासों के साथ बल संग्रह कर रहीं थीं।"[1]

निरञ्जन सम्प्रदाय– नाथपन्थ के समानान्तर उदित-विकसित निरञ्जन सम्प्रदाय आज तक चलता आ रहा है। वर्तमान में राजस्थान के आस-पास उसका प्रचलन है। रामसीता के उपासक रामानन्दी वैरागियों के समान ही निरञ्जन के उपासक शालग्राम शिला और गोमती चक्र को भी मान्यता देते हैं। स्वामी निरानन्द निरञ्जन के उपासक थे और

1. हिन्दी साहित्य कोश— भा॰ 2, पृ॰ 63

वर्तमान में इस सम्प्रदाय के प्रवर्तक के रूप में उनकी प्रसिद्धि है। क्षितिमोहन सेन के कथनानुसार उड़ीसा, मध्यदेश और पूर्वी प्रदेश में आज भी उसका प्रचलन है। आचार्य हजारीप्रसाद द्विवेदी पश्चिमी बंगाल और पूर्वी बिहार में उसका प्रवर्तन बताते हैं।

अन्य धर्म मत– उत्तर प्रदेश में शैवमत का प्रचलन कबीर-पूर्व से चला आ रहा था। उसमें शाक्तमत के मिलन से जो पन्थ चला उसमें मूल शक्ति 'कुण्डलिनी' के जागरण पर साधना-पद्धति में विशेष जोर दिया जाता है। यहाँ तक सन्तों का कोई विरोध नहीं दिखता, परन्तु पंच-मकार की साधना से इस सम्प्रदाय के विकृत हो जाने से शैवमतावलम्बी और वैष्णवमतावलम्बी लोगों ने उसे पसन्द न किया। अतः सन्तों ने भी उसका विरोध किया।

जैन धर्म में अनेक सम्प्रदाय हो गये थे। उनमें परस्पर स्पर्द्धावश कटुता आ गयी थी, फिर भी अहिंसा उनका सर्वमान्य सिद्धान्त था। राजस्थान, गुजरात और सौराष्ट्र में इसके अनुयायी अनेक थे। बौद्धों के समान ये भी वेद का विरोध करते थे, परन्तु अपनी रूढ़िवादिता में बद्ध थे। धर्म की तात्त्विकता से ये वंचित होकर दूसरों के समक्ष उपहास्य हो रहे थे।

वेदविरोधी चार्वाक मत का चिह्न कबीर के समय में नहीं मिलता। तान्त्रिक सम्प्रदाय तब अपनी पराकाष्ठा पर था और शाक्तमत ने इसे सर्वाधिक अपनाया और इसकी अच्छाइयों को नाथपन्थ ने भी स्वीकार किया था। अतः कबीर आदि सन्तों की विचारधारा पर इसका प्रभाव नाथपन्थ के माध्यम से पड़ा।

कबीर के समय प्रचलित सारे भारतीय धार्मिक सम्प्रदायों में परस्पर विद्वेष तो था ही, हिन्दू-मुसलमान में भी परस्पर वैमनस्य या इसलाम से भी अधिक चिश्तिया और सुहरावर्दी शाखा के प्रचार के कारण सूफी-सम्प्रदाय की प्रबलता थी, कारण उस साधना का भारतीय साधना से अविरोध था। परन्तु उसके अन्तरंग में इसलाम का तत्त्व विद्यमान था। नाथपन्थ के समान इसमें निरतिशय वैराग्य का महत्त्व था और नये वर्णाश्रम के कठोर बन्धनों को स्वीकार करना था। परन्तु कबीर तक आते-आते वैराग्य का अभाव और वर्णाश्रम धर्म में शिथिलता के कारण परिस्थिति विकट हो गयी। यह सब कबीर ने देखा और हिन्दू धर्म की बहुदेवोपासना, मूर्तिपूजा के साथ पुजारियों में संकीर्णता, पाखण्ड, दुराचार और बाह्याडम्बर भी देखा। उनमें श्रद्धा-विश्वास का अभाव था, फिर भी दम्भ पालने के लिए वे अन्धभक्ति करते थे। वर्ण-व्यवस्था कर्मानुसार नहीं, जन्मानुसार थी। इससे निम्नवर्ण में विशेष रूप से शूद्र और अन्त्यज विपन्नावस्था में थे और वे वर्ण-व्यवस्था-प्रसूत विषमता से बचने के लिए मुसलमान हो जाते थे।

राजनीतिक परिस्थितियाँ– मुसलमानी शासकों द्वारा हिन्दू धर्म के विनाश के लिए हिन्दुओं पर अनेक प्रकार के जुल्म किये गये। इसलाम के प्रचारार्थ वे हिन्दू-ब्राह्मणों को मुसलमान-धर्म अंगीकार करने के लिए विवश करते और जो उसे स्वीकार न करता उसे मृत्युदण्ड दे देते थे। धर्म-परिवर्तन की स्थितियों का निवारण करने के अनेक प्रयत्न हिन्दुओं द्वारा हुए, फिर भी हिन्दू-धर्म की जड़ रूढ़ियों के कारण अनेक लोगों ने लाचार होकर या स्वेच्छा से मुसलमान धर्म अपनाया। कट्टर हिन्दुओं को भी अब अपने धार्मिक सिद्धान्त में संशोधन-परिवर्तन कर उदार होना आवश्यक जान पड़ा। इसके फलस्वरूप नये सिद्धान्तों

के आधार पर नये सम्प्रदायों का आविर्भाव हुआ और अनेक आन्दोलन हुए। वैष्णव-सम्प्रदाय ने उत्तर भारत में और लिंगायत धर्म ने कर्नाटक में हिन्दू-धर्म की सुरक्षा के प्रयत्न किये। ये दोनों राम, कृष्ण और शिव को अनन्त शक्ति के प्रतीक रूप में स्थापित कर उनकी भक्ति पर ही आश्रित थे। मूल स्वरूप में प्राचीन अद्वैतवादी परन्तु समयानुसार रूपान्तरित होकर तत्कालीन आघात-प्रत्याघातों के फलस्वरूप नये रूप सामने आये और इसलाम की कट्टरता और आक्रमण से रक्षा करनेवाली ढाल के समान उपयोगी सिद्ध हुए।

तब भारत का राजनीतिक वातावरण अत्यत अशान्त था। भारतीय शासकों की अदूरदर्शिता, विदेशी शासकों के जुल्म, अमीरों की दलबन्दी, सामन्तों और सूबेदारों की विद्रोह भावना, तैमूरलंग का प्रलयंकारी आक्रमण, राजनीतिक अस्थिरता, शासन के साथ छल-कपट, क्रूरता, धोखा, स्वच्छन्दता औरं विलास की वृत्तियाँ और इससे देश की सम्पत्ति का विनाश, प्रजा में पीड़ा और व्याकुलता, जिस पर दुर्भिक्ष और महामारी— इन सब कारणों से जन-जीवन विषाक्त हो गया था।

देश का अर्थतन्त्र और विभिन्न व्यवसाय– उस समय प्रान्तों के गवर्नर और जिलों के हाकिम मुसलमान थे। परन्तु कर्मचारी, पटवारी, लेखपाल, कोषाध्यक्ष आदि हिन्दू थे। न्यायाधिकार मुसलमान शासक अपने ही हाथ में रखते थे और काजी कानून के अधिकारी के पद पर नियुक्त किये जाते थे। काजी और मुल्लाओं की धार्मिक असहिष्णुता के कारण ही हिन्दू-मुसलमान में तीव्र वैमनस्य फैल गया।

व्यापार का अधिकांश हिन्दुओं के हाथ में था, परन्तु राज्य की ओर से प्रजा पर भारी कर भार डाला जाता था। पण्डे-पुजारी के लिए धर्म ही व्यवसाय हो गया था। इसीलिए संकीर्णता के साथ-साथ दम्भ और पाखण्ड भी आ गये थे।

जनजीवन– देश के विभिन्न क्षेत्रों में एक सर्व-सामान्य नियामक तत्त्व धर्म ही लक्षित होता है। सब अपने-अपने सम्प्रदायों में बद्ध थे। किसी को देश की स्वतन्त्रता और अखण्डता की रक्षा की चिन्ता न थी। ऐसी विषम परिस्थितियों में उत्तर भारत में स्वामी रामानन्द ने भक्ति के क्षेत्र में जाति-पाँति के भेद को निरस्त करने के प्रयत्न में महान् क्रान्ति की, जिससे एक ओर मुसलमानी राजनीति की धर्मान्तरण की दूषित प्रवृत्ति में रुकावट आयी तो दूसरी ओर निम्न वर्ग को समाज में धार्मिक समानाधिकार का आश्वासन भी मिला।

ऐसे समय कबीर ने धार्मिक संघर्ष और संकीर्णता से ऊपर उठकर नये पन्थ का संकेत किया। उस समय देश को एक प्रौढ़ प्रवर्तक और कर्मठ संचालक की आवश्यकता थी जो जनता को सर्व-धर्म-सारस्वरूप एक स्थायी सार्वभौम मार्ग का निर्देश कर सके। कबीर में वह युगचेतना सक्रिय हो उठी। उनके स्वर में युगान्तरकारी क्रान्ति के लक्षण व्यक्त हुए। युग-जीवन ही उनकी प्रेरणा बन गया। उन्होंने अत्याचारियों की भर्त्सना करते हुए करुण-विकल परन्तु सशक्त स्वर में चुनौती दी और क्षुब्ध भाव से दलित-पीड़ित जनता का प्रतिनिधित्व किया।

जन-जीवन में व्याप्त निराशा ने उनके वैराग्य को तीव्र कर दिया और उससे चेतावनी का स्वर फूट पड़ा। भ्रान्त-उन्मत्त भटकते लोगों को भय, भक्ति, प्रबोधन, उद्बोधन, ताड़ना और भर्त्सना आदि अनेक युक्तियों से ठीक राह पर लगाने का उनका कार्य

आशापूर्ण मनोपरिवर्तन के लिए था। समाज में प्रवर्तित विषमता के निवारण के लिए उन्होंने भक्ति को एक अमोघ साधन माना और निर्गुण भक्ति में भारतीय और सूफी परम्पराओं का समन्वय करते हुए, समाज-जीवन में समता और सन्तुलन द्वारा सामाजिक एकता का प्रयत्न किया। कबीर का झुकाव ज्ञान की ओर था, फिर भी तत्कालीन समस्याओं के समाधान के लिए उन्होंने भक्ति का महत्त्व स्वीकार किया। इससे नया पन्थ चला।

वर्णाश्रम-धर्म के कारण धीरे-धीरे सामाजिक व्यवस्था विच्छिन्न हो रही थी। ब्राह्मण और शूद्रों में मनोमालिन्य बढ़ रहा था। इसी के साथ मुसलमान शासकों के शासन में मुसलमानों की महत्-ग्रन्थि उत्तरोत्तर पुष्ट होती जा रही थी। इससे हिन्दू और मुसलमानों में विद्वेष दिनोंदिन बढ़ रहा था। प्रत्येक दृष्टि से जाति का आधार कर्मकाण्ड बनता जा रहा था और बाहरी वेश तथा आचार की विविधता ही सामाजिक स्तर का मूल्यांकन कर रही थी।[1]

मुसलमान धर्म और व्यवसाय को भिन्न मानते थे, परन्तु हिन्दू-समाज में व्यवसाय सामाजिक उच्चता के साथ धार्मिक प्रतिष्ठा का मानदण्ड भी था। वज्रयान और सहजयान की वीभत्स और तामसिक साधना-पद्धति की प्रतिक्रिया में नाथपन्थ उत्पन्न हुआ। वह सामाजिक भेदभावरहित जीवन में सदाचार को महत्त्वपूर्ण मानता था। उनके द्वारा स्थापित नयी सामाजिक व्यवस्था में वेद, मन्दिर और वेशभूषा का महत्त्व न रहा। निम्न वर्ग इससे प्रभावित हुआ, परन्तु इस वर्ग में भाव और बुद्धि का सुसमन्वय न था। अभिनव, समन्वित सहज धर्म उनके लिए आवश्यक था। कबीर के समय भी व्यवहारशुद्धि और विचारशुद्धि दोनों को समान महत्त्व दिया गया। शैव-दर्शन के सिद्धान्तों का पातञ्जल-योग से समन्वय किया गया था। अतः 'योग-भक्ति-समन्वित ज्ञान' सन्त दर्शन का प्राण था। तदनुसार उनकी साधना-पद्धति पर औपनिषदिक दर्शन का प्रभाव पड़ा। निर्गुण ब्रह्म और शिव के अर्थ में निरञ्जन की महिमा थी। तत्कालीन लोकवार्त्ताओं पर भी इसका पर्याप्त प्रभाव लक्षित होता है। कबीर के समय भी व्यापक प्रचार के कारण उत्तर प्रदेश में गोरखपुर में उनका मठ था। तब सबसे अधिक प्रभावशाली नाथपन्थ ही था।

इस प्रकार अनेक परिवर्तनों, विवशताओं और आवश्यकताओं के फलस्वरूप भिन्न-भिन्न विचारों तथा संस्कृतियों से संघर्ष करती हुई प्रजा के जीवन में एक नये प्रकार के समाज का निर्माण होता जा रहा था। बौद्धों के द्वारा लोगों के चित्त पर डाले गये अविश्वास और अनास्था के संस्कारों को मिटाकर कबीर ने सामान्य ईश्वरवाद का विश्वास दिया।

कबीर के समकालीन व्यक्ति– स्वामी रामानन्द के शिष्य होने के नाते कबीर अनेक ऐसे व्यक्तियों के सम्पर्क में आये थे जिनका उनसे भी सम्बन्ध था। शृंगेरीमठ के शंकराचार्य भारती तीर्थ, उनके भाई माधवाचार्य, विद्यारण्य स्वामी, पाचर मुनि, क्षीरेश्वर भट्ट, काशी के विश्वनाथ पण्डित, अयोध्या के हरिसिंह देव के भतीजे, गजसिंह, विजयनगर का राजा बुक्काराय, निजामुद्दीन औलिया, इल्बनूर, तकी, खुसरू, गंगू तथा सेवक जफर आदि के उल्लेख मिलते हैं। इनके अलावा कबीर के सीधे सम्पर्क में आनेवाले या उनसे प्रभावित व्यक्तियों के द्वारा कबीर के विषय में दिये गये अभिप्रायों से भी अपने जीवन-काल में उनको प्राप्त लोकप्रियता का और उनके सन्त रूप में प्रसिद्ध होने का प्रमाण भी मिलता है। एक संक्षिप्त विवरण इस सम्बन्ध में एक विशेष दृष्टि देने में उपयोगी होगा -

1. हिन्दी साहित्य कोश - भा॰ 2, पृ॰ 63

(1) सं॰ 1553 वि॰ में गुरु नानक से उनकी भेंट।

(2) सं॰ 1553 वि॰ में सिकन्दर लोदी से उनकी भेंट। तब कबीर 27 वर्ष के थे ऐसा अनुमान है।

(3) स्वामी रामानन्द के शिष्य हुए और उनसे अत्यधिक प्रभावित हुए।

(4) पूरन भगत के वैमात्र बन्धु रिसालू, पीपा, विक्रम भोज और बीसल के भी उसी काल में होने का उल्लेख मिलता है।

(5) रैदास, धन्ना और पीपा ने लिखा है - "कबीर जाति से जुलाहा होते हुए भी भक्ति के कारण मुक्त थे।"

(6) मैथिल कवि विद्यापति (सं॰ 1407-1505) उनके समसामयिक थे।

(7) एक जनश्रुति के अनुसार असम के प्रसिद्ध भक्त शंकरदेव (सं॰ 1506-1625 वि॰) अपनी उत्तरी भारत की द्वादश-वर्षीया तीर्थयात्रा (सं॰ 1540 से 1552 वि॰) के अवसर पर कबीर से मिले थे। उन्होंने कबीर साहब की समाधि के भी दर्शन किये होंगे ऐसा अनुमान है।

(8) राधाबल्लभी सम्प्रदाय के प्रवर्तक हितहरिवंश के शिष्य हरिराम शुक्ल ओड़छा-निवासी थे परन्तु कबीर का यश उन्होंने भी सुना था। उन पर किये गये जुल्म का जिक्र करते हुए उन्होंने लिखा है-

"कबीर सत्य के पुजारी थे। उनके विरुद्ध उनके दुश्मनों ने सुल्तान सिकन्दर लोदी को शिकायतें की थीं। परन्तु 'राजा राम' का दास कबीर लौकिक शासक से डरनेवाला नहीं था। उन्होंने निर्भयतापूर्वक सुलतान का सामना किया। काजी ने उन्हें घोर दण्ड सुनाया कि 'उन्हें हाथ-पाँव बाँधकर गंगा में डुबोकर, आग में जलाकर या हाथी से कुचलवाकर मार डाला जाय' परन्तु कबीर पर किये गये ये अत्याचार निष्फल हुए और वे बच गये।

(9) सन्त-साहित्य में उपर्युक्त घटना का विशेष उल्लेख मिलता है। महात्मा गरीबदास ने लिखा है—

जड़े तौक बेड़ी गले में जंजीर।
लोदी सिकन्दर दई है जु पीर।।
डारे गंगा बीच हुए खड़े।
राखे समर्थ तौक बेड़ी झड़े।।

शायद कबीर की अलौकिक जीवनी का परिचय पाकर ही चन्द्रबली पाण्डे ने लिखा है - "कबीर जिन्द थे," अर्थात् आजाद सूफी थे। उनके सम्पूर्ण जीवन के विविध प्रकार के तथ्यों, अनेकानेक प्रसंगों, उनकी रचनाओं में आद्योपान्त प्रवाहित ज्ञान-भक्तिपूर्ण विचारों और उन सबको मुक्त आत्मा की मस्ती से सजीव, उज्ज्वल और रसमय करनेवाली उनकी प्रतिभा उन्हें एक युग-पुरुष का गौरव प्रदान करती है। उन्होंने अपने निराले फिर भी समयोचित, क्रान्तिकारी परन्तु उपयोगी, कठोर फिर भी कृपा-करुणा की स्निग्धता से सने

हुए विचारों को ठोस रूप प्रदान कर सन्तमत का कायाकल्प कर दिया, उसे सुदृढ़ता और शक्ति से दर्शन की पूर्णता, समग्रता और स्वस्थता प्रदान की। इसी कारण आज भी कबीर मार्गदर्शक के रूप में हमारे हृदय को पवित्रता प्रदान करनेवाले अन्तर्यामी और सम्पूर्ण मानवता के सेवक के रूप में रामभक्ति के आदर्श हैं। कई शताब्दियाँ बीत गयीं परन्तु आज भी वे हमारे बीच में हैं और वैसे ही आनेवाले युगों में अपने बुलन्द स्वर को सुनाते हुए सबके होकर रहेंगे। यही कारण है कि इस महान् विभूति के जीवन को जानने की उत्सुकता, उनके दर्शन को समझकर आत्मसात् करने की लालसा अपरिहार्य हो गयी और उनका सम्पूर्ण व्यक्तित्त्व एक संक्षिप्त रूपरेखा में अपनी पूरी तेजस्विता के साथ उभर आया।

(3) कबीर का आविर्भाव

"कबीर का आविर्भाव जैसे इन राजनीतिक, धार्मिक और सामाजिक परिस्थितियों का एक आग्रहपूर्ण आमन्त्रण था और कबीर ने धर्म और समाज के संघटन के लिए समस्त बाह्याचारों का अन्त करने और प्रेम से समान धरातल पर रहने का एक सर्वसामान्य सिद्धान्त प्रतिपादित किया।"[1]

भारत के इतिहास में अनेक विभूतियों की सुवर्ण-रेखाओं में अंकित जीवनियाँ उपलब्ध होती हैं जिन्होंने काल की गति पर अपने अमिट पदचिह्नों से एक चिरस्मरणीय स्मृति के साथ अपने जीवन के वैभव को बिखेरा है, जो संस्कृति के महान् स्तम्भ बने हैं, जो शलाका-पुरुष का गौरव प्राप्त कर चुके हैं, जिन्होंने जंगल में भी मंगल मनाया है, जिन्होंने अपने सब अभावों को पूर्णता की सीमा बना दिया है। कबीर भी ऐसी ही एक महान् विभूति थे।

आज कबीर स्मरणीय इसलिए हैं कि "परम्पराओं के उचित संचयन तथा परिस्थितियों की प्रेरणा में उन्होंने ऐसे विश्वधर्म की स्थापना की जो जनजीवन की व्यावहारिकता में उतर सके और अन्य धर्मों के प्रसार में समानान्तर बहते हुए अपना रूप सुरक्षित रख सके। वह रूप सहज और स्वाभाविक हो तथा अपनी विचारधारा में सत्य से इतना प्रखर हो कि विविध वर्ग और विचारवाले व्यक्ति अधिक-से-अधिक संख्या में उसे स्वीकार कर सकें और अपने जीवन का अंग बना सकें।

"कबीर शास्त्रीय ज्ञान की अपेक्षा अनुभव ज्ञान को अधिक महत्त्व देते थे। उनका विश्वास सत्संग में था। उन्होंने अद्वैत से तो इतना ग्रहण किया कि 'ब्रह्म एक है, द्वितीय नहीं।' जो कुछ दृश्यमान् है, वह माया है, मिथ्या है। उन्होंने माया का मानवीकरण कर उसे कंचन और कामिनी का पर्याय माना और सूफीमत के शैतान की भाँति पथभ्रष्ट करनेवाली समझा। उनका ईश्वर एक है जो निर्गुण और सगुण से भी परे है। वह निर्विकार और अरूप है। उसे मूर्ति और अवतार में सीमित करना ब्रह्म की सर्वव्यापकता का निषेध करना है। इस निराकार ब्रह्म की उपासना योग और भक्ति से की जा सकती है।"[2]

---

1. हिन्दी साहित्य कोश-भा0 2, पृ॰ 63
2. हिन्दी साहित्य कोश-भा0 2, पृ॰ 63

कबीर की इस देन को उनके परवर्ती प्रायः सभी सन्तों ने स्वीकार किया है। इसी कारण उन्हें बहुत-से लोग 'आदि सन्त' कहते हुए भी पाये जाते हैं। कबीर अपने-आपमें अनोखे, विरल और असाधारण होते हुए भी महापुरुषों की परम्परा में जीवित हैं जिन्होंने अपने समय के प्रति भक्तिपूर्वक अपना उत्तरदायित्व निभाया है।

कबीर के आविर्भाव के समय सामाजिक, धार्मिक और राजनीतिक क्रान्तियाँ अपने चरम शिखर पर थीं। राजनीति की परिस्थितियों में कोई स्थिरता नहीं थी। न राजवंश स्थिर था न राजनीति निश्चित थी। आकस्मिक राजपरिवर्तन की सम्भावना हमेशा बनी रहती थी। सरकार जनता पर मनमाना अत्याचार करती थी। ऐसी स्थिति में जनता की राजवंश या राजनीति में आस्था न रही। एक ओर प्रजा ऐसी असहाय और दूसरी ओर कबीर का आविर्भाव। इस घटना को दैवी संयोग ही कहना पड़ेगा।

जन्म, माता-पिता और नामकरण

कबीर के जन्म का प्रसंग उनके व्यक्तित्व की असाधारणता के कारण असाधारण हो गया प्रतीत होता है। बरसों से उनके जन्म की घटना में जो अलौकिक चमत्कार के तत्त्वों से आकर्षण भर दिया गया है, वह स्वतन्त्र रूप से देखा जाय तो श्रद्धास्पद नहीं हो सकता परन्तु कबीर के व्यक्तित्व के प्रकाश में श्रद्धालु जनता उन्हें स्वीकार करने के प्रलोभन को नहीं छोड़ पाती।

'रामानन्द दिग्विजय' ग्रन्थ में लिखा गया है कि कोई आकाशगामी देवता अपनी प्रिया के विरह से व्याकुल था। उसके वीर्यस्खलन से काशी के 'लहरतारा तालाब' में कमल के पत्ते पर एक बालक उत्पन्न हो गया। वह कबीर था। इस घटना में तात्पर्य है— "कबीर कोई दैवी जीव थे, असाधारण व्यक्तित्व रखते थे और जन्म से ही जलकमलवत् असंग रहते थे।"

एक किंवदन्ती के अनुसार ज्योतिर्मठ के अधिष्ठाता और 'प्रतीची' नामक देवांगना के संयोग से सं॰ 1355 वि॰ ज्येष्ठ पूर्णिमा को प्रह्लाद ने कबीर के रूप में अवतार ग्रहण किया। नीरू-नीमा जुलाहा-दम्पति को बाल-कबीर लहरतारा तालाब पर मिला। वे उसे अपने घर ले लाये, उसे पाल-पोसकर बड़ा किया। वें मोमिन के पास इस बालक को आशीर्वाद के लिए ले गये। मोमिन को इस बालक में दिव्यता की झाँकी मिली। उन्होंने उसका नाम 'कबीर' रखा और उससे पूछा - "तेरे माता-पिता कौन हैं?" कबीर बोले - "मैं दिव्या के जठर से उत्पन्न स्वामी वीरानन्द का पुत्र हूँ।"

एक सूचना के अनुसार कबीर का जन्म एक विधवा ब्राह्मणी की हथेली से हुआ था। अतः वे 'कबीर' थे और उनका नाम कबीर पड़ा।

एक अन्य किंवदन्ती बताती है कि काशी के लहरतारा तालाब में खिले कमल के फूल पर आकाश से एक महापुरुष उतरा और वह शिशु हो गया।

ऐसी एक घटना का प्रचार भी है कि स्वामी रामानन्द ने किसी युवती विधवा ब्राह्मणी को अनजान में 'पुत्रवती भव' का आशीर्वाद दिया था। उनके चरणों में नतमस्तक स्त्री का घूँघट में

ओझल मुख वे देख न पाये थे, अन्यथा वे ऐसा आशीर्वाद क्यों देते? उनको जब बताया गया कि 'यह तो विधवा है और आपके आशीर्वाद कभी निष्फल नहीं होते। इस स्थिति में क्या होगा?' तब स्वामी रामानन्द ने कहा - "इसे एक महान् प्रतापी और मेधावी प्रभुभक्त बालक होगा और लोक में उसका यश फैलेगा। इसलिए चिन्ता का कोई कारण नहीं है।" फिर भी बालक का जन्म होने पर लोकापवाद से डरकर उसका त्याग कर दिया गया और लोग न जाने वैसे गुपचुप उस बालक को कपड़े में लपेटकर लहरतारा तालाब के किनारे छोड़ आये। वे लुभावने सुखद भविष्य के प्रलोभनवश कल्पना के सहारे जीवित रहने की अपेक्षा वर्तमान के ठोस यथार्थ की कटुता से अपनी रक्षा करने में अधिक विश्वास करते थे।

अहमदशाह के विचारानुसार कबीर के वास्तविक पिता का नाम स्वामी अष्टानन्द है जिन्होंने कबीर की ज्योति को सर्वप्रथम देखा था और स्वामी रामानन्द को उसकी सूचना दी थी, परन्तु हिन्दू-प्रथाओं के भय से कबीर की माता को अपनी पत्नी के रूप में स्वीकार नहीं किया।

इस प्रसंग से जो तथ्य सामने आता है, उससे मालूम पड़ता है कि पिता मुसलमान और माता हिन्दू होगी। उन दोनों के प्रेम-सम्बन्ध का फल कबीर था, परन्तु धर्म, नीति, समाज, जाति आदि के कठोर बन्धनों के कारण सच्चाई कभी प्रकट न हो पायी। उनके प्रेम में साहस का वह बल भी न था कि अपने बालक को किसी भी कीमत पर अपने आश्रय में रख लेते और जन्मते ही अलग न करते। लौकिक वासना का यह परिणाम था कि कबीर जन्म से ही अनाथ हो गये और यह कबीर के असाधारण जीवन का चमत्कार था कि सूतपुत्र कर्ण की भाँति उसे भी नीरू और नीमा-जैसे वत्सल जुलाहा माता-पिता का आश्रय मिला। मानो उनके माध्यम से परमात्मा ने ही कबीर को छत्रच्छाया दी।

ऐसा भी वर्णन मिलता है कि कबीर किसी का दूध न पीते थे। अतः इस बात की सूचना पाकर आयुर्वेद के जानकर, स्वामी रामानन्द ने अनन्तानन्द को गुप्त रीति से भेजकर 'सुधामुची' बूटी बालक को चूसने के लिए दी। फिर तो पड़ोसिन कर्मा देवी का तथा गाय का दूध भी वह बालक पीने लगा।

रामानन्द सम्प्रदाय की सामूहिक अवतार की मान्यतानुसार कबीर प्रह्लाद के अवतार थे। उनका जन्म चैत्रसुदी मंगलवार, मृगशिरा नक्षत्र, शोभन योग, सिंह लग्न में हुआ। वे तीर्थक्षेत्र वास में रत थे, वेदान्तशास्त्र में निष्ठावाले और रामानन्द के सेवक थे।

जुलाहा वंश में कबीर के जन्म की एक चमत्कारपूर्ण परन्तु युक्तिसंगत कथा प्राप्त होती है - "किसी कारणवश पीपा की स्त्री सती ने विजयनगर की भूमि को शाप दिया कि यहाँ के लोग कताई-बुनाई का व्यवसाय छोड़ देंगे और वे सब दरिद्र हो जायेंगे। स्वामी रामानन्द उस समय वहीं अपने भक्तों के साथ यात्रा को गये हुए थे। उन्होंने अपने भक्त द्वारा दिये गये इस शाप के निवारणार्थ स्वामी विद्यारण्य और विजयनगर के राजा के आग्रह को देख समाधान करते हुए कहा— "इस समुद्र तट पर गोरा वणिक् समाज आकर इस देश को करघे-चरखे से हीन करके कंगाल कर देगा। तब कबीर की ज्योति वणिक् कुल में 'मोहनदास' के नाम से उतरकर 'राम नाम' के प्रचार के साथ ही करघे-चरखे का प्रसार कर इस देश का उद्धार करेगी।"

कबीर के गौरव में अभिवृद्धि करनेवाली इन चमत्कारपूर्ण किंवदन्तियों का मनौवैज्ञानिक अध्ययन करने पर कुछ ठोस तथ्य अवश्य उपलब्ध होते हैं जो कबीर के व्यक्तित्व को समझने में सहायक सिद्ध होते हैं -

(1) कबीर के जन्म के संस्कारों में हिन्दुत्व का बीज था, जो आगे चलकर अंकुरित हुआ और ज्ञान तथा भक्ति के रूप में फलित हुआ।

(2) कबीर के व्यक्तित्व की दिव्यता से प्रमाणित होता है कि किसी सन्त के कृपा-प्रसाद के रूप में उनका जन्म हुआ था।

(3) कबीर के वास्तविक माता-पिता के प्रेम-सम्बन्ध में सामाजिक मर्यादा ने बन्धन लगाया, इसी से उनके जन्म प्रसंग ने एक अयाचित आकस्मिक दैवी घटना का स्वरूप धारण कर लिया।

(4) धर्म के आडम्बर में जारज सन्तानों के प्रति मानव-सहज सहृदयता का नितान्त अभाव होने से निष्ठुरतापूर्वक उन निरीह बालकों को जन्मते ही निराधार और माँ-बाप के वात्सल्य से वंचित होना पड़ता था, जो किसी भी नवजात शिशु का प्रकृति प्रदत्त जन्मसिद्ध अधिकार होता है। बालक के स्वस्थ व्यक्तित्व-निर्माण में उसके जन्म-समय पर उसका किया गया प्रेमपूर्ण स्वागत महत्त्व रखता है। उसको स्वीकार करने की माता-पिता की इच्छा-अनिच्छा उसके जन्म के प्रथम क्षण को प्रभावित करती है। उस समय सुरक्षित स्थान से वह प्रकृति द्वारा बाहर के वातावरण में फेंक दिया जाता है, जहाँ उसके स्वागत की तैयारी के अभाव में भय, असहायता, उपेक्षा आदि अनेक सुकुमार संवेदनाओं के आघात उसे सहने पड़ते हैं। अत्यन्त नाजुक शिशु-चित्त पर इसकी कैसी विपरीत प्रतिक्रियाएँ होती होंगी, यह तो उसके चरित्र से ही भविष्य में जाना जा सकता है। यह एक गम्भीर समस्या है। कर्म-सिद्धान्त की दृष्टि से भी यह एक असंगत न्याय प्रणाली है कि माँ-बाप के पाप का दण्ड बालक को भोगना पड़ता है।

कबीर को भी यह दण्ड तो समाज से मिला, परन्तु प्रभुकृपा और गुरुकृपा के प्रताप से उनके सारे अभाव भर गये। प्रश्न उन अवैध बालकों का है जो जन्म लेकर माता-पिता का वात्सल्य, गुरुकृपा और प्रभुकृपा— इन तीनों से वंचित रहते हैं। यदि वे समाज के हितशत्रु हो जायँ तो दोष किसको दिया जाय ? कबीर के प्रति वास्तव में हम सब कृतज्ञ हैं जिसने सम्पूर्ण मानव जाति के उद्धार का मंगल कार्य किया। समाज के प्रति वैर-विरोध पालनेवाले अवैध बालकों से जिस भारी अनिष्ट का खटका होता है, उसकी तुलना में श्रेयस्कर यही होगा कि उनका प्रेमपूर्वक स्वागत कर उन्हें स्नेह की छत्रच्छाया देकर निर्भय और आश्वस्त किया जाय।

(5) सम्भव है, किसी हिन्दू स्त्री पर किसी मुसलमान पुरुष का बलात्कार हुआ होगा और समाज-भय से पुत्र का जन्म भी गुप्त रखा गया होगा तथा इसी कारण माँ उसे छोड़ने को विवश रही होगी। समाज में स्वीकृत-स्थापित नैतिकता के पालन से ही संस्कृति सुरक्षित रहती है और उसमें विघ्नकर्त्ता तत्त्वों का परिहार अनिवार्य हो जाता है। महान् संस्कृति के निर्माण-निर्वाह में बलिदान का रूप कैसा गम्भीर हो सकता है, उसका यह ठोस दृष्टान्त है।

इन सारे तथ्यों के प्रकाश में कबीर के व्यक्तित्व का अध्ययन स्पष्ट हो जाता है। सांसारिक सम्बन्धों के प्रति विरक्ति, एकमात्र गुरु में और परमात्मा में अडिग श्रद्धा, सांसारिक कर्म में अरुचि, हिन्दू-मुसलमान में भेद-भाव के प्रति असहिष्णुता और उनमें एकता के प्रयत्न, धर्म की जड़ रूढ़ियों पर प्रहार, जाति से मुसलमान होने पर भी वेदान्त में प्रवेश आदि अनेक बातें आकस्मिक चमत्कार या अकारण न थीं। उनके संस्कारों का वह प्रकट कार्य था।

जन्मस्थान और समय

कबीर के जन्म समय के निर्णय में कुछ तथ्य अन्तःसाक्ष्य के रूप में तो कुछ बाह्यसाक्ष्य के रूप में उपलब्ध होते हैं—

(1) डॉ॰ रामकुमार वर्मा के अनुसार कबीर का जन्म सं॰ 1455 वि॰ में हुआ।

(2) श्री ब्रह्मदत्त शर्मा ने उनका जन्म सं॰ 1456 वि॰ ज्येष्ठ पूर्णिमा माना है।

(3) रवीन्द्रनाथ ठाकुर ने Poems of Kabir में कबीर का जन्म सन् 1440 और जन्मस्थान काशी बताया है।

कुछ अन्तःसाक्ष्य बताते हैं—

(1) गुरु परसादी जै देव नाभा, भगति के प्रेम इन्हहि है जाना।

—क॰ ग्रं॰ श्यामसुन्दर दास

कबीर जयदेव और नामदेव के परवर्ती थे, यह कबीर की उक्ति से स्पष्ट है।

(2) काशी में हम प्रगट भये हैं, रामानन्द चेताये।

(3) संवत् बारह सौ पाँच में ज्ञानी कियो विचार।
काशी में परगट भयो, शब्द कहो एकसार।।

(4) जेठ सुदी बरसायत को पूरनमासी प्रगट भये।

(5) 'गुरुदेव', 'परचा', 'उपजणि' आदि अंगों में ऐसे संकेत हैं कि 'काशी में उनका प्रकट होना,' 'सत्पुरुष का तेज लहरतारा में उतरना,' 'तीस बरस तै चेतन भयो।' इससे उनका जन्मकाल सं॰ 1425 वि॰ और प्रबुद्ध होने का समय सं॰1455वि॰ प्रमाणित होता है।

जाति

काशी उनके जन्मस्थान के रूप में सर्वस्वीकृत है। उसी प्रकार उनके पालक माता-पिता की जाति का अनुसन्धान इस तथ्य पर प्रकाश डालता है कि मूल में उनका सम्बन्ध भी एक-दो पीढ़ी पूर्व हिन्दू वंश से ही था, परन्तु किसी कारणवश धर्मान्तर होने से जाति भी परिवर्तित हो गयी।

ब्रह्मवैवर्त पुराण के ब्रह्मखण्ड के दसवें अध्याय में बताया गया है कि 'जुलाहा' जाति की उत्पत्ति 'म्लेच्छ' पिता और 'कुविन्द' माता से हुई है। इस जाति को 'जोला' भी कहते हैं। कबीर जिस कुल में पले, उस कुल का सम्बन्ध 'कोरी' जाति से था। यह कोरी जाति नाथपन्थ से प्रभावित थी।

नाथपन्थ से प्रभावित और जुलाहे का व्यवसाय करनेवाली 'जोगी' जाति से भी कबीर के कुल का सम्बन्ध ज़ोड़ा गया है। 'जोगी' आश्रमभ्रष्ट गृहस्थों की जाति थी। भारत के उत्तर-पूर्व विस्तार में इस जाति का निवास था। 'जोगी' जाति के जो लोग जुलाहे का व्यवसाय न करते थे वे गोरखनाथ और भरथरी के नाम पर भीख माँगकर अपनी जीविका चलाया करते थे।

हिन्दू समाज की दृष्टि में यह जाति नीच और अस्पृश्य मानी गयी थी। इसी की प्रतिक्रियास्वरूप एक तो वे मुसलमानों के सम्पर्क में आने पर मुसलमान होते गये अतः अवतारवाद में उनकी आस्था न रही। दूसरी ओर ब्राह्मणों की श्रेष्ठता के प्रति उन्होंने अपनी अस्वीकृति भी जाहिर की। वे जाति-भेद को महत्त्व न देते थे। पंजाब, संयुक्त प्रदेश, बिहार और बंगाल में फैली इस जाति के कई वर्गों ने सामूहिक रूप से मुसलमानी धर्म अंगीकार किया था। इसी धर्मान्तरित जाति में कबीर का पालन-पोषण हुआ था।

हिन्दू समाज में कभी आश्रमभ्रष्ट योगी और संन्यासियों को आदर नहीं मिला, बल्कि तिरस्कार ही मिला। सन्त 'ज्ञानेश्वर' का जीवन इसका प्रत्यक्ष प्रमाण है। संन्यास के पश्चात् गृहस्थाश्रम में प्रवेश करनेवालों की सन्तति नीच और अस्पृश्य मानी गयी। फिर भी यह एक सामाजिक घटना है। इतिहास के प्रमाण को प्रस्तुत करती हुई गोसाईं, वैरागी, अतीत, साधु, जोगी और फकीर जातियाँ उत्तर भारत में तथा आण्डी, दासरी और पानिसवन जातियाँ दक्षिण भारत में आज भी अपने संस्मरणों को जीवित रख रही हैं।

इस प्रकार आश्रम और वर्ण की मर्यादा से वियुक्त गृहस्थ जोगी जाति अपनी निकृष्टता के लिए प्रसिद्ध है तो साधक योगी अपने शुद्ध धर्माचरण और वैराग्य के कारण श्रेष्ठता के लिए प्रशंसनीय हैं।

विडम्बना यह है कि वेद-स्मृति-शासित हिन्दू-समाज से बहिष्कृत जिस आश्रमभ्रष्ट जाति ने बौद्ध धर्म के प्रभाव में आकर ब्राह्मणों की श्रेष्ठता का विरोध किया, वह अब अपने को ब्राह्मणत्व से दीक्षित करने का प्रयत्न कर रही है, इतना ही नहीं, स्वयं को ब्रह्मा के मस्तक से उत्पन्न बताकर ब्रह्मा के मुख से उत्पन्न ब्राह्मणों से भी बढ़कर अपनी श्रेष्ठता की स्थापना के लिए वह प्रयत्नशील है। इस प्रकार पुनः हिन्दू जाति में अपने को आत्मसात् करने का वह प्रयत्न कर रही है। फिर भी उनके जाति-लक्षण गृहस्थ और संन्यासियों के लक्षणों का मिला-जुला रूप है।

रैदास ने "कबीर की जाति में गोवध होता था" ऐसा उल्लेख कर इस तथ्य को प्रस्तुत किया है कि वे जोलाहा थे। आचार्य हजारीप्रसाद द्विवेदी का अनुमान कबीर को योगी जाति का निश्चय करने में सत्य के बहुत समीप प्रतीत होता है। "कबीरदास जिस जुलाहा जाति में पालित हुए थे, वह एकाध पुश्त पहले के योगी-जैसे किसी आश्रमभ्रष्ट जाति से मुसलमान हुई थी या अभी होने की राह में थी।"

कबीर मुसलमान थे ? इसके उत्तर में भक्तमाल के प्रसिद्ध टीकाकार ने बतलाया है कि जब आकाशवाणी हुई कि "कबीर! तुम स्वामी रामानन्द के शिष्य बन जाओ" तब कबीर बोले—

'देखे नहीं मुख मेरो मानि के म्लेच्छ मोको।'

एक अन्य प्रसंग में वर्णन है कि "तत्त्वा और जीवा नामक दो दक्षिणी पण्डितों ने कबीर का शिष्यत्व स्वीकार किया। तब वे अपनी जाति से बहिष्कृत कर दिये गये। उन्हें अपनी कन्या के विवाह की समस्या थी। कबीर से उन्होंने सलाह माँगी तब उन्होंने परामर्श दिया— "दोउ तुम भाई करौ आपु में सगाई।"

इन प्रसंगों से कबीर का मुसलमान जाति में पैदा होना या पलना और उनके चित्त पर मुसलमानी संस्कारों का प्रभाव पड़ना स्पष्ट है। मुर्दों को दफनाना, अल्लाह द्वारा ही एक नूर का पैदा हो जाना ये उनके विचार भी मुसलमानी प्रभाव की ओर संकेत करते हैं।

कबीर की जाति-विषयक इस भारी ऊहापोह का उपसंहार करते हुए आचार्य द्विवेदी ने अपना मत दिया है कि कबीर सबसे न्यारे थे। हिन्दू, मुसलमान, योगी, गृहस्थ, साधु, वैष्णव सब थे भी और कुछ भी नहीं थे। कबीर भगवान् के नृसिंहावतार की मानव-प्रतिमूर्ति थे। वे असम्भव परिस्थितियों के मिलन-बिन्दु पर खड़े थे।[1]

'कबीर' शब्द जातितः हीनता का बोधक है। मूल शब्द है 'कीब्र'। 'कीब्र' 'कबीर' हो गया है। कबीर गौरव, महत्त्व और बड़प्पन का सूचक है।

पारिवारिक जीवन और शिक्षा

माता-पिता– कबीर के पालक पिता 'बडु गोसाईं' के नाम से अपनी जाति में प्रतिष्ठित व्यक्ति थे। उनका असली नाम 'नीरू' था। उनका व्यवहार कबीर के प्रति अत्यन्त स्नेहपूर्ण था। उसने अपने जीवनकाल में कभी कबीर को किसी बात के लिए टोका नहीं था, बल्कि बचपन से ही अपनी तेजस्विता का परिचय देनेवाले एक बालक पर मानो नीरू फिदा-फिदा हो जाता था परन्तु जाति और व्यवसाय से हीन, अशिक्षित और संस्कारों से निकृष्ट नीरू चाहते हुए भी अपने लाडले बेटे के लिए किसी प्रकार की शिक्षा-दीक्षा की व्यवस्था न कर पाया। उसने उसे अपना जुलाहे के व्यवसाय का कौशल जरूर सिखाया और बुना कपड़ा ले जाकर बाजार में बेचने की विद्या भी दी।

यह सब करते हुए बालक कबीर के मन में विद्या-प्राप्ति की लगन थी। इस जोगी जाति के लिए कोई अलग या स्वतन्त्र पाठशाला न थी। मुसलमानों के मदरसे में उन्हें प्रवेश न मिला, क्योंकि वे शुद्ध मुसलमान न थे, और हिन्दुओं की पाठशाला में भी शुद्ध हिन्दू न होने के अपराध में प्रवेश के अधिकारी न माने गये। परिणाम यह हुआ कि कबीर को लिखने-पढ़ने का सौभाग्य कभी न मिला। यह था वर्णसंकर और वर्णाश्रमभ्रष्ट जातियों को दुर्भाग्यवश अपने समय से मिला अभिशाप।

कबीर की वाणी में कटुता-कठोरता का विस्फोट इस अभिशाप की ही प्रेरणा होगी, परन्तु हिन्दुओं और मुसलमानों के धार्मिक त्योहार, विभिन्न उत्सव, उनके धर्मग्रन्थों के विषय आदि को जानने-समझने की उनकी उत्सुकता बढ़ती गयी। अपने मन के समाधान के लिए दोनों धर्म के सन्तों और फकीरों का सत्संग उन्होंने किया। यह सब करते हुए भी उनके अपने अवचेतन में दबे-छिपे हिन्दू-संस्कार अज्ञात रूप से उन्हें हिन्दू-समाज में प्रवर्तित ज्ञान और भक्ति की ओर प्रेरित करते रहे।

---

1. कबीर - आचार्य हजारीप्रसाद द्विवेदी - पृ० 181

उन्हें जब हित-अहित का लौकिक दृष्टि से विवेक भी प्राप्त न था, उन्होंने साधु-संग का आनन्द लूटना प्रारम्भ कर दिया था। यह देख उनकी माता अत्यन्त खिन्न हो उठतीं। जब कबीर ने तुलसी की माला धारण कर अपने को वैष्णव-संस्कार से दीक्षित किया, तब तो उनकी माता ने उन्हें 'निपूता' कहकर उनकी घोर भर्त्सना की। पिता की मृत्यु का दोष अज्ञानी माता ने कबीर पर आरोपित किया— "तेरे सत्संग का यह फल है कि परिवार में यह दुःख आया।" माता की इस विपरीत मति को देख कबीर खिन्न हो उठे, परन्तु अपने निश्चय में दृढ़ रहे और साधना-मार्ग में आगे बढ़ते रहे।

उन्होंने कोरे बाह्याचार की निरर्थकता बतायी है, परन्तु आचार-शुद्धि उन्हें अतिशय प्रिय थी। वे हृदय से पवित्र आचरण करते थे। इसीलिए हिन्दू-वातावरण से ग्रहण किये संस्कारों के अनुरूप उनका व्यवहार उनके चरित्र को ब्राह्मणत्व की श्रेष्ठता दे सकता है। उनकी विचारधारा हिन्दू भावनाओं से इतनी अधिक ओत-प्रोत थी कि वे नित्य नयी हाँड़ी में भोजन बनाना और चौका पोतवाना पसन्द करते थे। दिन-रात वे 'राम-राम' जपते रहते थे। वे भगवत्स्मरण, सत्संग तथा साधुसेवा में इतने तल्लीन रहते थे कि उन्हें अपनी आजीविका की प्राप्ति का खयाल भी छूट जाता था। उनकी ऐसी उदासीनता देखकर उनकी माता अतिशय चिन्तित होकर दुःखद भविष्य की कल्पना से ही विचलित हो जाती थीं। माता को रोती हुई देखकर वे उसे आश्वासन देते कि "जो भगवान् सारी सृष्टि का पालन-पोषण करते हैं, वे हमें क्यों भूल जायेंगे?" संसारी चित्तवृत्तिवाले लोगों की निन्दा कर वे माता को परमार्थ-पथ पर चलने का उपदेश करते थे, परन्तु माता को तो उसके वैष्णव-संस्कारों के प्रति भी रोष था। वे इन सब बातों को अपने कुलधर्म के विपरीत बतातीं और कबीर को हमेशा कुछ-न-कुछ भला-बुरा कहती रहतीं। परिणाम यह होता कि कबीर अधिकाधिक घरेलू व्यवहार और पारिवारिक सम्बन्धों से हटते गये और माता की विरोधी भावना भी बलवती होती गयी। उसी से माता का निधन होने पर वे बोल उठे—

मुई मेरी माई हउ खरा सुखाला।

शिक्षा– सार्वजनिक शिक्षा-क्षेत्र में प्रवेश के अधिकार से वंचित इस बालक की शिक्षा-दीक्षा भी दिव्य थी। बचपन में ही 'राम' नाम को जीवन का सार मान लेनेवाले कबीर के लिए कहा गया—

पाँच बरस के जब भये, कासी माँझ कबीर।
गरीबदास अजब कला ज्ञान ध्यान गुन सीर।।

पाँच वर्ष की वय में ही सर्वज्ञान-सम्पन्न हो जाने की बात अतिशयोक्तिपूर्ण अवश्य हो सकती है, परन्तु इससे उनकी मर्मवेधिनी दृष्टि, सहज ज्ञानानुभूति और भगवद्-प्रेरणा से इन्कार नहीं किया जा संकता। उनका ज्ञान ग्रन्थों से गृहीत उधार का ज्ञान था तोते की रटन्त न था, श्रवण, मनन और निदिध्यासन का परिणाम था।

अनुभूतिजन्य ज्ञान में उनका विश्वास था। उनका सम्पूर्ण विद्याध्ययन मात्र 'राम' मय था और शास्त्र से अधिक प्रामाणिक था—

कबीर पढ़िया दूरि करि पुस्तक देइ बहाइ।
बावन आषर सोधि करि ररै ममै चित लाइ।।

— क॰ग्र॰पृ॰ 38

इस प्रकार उनकी शिक्षा का स्वरूप पूर्णतः आध्यात्मिक रहा। स्वमुख से उन्होंने यह कहा भी है—

(1) मसि कागद छूओ नहीं, कलम गही नँहिं हाथ।

(2) विदिया न पढ़उ, वादु न जानउ।

(3) ढाई अच्छर प्रेम का पढ़े सो पंडित होय।

शास्त्रों के विरोध में पाण्डित्य का प्रमाण-पत्र और मानदण्ड प्रदान करनेवाले कबीर की वाणी में अनुभव का बल है।

कबीर के जीवन के लौकिक पक्ष का विवरण अत्यन्त संक्षिप्त और वह भी अधिकांश में अनुमान से प्राप्त है। उनके आध्यात्मिक जीवन का स्वरूप समझने के लिए उनके गुरु स्वामी रामानन्द की चर्चा, अन्य धर्म और दर्शन-सम्बन्धी विचारधाराओं का विशद विवेचन और उनसे कबीर का सम्बन्ध अपने-आपमें एक स्वतन्त्र विषय है। आगे इन विषयों की चर्चा यथास्थान की जायगी जो उनके व्यक्तित्व की रूपरेखा प्रस्तुत करने में सहायक है।

पत्नी– उल्लेख मिलता है कि कबीर की दो पत्नियाँ थीं, एक 'लोई' और दूसरी 'रामजनिया'। उनकी प्रथम पत्नी कर्कशा और कुलक्षणी थी। उसकी ओर से कबीर को अपनी साधना में अनेक विघ्न-बाधाएँ मिलती रहीं, परन्तु कबीर को वैराग्य कराने में वे भी साधन बने। उसके कालकवलित होने पर दूसरी पत्नी की ओर से उन्हें पूरा सहयोग मिला। इस विवाह के सम्बन्ध में एक प्रसंग प्रसिद्ध है—

'लोई' वनखण्डी वैरागी की पालिता कन्या थी। गंगास्नान के समय उन्होंने किनारे पर लोई में लपेटी एक बालिका देखी और उसे उठाकर अपने घर ले गये, उसको पाल-पोसकर बड़ा किया। दुलार में उन्होंने उसका नाम भी 'लोई' ही रखा। उसका असली नाम धनिया था।

जब वैरागी की मृत्यु हुई, तब लोई को आश्वासन देने के लिए कबीर उसकी कुटिया पर गये। उस समय वहाँ अनेक साधु-सन्त भी आते-जाते रहते थे। लोई ने सबको दूध पीने के लिए दिया। तब कबीर ने अपना दूध यों ही छोड़ रखा। लोई ने उनसे दूध न पीने का कारण पूछा,तब कबीर ने कहा— 'गंगापार से साधू आ रहे हैं, उनके लिए यह सुरक्षित रखा है।'

यह सुनकर लोई को आश्चर्य हुआ। उसे कहीं कोई दिख नहीं रहा था। कुछ समय बीतने पर सचमुच साधु आये। इसी प्रसंग पर लोई को कबीर की सिद्धि का परिचय मिला और उसने स्वेच्छा से कबीर से विवाह करने का निश्चय किया। लोई को कबीर में पूर्ण श्रद्धा थी, इसलिए विवाह के बाद उसने कबीर की सत्संग एवं साधु-सेवा की प्रवृत्ति में पूरा सहयोग दिया। साधु-सन्तों ने उसकी ईश्वर प्रीति को देखकर ही उसका नाम रखा 'रामजनिया'।

स्त्री स्वभाव से गृहिणी धर्म का पूरी तन्मयता और तत्परता से पालन करनेवाली होने के कारण वह अक्सर व्यवसाय की सफलता पर भी प्रथम महत्त्व देती है। पति जब पूर्ण विरक्त हो, तब पत्नी वैराग्यभाव रखनेवाली होकर भी कुछ विचलित हो ही जाती है। इसलिए व्यवसाय के प्रति उदासीन कबीर को वह बार-बार कर्त्तव्य की याद दिलाती। यह कबीर को पसन्द न था।

इस प्रसंग पर उनकी दो पत्नियों का रहस्य समझना आवश्यक है। इस प्राप्त विवरण से एक बात निश्चित होती है कि उनकी एक ही पत्नी थी और उनके नाम तीन थे - पालक पिता द्वारा 'धनिया' नामकरण हुआ और उसे 'लोई' दुलारवश कहते रहे। साधुओं ने उसे प्रसन्न होकर 'रामजनिया' कहकर उसके भक्त-हृदय की सराहना की। यदि कबीर के द्वारा दो पत्नियों का उल्लेख मान लिया जाय, तो वह अध्यात्मपरक व्याख्या से स्पष्ट होता है और भ्रान्ति का निवारण कर देता है। कबीर ने माया याने सांसारिक चित्तवृत्ति को जीव की पत्नी कहा है जो साधना में बाधा डालती है और श्रद्धा उसकी दूसरी पत्नी है जो परमात्ममिलन में सहायक है इसलिए कबीर की दो पत्नी-विषयक अटकलबाजी छोड़कर एक पत्नी का होना ही प्रामाणिक तथ्य रूप में स्वीकार करना चाहिए।

कबीर की लापरवाही से चिन्तित होकर लोई उन्हें सावधान करती— "ऐसी लापरवाही से कमाई कैसे होगी ? ताने-बाने के सारे साधन बिखरे पड़े हैं। किसी चीज का कोई ठिकाना नहीं है। यह धन्धा न चला तो पैसा कहाँ से आवेगा ? इन साधुओं के पीछे इतने पैसे क्यों लुटा देते हो?" कई बार वह व्याकुल होकर अपने दरवाजे पर आनेवाले साधुओं को भी कोसती। कबीर को पिता से जो धन मिला था, वह उन्होंने साधु सेवा में खर्च कर दिया था। नित्यप्रति घर पर दो-चार साधुओं का खाना-पीना-ठहरना बना ही रहता।

कबीर के मन पर किसी आपत्ति-विपत्ति का असर न होता था। वे तो लोई से कहते— "मेरा जनम क्या नोन-तेल-लकड़ी जुटाने में ही बीतेगा ? मेरा-तुम्हारा कोई सम्बन्ध नहीं है।"

लोई ने समझ लिया कि 'इस फक्कड़ बाबा की सेवा के लिए ही भगवान् ने यह सम्बन्ध जोड़ा है।' वह स्वयं पति के व्यवसाय को जारी रखने के लिए काफी परिश्रम करती। उपयोगी औजार या तो अस्त-व्यस्त मिलते या निकम्मे। धीरे-धीरे व्यवसाय में शिथिलता आती गयी और पूरा संघर्ष करने के बाद भी उसे व्यवसाय बन्द कर देना पड़ा।

उस समय उसका रोना-कलपना पत्थर को भी द्रवित कर दे ऐसा करुण होता था— "पानी कम हो जाने से करघे के तागे टूटे जा रहे हैं। कूच फूल गया है, उस पर फफूँदी चढ़ गयी है। हत्था खरीदते समय कितने सारे पैसे लगाये थे और वह कितना अच्छा काम देता था। अब तो वह पुराना पड़ गया है, किसी काम का न रहा। ऐसी स्थिति में वे तरी और नरी भी किस काम के रह गये हैं?"

फिर भी कबीर पर प्रभु प्रेम का ऐसा नशा छाया था कि वे अपने को सँभाल न पाये और किसी भी लौकिक व्यवहार के योग्य स्वयं को बना न पाये। बाल-बच्चों के लिए भी वे पेट-भर भोजन जुटा देने में असमर्थ रहे। उन्होंने तो व्यवसाय छोड़कर अपने शरीर पर 'राम' नाम लिख लिया—

तनना बुनना सभु तज्यौ कबीरा।
हरि का नाम लिखि लियौ सरीरा।।

पत्नी से प्रेम दीवाना कबीर कहता— "उस बड़े जुलाहे की ओर देखो, जिसने संसार-भर में अपना ताना-बाना फैला रखा है। मुझे यहीं घर बैठे उसका परिचय मिल गया है। मेरा वास्तविक घर तो अब मिला है। अब मेरा एक ही काम है, 'उसके नाम की धुन लगाऊँ' और 'धुनि धुनि आपु आप पहिराऊँ।' नाम ही मेरा व्यवसाय और जीविका, नाम ही मेरा वस्त्र और भोजन, नाम ही मेरा सगा और सम्बन्धी है।"

अब तो उनकी पत्नी भी उनसे हार गयी। वह भूखे बच्चों को उनके सामने लाकर रख देती। उनके दो सन्तान थीं— पुत्र 'कमाल' और पुत्री 'कमाली'। कबीर इनको देखकर भी न तो व्यवसाय में प्रवृत्त होते, न किसी से कुछ माँगने जाते। वे उल्टे कहते— "यदि भगवान् मेरी आन की रक्षा करे तो मैं अपने बाप से भी न माँगूँ। माँगना और मरना एक है।"

वे भगवान् से प्रार्थना करते- "हे भगवान्! भूखे आपकी भक्ति नहीं हो सकती। मुझे किसी का लेना-देना नहीं है। यदि तुम मुझे स्वयं कुछ नहीं देते, तो मैं तुमसे माँग लेता हूँ—

दुई सेर माँगौं चून, पाव सेर माँगौं लून।
आध सेर माँगौं दालै, मोकों दोनों बखत जिवालै।।

मुझे दो सेर चून या आटा दो, पाव भर घी और नमक दो। आधा सेर दाल दो। एक आदमी को दो जून भोजन मिले, ऐसी व्यवस्था हे प्रभु, अवश्य कर दो। सोने के लिए एक चारपाई, रुई से भरा एक गद्दा, ओढ़ने के लिए एक चदरा।

सन्तान– कबीर को सन्तान थी कि नहीं और कितनी थी यह भी अब तक निश्चित नहीं हो पाया है। ऐतिहासिक प्रमाणों के अभाव में आलोचक और अनुसन्धाताओं के विविध मत अपने-अपने अनुमानों से सिद्ध किये हुए प्राप्त होते हैं। 'कमाल' कबीर के पोष्य पुत्र या शिष्य के रूप में अधिक प्रसिद्ध है। 'कमाली' शेख तकी की पुत्री बतायी जाती है। उसके मरने के आठ दिन बाद कबीर ने उसे कब्र से बाहर निकालकर पुनर्जीवित किया था। फिर वह उन्हीं के पास रहने लगी थी।

स्वभाव– अब तक वर्णित प्रसंग कबीर के मस्त-मौला, फक्कड़ स्वभाव का परिचय देते हैं। उन्हें सादा जीवन पसन्द था और वे आडम्बरों से दूर रहते थे। वे उपवास को पाखण्ड मानते थे और केवल दूध के आधार पर शरीर की रक्षा को भी बुरा मानते थे। नाम-जप के समान ही वे अन्न-जप को महत्त्वपूर्ण मानते और पानी की सहायता से परिपक्व भोजन को उत्तम बताते।

सबके साथ व्यवहार में वे अत्यन्त सरल थे और अपने स्वामी परमात्मा से भी सच्चे हृदय से व्यवहार करते, क्योंकि लोक को 'माया' मानते हुए भी अन्तर्यामी परमात्मा को जैसा अपने भीतर देखते थे, वैसा ही और सबके भीतर भी देखते थे।

एक बार घर पर साधुओं की जमात आकर ठहरी, परन्तु घर में उनके भोजन के लिए कोई सुविधा न थी। लोई एक साहूकार के बेटे से पैसे माँग लायी। वह उसमें आसक्त था। शाम होते-होते बारिश होने लगी, कबीर को अपनी पत्नी के प्रति उसकी आसक्ति का पता था। उन्होंने लोई को कम्बल ओढ़ाकर उसके पास भेजा। उस साहूकार पुत्र ने देखा, इतनी

भारी वर्षा में भी न लोई भीगी थी न कम्बल! वह आश्चर्यचकित रह गया। उसे अपना अपराध समझ में आया और उसने कबीर के पैरों पड़कर क्षमा माँगी।

कबीर स्वभाव से शान्ति, सरलता, सत्य और अहिंसा के प्रेमी होने से अक्खड़ फिर भी दयालु, बुद्धिमान् फिर भी भक्ति से विनम्र और भावुक थे।

वेशभूषा– वे सादे वस्त्र धारण करते थे। संन्यासी होने के लिए वे गेरुआ पहनना अनिवार्य नहीं समझते थे। उनके उपलब्ध चित्रों में वे तीन प्रकार की वेशभूषा में नजर आते हैं। शायद ये तीनों उनकी साधना की क्रमिक अवस्था से सम्बन्धित होंगी, ऐसा अनुमान करना स्वाभाविक है—

(1) जुलाहे के वेश में—यह उनके साधक-जीवन का प्रारम्भ होगा।

(2) सूफी फकीर के वेश में—प्रभु-प्रेम के दीवाने कबीर भावावेश में इस वेश को अपनाते होंगे।

(3) प्रौढ़ मुस्लिम सन्त के वेश में—यह समरसत्ता में निमग्न उनके चित्त का परिचायक वेश होगा।

इन तीन के अतिरिक्त उनका एक चित्र निराली छटा में मिलता है जिसमें वे हाथ में वाद्ययन्त्र लिये हुए भजन में तल्लीन भक्त की मुद्रा में हैं। सम्भव है, यह सामूहिक कीर्त्तन के समय का चित्र होगा। वेश को बाहरी आडम्बर बतानेवाले कबीर की वेशभूषा में यह विविधता देखकर शायद किसी का उन पर आक्षेप करने का मन हो जाय। परन्तु कबीर का वेश उनके मन-बुद्धि को संचालित नहीं करता था और न ही वह किसी साम्प्रदायिकता से उन पर थोपा गया था। वेश उनके हृदय से निकला था और वह उनकी आन्तरिक स्थिति का द्योतक था। अतः वे किसी एक वेश के बन्धन से मुक्त थे।

जीवन-संघर्ष– जिस प्रकार कबीर का जन्म चमत्कारपूर्ण था, उनका जीवन-संघर्ष विस्मय-विमुग्ध करनेवाला था। उन्हें राज्य और समाज की ओर से अनेक प्रकार के कष्ट पहुँचाये जाते थे। यह उनके उत्तर जीवन का एक पक्ष है, तो दूसरा पक्ष उनकी सिद्धावस्था का है और वह यह कि हिन्दू और मुसलमान दोनों के वे अत्यन्त श्रद्धेय और प्रेमास्पद थे। उन भक्तों में जाति-विद्वेष न था, बल्कि प्रेम-कलह था। वे कबीर को अपनी जाति का बताते और उन पर अपना एकान्त अधिकार स्थापित करने का प्रयत्न करते।

कबीर का फक्कड़ाना स्वभाव कब किसका अधिकार माननेवाला था? सिकन्दर लोदी के शासन को भी जो ठुकरा सकते थे, उनके आत्मबल की प्रखरता में ऐसा तुच्छ भाव कैसे टिकता? परन्तु उनके जीवन में आनेवाले विघ्नों और उन पर किये गये अत्याचारों को देखते हुए उन्हें परमात्मा का आश्रय था यह कहना पड़ेगा।

एक किंवदन्ती के अनुसार काशी में कबीर अपनी झोंपड़ी में जहाँ रहते थे, जहाँ आज 'कबीर चौरा' है। उनकी झोंपड़ी के सामने ही वेश्याएँ रह रही थीं। रातभर कबीर अपने सत्संग-भजन में मशगूल रहते, नाम से कीर्त्तन का आनन्द लूटते। वेश्याओं के पास जानेवाले व्यभिचारी पुरुषों को यह पसन्द न आता और वे कबीर पर नाराज होते। एक बार उन्होंने कबीर को रात के समय भजन-कीर्त्तन न करने को समझाया भी परन्तु कबीर ने

उनकी एक न सुनी। तब उन्होंने उनको डाँट-डपट के साथ चेतावनी दी। फिर भी नित्य-नियमानुसार हरि-कीर्त्तन जारी रहे।

इस खींचातानी ने संघर्ष का स्वरूप धारण किया और उग्र होकर वेश्या के यारों ने एक कुचक्र रचकर रात के समय कबीर की झोंपड़ी में आग लगा दी। कबीर झोंपड़ी से निकलकर रास्ते पर खड़े-खड़े यह देखने लगे। उन्होंने आग बुझाने का कुछ भी प्रयत्न नहीं किया, वे तो उल्टे भजन में तन्मय हो गये।

यह भगवान् की अचिन्त्य लीला ही थी कि संयोगवशात् हवा का एक ऐसा झोंका आया जो कबीर की जलती हुई झोंपड़ी के घासफूस को उड़ाता हुआ वेश्याओं के मकान पर जा पहुँचा। अब तो यहाँ की आग बुझ गयी और वहाँ जा लगी। देखते-देखते वह चारों ओर फैल गयी। वेश्या के यार डर गये, पर आग बुझाने का प्रयत्न उन्होंने भी न किया। वे कबीर के पास न जाकर घर चले गये। असहाय वेश्याएँ डरती हुई कबीर की शरण में गयीं। कबीर ने चुटकी लेते हुए कहा— "मेरे यार को मैंने पुकारा और उसने मेरी रक्षा की। अब तुम अपने यारों को पुकारो! वे क्या तुम्हारी रक्षा नहीं करेंगे?"

उन संकटग्रस्त स्त्रियों ने अपने पाप-अपराध को समझा। उनको भारी पश्चात्ताप हुआ। वे कबीर के चरणों में गिरकर गिड़गिड़ाती हुई क्षमा-याचना करने लगीं। कबीर के हृदय में सत्संकल्प का उदय हुआ कि उनके मकान की आग बुझ गयी। यह देख उनका हृदय-परिवर्तन हो गया, वे कबीर की भक्त हो गयीं और अपने यारों को हमेशा के लिए तिलाञ्जलि दे दी। उनका उद्धार हो गया।

कबीर के जीवन के ऐसे प्रसंगों से हमें भी ऐसी प्रतीति होती है कि वे प्रह्लाद के अवतार भले न माने जायँ, उनका अंश उनके व्यक्तित्व में अवश्य था। ऐसा कहा जाता है कि शेख तकी ने सिकन्दर लोदी से कबीर की शिकायत की थी कि 'वे इसलाम-धर्म की निन्दा करते हैं तथा मुसलमान होकर हिन्दू धर्म की संवर्द्धना करते हैं।' इस पर बादशाह ने कबीरदास को जंजीर में बँधवाकर गङ्गाजी में डलवा दिया था। परन्तु भगवत्कृपा से जञ्जीर की कड़ियाँ अपने-आप बिखर गयी थीं और वे बादशाह को ललकारते हुए बाहर निकल आये थे। इस घटना का उल्लेख कबीर के प्रधान शिष्य धर्मदासजी ने किया है।

निवास

कबीर के जीवन का अधिकांश काशी में ही बीता। काशी का त्याग उनके लिए जल से बिछुड़ी मछली के दुःख के समान था। वे लिखते हैं—

सकल जनम सिवपुरी गँवाया।

और

बहुत बरस तप कीया काशी और मरतु भयो मगहर को बासी।।

उनकी एक पंक्ति है— "पहले मगहर दर्सन पायो, पुनि कासी बसे आई।"

यह उल्लेख उनकी सिद्धि के सन्दर्भ में है। वे काशी से पूर्ण परिचित थे। अपनी रचनाओं में जोगी, जती, तपी, संन्यासी, पण्डित और ब्राह्मण, भगत और बनारसी सबकी चर्चा करते हैं। इससे वहाँ के धार्मिक वातावरण का एक सजीव चित्र अंकित हो जाता है।

काशी में प्रवर्तित धर्माडम्बर की उन्होंने आलोचना की है, काशी की नहीं। इसका एक कारण था उनका गुरुप्रेम। गुरु की प्राप्ति परमात्म-प्राप्ति से कम महत्त्व नहीं रखती। उन्हें अपने गुरु स्वामी रामानन्द का कृपालाभ काशी में गङ्गा के घाट पर हुआ था।

(4) गुरु : स्वामी रामानन्द

कबीर के गुरु के बारे में तीन मत मिलते हैं—

(1) सबसे अधिक पुष्ट मत के अनुसार स्वामी रामानन्द कबीर के गुरु हैं। कबीर उनके द्वारा दीक्षित शिष्य थे।

(2) कुछ विद्वानों में 'मीर तकी' का उल्लेख किया है जो पीर थे। कबीर के समकालीन दो मीर के नाम सामने आते हैं। एक झूँसी के मीर तकी और दूसरे कड़ा-मानिकपुरवाले शेख तकी। परन्तु कबीर के जीवन के विविध प्रसंगों से यह निष्कर्ष निकलता है कि शेख तकी कबीर के गुरु नहीं हो सकते, कारण कि कबीर ने उनसे विवाद किया था, उनमें उनका विश्वास न था और शेख तकी ने कबीर के विरुद्ध सिकन्दर लोदी से शिकायत कर उन्हें दण्ड दिलवाया था। अन्यथा यही कहना होगा कि उनके हृदय में शिष्य के प्रति गुरु का वात्सल्य न था।

कबीर की गुरुभक्ति उस चरम बिन्दु पर थी जहाँ उन्होंने कहा है—

गुरु गोविन्द दोऊ, खड़े, काके लागौं पाय।
बलिहारी गुरु आपने, गोविन्द दियो बताय।।

कबीर की अपने गुरु में अविचल श्रद्धा और अनन्य भक्ति थी, उनके प्रति आदर था और कभी उनसे विवाद नहीं किया था।

कबीर झूँसी में रहे होंगे, और मीर तकी का सत्संग भी किया होगा, उनसे कुछ प्रभावित भी हुए होंगे, परन्तु उन्होंने कभी उनको अपना गुरु नहीं माना। 'कबीर नाला' नामक एक स्थान आज भी वहाँ प्रसिद्ध है जो झूँसी में कभी कबीर के निवास का प्रमाण है।

(3) जौनपुर नगर के निकट गोमती तीर निवासी एक वैष्णव 'पिताम्बर पीर' की कुटिया पर कबीर सत्संग के लिए जाते थे और उसे वे 'हज्ज करना' बताते थे। वे हिन्दू-मुसलमान का भेद न मानते थे। कबीर ने उनमें कभी अपना गुरुभाव स्थापित नहीं किया, फिर भी उनके सत्संग में उनकी रुचि का कारण पिताम्बर पीर की महानता का प्रमाण है। उनके आश्रम का वातावरण पवित्र था, उनकी ओर यात्रा का संकल्प होना भी पुण्यमय माना जाता था। कबीर ने उनके आकर्षक व्यक्तित्व की प्रशंसा में बताया है कि "वे सुन्दर हैं और हरिनामस्मरण में तन्मय रहते हैं। उनकी सेवा में नारद, लक्ष्मी और शारदा तक लगी रहती हैं। मैं उनके कण्ठ में माला डालकर जिह्वा से राम के सहस्र नाम लेकर उनको प्रणाम करता हूँ।"

एक ऐसा भी अनुमान है कि कबीर ने किसी को अपना गुरु नहीं बनाया। परन्तु यह मत नितान्त निराधार है। उनकी रचनाओं में गुरुभक्ति के अनेक उल्लेख इस तर्क को काट देते हैं। कबीर ने एक स्थान पर कहा है- "आपै गुरु आपै चेला।" इसकी व्याख्या उनको निगुरा नहीं बताती। यह तो उनकी सिद्धावस्था की स्थिति थी, जिसमें उन्होंने गुरु से एकात्मकता का अनुभव किया।

अपने स्वच्छन्द स्वभाव के कारण स्वामी रामानन्द को अपना गुरु स्वीकार करके भी उन्होंने उनके सम्प्रदाय की सीमाओं में अपने को बन्द नहीं किया था। इसी से किसी-किसी को भ्रम हो जाता है कि स्वामी रामानन्द उनके गुरु नहीं थे। प्रायः सभी उपलब्ध प्रमाणों के आधार पर कबीरदास स्वामी रामानन्द के शिष्य ठहरते हैं, किन्तु वे रामानन्द से पूर्ण प्रभावित नहीं थे। रीवा नरेश विश्वनाथ सिंह ने कबीर पर मात्र रामानन्द का पूर्ण प्रभाव प्रमाणित करने का प्रयास किया है, परन्तु इस विषय के विशेषज्ञों द्वारा वह मान्य नहीं है।

भ्रामक मान्यताओं के जाल को हटाकर सच्चाई खोजना कठिन भी है और वे गलत दिशा में विचार को प्रेरित भी करती हैं। विश्वनाथ सिंह से प्रभावित प्रसिद्ध रामानन्दी विद्वान् भगवदाचार्यजी ने कहा है कि रामानन्द के शिष्य कबीर को ही 'सन्त कबीर' समझ लिया गया है। अयोध्या में एक 'राम कबीर-पन्थ' है, जिसका केन्द्र हनुमन्निवास है। इस पन्थ के भक्त अपने को रामानन्दीय वैष्णव मानते हैं और 'राम कबीर' को अपना प्रधानाचार्य।

प्रियादास ने लिखा है- "कबीर रामानन्द के शिष्य थे। उन्होंने पंचगंगा घाट की सीढ़ियों पर लेटकर स्वामीजी के चरणों से टकराकर उनकी 'राम-राम' की उक्ति को ही गुरुमन्त्र मान लिया। मानो दैवी प्रेरणावश ही गुरु-शिष्य का यह सम्बन्ध जुड़ गया। किसी शास्त्रीय नियम से दीक्षा नहीं दी या ली गयी थी। जब कबीर अपने को रामानन्द का शिष्य कहने लगे, स्वामीजी ने उन्हें बुलाकर, परदे की आड़ में बैठाकर पूछा कि "तुम मेरे शिष्य कब हुए?"

कबीर— "सब तन्त्रों के सार 'राम' नाम देने से।"

यह सुनकर गुरु रामानन्द अत्यन्त प्रसन्न होकर परदे की ओट से बाहर निकल आये और उनसे मिले।

एक वर्णन में बताया गया है कि "बड़ा होने पर कबीर तुलसी की कण्ठी, माला, तिलक आदि धारण कर अपने को रामानन्द का शिष्य कहने लगे। इससे पण्डितों को उनसे द्वेष हो गया और उनके विरुद्ध रामानन्द से शिकायत की। रामानन्द ने कबीर को अपने आश्रम पर बुलाया। कबीर की तेजस्विता से रामानन्द और अन्य सब उपस्थित लोग बहुत प्रभावित हुए। स्वामीजी ने कबीर को निम्न जातियों में भक्ति-प्रचार का आदेश किया।"

स्पष्ट है कि रामानन्द ने कबीर में भक्ति की योग्यता देखी थी। प्रियादास ने भी कबीर को भक्ति का अधिकारी माना है- "भक्ति भवानी का द्वार सबके लिए उन्मुक्त है। हाँ, इस मन्दिर में प्रवेश करने के पूर्व अपने अन्तर में आस्था और विश्वास की ज्योति अवश्य ही जला लेनी होगी। जिसके अन्तर में आत्मविश्वास और भगवत्प्रेम की ज्योति जल गयी, वह देशकाल के बन्धनों से बहुत ही ऊँचा उठ गया। कबीर के हृदय में रामानन्द ने वही ज्योति जला दी थी। सच है, शिष्य के लिए गुरुकृपा ही उसका सर्वस्व है।" कबीर के विषय में प्रियादास ने ऐसी अनेक चमत्कारपूर्ण उक्तियाँ लिखी हैं।

कबीर की गुरु भावना

कबीर ने अपने-आपमें अभाव की ऐसी अकथनीय पीड़ा का अनुभव किया जिसकी पूर्ति संसार की किसी वस्तु से होना सम्भव न था। वे भगवद्-प्रेमौ सदगुरु की खोज में चल

पड़े और स्वामी रामानन्द को गुरु रूप में प्राप्त करने के लिए अत्यन्त अधीर और व्याकुल हो उठे। उन्होंने सुन रखा था कि स्वामी रामानन्द निम्न जाति और मुसलमानों को अपने शिष्य रूप में स्वीकार नहीं करते। इससे वे बड़े असमञ्जस में थे और गुरुकृपा को सुलभ बना दे ऐसी किसी युक्ति की खोज में व्यस्त हो उठे। उन्होंने स्वामी रामानन्द के नित्य-कर्म की जानकारी प्राप्त की। उन्हें उनके कृपालु-कारुणिक हृदय का परिचय मिला और अपने हृदय में अत्यन्त दीनभाव धारण कर मन-ही-मन परमात्मा को निमित्त मानकर अपने भावी सद्‌गुरु से प्रार्थना करने लगे— "हे गुरुदेव! मैं तो निस्साधन और हीन जाति का हूँ। आप गुरु हैं तो अपनी गुरुता का निर्वाह कर मुझे उबार लीजिए।" इस प्रार्थना से ही कबीर के चित्त को समाधान मिल गया। वे द्विधामुक्त होकर एक दिन प्रातःकाल पंचगंगा घाट की सीढ़ियों पर जाकर लेट गये और गुरु की प्रतीक्षा बड़ी उत्कण्ठा से करने लगे। उनके मन में था कि "मैं सीधे-सीधे उनके पास जाऊँगा तो मुझे उनके चरण छूने का मौका न मिलेगा। अनजान में भी उनका चरणस्पर्श मिल जाय तो वही मेरे लिये सारे साधन जुटा देगा। मैं अपनी भावना-निवेदन कर क्षमा माँग लूँगा और जो प्रायश्चित्त बतावेंगे कर लूँगा, परन्तु मेरे गुरु तो वे ही होंगे। मैंने सुना है कि उनके चरण स्पर्श से ही परमात्मा की प्राप्ति हो जाती है, मैं इसके लिए सब-कुछ करने को तैयार हूँ। क्या मेरा भाव देखकर भी वे द्रवित न होंगे? मुझ पर कृपा न करेंगे? सुना तो है कि वे सबको भक्ति का अधिकारी मानते हैं।" ऐसे मन-ही-मन उधेड़बुन करते हुए वे गुरु के पद स्पर्श की आशा में बड़ी आतुरता से अपने मन को लगाये हुए चुपचाप, स्थिर लेटे रहे।

सुबह चार बजे का समय था। उनके शरीर में गुरु-चरणारविन्द के स्पर्श की कल्पना से ही रोमाञ्च हो आता था, गुरुकृपा के सौभाग्य की आशा में नेत्रों में आँसू छलक आते थे। कबीर ने खड़ाऊँ की खट-खट सुनी। स्वामी रामानन्द सीढ़ियाँ उतरने लगे और अचानक 'राम-राम' बोलते हुए वहीं रुक गये। रामानन्द सोच रहे थे कि किसको मेरे पैरों की चोट लग गयी? परन्तु धन्यता की आनन्दानुभूति में कबीर उठ खड़े हुए। नतमस्तक होकर कृपा के लिए प्रार्थना करते हुए बताया- "गुरुदेव! मैं कबीर हूँ। आपकी शरण में आने के लिए यही एक उपाय था। अपराध क्षमा करेंगे!"

स्वामी रानानन्द शिष्य-हृदय की आर्तता और आतुरता को तत्क्षण समझ गये और 'राम' नाम की मन्त्र-दीक्षा दी। कबीर के लिए मानो अब कुछ भी बाकी न रहा। वे द्विधा और द्वन्द्व से मुक्त हो गये। उनका भटकना बन्द हो गया—

सद्‌गुरु के परताप ते मिटि गयौ सब दुःख दंद।
कह कबीर दुविधा मिटी, गुरु मिलिया रामानंद।।

कबीर ने अपने गुरु के प्रति कृतज्ञता व्यक्त की—

बलिहारो गुरु आपणौं द्यौं हाडी कै बार।
जिनि मानिष तै देवता, करत न लागी बार।।

कबीर अपने गुरु से कभी अलग न हुए। उन्होंने अपने हृदय में श्रद्धाविश्वास के साथ गुरु के नित्य संग का अनुभव किया। वे बताते हैं कि उनकी अविचल भक्ति का यही रहस्य था—

बिन सतगुरु अपनो नहिं कोई, जो यह राह बतावै।
कहत कबीर सुनो भाई साधो, सपने न प्रीतम पावै।।

सद्‌गुरु को कबीर भगवत्कृपा-प्राप्ति में साधन मानकर भी परमात्मा का स्वरूप जानते थे, क्योंकि जिसे सद्‌गुरु में परमात्म भाव नहीं होता, वह निगुरा कभी परमात्मा को नहीं पा सकता। वे सच्चा हितैषी और अपना सगा भी मात्र गुरु को ही मानते थे। इसलिए उन्होंने साध्य-साधन के संयुक्त भाव से सद्‌गुरु की महिमा और उपकार को अनन्त बताया है। गुरुकृपा से कबीर के अन्तर नेत्र खुल गये और वे अनन्त के दर्शन कर पाये। एक ही शब्द-तीर से गुरु ने उनके कलेजे में छेद कर दिया। संसाररूपी रात्रि के अन्धकार में वेदार्थ का प्रकाशन करनेवाले दीपक के रूप में गुरु की प्राप्ति को वे भगवान् का कृपाप्रसाद मानते और गुरुकृपा-प्रसाद से भगवत्प्राप्ति—

ग्यांन प्रकास्या गुरु मिल्या; तो जिनि बीसरि जाइ।
जब गोविन्द कृपा करी, तब गुरु मिलिया आइ।।

इस सौभाग्य-प्राप्ति में 'विवेक-गुरु' का महत्त्व भी वे मानते थे।

विवेक-गुरु

कबीर ने एक नित्य-संगी आध्यात्मिक गुरु के रूप में 'विवेक-गुरु' का वरण भी किया था। वे दूसरों को भी 'विवेक-गुरु' का आश्रय लेकर आत्म-रक्षा के लिए सावधान करते थे, क्योंकि दीक्षा-गुरु की प्राप्ति 'विवेक-गुरु' ने ही करायी थी। विवेक में भी भगवत्कृपा से रामचरण प्रीति का बीज निहित था। वे राम और सन्त को विवेक के प्रकाश में एक जान चुके थे—

सन्ता कौ कोउ निन्दौ, सन्त राम है एको।
कहु कबीर मैं सो गुरु पाया, जाकर नाम विवेको।।

विवेक के प्रकाश में मन की दासता, दीनता-हीनता सब छूट जाती है और पतन का मार्ग बन्द हो जाता है, तब आध्यात्मिक उन्नति होती है—

मन सागर मनसा लहरी, बूड़े बहे अनेक।
कहै कबीर ते बांचि हैं, जिनके हृदय विवेक।।

भवजाल को काटनेवाला सबसे शक्तिशाली शस्त्र विवेक है—

भौंर जाल वक जाल है, बूड़े जीव अनेक।
कहै कबीर ते बांचि हैं, जिनके हृदय विवेक।।

ज्ञानी भक्त कबीर ने विवेक को ज्ञान और भक्ति दोनों के समान महत्त्व दिया है। एक ओर ज्ञान में विवेक-गुरु हैं तो भक्ति में 'रामचरण-प्रीति' है।

निर्गुण भक्ति

गुरुकृपा के फलस्वरूप कबीर के हृदय में निर्गुण भक्ति का स्फुरण हुआ। कबीर ने कहा है— ''मन से मुक्ति पाने के लिए शंका-डाइन को मार डालना चाहिए। 'रामचरण प्रीति' के अभिप्राय से ही वे विवेक के बल से शंका-निवारण का अमोघ उपाय बताते हैं।

उनके रामप्रेम का स्वरूप इतना उदात्त, शुद्ध, दिव्य और अनन्य था कि किसी अन्य साधन का महत्त्व भी वे उसके लिए स्वीकार न करते थे। बनवास या अष्टांग योग को कभी उन्होंने एकमात्र साधन नहीं बताया। आशापाश से मुक्त होने के लिए ऋद्धि-सिद्धि को अनावश्यक कहकर सन्तों के कल्याणार्थ 'सहज-समाधि' का उपदेश किया।

कबीर की राम भक्ति निर्गुणपरक होने पर भी प्रकारान्तर से उसमें नवधा भक्ति के लक्षण और उसमें सहायक प्रपत्ति के छह अंग आर्त्त प्रपन्न के लक्षणों से युक्त हैं। न्यास और ध्यान के सूक्ष्म तत्त्व भी उनमें मिलते हैं, परन्तु मूर्तिपूजा के विरोध में षोडशोपचार पूजा का विधान उनमें नहीं मिलता है। फिर भी पूजा के आध्यात्मिक स्वरूप को उन्होंने स्पष्ट किया है।

कबीर ने अपने जीवन को चरितार्थ करते हुए निर्गुण भक्ति की अस्पष्टता और असम्भावना को दूर कर प्रमाणित किया कि निर्गुण ब्रह्म में भी भक्ति सम्भव है। प्राकृत गुणों का अभाव अर्थात् निर्गुण। निदिध्यासन आदि साधनों से निर्मलीकृत मानस द्वारा यह मनोमय भगवान् अर्थात् अपनी आत्मा की भी आत्मा के रूप में ब्रह्म की उपासना करने से प्राप्य है।

निर्गुण भक्ति में मन और आत्मा का विवेक आवश्यक है। मन आदि प्रतीकों में आत्मबुद्धि नहीं रखनी चाहिए। मन-रूप प्रतीक उपासक की आत्मा नहीं है। 'मनोब्रह्म' में जो सामान्याधिकरण दीख पड़ता है, वह तो मन आदि में ब्रह्मदृष्टि करने के लिए है, न कि मन को ही ब्रह्म मान लेने के लिए। प्रतीकोपासना में प्रतीक की ही उपासना होती है, ब्रह्म की नहीं। अब्रह्म में ब्रह्मबुद्धि रखना ही प्रतीकोपासना है।

निर्गुण भक्ति अन्तरंग होने से योगाभ्यास और ध्यान भी आवश्यक है। परमात्मप्रेमानुभूति से प्रेरित ध्यान और योग को ही निर्गुण भक्ति-साधना कहा जाता है। भक्ति-रहित योग और ध्यान का इसमें महत्त्व नहीं है। "भक्ति के लिए किसी व्यक्तित्व की अपेक्षा है। इस व्यक्तित्व को किसी अवतार में प्रतिष्ठित न कर कबीर ने प्रतीकों में स्थापित किया। उन्होंने ब्रह्म से अपना मानसिक सम्बन्ध जोड़ा। ब्रह्म ही उनके गुरु, माता, पिता, राजा, स्वामी, मित्र और पिता के रूप में (गृहीत) है। पति का रूप मानने पर आत्मा उसकी प्रेयसी बन जाती है। इसी प्रियतम और प्रेयसी के सम्बन्ध में जो दाम्पत्य प्रेम लक्षित हुआ है, उसी में कबीर के रहस्यवाद की सृष्टि हुई। उनकी मानसी भक्ति में न तो किसी कर्मकाण्ड की आवश्यकता है न मूर्ति और अवतार की। यह बात दूसरी है कि कबीर ने अपने ब्रह्म के लिए अवतारवादी नाम भी स्वीकार किये हैं, क्योंकि ब्रह्म के नाम अनन्त हैं।"[1]

हरि मोरा पीव भाई हरि मोरा पीव,
हरि बिन रही न सके मोरा जीव।

कबीर की दाम्पत्य-रति स्वामी रामानन्द के विशिष्टाद्वैत से प्रभावित होने पर भी पूर्ण मौलिक और स्वानुभूतिजन्य है। साक्षात्कार के अनुभव का प्रकाशन करने का लोभ उन्हें उनके सौन्दर्य, माधुर्य और अनेकानेक गुणों के वर्णन के लिए प्रेरित करता है।

---

1. हिन्दी साहित्य कोश, भा० 2, पृ० 63

शिष्य

कबीर के शिष्यों में हिन्दू और मुसलमान दोनों थे। उनके हिन्दू शिष्यों में जागूदास, भगवानदास, धर्मदास, सुरतगोपाल और बघेलराजा वीरसिंह का विशेष स्मरण किया जाता है। बिजली खाँ नवाब भी उनके चेले थे। उनके हिन्दू-मुसलमान शिष्यों ने मिलकर कबीर की मृत्यु के बाद उनके नाम से एक पन्थ चलाया— 'कबीर पन्थ'।

धर्मदास बान्धवगढ़ के वैश्य थे और कबीर से उनकी भेंट वृन्दावन में हुई थी। वहाँ उन्होंने कबीर के उपदेशों का श्रवण तो किया परन्तु उन पर उसका कोई प्रभाव न पड़ा। बाद में कबीर स्वयं बान्धवगढ़ गये और उन्हें उपदेश दिया। वे कबीर के सबसे बड़े भक्त हो गये।

धर्मदास की कविता कबीर की कविता से अधिक मधुर और सुकुमार भावाभिव्यंजना से युक्त है। उनकी मुख्य विशेषता है उनकी तीव्र प्रेम की पीर। उनके द्वारा कबीर पन्थ चला, उसे 'कबीर पन्थ' की 'धर्मदासी शाखा' कहा जाता है। 'धर्ममत' नामक ग्रन्थ में धर्मदास ने कबीर द्वारा निरूपित सृष्टि-प्रक्रिया में कुछ पौराणिक कथाओं का पुट देकर वर्णन किया है। इसमें उन्होंने लिखा है— ''निरञ्जन के प्रभाव से जगत् को मुक्त करने के लिए सत्यपुरुष ने बार-बार ज्ञानीजी (कबीर) को इस धराधाम पर भेजा था।''

धर्मदास ने अपने गुरु 'कबीर' की गुरूपसत्ति का वर्णन भी अत्यन्त रोचक शैली में किया है— ''वे (कबीर) गुरु की खोज में निकले। गुरु से मिलन होने पर उन्होंने प्रश्न किया— ''अपने गुरु के चरणों में सिर झुकाकर मैं विनयपूर्वक पूछता हूँ कि मुझे जीव तथा जगत् की उत्पत्ति तथा नाश का रहस्य समझाकर कहिए।''

''कबीर ने आगे बताया— ''जब सद्गुरु मिले तब उन्होंने मुझे मार्ग दिखाया और तभी से जगत्-पिता मुझे अच्छे लगने लगे। गुरु की कृपा से मुझे सब-कुछ सूझने लगा।''

कबीर ने अपने गुरु से कहा था— ''मैने न कोई विद्या पढ़ी है, न किसी मत-विशेष का आश्रय लिया है। मैं तो हरि का गुण कहता-सुनता ही उन्मत्त-सा हो गया।''

कबीर के जीवन की यह घटना गुरु-शिष्य के आत्मीयतापूर्ण सम्बन्ध का परिचय देती है और साथ में कबीर के विनयशील स्वभाव का भी। उन्होंने अपने शिष्यों पर अपना रोब जमाने का प्रयत्न नहीं किया, बल्कि अपनी सिद्धि का पूरा श्रेय अपने गुरु को दिया। शिष्यों को उपदेश देने की यह एक उत्तम पद्धति है। अपने शिष्यों का सांकेतिक शैली में पथप्रदर्शन करनेवाले कबीर अपने गुरु के प्रति कृतज्ञता-ज्ञापन करते हुए उन्हें सुनाते हैं—

कबीर रामानन्द का, सतगुरु मिले सहाय।
जग में जुगति अनूप है, सोई दई बताय।।

गुरु से भगवन्नामस्मरण की दीक्षा पाकर कबीर ने मानसी कीर्त्तन का अनिर्वचनीय सुख पाया और वे निहाल हो गये—

गुरुदेव ग्यांनी भयो लगनियां, सुमिरन दीन्हौं हीरा।
बड़ी निसरनी नावं राम को चढ़ि गयौ कीर कबीरा।।

कबीर के मन में यह पक्का निश्चय था कि 'गुरु बिन ज्ञान न होइ' और उन्होंने

सद्गुरु का पद पूर्ण पवित्रतां से सँभाला। अपने शिष्य-हृदय की अनुभूति का स्मरण कर वे सच्चे जिज्ञासु पर अपनी कृपा-करुणा बरसाते और व्यक्तिगत अधिकार के अनुसार अपने जीवन के अनुभवों और चिन्तन के आधार पर, अपने गुरु की महिमा का वर्णन कर, सत्संग से प्राप्त सन्त और गुरु की वाणी का स्मरण कर उपदेश करते।

देशभ्रमण

एक कहावत प्रचलित है— 'बहता पानी और घूमता योगी' अच्छा रहता है। किसी एक स्थान और वहाँ के निवासियों में सन्त की आसक्ति न हो जाय, उसका मन निर्विकार रहे, लोग भी सन्त की सिद्धियों को न जान सकें और असंग भाव से वह प्रभु भजन के साथ लोक-कल्याण भी कर सके यदि सन्त घुमक्कड़ हो। चौमासे में एक ही स्थान में ठहरने का विधान भी है।

इसी प्रकार अपने जीवन का अधिकांश समय काशी में बितानेवाले कबीर बड़े घुमक्कड़ थे। 'घूमता योगी' गृहस्थ नहीं होता, कबीर की अपनी गृहस्थी थी, इसलिए एक स्थायी निवास भी उनके लिए आवश्यक था। काशी में रहनेवाले कबीर साधु-सन्तों के साथ बहुत दूर तक निकल जाते थे। संसार में वे ऐसे उपराम थे कि गृहस्थी का कोई बोझ दिये-लिये नहीं, बल्कि पूर्ण निवृत्त होकर जहाँ मौज हो, चल पड़ते। उन्होंने अपनी रचना में नामदेव का आदर्श भक्त के रूप में श्रद्धापूर्वक उल्लेख किया है। इससे स्पष्ट है कि वे दक्षिण में महाराष्ट्र प्रान्त तक अवश्य गये थे।

प्रारम्भ में वे बड़े-बड़े सिद्ध महात्माओं का सत्संग करने के लिए देशभ्रमण करते थे, बाद में लोक सम्पर्क और भक्ति के प्रचारार्थ अपने गुरु के आदेश का पालन करते हुए विविध प्रान्तों में जाते रहे। स्वामी रामानन्द की 'दिग्विजय यात्रा' में उनके अनेक शिष्यों में एक कबीर भी थे। उनके साथ कबीर गौंगरौन गढ़, जगन्नाथ धाम और रामेश्वर तक गये थे।

स्वामी रामानन्द ने रामेश्वर के मन्दिर में सबके साथ शंकर के दर्शन किये। वहाँ की वर्णभेद की नीति तोड़कर जाति-निरपेक्ष भाव से सब वैष्णवों के लिए मन्दिर खुलवा दिया और शैव-वैष्णव में सन्धि स्थापित की। उन्होंने 'रामेश्वर मन्दिर' को रामोपासकों का मन्दिर बताया।

वहाँ से विजयनगर होते हुए वे काञ्ची पहुँचे। वहाँ के ब्राह्मणों ने स्वामी रामानन्द का बड़े ठाट से स्वागत किया और सबको भोजन पर निमन्त्रण दिया। परन्तु वे कट्टर धर्मयुक्त होने से ब्राह्मणेतर के साथ भोजन करना पसन्द न करते थे। जब उन्हें मालूम हुआ कि स्वामी रामानन्द जात-पाँत के भेद को पसन्द नहीं करते और सबके साथ एक पंक्ति में बैठकर भोजन का आग्रह रखते हैं, तब उन्होंने विरोध किया कि "कबीर, रैदास आदि निम्न जाति के लोगों को वे अपने साथ नहीं बैठने देंगे।" हृदय में उनके प्रति तिरस्कार का भाव रखकर वे ब्राह्मण भोजन करने बैठे, तो सबको अपने अगल-बगल में कबीर दिखने लगे। वे आचारी ब्राह्मण इसका रहस्य समझ न पाये और हारकर स्वामी रामानन्दजी की शरण में गये। इस प्रसंग से यह स्पष्ट होता है कि अनुग्रह पात्र शिष्य गुरु का ही अंग है। अन्यथा

उन्हें कबीर क्यों दिखते ? उन्हें रामानन्द की शरण में क्यों जाना पड़ता? दूसरे, अद्वैत वृत्ति की चरम परिणति का यह मनोवैज्ञानिक रहस्य है। खर-दूषण और 'राम' के युद्ध में तुलसी ने भी इसका आधार लिया है।

स्वामी रामानन्द के साथ कबीर ने मथुरा, हरिद्वार, वृन्दावन की यात्रा की और वहाँ से रंगम-द्वारका गये। तब नर-नारायण ने वहाँ दूर से ही दर्शन देकर लौटाया, इसलिए वे पुनः वृन्दावन आये और कुमार-कुमारियों को भोजन दिया। उनमें श्याम-श्यामा को भी उन्होंने सम्मिलित पाया। वहाँ से वे चित्रकूट, काशी और प्रयाग गये। देशभ्रमण के सिलसिले में कबीर के संस्मरण रूप निम्नलिखित उल्लेख प्राप्त होते हैं—

(1) उनकी एक कब्र सूबा अवध के रतनपुर में है।

(2) उनकी एक समाधि उड़ीसा की पुरी जगन्नाथ में है।

(3) गुजरात में भड़ौच के पास शुक्लतीर्थ पर 'कबीर-वट' है। इस विषय में एक लोककथा प्रचलित है। कुछ दिन कबीर घूमते हुए नर्मदा तट पर शुक्ल तीर्थ में ठहर गये। रोज सुबह वे दातौन करके उसके टुकड़े एक जगह फेंक देते। समय बीतते वहाँ एक वृक्ष निकल आया और बढ़ते-बढ़ते इतना फैला कि वह एक ऐतिहासिक संस्मरण हो गया। आज भी वह 'कबीर-वट' अपनी पूरी गरिमा के साथ फैला हुआ खड़ा है और कबीर का मन्दिर भी है। यह लोकश्रद्धा का कैसा आश्चर्यजनक रूप है कि मन्दिर-मूर्ति के विरोधी कबीर को मन्दिर में प्रतिष्ठित किया गया। कबीर के शाब्दिक उपदेश से अधिक सन्तोष लोगों को कबीर की पूजा में मिल रहा है। यह जन की सामान्य मानसिक स्थिति है कि श्रद्धेय की जीवन-शैली को अपनाने में असमर्थ व्यक्ति नमस्कार में एक ओर अपने सारे दोषों, त्रुटियों और असमर्थता को स्वीकार कर लेता है तो दूसरी ओर उसकी पूजा करके उसके प्रति अपने कर्त्तव्य-निर्वाह का सन्तोष पा लेता है, आदर्श को अव्यावहारिक बताकर, उसे देवोपम मानकर यथार्थ से उसे विच्छिन्न कर आत्मसन्तोष पा लेता है।

(4) कबीरपन्थी ग्रन्थों में धर्मदास तथा रतनबाई के प्रसंग में वर्णन मिलता है कि कबीर ने बान्धवगढ़, पण्ढरपुर और मथुरा की यात्रा की थी।

(5) सूफियों के प्रसिद्ध केन्द्र झूँसी, जौनपुर और मानिकपुर भी कबीर गये थे।

(6) कबीर अपनी रचनाओं में बाँगड़ देश और मालवा का वर्णन करते हैं, अतः वहाँ भी गये होंगे। अन्य अनेक प्रमुख तीर्थों में वे घूमे थे।

कबीर द्वारा तीर्थों की निन्दा और तीर्थयात्रा दोनों में परस्पर विरोध है। परन्तु उनकी तीर्थयात्रा का एक कारण अपने गुरु स्वामी रामानन्द के सान्निध्य के प्रति उनका लोभ भी था, सत्संग की लालसा थी और धर्म की वास्तविक स्थिति अध्ययन करने की उत्सुकता थी। धर्म के नाम पर प्रवर्तित अनेक दोषों को जब उन्होंने स्वयं देखा तब उनका क्रान्तिकारी स्वर बुलन्द हुआ। कबीर धार्मिक विचारों में व्यवहार-शुद्धि का महत्त्व मानते थे और मनसा-वाचा-कर्मणा एकता को धर्म बताते थे।

(7) कबीर ने सं॰ 1564 वि॰ के करीब गुजरात की यात्रा की थी और अपने चरण-स्पर्श से सूखे प्रदेश को हरा-भरा कर दिया था।

(8) जीवन का अन्तकाल जब समीप जाना तब वे काशी से मगहर चले गये थे। मगहर में वे अपने साधन-काल में भी रहे थे और सं॰ 1555 वि॰ में उन्हें वहाँ सिद्धावस्था प्राप्त हुई थी ऐसा उल्लेख करके सं॰ 1555 वि॰ उनका जन्म-समय नहीं परन्तु साक्षात्कार समय बताया गया है।

कबीर की प्रसिद्धि

कबीर ने देशभ्रमण के सिलसिले में पहले गुरु की खोज के लिए सत्संग किया था, बाद में गुरु के सान्निध्य के लिए और फिर भक्ति-ज्ञान के प्रचारार्थ, लोक-सम्पर्क स्थापित करने के लिए अपने सत्संग से दूसरों को परमार्थ-पथ के मार्गदर्शनार्थ। पर्यटन और प्रवचन के प्रभाव से कबीर का यश अपने जीवनकाल में और बाद में भी दूर-दूर तक फैला था। कबीर के विषय में इस यश ने उनको परिचय की साधारण और असाधारण अनेक प्रकार की सामग्री प्रदान की है। कुछ उल्लेखनीय स्रोत इस प्रकार हैं—

(1) प्रियादास की टीका में कबीर की अलौकिकता का वर्णन

(2) अनन्तदास द्वारा लिखित 'कबीर साहब की परचई' (सं॰ 1650 वि॰)

(3) मीराँबाई की रचना (सं॰ 1600 वि॰)

दास कबीर पर बादल जो लाया, नामदेव की छान नवंद।
दास धना को खेत निपजायो, गज की टेर सुनंद।।

(4) बखनाजी (सं॰ 1650 वि॰)

कासी माहि सिकन्दर तमक्यो, जल में डारि जंजीर का।
जिनको आय मिले परमेसुर, बन्धन काटि कबीर का।।

(5) हरिदासजी (सं॰ 1656 वि॰)

अगनि न जालै जलि नहिं डूबै भड़ि-भड़ि-पड़ै जंजीर।
जन हरिदास गोविन्द भज, निरभै मतै कबीर।।
मारि मारि काजी करै, कुंजर बन्धै पांव।
जन हरिदास कबीर कूँ, कोन ताती बाव।।

(6) रज्जबजी (सं॰ 1660 वि॰)

जन कबीर जरि जंजीर बोरे जल माहीं।
अग्नि नीर गज त्रास राखै किधौं नाहीं।।

(7) बिजली खाँ का रोजा— मगहर में नदी के नाले के निकट अभी भी कबीर की स्मृति में बिजली खाँ के द्वारा बनवाया गया रोजा मौजूद है। वह सं॰ 1507 वि॰ में बाँधा गया था।

इन प्रसंगों से कबीर की मृत्यु तिथि का निश्चय करने में सहायता मिलती है। सं॰ 1505 वि॰ कबीर का समाधि-काल उचित मालूम होता है। कबीर की प्रसिद्धि मृत्यु के बाद हुई ऐसा नहीं है, उनके जीवनकाल में भी दूर-दूर तक उनका यश फैला हुआ था और

गुजराती कवि अरवा (17वीं शताब्दी) पर उनके जीवन-दर्शन का काफी प्रभाव दृष्टिगोचर होता है। तुलनात्मक अध्ययन की दृष्टि से इन दोनों कवियों का अध्ययन एक स्वतन्त्र एवं महत्त्वपूर्ण विषय है। 'अरवा की हिन्दी कविता' के अन्तर्गत इस विषय पर एक प्रकरण मैंने लिखा है।

उपर्युक्त उल्लेखों से कबीर और स्वामी रामानन्द की समकालीनता, उनमें गुरु-शिष्य के सम्बन्ध और कबीर का उनसे प्रभावित होना भी प्रमाणित होता है। कबीर की लोकप्रियता का मुख्य कारण था अपने क्रान्तिकारी विचारों द्वारा एक ओर 'सन्तमत' का परिष्कार कर उसको सुदृढ़ बनाना तो दूसरी ओर लोक-जीवन को एकता और व्यवहार शुद्धि प्रदान करना। आदर्श को यथार्थ के धरातल पर स्थापित करने की अदम्य प्रेरणा और कौशल को अपने में दिखाकर ही कबीर सेना, पीपा, रैदास, धन्ना, कमाल, दादू आदि साधकों को अपनी ओर आकृष्ट कर पाये थे।

आज भी कबीर अपनी वाङ्मयी मूर्ति के रूप में हम सबके बीच जीवित हैं। कबीर का जीवन मानो भारतीय समाज-जीवन का चिरस्मरणीय जागरण-काल था जो अनिष्ट तत्त्वों के परिहार और इष्ट तत्त्वों की स्थापना के लिए संघर्षरत रहा, जिसने व्यावहारिक सफलता में दर्शन की पवित्रता का पुट दिया। इसी कारण कबीर के परवर्ती सन्त भी उनसे प्रभावित हुए। सूफी जायसी (सं॰ 1551-1640), सूरदास (सं॰ 1540-1620), मीराँबाई (सं॰ 1555-1603) जैसे निर्गुण प्रेमी और सगुण प्रेमी भक्तजनों को उनकी वाणी ने प्रभावित किया।

कबीर-परवर्ती परिचय के ऐसे अनेक आधार आज भी उपलब्ध हैं, यह उनकी "यावच्चन्द्र दिवाकरौ यशःपताका" की ओर हमारे ध्यान को बरबस आकृष्ट कर लेते हैं। उनके परवर्ती सन्त, कबीर से इस हद तक प्रभावित रहे कि मीराँ, गुरु अमरदास, व्यासजी, मूलूमाधव, दादू, हरिदास, रज्जब, गरीबदास आदि अनेक सन्तों की वाणी के वे विषय बन गये, उन्होंने भी उनका यशोगान किया।

'कबीर-पन्थ' की स्थापना उनमें इष्टदेव की महिमा को प्रकट करती है, तो 'कबीर-पन्थी' रचनाएँ उनके साम्प्रदायिक महत्त्व को घोषित करती हुई उन्हें सच्चे मार्गदर्शक सद्गुरु और अलौकिक महापुरुष का विराट् व्यक्तित्व देती हैं। 'अमर सुख निधान', 'अनुराग-सागर', 'निर्भय-ज्ञान', 'बीजक', 'भवतारण', 'कबीर कसौटी' और धर्मदास की बानियों में कबीर का स्तुतिपूर्वक, चमत्कारपूर्ण, पौराणिक रंगीनियों के साथ अद्भुत परिचय प्राप्त होता है।

कबीर की ख्याति मात्र सम्प्रदाय के घेरे में सीमित न थी, बल्कि वे स्वयं सम्प्रदाय-विरोधी होने के कारण अन्य अनेक सम्प्रदायों के भी प्रेमास्पद थे। अनेक ऐसे ग्रन्थ हैं जिनमें अन्य भक्तों के साथ कबीर का भी गुणगान किया गया है। नाभादास, राघोदास, मुकुन्द कवि आदि के भक्तमाल, अनन्तदास तथा गुलाम सरवर की रचनाओं में यह लक्षित होता है।

कबीर का युग-पुरुष के रूप में विशेष ऐतिहासिक महत्त्व देखने में आता है। अनेक ऐतिहासिक ग्रन्थों में कबीर का परिचय दिया गया है, उदाहरणार्थ अबुलफजल की 'आईने अकबरी' में वर्णित 'मुबाहिद' माने 'अद्वैतवादी कबीर' और डॉ॰ क्यूरी आदि के ग्रन्थ। मध्ययुग की प्रवृत्तियों के आलोचनात्मक इतिहास में जो विवरण दिया जाता है, वहाँ कबीर का सम्प्रदाय से सम्बद्ध होने का उल्लेख उनके प्रभाव और परवर्ती महत्त्व का प्रमाण है।

डॉ॰ भण्डारकर, मेकालिफ, वेस्टकॉट, फर्कुहर की, विल्सन, फाजी, दत्त, राय आदि के अनुसन्धानपूर्ण आलोचनात्मक ग्रन्थों में यह द्रष्टव्य है।

आधुनिक युग में अनेक विद्वानों द्वारा कबीर के जीवन और दर्शन का अध्ययन उनकी रचनाओं और उपलब्ध प्रमाणों के आधार पर किया गया है। यह उनकी चिर-युगीन जीवनी-शक्ति का ज्वलन्त प्रमाण है। पण्डित अयोध्यासिंह उपाध्याय 'हरिऔध', बाबू श्यामसुन्दर दास, डॉ॰ मोहनसिंह, डॉ॰ बड़थ्वाल, डॉ॰ रामकुमार वर्मा, आचार्य हजारीप्रसाद द्विवेदी, डॉ॰ रामकुमार त्रिपाठी आदि विद्वानों द्वारा लिखे गये तर्कसम्मत, सन्तुलित गवेषणापूर्ण ग्रन्थों में कबीर का व्यक्तित्व अपने अपूर्व स्थान को सूचित करनेवाला है।

कबीर के नाम पर बने स्मारक, समाधियाँ और चित्र उसके निर्गुण-प्रेमी व्यक्तित्व को सगुण-साकार का प्रामाण्य देकर समग्रता देते हैं।

इन परिचयात्मक आधारों का ऐतिहासिक क्रम में अध्ययन करने से एक बात सामने आती है कि प्राचीन ग्रन्थों में कबीर एक भक्त-विशेष के रूप में प्रसिद्ध थे। आगे चलकर कबीर-पन्थियों द्वारा प्रचार होने पर वे 'सत्य-कबीर' के रूप में प्रतिष्ठित हुए।

'कबीर रामानन्द के शिष्य थे या नहीं' यह विद्वानों में एक विवादास्पद विषय रहा है। सर्वप्रथम व्यासजी द्वारा लिखित रचना (सं॰ 1667-69) से यह तथ्य प्रकाश में आया। अनन्तदास की परचई में कबीर के जीवन के कुछ प्रसंगों का वर्णन मिलता है, जिनके आधार पर आज कबीर के परिचय की एक मोटी रूपरेखा प्रस्तुत हो सकती है। उदाहरणार्थ सिकन्दर लोदी द्वारा कबीर का दमन, बीस वर्ष की वय में कबीर में धार्मिक चेतना का जागृत होना, सौ वर्ष तक भक्ति करते रहते पर मुक्ति मिलना आदि।

कबीर की मृत्यु

कबीर की प्रसिद्धि के अनेक प्रमाण उनकी मृत्यु-तिथि के निश्चय में सहायक हैं। यह बात अवश्य है कि इस रहस्यवादी की मृत्यु भी रहस्यपूर्ण थी। विभिन्न आधारों द्वारा जो तथ्य उपलब्ध होते हैं, उनमें कबीर की आयु 70 से लेकर 120 वर्ष तक की बतायी गयी है।

वृद्धावस्था में कबीर के विरोधियों ने उनके लिए काशी में निवास करना असम्भव-सा कर दिया था। कबीर जीवन-भर उनसे संघर्ष करते रहे, परन्तु जीवन की सन्ध्या वेला में वे उपराम होना चाहते थे। आये दिन के झगड़ों से वे तंग आ गये थे। अतः वे अपना मृत्युकाल समीप देख मगहर चले गये। अब तक मगहर में उनकी समाधि विद्यमान है। इस सम्बन्ध में कहा जाता है कि उनके हिन्दू शिष्य राजा वीरसिंह बघेल हिन्दू धर्म-संस्कार के अनुसार कबीर के शव का अग्नि-संस्कार करना चाहते थे, और उन्होंने कब्र खोदकर शव को निकालना चाहा, परन्तु उन्हें इस कार्य में सफलता न मिली। इससे यह निश्चित होता है कि उनकी मृत्यु मगहर में हुई थी। कबीर ने स्वयं अपनी रचनाओं में मगहर निवास का उल्लेख भी किया है—

(1) 'मरती बार मगहर उठि आइआ।'

(2) 'मरनु भइया मगहर को वासी।'

(3) 'किया कासी, किया मगहर, अवस राम हिरदै जउ होई।'

(4) 'काशी मरनु भया तो रामहि कौन निहोरा।'

कबीर के जीवन-दर्शन अर्थात् सर्वव्यापक परमात्मा राम में अडिग श्रद्धा होने का यह कैसा जबरदस्त पहलू है कि निर्द्वन्द्व होकर प्राण से भी अधिक प्यारी काशी को छोड़कर वे मगहर-प्रयाण को मृत्यु के समय प्रेरित हुए। इसे श्रद्धा नहीं, दर्शन के रूप में अनुभव ही कहा जायगा।

उनके शिष्य धर्मदास ने इस निधन-प्रसंग का चमत्कारपूर्ण वर्णन कर ज्योति-पुरुष कबीर का तिरोहित होना तो स्वीकार किया है, पंचभूत-देहधारी की तरह उनकी मृत्यु नहीं मानी है—

खोल के देखि कबुर, गुर देह न पाइया।
पान फूल लै हाथ से न फिरि आइया।।

इस प्रसंग की संगति खोजनेवाले अनुसन्धाता विद्वानों के मन्तव्यानुसार कबीर के मुसलमान भक्तों ने शायद उनके शव को अन्यत्र कहीं गाड़ दिया था। परन्तु श्रद्धालु भक्त कहता है कि कबीर ने ऐसी लीला की कि—

मगहर में एक लीला कीन्हीं, हिन्दू तुरुक व्रतधारी।
कबर खोद एके परचा दीन्हाँ, मिट गयो झगरा भारी।।

कबीर ने मरते समय कब्र के स्थान पर चादर ओढ़ ली थी और हिन्दू-मुसलमान दोनों वहाँ उपस्थित थे। उनमें द्वन्द्व छिड़ गया था। मुसलमान कहते थे, "हम कबीर की दफन क्रिया करेंगे और हिन्दू कहते थे, हम कबीर के शव का अग्नि-संस्कार करेंगे।" कबीर को यह झगड़ा अच्छी तरह से मालूम था। इसके समाधान के लिए ही उन्होंने ऐसा चमत्कार किया था। जब उनके शिष्यों ने चादर उठायी, तो फूल के सिवा और कुछ न निकला। दोनों ने उनके फूल को बराबर-बराबर बाँट लिया। 'फूल' दाह-क्रिया के बाद अवशिष्ट अस्थि-खण्डों को भी कहा जाता है। इसलिए "कबीर के शव की दाहक्रिया हुई होगी, क्योंकि हिन्दू-संस्कारों का कबीर पर बहुत अधिक प्रभाव था"— ऐसा विचार भी किया जाता है, जो संगत प्रतीत होता है।

अन्य उपलब्ध साक्ष्य भी उनकी मृत्यु और स्थान के संकेत देते हैं—

(1) संवत पन्द्रह सौ पछत्तरा, किया मगहर को गवन।
माघ सुदी एकादशी, रलो पवन में पवन।।

(2) पन्द्रह सौ औ पाँच में, मगहर कीन्हों गौन।
अगहन सुद एकादशी, मिल्यौ पौन में पौन।।

(3) दिन-दिन तन छीजै जरा जनावै।

(4) थाके नैन बैन भी थाकै।

(5) रैन गई मति दिन भी जाई।

(6) सुमंत पन्द्रासौ उनहत्तरा रहाई।
सतगुरु चले उठि हंसा ज्याई।।

इन प्राप्त विवरणों से उनके मृत्यु-वर्ष के अनेक विकल्प सामने आते हैं—सं॰ 1501-2 वि॰, सं॰ 1505 वि॰,सं॰ 1507 वि॰,सं॰ 1575 वि॰ अध्ययन के सार रूप में संशोधकों द्वारा उनका मृत्यु स्थान मगहर और वर्ष सं॰ 1505 वि॰ अन्तिम रूप से स्वीकृत किया गया है जो उचित प्रतीत होता है।

यह सारा ऊहापोह 'कबीर' की ऐतिहासिकता के प्रमाण की दृष्टि से महत्त्वपूर्ण है। कबीर के जन्म या मृत्यु का वर्ष कुछ आगे-पीछे भी हो तो इससे कबीर का महत्त्व कम नहीं होता। उनका अपने युग के प्रति जो बहुमूल्य योगदान है, वह उनके व्यक्ति की सबसे बड़ी विशेषता थी। उन्होंने जीवन में सनातन मूल्यों की स्थापना का अथक प्रयत्न किया और उसके लिए समन्वय के उत्तम मार्ग को अपनाया, यह उनका अपूर्व महत्त्व था। अणु-अणु में व्याप्त राम को जीवन के क्षण-क्षण में साकार करना, यही उनका जीवन-दर्शन था।

कबीर के जीवन का इतिवृत्त इन मोटी रूप-रेखाओं से समाविष्ट है। उनके निधन का प्रसंग जीवन की अन्तिम घटना है। उनके व्यक्तित्व को हृदयंगम करने के लिए उन पर पड़े विभिन्न प्रभावों को जानना अत्यन्त आवश्यक है। उनके गुरु स्वामी रामानन्द का कुछ विशद परिचय भी इस दृष्टि से महत्त्वपूर्ण है। यह चर्चा उनके निधन की दिशा में न ले जाकर उनके साहित्य की ओर ले जाती है। अतः प्रथम उनके जीवन-संघर्ष और निधन के प्रसंगों का वर्णन किया गया।

आगे, अध्यात्म-साधना से ओत-प्रोत उनके अद्‌भुत व्यक्तित्व को समझने का प्रयास किया गया है। इससे कबीर के दर्शन का रूप स्पष्ट हो जायगा।

●

कबीर का व्यक्तित्व

कबीर की महानता का रहस्य

कबीर के व्यक्तित्व में युग-प्रवर्तक की दृढ़ता देखनेवाले विद्वान् आलोचक युगावतार की शक्ति से सम्पन्न और विश्वासयुक्त जीवन में आस्था अवश्य प्रकट करते हैं। स्वयं कबीर के ये शब्द हमारे भीतर ऐश्वर्य और गरिमायुक्त व्यक्तित्व को एक आकार, एक अर्थ और ईश्वरीय महिमा से मण्डित कर देते हैं—

हरिजी यहै विचारिया, साखी कहौ कबीर।
भौ-सागर में जीव हैं, जे कोई पकड़े तीर।।

मनुष्य के जीवन में कई बार ऐसे प्रसंग आते हैं जब वह अकारण, बिना अपने स्वार्थ की भावना के और मात्र आन्तरिक प्रेरणावश कोई भला काम करना चाहता है, परन्तु क्रिया-पर्यन्त पहुँचने के पहले ही मायावश उसकी भावना सांसारिक वृत्तियों से दूषित हो जाती है और उसे उस सत्कार्य का सौभाग्य नहीं मिल पाता। परन्तु कबीर ने अपने जीवन में निरन्तर अपने में इस भावना के स्फुरण का अनुभव किया और उसे ठोस सक्रिय रूप प्रदान करने तक उन्हें चैन न मिला। इस अदम्य अन्तःप्रेरणा में उन्होंने ईश्वरीय संकल्प की सत्ता देखी और उसके रहस्य को प्रकट किया कि संसार-सागर में डूबते-उतराते जीवों को किनारे लगाने के लिए अर्थात् प्रभु की प्रतीति कराने के लिए 'हरि' के द्वारा कबीर को पसन्द किया गया जो अपने परमात्मानुभव के आधार पर लोगों को सत्य-दर्शन करा सके।

सम्भव है, यह साखी कबीर-रचित न भी हो, किसी श्रद्धालु शिष्य ने कबीर के नाम पर लिख दी हो, परन्तु इससे कबीर के व्यक्तित्व का परिचय मिलता है, उनके जीवन और दर्शन में एक सार दिखता है।

वे अपने समय के सच्चे प्रतिनिधि और नेता थे, विनयी परन्तु निर्भीक साधक थे, दम्भ-पाखण्ड से मुक्त, स्पष्टतावादी, अहंकार-अनाचार से शून्य सरल स्वभाव से भीत और पीड़ित को भक्ति की प्रेरणा और प्रोत्साहन देनेवाले थे, दीन-हीन मनुष्य के आत्मगौरव को जगानेवाले, अभयदान देकर सच्चे स्वातन्त्र्य का सुख देनेवाले, शुष्क जीवन को सच्चिदानन्दमय कर देनेवाले कबीर स्वतन्त्रचेता, गूढ़-गम्भीर रहस्य के ज्ञाता, उच्चकोटि के सन्त थे। वे सत्यपरायण फक्कड़ ज्ञानी, अक्खड़ अनासक्त योगी और ईश्वर भक्ति में मस्त भक्त समग्र-व्यक्तित्व से सम्पन्न परन्तु अति-सामान्य होने के कारण साधारण बुद्धि की पकड़ से परे थे। ऐसे अनेक विशेषणों को एक साथ अपने से धारण करने की क्षमता वे रखते थे, फिर भी निर्विशेष से अभिन्न थे।

उनका कोमल भक्तहृदय अनेक संघर्षों के बीच अपने लक्ष्य के प्रति अनन्य परन्तु पर्वत के समान निश्चल और सहिष्णु था। वे अपनी साधना में निरन्तर गुरु की छत्रच्छाया का अनुभव करते हुए आत्मनिर्भर, अव्याकुल और उदार, आत्मविश्वासी, सत्यान्वेषी और अहिंसाप्रेमी थे। अपनी अलोलुप वृत्ति के कारण वे निर्विषयी थे और मिथ्याभिमान से मुक्त। साधना के उत्कर्ष के लिए आत्मसुधार और आत्मान्वेषण की प्रेरणा देनेवाले निन्दकों को अपने आसपास बसाने में उन्हें कोई आपत्ति न थी, उनकी उपस्थिति वे सहर्ष स्वीकार कर लेते थे। उनका जीवन धर्म से निर्मित होता था और धर्म जीवन में से निकलता था।

धर्म और जीवन– अपनी बुद्धि और अनुभव की कसौटी पर सत्य की परख करनेवाले कबीर कभी शास्त्र के आडम्बर से निस्तेज नहीं होते थे, बल्कि जड़ और अन्ध मान्यताओं की धज्जी उड़ाते थे। अपनी तीव्र वाक्शक्ति और स्पष्ट आलोचना से वे किसी भी मिथ्याचारी का मुँह बन्द कर देते। वेद-कुरान के पाठ में उन्हें फल-प्राप्ति-विषयक अन्धविश्वास न था, वहाँ भी समझदारी का आग्रह रखते थे। व्रत के दम्भ को वे सह नहीं पाते थे, मन की पवित्रता और ईश्वर-रहस्य की प्राप्ति को ही मानव का सच्चा धर्म मानते थे।

स्त्री-समाज की भावुकता और अन्धश्रद्धा उन्हें असह्य थी। जीवनभर संसार के भोगों में रचा-पचा व्यक्ति बुढ़ापे में मुक्ति की बात सोचता है, यह कितनी असंगत और हास्यास्पद स्थिति है? कबीर ने एक बुढ़िया के शब्द-चित्र में एक साथ उसकी सारी परमार्थ-विरोधी, स्वार्थी सांसारिक मनोवृत्तियों का व्यंग्यात्मक चित्रण प्रस्तुत किया है और बाह्याचारी को घोर पापी बताया है। एक बुढ़िया के व्याज से उन्होंने इस प्रकार के नितान्त बहिर्मुखी, कोरे आचारी और निरे दम्भी समाज का मखौल उड़ाते हुए उस पर करारा व्यंग्य-प्रहार किया है। ऐसी व्यंग्यात्मक उक्तियों में मर्मज्ञ कबीर की अन्तर्वेधिनी मनोवैज्ञानिक दृष्टि की सूक्ष्मता है जो एक ही चोट में मनुष्य के बाहर-भीतर की असंगतियों और विषमताओं को समाप्त कर सकती है—

चली है कुल बोरनी गंगा नहाय।
सतुवा कराइन बहुरी भुँजाइन, घूँघट ओटे भसकत जाय।
गठरी बाँधिन मोटरी बाँधिन, खसम के मूँड़े दिहिन धराय।
बिछुवा पहिरिन औंठा पहिरिन, लात खसम के मारिन धाय।
गंगा न्हाइन जमुना न्हाइन, नौ मन मैल है लिहिन चढ़ाय।
पाँच पचीस कै धक्का खाइन, घरहुँ की पूँजी आईं गँवाय।

धर्म के सच्चे स्वरूप को न जाननेवाले पुण्य कमाने की बात सोचते हैं, परन्तु पाप को ही बढ़ाते हैं। ऐसी स्त्री की शृंगार और रसास्वादन की वृत्ति छूटती नहीं, वह अपने पति का तिरस्कार करती है और घर की पूँजी धूर्तों के हाथ सौंप बदले में भगवान् को पाना चाहती है। कबीर एक संकेत में सीधा मार्ग बता देते हैं—

कहत कबीर हेत कर गुरु सों, नहिं तोर मुकुती जाइ नसाइ।।

गुरु-भक्ति में कबीर ने जीवन और धर्म की एकता का अनुभव किया। यही उनके

जीवन की सफलता थी और धर्म की पराकाष्ठा। गुरु-भक्ति के प्रताप से वे सन्तों के प्रेमी थे और उनकी सेवा में अपना सब-कुछ लगा देते थे। श्रमजीवी परन्तु विरक्त अनासक्त कबीर ने पलायन की वृत्ति से मुक्त रहकर उत्तराधिकार में प्राप्त व्यवसाय को संग्रह-परिग्रह के स्थान पर भरण-पोषण के साथ साधुसेवा का साधन बना दिया। यह था उनके ज्ञान और धर्म का, भक्ति और कर्म का समन्वय। वे मानो निष्काम कर्मयोगी के उत्तम उदाहरणरूप बन गये। वास्तव में वे तीनों काल के कर्मजंजाल से मुक्त थे, क्योंकि उनके लिए धर्म और जीवन में कोई अन्तर न था, दोनों एकरस थे।

धर्म और समाज– प्रभुभक्त होकर भी कबीर महान् क्रान्तिकारी के रूप में प्रसिद्ध हुए। कारण, उनके साधना-मार्ग में प्रथम समाज-दर्शन हुआ, बाद में ईश्वर-दर्शन। सम्पूर्ण सृष्टि में व्याप्त सच्चिदानन्द राम से उनकी ऐसी एकात्मकता थी कि वे समाज में प्रवर्तित असत्, अचित् और दुःख के निवारण में अपनी सारी शक्ति लगा देते थे। वे समाज-जीवन की आन्तरिक सुन्दरता में रुचि रखते थे और विकृतियों की भर्त्सना करते थे। उनके इस प्रयत्न में धर्म को मिटाने की नहीं, उसका संशोधन करने की प्रवृत्ति थी और समाज को तोड़ने की नहीं, उसके स्वस्थ निर्माण की सदिच्छा। वे समताप्रेमी भक्त होने से सामाजिक विषमताओं और रूढ़ियों को देखकर अत्यन्त विकल हो उठते थे और आक्रोशपूर्वक शब्द-प्रहार करते थे।

उनके महान् व्यक्तित्व-निर्माण में राजनीतिक, सामाजिक, धार्मिक और पारिवारिक सब प्रकार की परिस्थितियों के साथ आत्मप्रेरणा योग था। उन्हें लोक-सम्पर्क और विचरण के कारण इन सब क्षेत्रों के गुण-दोष भली-भाँति मालूम थे। वे निश्चयपूर्वक मानते थे कि "दोष-निवारण के लिए बाह्य विधि-विधानों में उलझे बिना सब अपनी-अपनी जगह पर रहकर ही शुद्ध, पवित्र, कुशल और भगवद्प्रेमी हो सकते हैं तथा अपना एवं समाज का उपकार कर सकते हैं। जो व्यक्ति अपने दुश्मन को मारना चाहता है वह अपने ही भीतर झाँक ले, उसे वह वहीं अज्ञानता, अन्धश्रद्धा, काम, क्रोध, लोभ, मोह आदि वृत्तियों के रूप में मिल जायगा और ज्ञान की कुठार से उसे समाप्त कर देगा।" इसी सिद्धान्त को आदर्श समाज का मानदण्ड स्वीकार कर उन्होंने पाखण्डी धूर्तों और धर्मगुरुओं को कभी माफ नहीं किया। सामाजिक भेदभाव से मानव के द्वारा मानव पर होनेवाले अकारण अन्याय-अत्याचार को उन्होंने कभी पसन्द न किया। उन्होंने समाज के इन हितशत्रुओं को ललकारा।

उन्होंने समाज-जीवन की शुद्धि के लिए जातिभेद और संकीर्ण साम्प्रदायिकता का बहिष्कार आवश्यक माना और सार्वभौम मानव-प्रेम को 'धर्म' का सच्चा स्वरूप बताया। उनका प्रश्न था कि मनुष्य धर्म के नाम पर मनमानी क्यों करता है? यदि मनुष्य धर्म को समग्रता में ग्रहण करता तो समाज में विषमता न फैलती। धर्म से छेड़छाड़ कर उसके स्वरूप को विकृत करनेवालों में शाक्त और ब्राह्मण पुरोहित-पण्डितों को सबसे अधिक दोषी मानते थे और उनसे बचकर रहने में ही अपनी और समाज की सुरक्षा देखते थे।

उन्होंने अपनी कल्पना में एक ऐसे समाज का दर्शन किया था, जो सुख-दुःख द्वन्द्वों से मुक्त, भेद-भावों की दुनिया से परे, प्रेम के मधुर वातावरण में, रामनाम की साँस लेता हुआ सच्चे अर्थ में मानव-जीवन को आनन्दमय बनाकर जीता हो। अतः ईश्वर-भक्त के प्रति उनका सहज आकर्षण था। उनके मतानुसार 'मानव' की व्याख्या थी 'रामसनेही' होना।

कबीर की लोकप्रियता– कबीर लोक में प्रसिद्ध हुए, यह भी उन पर भगवान् की अहैतुकी कृपा ही थी। श्रद्धालु भक्तों ने उनके नाम पर अनेक अद्भुत चमत्कारों का वर्णन किया है। परन्तु उपलब्ध आलोचना, उल्लेख तथा ऐतिहासिक एवं साहित्यिक विवरणों में तटस्थता और विवेक का कुछ अभाव, कुछ भावावेश का अतिरेक तथा प्रचार का महत्त्व विशेष रूप से प्रकट होता है। उनके नाम पर गढ़ी गयी किंवदन्तियों ने तो कबीर को अवतार की कक्षा में प्रतिष्ठित कर दिया है। परन्तु यह सब लोकमानस की एक स्वाभाविक रुचिकर प्रवृत्ति मात्र है।

कबीर की लोकप्रियता का एक और कारण है उनके सद्गुरु स्वामी रामानन्द की कृपा। कबीर के उत्तम अधिकार को देखकर उन्होंने लोक में भक्ति का प्रचार करने का उन्हें आदेश दिया था। कबीर ने यह कार्य पूरी तन्मयता और भक्तिपूर्वक अपने निराले ढंग से किया।

कबीर की लौकिक-अलौकिक और आध्यात्मिक प्रतिभा का एक साथ आकलन करने पर जो सत्य उपलब्ध होता है, वह यह है कि मनुष्यमात्र के लिए आध्यात्मिक सिद्धि सम्भव है। उनकी हीनता-ग्रन्थि का पूर्ण निरसन मात्र ब्रह्मात्मैक्यबोध से ही सम्भव है। मध्यम कोटि के मनुष्य की अपेक्षा दीन-हीन स्थिति में जीनेवाले मनुष्य की आत्मचेतना जब जागती है तब पूरी तेजस्विता के साथ अपनी पूर्णता में फलित होकर रहती है। इसका रहस्य यह है कि सर्वोपरि गुरुता की सिद्धि के लिए उसके भीतर एक अदम्य और अज्ञात प्रेरणा क्रियाशील रहती है।

भक्तमाल के रचयिता नाभादास ने सर्वप्रथम कबीर की विशेषताओं पर ध्यान दिया और उनका उल्लेख किया। इनसे कबीर मात्र एक भक्त, योगी या ज्ञानी की कोटि में ही गणना-योग्य होकर नहीं रह गये। विद्वानों के लिए अपनी निरक्षरता में भी सारी विचित्रताओं के साथ मानव-श्रेष्ठता के रहस्य का अध्ययन करने योग्य सब कक्षा के जिज्ञासुओं के लिए मार्गदर्शक, पीड़ितों और शोषितों के उद्धारक, सुधारकों के भी सुधारक और क्रान्तिकारियों में भी प्राण फूँक देनेवाले क्रान्तिस्वरूप मान्य हुए।

उनकी क्रान्ति के तत्त्व थे— 'जागरूक चिन्तन, निष्पक्ष आलोचना, निर्भीक और निर्दोष परन्तु अचूक आक्रमण, बाह्याडम्बर के प्रति कठोर प्रतिक्रिया में रूखापन और भर्त्सना के साथ प्रेम, करुणा और ईमानदारी से प्रेरित वाणी, देश, धर्म, समाज, दर्शन और साधना में क्रान्ति की अबाध धारा को प्रवाहित करनेवाली अटूट शक्ति-सम्पन्न अमर आजादी।'

कबीर को 'आजादी' सर्वाधिक प्रिय थी, परन्तु अपनी स्वातन्त्र्यानुभूति में कठोर और उग्र होते हुए भी भक्ति की तीव्रता और ज्ञान की प्रखरता ने उनकी विलक्षण प्रतिभा का निर्माण किया। वे परमार्थ मार्ग के एक स्वार्थी यात्री ही न थे, सबको अपने साथ लेकर, सबको भगवद्-प्राप्ति सुलभ कराने के पक्षपाती भी थे। परन्तु अपने परम प्रिय की प्राप्ति कराने में मात्र उनकी एक शर्त रही थी—

हम घर जारा आपना, लिया मुरादा हाथ।
अब घर जारों ताहिका, जो चले हमारे साथ।।

मानो, इस शर्त को पूरी करने की जिम्मेदारी भी वे स्वेच्छा से ही स्वीकार कर लेते हैं, परन्तु उन्हें खोज है किसी अपने जैसे प्रभुप्रेम के दीवाने की। संसार में इस प्रवृत्ति को अविवेक, अविनय और उद्दण्डता कह सकते हैं, भगवद्-सम्बन्ध में यह प्रवृत्ति उदात्तता, आत्मसमर्पण और विनम्रता की अन्तिम स्थिति की परिचायक है—

मैं गुलाम मोंहि बेचि गुसाईं, तन मन धन मेरा रामजी के ताईं।
आनि कबीरा हाटि उतारा, सोइ गाहक सोई बेचनिहारा।।

इसी कारण कबीर के प्रेम में मस्ती है पर उन्माद नहीं और हास्य-व्यंग्य के कटुतिक्त मिश्रण में सरल फिर भी उदात्त प्रेममधु का पुट है।

कबीर का उदात्त अहं– इस दृष्टि से देखा जाय तो कबीर समाज-सुधारक न थे, वे मात्र परिवर्तन के नाम पर परिवर्तन के भी आग्रही न थे। वे चाहते थे, मानव-मानव में एकता। उनकी ऐक्य-भावना का आधार भी तात्त्विक था, मात्र सामाजिक न था। इस कारण उनके द्वारा सनातन मूल्यों की स्थापना में कहीं भी साम्प्रदायिक पक्षपात, परम्परा या रूढ़ि के निर्वाह की विवशता न थी, बल्कि विघ्नरूप रूढ़ियों, अन्धविश्वासों के प्रति घृणा थी।

उन्होंने निःशंक होकर आत्मधर्म का परिवर्तन किया जिसमें सद्वृत्ति, सदाचार, नीति और शुद्ध प्रेम का समावेश होता है। इन उदात्त मूल्यों के साथ उन्होंने साधना में सफलता पायी। वे सती और शूर की वीरता से भी अधिक वीर उस साधक को बताते हैं जो अविचल भाव से मार्गच्युत हुए बिना प्रभु में अनन्य भाव से रत रहता है। उनकी प्रेम और औत्सुक्यपूर्ण साधना में वीरता का कारण था उनका प्रबल आत्मविश्वास। उनके ज्ञानार्जन के अधिकार में न कोई बाहरी प्रलोभन था, न कोई मानसिक आघात जिसका किसी सांसारिक घटना से सम्बन्ध हो। वह एक स्वयं-स्फूर्त वृत्ति थी, जो स्वयं-प्रकाश को लखा देती है।

आश्चर्य की बात यह है कि इतने उत्तम अधिकार के साथ भी वे अपने को किसी योग्य नहीं समझते और निरन्तर प्रियतम परमात्मा के मिलन के लिए आतुर, परन्तु युक्ति-उपाय की जानकारी से रहित एक निरीह बालक-से हैं—

मन परतीति न प्रेम रस, ना इस तनमैं ढंग।
क्या जाणौं उस पीव-सूं, कैसी रहसी रंग।।

सिद्धावस्था के पूर्व कबीर ऐसी उलझन में भी बेफिक्र थे और बाद में ऐक्यबोध के कारण उनकी बेफिक्री ने मस्ती का रूप धारण कर लिया। दोनों स्थितियों में उन्हें अपने आश्रयदाता राम में अडिग श्रद्धा थी, गुरु में अनन्य भक्ति थी। कबीर मुसलमान थे, उनके राजकीय शासक भी मुसलमान थे, परन्तु राजधर्म के नाते उन्हें न तो शासन का आश्रय था, न उन्होंने उसकी गरिमा को अपने विचारों पर थोपा था। उनके अहं में वह लघुता लेशमात्र भी न थी जो कहीं आविष्ट होकर अनुचित व्यवहार करे! सत्य प्रेम के नाते उन्होंने मुसलमान धर्म का भी वैसा ही संशोधन किया जैसा हिन्दू धर्म का। वास्तव में वे मुसलमान तो नाममात्र के थे। उनके प्राचीन योगमार्ग के संस्कार-प्रवण चित्त में न कोई विषमता थी न कोई पक्षपात, न कोई ग्रन्थि थी न कोई घेरा ही।

उन्होंने धर्म के शास्त्रीय स्वरूप पर व्यवहार के प्रकाश में ही टीका-टिप्पणी की, उन्होंने शास्त्रों का वैज्ञानिक शैली में अध्ययन नहीं किया था। उनकी विचारशैली पूर्ण वैज्ञानिक थी। यदि इस ईश्वर-प्रदत्त पुरस्कार के साथ उन्होंने शास्त्र का अध्ययन किया होता तो उनके समन्वयवादी व्यक्तित्व में पुराण और तत्त्वज्ञान के समन्वय का अभाव न रहता। उनकी दृष्टि में वह दोष न आता जिसके प्रभाव से उन्होंने मुनि-देवता के चरित्र में कलंक की कल्पना की और मात्र अपने को शुद्ध-चरित्र घोषित कर अपनी सर्वोपरिता स्थापित करने का साहस किया—

झीनी झीनी बीनी चदरिया।
काहे का ताना काहे कै भरनी, कौन तार से बीनी चदरिया।
इंगला-पिंगला ताना भरनी, सुसमन तार से बीनी चदरिया।।
आठ कँवल दल चरखा डोलै, पाँच तत्त्व गुन तीनी चदरिया।
साईं को सियत मास दस लागै, ठोक ठोक के बीनी चदरिया।।
सो चादर सुर-नर-मुनि ओढ़िन, ओढ़िकै मैली कीनी चदरिया।
दास कबीर जतन से ओढ़ी, ज्यौं के त्यौं धर दीनी चदरिया।।

इस प्रकार कबीर के उदात्त अहं में गुरुता की छाप अवश्य है। मुनि-देवताओं के चारित्रिक पतन का भी एक इतिहास है, इसको अस्वीकार नहीं किया जा सकता। परन्तु सब पर यह दोषारोपण करना उनके आध्यात्मिक रहस्य की उपेक्षा कर देना है और स्वयं को उससे वञ्चित कर देना है। कबीर आध्यात्मिक रहस्य से वञ्चित तो न रहे, - आत्मसन्तोषजन्य आनन्दावेश में उन्होंने महान् सन्तों की चरम उपलब्धि के प्रति दुर्लक्ष्य किया और एक ही लपेट में सबको पतित जाहिर कर दिया। विध्वंसक प्रवृत्ति का प्रहार बुरे के साथ अच्छे को भी गिराता है, परन्तु अध्यात्म-क्षेत्र में बुरा मिट जाता है, अच्छा गिरकर भी पुनः उठ खड़ा होता है, सुरक्षित रहता है। कबीर ने भी अनिष्टों का विध्वंस करते समय यह बात अवश्य सोची होगी।

अध्यात्म का रहस्य ऐसा गूढ़ है कि किसी ऊपरी लक्षण से किसी सन्त के चरित्र का प्रमाण-पत्र तैयार नहीं हो सकता। उन्हें तो अपने सम्पर्क में आनेवाले प्रत्येक जीव की भूमिका पर स्थित होकर उससे मिलना पड़ता है, क्योंकि उस लघु, दीन-हीन जीव में ऊपर उठने की सामर्थ्य नहीं होती। उस सामर्थ्य को जगाने का कार्य सन्त तभी कर सकते हैं, जब जीव का सन्त-हृदय से तादात्म्य होता है।

कबीर की वाणी में वह आत्म-चैतन्य कूट-कूटकर भरा है। आज अपने शब्दों में जीवित कबीर को पाना हो तो हमें उनके शब्दों की प्रवृत्ति में अर्थात् उनकी अर्थ-दिशा में खोजना होगा। उनका वास्तविक परिचय है उनकी गहन अनुभूति के नित्य-विलास को रूपायित करनेवाली उनकी गम्भीर ध्वनि और उस परावाणी-प्रसूत गूढ़ ध्वनि में निहित उनकी दार्शनिक चेतना।

●

कबीर-दर्शन

प्रस्तावना– कबीर के जीवन और व्यक्तित्व में सर्वत्र उनकी दार्शनिक चेतना का परिचय मिलता है। उन्होंने आध्यात्मिकता को जीवन के सब स्तरों पर और संसार के व्यवहार में प्रतिफलित करना अपना आदर्श माना था और इसी धारणा के साथ वे अपने कार्य में अग्रसर भी हुए थे। आगे चलकर उनके परवर्ती सन्तों ने कभी-कभी किसी विशेष प्रकार की साधना पर ही अधिक ध्यान दिया। इस कारण उनके आदर्शों पर उनके अनुयायियों के पृथक्-पृथक् सम्प्रदाय बन गये। पुनः कुछ सन्तों द्वारा इन सम्प्रदायों में भी सामञ्जस्य का प्रयत्न किया गया। इस समन्वयवादी दार्शनिक धारा का प्रारम्भ कबीर से हुआ होने के कारण उनको 'आदिसन्त' का गौरव दिया जाता है। यह नवीन परम्परा तब से आज तक चलती आ रही है।

सन्तों की आध्यात्मिक साधना से सम्बन्धित ऐसी उत्थान और पुनरुत्थान की प्रवृत्ति का एक क्रमिक विकास भी देखने में आता है, जिसे सात भागों में विभाजित किया जा सकता है—

(1) सं॰ 400 वि॰ तक प्रारम्भिक विकास।

(2) सं॰ 400 से 1400 वि॰ तक पूर्वकालीन सन्तों द्वारा सुधार परिवर्तन के और निश्चित साधना-प्रक्रिया के लिए साम्प्रदायिक रूप देने के प्रयत्न।

(3) सं॰ 1400 से 1550 वि॰ तक कबीर और उनके समसामयिक सन्तों की समन्वयवादी प्रवृत्ति और साम्प्रदायिकता का विरोध।

(4) सं॰ 1550 ते 1600 वि॰ तक पुनः सम्प्रदाय-निर्माण के प्राथमिक संकेत।

(5) सं॰ 1600 से 1700 वि॰ तक सम्प्रदाय को निश्चित रूप देने के प्रयास।

(6) सं॰ 1700 से 1850 वि॰ तक सम्प्रदाय में समन्वयवादी प्रवृत्ति।

(7) सं॰ 1850 वि॰ के बाद दार्शनिक विचारधारा का पुनर्मूल्यांकन और युगानुरूप सुधार-परिवर्तन।

उपर्युक्त रूपरेखा में किसी एक सम्प्रदाय की साधना से नहीं, सामान्य रूप से सन्तों में प्रवर्तित आध्यात्मिक साधना के सर्वमान्य स्वरूप से सम्बन्ध रखनेवाली प्रक्रिया को ध्यान में रखा गया है।

कबीर के समय में नाम-जप, ज्ञान और भक्ति तीनों का योग में महत्त्व था। सामान्य रूप से तब योग और भक्ति में संगति नहीं मानी जाती थी, बल्कि उनमें परस्पर विरोध माना

गया था। तब योगमत और वैष्णवमत में भी एकता नहीं थी। कबीर ने श्रीरंग, हरि, राम, गोविन्द, शिव आदि से सम्बन्धित भक्ति भाव को योग-सिद्धान्त से सुमन्वित करके आध्यात्मिक साधना में प्रेम तत्त्व की प्रतिष्ठा की।

इस समन्वयवादी प्रवृत्ति के मूल में अनेक प्रयोजन थे - निराशा और सन्देह का निवारण, आशा-विश्वास की दृढ़ता, चित्तवृत्ति की स्थिरता, एक परम शक्ति की प्रतिष्ठा, लौकिक शक्तियों को नगण्य जानकर चित्तवृत्ति को परमात्मा में एकाग्र करना, अनेकता का निवारण कर एक परम सत्य की स्थापना, अन्धविश्वास का नितान्त अभाव, रूढ़ि का अस्वीकार। इन सब प्रयोजनों की पूर्ति चरम लक्ष्य-रूप परमात्मा को ज्ञान और प्रेम दोनों के अवलम्बन के रूप में प्रतिष्ठित करने के प्रयोजन को पूर्ण करने में मानी गयी। तात्पर्य यह था कि सत्य स्वरूप परमात्मा वही हो सकता है जो बुद्धि की कसौटी पर खरा उतरे और उसमें प्रेममूलक एकता भी हो। ज्ञानी भक्त कबीर की दार्शनिक चेतना का यही रहस्य था। इसी से उन्हें उदार मानव प्रेम को व्यापक ईश्वर-प्रेम में लय करने में सफलता मिली।

कबीर ने उपनिषद् से निर्गुण ब्रह्म तथा आत्मा और ब्रह्म में अभेदमूलक ऐक्य-ज्ञान से मुक्ति की चर्चा की है तो साथ-साथ वैष्णव-भक्ति से प्रेम भाव का महत्त्व भी बताया है। इस समन्वय के कारण कबीर आस्तिक की कक्षा में अपना महत्त्व रखते हैं। उन्होंने भेदभाव को अस्वीकार करते हुए भी कर्मवाद, पुनर्जन्मवाद, भाग्यवाद, अहिंसा, ज्ञान-वैराग्य और भक्ति आदि में अपनी आस्था व्यक्त की है। भक्ति दर्शन से प्रभावित होने के कारण ही वे साधनों को गौण बताते और राम की कृपा को मुख्यता देते थे।

सारग्राही कबीर ने अपने सिद्धान्तों को शास्त्रीय शैली में निरूपण नहीं किया है। उनकी साधना और सत्सम्बन्धी दार्शनिक विचारधारा में पाँच सन्तों का समन्वय है, परन्तु उनका विश्लेषण करना कठिन है, क्योंकि उनकी सारग्रहण की प्रवृत्ति ने इन तत्त्वों को ऐसी एकरूपता दे दी है कि उनमें बहुत सूक्ष्म अन्तर रह गया है। ये पाँच स्रोत हैं :

(1) रामानन्द द्वारा उपदिष्ट सगुण वैष्णव-भक्ति।

(2) ज्ञानाश्रयी निर्गुण-भक्ति।

(3) नाथपन्थी योग।

(4) सूफी प्रेम मार्ग।

(5) इसलाम का एकेश्वरवाद।

कबीर क्या थे? भक्त, ज्ञानी, योगी, सूफी या मुसलमान? वे सब थे या कुछ न थे। उनकी आत्मीयता सबसे थी परन्तु किसी एक घेरे में वे बन्द न थे। कबीर के दर्शन को निश्चित रूप देने में जिनका महत्त्वपूर्ण योगदान रहा है, उनका संक्षेप में अध्ययन आवश्यक है, अन्यथा न कबीर का काव्य समझा जा सकता है न रहस्यवादी दर्शन।

एक ओर कबीर का कुल नाथ-योगी-सम्प्रदाय से प्रभावित था तो दूसरी ओर कबीर स्वामी रामानन्द से व्यक्तिगत सम्पर्क के कारण अत्यधिक प्रभावित थे। निरञ्जन-सम्प्रदाय और युग में प्रवर्तित सन्त मत की विचारधारा और सूफी-दर्शन के साथ वे सहजिया वैष्णव-सम्प्रदाय से भी प्रभावित थे। इन सबके सम्मिलित प्रभाव से ही 'निर्गुण-सम्प्रदाय' का आविर्भाव हुआ। निर्गुण सम्प्रदाय सगुण को न मानकर भी अवतार को स्वीकार करने की

भावना सूक्ष्म रूप से ही सही, अपने में सँजोये हुए हैं। इसी कारण 'कबीरावतार' युग के यथार्थ का रूप धारण कर हमारे सामने आता है। अवतारवाद के रहस्य को जानना इसलिए आवश्यक हो गया है। इस प्रकरण में इन्हीं प्रभावों और उनसे कबीर के सम्बन्ध और रहस्यवाद पर विचार किया गया है। कबीर ने अपने सद्गुरु को सर्वाधिक महत्त्व दिया है। अतः सर्वप्रथम स्वामी रामानन्द और उनकी दार्शनिक विचारधारा का परिचय प्राप्त करना आवश्यक है।

(1) स्वामी रामानन्द– "तीर्थराज प्रयाग में कान्यकुब्ज ब्राह्मण पुण्यसदन तथा उनकी पत्नी सुशीला के घर सं॰ 1356 के माघ कृष्ण सप्तमी तिथि, सूर्य के सात दण्ड चढ़ने पर, सिद्धि योग, मुक्त चित्रा नक्षत्र, कुम्भ लग्न में कलियुग के 4400 वर्ष बीतने पर हुआ है" ऐसा विवरण 'अगस्त्य-संहिता' में है। उनका गोत्र अच्युत था। उनका पूर्व नाम रामदत्त या रामानन्द ही था।

आठ वर्ष की वय में उनका यज्ञोपवीत संस्कार होने पर उन्होंने विधार्जन का प्रारम्भ किया और चार वर्ष में पण्डित हो गये। प्रयाग में आगे पढ़ाई की कोई सुविधा न होने से वे 12 वर्ष की वय में काशी गये। वहाँ गुरु राघवानन्द से उनकी भेंट हुई। गुरु ने उनकी तेजस्विता देखी और उनमें युग-पुरुष के लक्षणों का निश्चय हुआ। उन्होंने बड़े प्रेम से रामानन्द को आध्यात्मिक उन्नति के लिए संकेत देते हुए षडक्षर मन्त्र की दीक्षा दी।

12वीं शताब्दी में दक्षिण में श्री रामानुजाचार्य ने सर्वप्रथम ब्राह्मण धर्म में सुधार-परिवर्तन और जन-जीवन के कल्याणार्थ धार्मिक पुनरुत्थान के कार्य का श्रीगणेश किया था। यह धर्मचुस्त बाह्याचारी वर्ग की संकीर्णता की प्रतिक्रियास्वरूप एक महत्त्वपूर्ण घटना थी। जनता के हृदय की माँग एक यथार्थ घटना बनकर रामानुज के माध्यम से प्रत्यक्ष हुई। रामानुज की श्री विष्णु में अनन्य भक्ति थी। यह भक्ति-भाव तत्कालीन प्रखर वेदान्त-मत के विरुद्ध होने पर भी सामान्य व्यक्ति को भक्ति मार्ग में प्रवेश मिल जाय इस सदुद्देश्य से श्रीविष्णु की दिव्य-प्रकृति के व्यक्तिगत पहलू को उन्होंने प्रस्तुत किया। उस समय के लिए यह एक महान् रहस्य की बात थी, क्योंकि वह प्रेम धर्म पर आधारित था। यह किसी जाति या दर्शन से अकाट्य था। यह प्रेम धर्म रामानन्द को अपने गुरु राघवानन्द के माध्यम से प्राप्त हुआ। रामानुजाचार्य की शिष्य-परम्परा में राघवानन्द चौथे और रामानन्द पाँचवें हैं। सिद्धान्तभेद के कारण, 'श्री सम्प्रदाय' में लक्ष्मी-विष्णु के स्थान पर राघवानन्द ने 'राम-सीता' की प्रतिष्ठा की।

राघवानन्द भक्ति में जातिभेद को स्वीकार न करते हुए भी सामाजिक व्यवहार और खान-पान में उसको आवश्यक मानते थे। इसी कारण एक बार उनसे रामानन्द का मतभेद हुआ। रामानन्द को खान-पान में पंक्तिभेद के निवारण का आग्रह होने से राघवानन्द की आज्ञा से उन्होंने अपना अलग सम्प्रदाय चलाया जिसे 'रामावत' - 'रामानन्द सम्प्रदाय' की प्रसिद्धि मिली। उनकी अलौकिक प्रतिभा से मेधावी व्यक्ति भी अत्यन्त प्रभावित थे और उनके भक्त हो गये थे। सूफी और हिन्दू में परस्पर मतभेद होने पर भी दोनों बड़े प्रेम से उनके उपदेश सुनते थे। 15वीं शताब्दी में, धार्मिक-सामाजिक क्रान्ति के इतिहास में उनका नाम पूर्ण उत्कर्ष पर था।

स्वामी रामानन्द एक युगप्रवर्तक महापुरुष थे। उन्होंने कलियुग के मानवों को भवसागर की विपत्तियों और बाधाओं से उबारने के लिए योगभक्ति-समन्वित सेतु का आधार दिया। यह देख नाभादासजी ने लिखा—

श्री रामानन्द रघुनाथ ज्यों दुतिय सेतु जगतरन कियौ।

रामानन्दजी के मतानुसार, "वाल्मीकि रामायण कर्मप्रधान महाकाव्य है। प्रत्येक पात्र के कार्यों को विस्तार से निर्देशित कर यह भी बताने का प्रयत्न किया गया है कि मर्यादा का पालन करनेवाला महापुरुष जीवन-संघर्ष को झेलते हुए किस प्रकार का आचरण करता है।"

स्वामी रामानन्द विशिष्टाद्वैतवादी थे, परन्तु उन्होंने अपने शिष्यों को कभी किसी वाद में नहीं बाँधा। वे अद्वैतवादी भक्ति-भावना का विशेष आदर करते थे। सगुण हो या निर्गुण, भक्ति को वे सबसे ऊँची मानते थे। उनके भिन्न-भिन्न रुचि और संस्कारवाले तथा विद्वान्-अविद्वान् शिष्यों में सर्वसामान्य रूप से भक्ति एक प्रमुख विशेषता थी और नाना रूपों में उन्होंने उसे व्यक्त किया।

स्वामी रामानन्द का उपदेश– उनके उपदेश का मूल स्वर था—

हरि बिन जन्म वृथा खोयो रे।

वे निवृत्ति-मार्ग का उपदेश करते थे, फिर भी वैरागी पन्थ में उन्होंने शालिग्राम की पूजा का विधान किया। भगवद्-भक्ति को वे सर्वोपरि नियामक तत्त्व मानकर कहते थे—

जाति-पाँति पूछे नहीं कोई।
हरि को भजै सो हरि का होई।।

वे प्रत्येक के हृदय में भगवद्भाव को जगाना चाहते थे, इसलिए स्पष्ट कहते कि—"भगवच्छरणागति स्वीकार करने में किसी जाति या कुल का बन्धन नहीं है।" उस युग में उनका सबसे बड़ा क्रान्तिकारी कदम था, धर्मान्तर की प्रवृत्ति द्वारा मानव-जाति का उद्धार। उन्होंने म्लेच्छ हो जानेवाले हिन्दुओं को 'राम-मन्त्र' की दीक्षा और कण्ठी-माला देकर उनकी आन्तरिक वैष्णव-चेतना को जाग्रत किया और वैष्णवता के संस्कार से उनमें आत्मनिष्ठा को इतना दृढ़ कर दिया कि विधर्मियों को पराजित होना पड़ा। इस कार्य के लिए वे स्वयं चलकर अयोध्या गये और सबके लिए भक्ति का द्वार उन्मुक्त कर दिया। इस प्रकार मुसलमान से हिन्दू होनेवाले वैष्णवों को 'संयोगी' कहा गया।

उनके शिष्य-जगत् में सब जातियों का प्रतिनिधित्व है। उनके उपदेश की आत्मा अर्थात् भक्ति का उदार दृष्टिकोण इन शिष्यों की वाणी में ओत-प्रोत है। वे राम-भक्ति के सबसे बड़े प्रचारक के रूप में आज भी मान्य हैं। राम के उदार चरित्र से उन्हें अपने कार्य की प्रेरणा मिली थी और युग की परिस्थितियों के अनुरूप उसे रूप देकर विषमता-निवारण के लिए उन्होंने प्रयत्न किया।

स्वामी रामानन्द के पद– रामानन्द के उपदेश भक्ति के सगुण-निर्गुण दोनों पक्षों से सम्बन्धित थे और वही उनके पदों का विषय भी था। 'गुरु-ग्रन्थ साहब' में संकलित निर्गुण-भक्तिपरक उनका एक पद यहाँ उद्धृत किया जाता है—

कहा जाइए हो घरि लाग्यो रंग। मेरो चित्त चंचल मन भयो अपंग।
जहाँ जाइए तहाँ जल पषान। पूरि रहे हरि सब समान।।

वेद स्मृति सब मेल्हे जोइ। उहाँ जाइए हरि इहाँ न होइ।।
एक बार मन भयो उमंग। घसि चोका चन्दन चारि अंग।।
पूजत चाली ठाइँ ठाइँ। सो ब्रह्म बतायो गुरु आप माइँ।।
सतगुरु मैं बलिहारी तोर। सकल विफल भ्रम जारे मोर।।
रामानन्द रमै एक ब्रह्म। गुरु के एक सबद काटै कोटि क्रम्म।।

गुरु का उपदेश श्रवण कर एक साधक किस प्रकार स्थूल मूर्तिपूजा की बहिर्मुखता से-और बाहरी प्रपञ्च से निवृत्त होकर आत्म-ब्रह्म की एकता का अनुभव पाकर निर्गुण-भक्ति में दृढ़ होता है, यह रामानन्द के जीवन से प्रकट होता है।

रामानन्द की दो रचनाएँ— 'ज्ञान-तिलक' और 'राम-रक्षा' प्रामाणिक मानी जाती हैं। उनमें क्रमशः ज्ञान और योग-समन्वित निर्गुण-भक्ति का निरूपण है। रामरक्षा में एक पद है जो यहाँ दिया जा रहा है—

अब न दैना दर्सनु लिया
दिए अरु मुंए मिल भया मेला।
झलमली ज्योति झनकार भनकत रहै,
नाद अरु बिन्दु मिल भया रंग रेला।
सुनकी नेहरा सुन्य सुनता रहै,
शब्द सूँ शब्द बोल्य निरत सूँ निरत लगी रहै।।

इस पद की शब्दावली हठयोग के अन्तर्गत प्रयुक्त 'ज्योति, नाद, बिन्दु, सून्य, शब्द, निरत' आदि से समाधि-दशा तक का वर्णन करती है। इसी प्रकार निर्गुण-ज्ञान और योग के समन्वित रूप का वर्णन भी वे करते हैं—

जैसे चित सो चित्त मिलि चेतन भया,
उन्मनी दृष्टि ये भाव देखा।।
मिटि गया घोर अँधियार तिहुँलोक में,
स्वेत फटकार मनि हरि बेध्या।।
उलटत नैया नाउ चरन्त बैना,
चन्द्र और सूर्य लोपि रण राखिये।।

यहाँ पर नदी में नाव का उलटा चलना, चन्द्र-सूर्य नाड़ियों का लोप और मध्यम मार्ग का अनुगमन, खेचरी मुद्रा से अमृतपान और भँवर-गुञ्जार से अनाहत नाद का उल्लेख है।

रामानन्द के भक्तिप्रधान उपदेश में ज्ञान और योग दोनों तत्त्व मिलने का कारण उस समय की जनता की मनःस्थिति और रुचि है। अधिकार के अनुसार उन्होंने तत्-तत् व्यक्ति को वैसा उपदेश किया। उनका किसी मतवाद में हठाग्रह न था, परन्तु जन-जीवन को आध्यात्मिक उन्नति के मार्ग पर ले चलना मुख्य लक्ष्य था। इसी कारण वे लोकप्रिय हुए। उन्होंने सगुण भक्ति और निर्गुण भक्ति के केन्द्र बिन्दु के रूप में 'राम' मन्त्र की दीक्षा सब को दी।

हिन्दी भाषा और रामानन्द– स्वामी रामानन्द संस्कृत के प्रकाण्ड पण्डित होने पर भी जन-जीवन के निम्नतम स्तर तक अपने भक्तिपरक उपदेशों को पहुँचाने के लिए अत्यन्त उत्सुक थे। उन्होंने इसके सफल साधन के रूप में हिन्दी भाषा को माध्यम बनाया। उन्होंने अपने उपदेशों द्वारा लोगों को अपनी धार्मिक उदारता का परिचय दिया। उन्होंने सम्पर्क में आनेवाले लोगों के साथ सहृदयतापूर्ण व्यवहार किया। इससे उत्तर भारत में भाषीय एकता के प्रभाव से उनके द्वारा स्थापित 'सम्प्रदाय' का पर्याप्त प्रचार-प्रसार हुआ। अतः हिन्दी को राष्ट्रभाषा की शक्ति प्राप्त करने में परोक्ष रूप से बहुत सहायता मिली। तीर्थयात्रा करनेवाले रामानन्दी वैष्णवों के भजन और उपदेश इस भाषा के प्रचार-प्रसार के कुछ सफल साधन थे।

स्वामी रामानन्द की प्रसिद्धि– अनेक नामांकित शिष्यों के गुरु कितने महान् होंगे, यह सहज ही समझा जा सकता है। पीपा, सदना, धन्ना, सेना, रैदास, कबीर आदि शिष्यों में सर्वाधिक प्रसिद्धि कबीर को मिली। रामानन्द द्वारा उपदिष्ट भक्ति मार्ग को कबीर ने ही प्रशस्त, विस्तृत और उदार बनाया। रामानन्द देश के विभिन्न प्रदेशों में विचरण करते रहे थे। स्मरण के रूप में आज भी उनके चरण-चिह्न आबू एवं जूनागढ़ की पहाड़ियों पर मिलते हैं और पिछले स्थान पर उनकी एक गुफा भी है।

स्वामी रामानन्द की मृत्यु– 'अगस्त्य-संहिता' और उसके परिशिष्ट 'भविष्योत्तर खण्ड' में उनका निधन-वर्ष सन् 1410 ई॰ तथा 'प्रसंग-पारिजात' में सं॰ 1505 वि॰ बताया गया है। डॉ॰ त्रिगुणायत के मतानुसार रामानन्द का समय सं॰ 1375 वि॰ के आसपास होना चाहिए। अधिकतर विद्वानों में सं॰ 1505 वि॰ में उनकी मृत्यु और 120 वर्ष की आयु मानी गयी है। यह बात जनश्रुति से भी समर्थित है।

(2) विशिष्टाद्वैत मत और स्वामी रामानन्द

विशिष्टं चाविशिष्टं च विशिष्टैऽविशिष्टयोरद्वैते विशिष्टाद्वैतम्। अर्थात् सूक्ष्म चिदचिद् विशिष्ट अथवा कारण-ब्रह्म और स्थूल चिदचिद् विशिष्ट अथवा कार्य-ब्रह्म में अभेद स्थापित करना ही विशिष्टाद्वैत मत का लक्ष्य है। इस मत में स्वगत-भेद से ब्रह्म को चिदचिद् विशिष्ट माना गया है। यह ब्रह्म अनेक शुभ गुणों से युक्त है।

रामानुज के इस 'विशिष्टाद्वैत' मत का समर्थन और प्रचार स्वामी रामानन्द ने अविकल रूप से किया, फिर भी अपने समय की परिस्थितियों को ध्यान में रखकर उसे व्यावहारिक रूप दिया। यह थी स्वामी रामानन्द की प्रतिभा। जिस समय धार्मिक वातावरण अत्यन्त विषम था, परिस्थितियों में अनेक प्रकार की उथल-पुथल हो रही थी, तब उन्होंने ज्ञान और कर्म के व्यामोह में उलझे लोगों के समाधान के लिए काशी में वैष्णव-भक्ति का प्रचार किया। उन्होंने लोगों को भगवान् की लोक-कल्याणमयी लीलाओं से आश्वस्त किया।

'विशिष्टाद्वैत' की व्याख्या– "ईश्वर चिदचिद् को आश्रित करता है तथा उसे कार्य में प्रवृत्त करता है। ईश्वर नियामक होने से 'प्रधान' तथा 'विशेष्य' कहलाता है। 'विशेष्य' की सत्ता पृथक् रूप से सिद्ध है, परन्तु विशेष्य के साथ ही विशेषण सदा सम्बद्ध होने के कारण पृथक् रूप से स्वयं असिद्ध है।" इस प्रकार रामानुज ने त्रिविध तत्त्व को स्वीकार करते हुए

भी अद्वैत मत को ही मान्य किया है। अंगभूत चिदचिद् की अंगीभूत ईश्वर से पृथक् सत्ता न होने के कारण ब्रह्म अद्वैत रूप है। वे विशेषणों से युक्त विशेष्य की एकता को स्वीकार करते हैं। इस विलक्षण दृष्टि से 'विशिष्टाद्वैत' मत की स्थापना हुई।

इस मत के प्रचार में स्वामी रामानन्द ने शान्तिदूत का काम किया और सन्देश दिया कि— "भगवान् करुणा-वरुणालय की प्रेममयी रागात्मिका भक्ति करो।" उन्होंने अपने गुरु राघवानन्द की साधना-प्रणाली को स्वीकार कर योग समन्वित भक्ति का उपदेश किया।

नारायण– रामानुज सम्प्रदाय में 'नारायण' की परम पुरुष के रूप में स्थापना की गयी है। विश्वसृष्टि की समष्टि में पचीस तत्त्वों में और व्यष्टि-रूप नर के पचीस तत्त्वों में व्यापक रूप से निवास करनेवाले होने से उन्हें 'नारायण' कहा गया। ये पचीस तत्त्व हैं— पंचभूत, पंच तन्मात्रा, दस इन्द्रिय, मन, बुद्धि, अहंकार, प्रकृति और जीव।

'नारायण परमात्मा' में परस्पर विरुद्ध धर्मों का सामञ्जस्य है। भागवत में कहा गया है-

कर्माण्यनीहस्य भवोऽभवस्यते
दुर्गाश्रयोऽथारिभयात् पलायनम्।
कालात्मनो यत् प्रमदायुताश्रयः
स्वात्मन् रतेः खिद्यति धीर्विदामिह।। 3/4/16

अनीह और कर्मासक्त, अजन्मा और जन्मवाले, कालात्मक और पलायन करके दुर्ग में आश्रय लेनेवाले, आत्मरत और प्रमदाओं के संग विहार करनेवाले— ऐसे परस्पर विरोधी लक्षणों से युक्त भगवान् को देखकर समझने में विद्वान् की मति भी हार जाती है।

भगवान् स्वयं रूप से अपने साथ अपनी लीलाओं में निमग्न रहते हैं। उनकी देह चिन्मय, आनन्दमय है, प्राकृतिक नहीं। अतः उनकी देह और आत्मा एक है। उदाहरण भागवत में वर्णन है—

भगवान् के तीन रूप हैं— अनन्यसिद्ध, तदेकात्मक रूप और आवेश रूप।

(1) अनन्यसिद्ध रूप– लावण्य, यश, ऐश्वर्य का सार भगवान् का यह रूप नित्य-नूतन है।

(2) तदेकात्सक रूप– स्वयं रूप से एक होकर भी आकृति, आकार और चरित से भिन्न की प्रतीति होती है, वास्तव में वे अपने रूप से अभिन्न हैं। शक्तियों के विलास से उनके दो रूप प्रतीत होते हैं— विलास और स्वांश।

(3) आवेश रूप– वह ज्ञानशक्ति की प्रधानता से प्रकट होनेवाला रूप है। प्राकट्य के समय भगवान् महान् जीवों में आविष्ट होते हैं। उदाहरण नारद, सनत्कुमार आदि।

ब्रह्म– सृष्टि के पूर्व सूक्ष्म चिदचिद्विशिष्ट ब्रह्म कारणावस्था में रहता है। सृष्टिकाल में वही स्थूल चिदचिद्विशिष्ट होकर उपादानत्व को प्राप्त होता है। परिणाम विशेषणांश में ही होता है। विशेष्य निर्विकार रहता है। संसार की उत्पत्ति का कारण परमात्मा का संकल्प है। वे लीला भाव से सृष्टि करते हैं। ईश्वर ही पंचभूत, अन्न आदि उत्पन्न करता है और वही उत्पत्ति-प्रलय के आरोहक्रम में अनुस्यूत रहता है।

प्रकृति– कबीर ने 'माया' के नाम से जो चर्चा की है, वह वेद में और रामानन्द के विचार में 'प्रकृति' का ही विवेचन है। रामानन्द ने कहीं भी 'माया' शब्द का प्रयोग नहीं किया है।

रामानन्द– "प्रकृति नित्य, अज, अचेतन, विकाररहित, सम्पूर्ण विश्व का कारण, एक होकर भी अनेक वर्णोंवाली, अजा, त्रिगुणात्मिका, अव्यक्त, स्वतन्त्रव्यापारहीन, परार्थ, मद-अहंकार आदि की सृष्टि करनेवाली, भगवान् का अन्विदंश, स्वयं अचेतन होने से जगत्कारण नहीं, ब्रह्म के अधीन होकर सृष्टिकार्य में सहायक है। अतः प्रकृति त्रिगुणमयी माया है।"

प्रकृति के तीन गुणों में से तम और रज के मिश्रित रूप की प्रधानता से अविद्या-माया की अभिव्यक्ति होती है। तम और रज से शून्य प्रकृति शुद्ध सत्त्वात्मक होती है। शुद्ध सत्त्व निरवधिक तेज रूप द्रव्य है और नित्य ज्ञानानन्द का जनक होने से विद्यामाया है। इसे योगमाया भी कहते हैं। नित्य-मुक्त पुरुषों के शरीर की और स्वर्ग की रचना इसी शुद्ध सत्त्व से हुई होती है।

अचित् अर्थात् काल– ज्ञानशून्य विकारास्पद वस्तु अचित् कहलाती है। अचित् तत्त्व के तीन भेद हैं - शुद्ध सत्त्व, मिश्र सत्त्व और शून्य। 'शून्य' अचित् तत्त्व अर्थात् 'काल' है।

जीव अर्थात् चिदचित्– अचित् माने देह, इन्द्रिय, मन, प्राण, बुद्धि आदि। उनसे विलक्षण अखण्ड आनन्दरूप, नित्य, अणु, अव्यक्त, अचिन्त्य, निरवयव, निर्विकार तथा ज्ञानाश्रय चित् तत्त्व जीव है। जीव में एक विशेष गुण होता है 'शेषत्व' अर्थात् अधीनत्व। अपने समस्त कार्य-कलाप के लिए जीव ईश्वर पर आश्रित रहता है। इसीलिए जीव कहलाता है 'शेष' और ईश्वर 'शेषी'।

ब्रह्म तथा जीव के सम्बन्ध में रामानुज का मत है— "जिस प्रकार देह देही का अंश है, चिन्गारी अग्नि का अंश है, उसी प्रकार जीव ब्रह्म का अंश है।

जीव-ईश्वर को अभिन्न मानने में कबीर ने रामानन्द का मत स्वीकार किया है। दोनों को अनादि मानते हुए भी वे जीव को ईश्वराधीन बनाते हैं। दर्पण में प्रतिबिम्बित वस्तु की तरह जीव अन्तःकरण में प्रतिबिम्बित ईश्वर है। अतः उनमें तत्त्वतः कोई अन्तर नहीं है। जीव अज है, पारस है और संसार लोहा। जीव स्वकर्म-फलभोक्ता है।

कबीर की इस विचारधारा पर अद्वैत मत का प्रभाव है। परन्तु यह शास्त्रीय अध्ययन का परिणाम नहीं है, सत्संग का प्रभाव है। रामानन्द के 'जीव तत्त्व-विवेचन' में अद्वैत-सिद्धान्त ही व्याख्या है। जीव के 'व्यक्ति-अहं' के निवारण की दृष्टि से विशिष्टाद्वैत की अपेक्षा अद्वैत मत अधिक सार्थक प्रतीत होता है। इसी कारण रामानन्द ने ज्ञान और भक्ति का समन्वय उचित माना।

मोक्ष– कबीर ने अर्चिरादि मार्ग का उल्लेख नहीं किया है। वे साकेत, वैकुण्ठ आदि धाम में आस्था नहीं रखते और विरोध में यह भी कहते हैं कि जिसके मन में 'साकेत-वैकुण्ठ' की आशा है, उसे कभी ईश्वर नहीं मिलता। वे सायुज्य-मुक्ति में विश्वास नहीं करते। उनकी दृष्टि में धाम कहो या मुक्ति सब सत्संग के पर्याय हैं। राम में सहज लीन होना ही मुक्ति है, जो सत्संग के वातावरण में ही सम्भव है। उन्होंने राम से चिर-संयोग की

अनुभूति पायी, यह रामानन्द का प्रभाव होना सम्भव है। उन्होंने मृत्यु की अनुभूति में जीवन-लाभ पाया—

अब मन उलटि सनातन हूआ। तब जान्या जब जीवन मूआ।

'शून्य' उनकी परिभाषा में मोक्ष का पर्याय है। मोक्ष-प्राप्ति में वे गुरु-कृपा को अनिवार्य बताते हैं।

गुरु– जीव अपने स्वामीभूत भगवान् के समीप स्वयं जाने में असमर्थ है। इस कार्य में उसे गुरु की आवश्यकता होती है। जीव को नारायण के चरणों तक पहुँचाने का माध्यम आचार्य ही होता है। आचार्य-पुरस्कृत जीव को ही नारायण स्वीकार करते हैं। जीव भी भगवत्-चरण को तभी पा सकता है, जब वह तत्परतापूर्वक, आचार्य द्वारा कृपापूर्वक विहित उपदेश को प्राप्त कर उसका पालन करता रहे। वेदान्तदेशिक के अनुसार 'रामायणी-कथा' का तात्पर्य 'गुरुतत्त्व' का प्रतिपादन ही होता है। भयंकर समुद्र से वेष्टित तथा राक्षसों से पूर्ण लंका में रावण के द्वारा अपहृत जनकनन्दिनी को भगवान् राम का सन्देश तभी मिला जब वीराग्रणी हनुमान ने स्वयं समुद्र लाँघकर उसे सुनाया।

प्रपत्ति– जीव को इस दुःखमय संसार से मुक्त करने का एकमात्र साधन है 'भक्ति'। भक्तवत्सल भगवान् की अनुग्रह-शक्ति ही भवपंक से जीव का उद्धार कर सकती है। इस अनुग्रह-शक्ति को उद्‌बुद्ध करने का भक्तों के पास एकमात्र उपाय है 'शरणागति' अर्थात् प्रपत्ति, जिसकी शास्त्रीय संज्ञा न्यास है। बिना 'न्यास' के शक्तिपात सम्पन्न नहीं होता।

इस जीव के लिए अपने स्वामी नारायण के चरणारविन्द में आत्मसमर्पण करने के अतिरिक्त अन्य कोई महती साधना नहीं है। 'श्री वैष्णव मत' में दास्यभाव की भक्ति मान्य है और भक्ति का सार है प्रपति। इसी से आत्मनिवेदन के अभाव में भक्ति की अन्य साधना बहिरंग-मात्र है। भगवान् के चरणों में अपने को लुटा देना, आत्माभिमान छोड़कर तथा सब धर्मों का परित्याग कर शरणापन्न होना ही प्रपत्ति का स्वरूप है। प्रपत्ति के तीन अंग हैं और तीनों से सम्पन्न होने पर ही उसकी शरणागति में पूर्णता आती है—

(1) अनन्यशेषत्व याने भगवान् का ही दास होना।

(2) अनन्यसाधनत्व याने भगवान् ही उपाय और उपेय दोनों।

(3) अनन्यभोग्यत्व याने अपने को भगवान् का भोग्य समझना।

प्रपत्ति आत्मदैन्य की पराकाष्ठा है। प्रपन्न भक्त की मानसिक स्थिति कैसी होगी, इसकी कल्पना इस उद्धरण से मिल सकती है—

'हे भगवान्! मैं असत्यप्रिय हूँ, अपवित्र हूँ, नीच, अपराधपात्र, अल्पशक्ति, अचेतन, भृत्यकर्म के अयोग्य, दोषागार और दुरात्मा हूँ। अतः आप मेरे द्वारा समर्पित भोजन को उपेक्षित न करें। हे भगवान्! आपने जिस प्रकार कौशल्या, सीता, लक्ष्मण, शबरी, भरद्वाज, विदुरादि द्वारा दिये गये भोजन को स्वीकार किया है वैसे ही मेरे द्वारा अर्पित भोजन को भी स्वीकार करें।'' भक्ति में इस प्रकार का आत्माद्वैत भक्तहृदय की पवित्रता और उज्ज्वलता को व्यक्त करनेवाला है। नाम-जप से धीरे-धीरे हृदय शुद्ध होकर इस प्रपति को सफल बनाता है।

मन्त्र– नामजप अर्थात् भगवान् का स्मरण। मन्त्रजप से भक्त का चित्त भगवान् के नाम, गुण, माहात्म्य आदि में तल्लीन रहता है। श्रीराममन्त्र अव्यापक भगवन्मन्त्रों से श्रेष्ठ तो है ही, व्यापक मन्त्रों की अपेक्षा भी श्रेष्ठ है। यह श्रुतिमुनिजन आदृत है, शिष्ट पुरुषों द्वारा अपनाया गया है, हनुमदादि नित्य जीवों का आश्रय है, परम कल्याणप्रद है, प्रधान है, प्राप्य है, गुण, ज्ञान और शक्ति का प्रदाता है। समस्त वेदार्थ जिसके अन्तर्गत है, प्रणव ओंकार जिसमें सन्निहित है, जो समस्त जगत् का आधारभूत है, बिन्दुसहित जो विद्यमान है, जो अत्यन्त व्यक्त है, अधिकतम महती शक्ति जिसमें है, जो विश्व का सर्वोत्कृष्ट मूल कारण है, नाना प्रकार के प्रपञ्च जिसमें भासमान् हैं, ऐसा परम-प्रसिद्ध श्रीराम-मन्त्र का बीज 'रा' शब्द है।

इस मन्त्र के रहस्य का उद्घाटन चार प्रकार से बताया है—

(1) मन्त्र का तात्पर्यार्थ– भगवान् की प्रसन्नता का संश्रय करना और गुरु की आज्ञा का पालन तथा उनकी रुचि के अनुकूल व्यवहार करना।

(2) मन्त्र का वाक्यार्थ– स्व-स्वरूप का निरूपण।

(3) मन्त्र का प्रधानार्थ– भगवान् के स्वरूप का निरूपण।

(4) मन्त्र का अनुसन्धानार्थ– निर्भरता का अनुसन्धान।

स्वामी रामानंद ने **'विशिष्टाद्वैत'** के इस स्वरूप और सिद्धान्त को ध्यान में रखकर अपनी आध्यात्मिक साधना की। साधना में उन्होंने ज्ञान और योग के महत्त्व को भी भक्ति के साथ-साथ स्वीकार किया था। उन्होंने भगवद्-रहस्य को प्राप्त किया और स्वतन्त्र रूप से स्वानुभवों के आधार पर अपनी दार्शनिक विचारधारा को व्यक्त किया। रामभक्ति-परम्परा की भूमिका उपलब्ध थी ही।

स्वामी रामानन्द की दार्शनिक विचारधारा

स्वामी रामानन्द का 'ब्रह्म राम' विषयक मत– 'राम' में ब्रह्म के सब लक्षणों को घटित करते हुए रामानन्द ने निर्गुण परमात्मा के स्वरूप का इस प्रकार निरूपण किया है—

(1) ज्ञानस्वरूप, साक्षी, कूटस्थ, अनेक शुभगुणों से युक्त, अविनाशी, ईश्वर, जिसमें और जिससे इस सम्पूर्ण विश्व की उत्पत्ति, स्थिति और लय होता है, जिसकी सत्ता से वायु में गति और पृथ्वी में दृढ़ता आती है, वही ब्रह्म है। वह परम स्वतन्त्र, चेतन का भी चेतन, सर्वज्ञ, तपस्यादि से दुर्लभ, परन्तु सद्गुरु के कृपापात्र और सत्संगपरायण मुमुक्षुओं के लिए सुलभ, योगियों के रक्षक तथा निरन्तर उनके चिन्तन करने योग्य परमात्मा परब्रह्म 'राम' को जानने के बाद कुछ भी जानना शेष नहीं रहता।

(2) दिव्य गुणों के आगार, उपनिषदों के प्रतिपाद्य, आदि-अन्त-रहित, ब्रह्मा-इन्द्रादि देवों के स्वामी और उनके पूज्य, सूर्य-चन्द्र, ग्रह-नक्षत्र, अग्नि और विद्युतादि के प्रकाशक, अजेय, विजयी और श्रीमान्, सम्पूर्ण विश्वसृष्टि के कारण, आश्रय और स्वामी हैं।

(3) इन लक्षणों से युक्त 'ब्रह्म' पद से भगवान् 'नारायण' अथवा 'राम' का ही बोध होता है, जो श्रीमान्, शंकर, इन्द्र, ब्रह्मादि देवों के पूज्य और सबके आश्रय हैं। वे क्लेशादि

से असंग, योगियों के प्राप्य, सत्पुरुषों और समस्त वेदों द्वारा स्तुत्य और विद्वानों द्वारा मान्य, सर्वशक्तिमान्, नित्य, अमर-अजर, निष्पाप, वाङ्मनसागोचर, वेदों के लिए ज्ञेय, अद्भुत गुणों के निधान, प्रेय, लज्जायुक्त जानकजी के कटाक्षों से अवलोकित, भक्तों के लिए कल्पतरु-तुल्य, परम पवित्र एवं महानीलमणि-सी कान्ति से युक्त सौन्दर्यमूर्ति श्रीराम के चरण-कमलों का स्पर्श करना चाहिए।

(4) सीतापति परमात्मा राम ही एकमात्र ऐसे हैं जो सर्वगुणसम्पन्न (निधान), जगत् के हेतु एवं सबके संरक्षक, शेषी तथा उपास्य हैं। वे सबके बन्धु, सबके प्राप्य, सर्वदोषरहित एवं कल्याण-गुणाकर हैं। ये ही भगवान् राम सच्चिदानन्दस्वरूप और निखिल विभूति के स्वामी हैं।

(5) विष्णु स्वयं राम के रूप में अवतीर्ण हुए थे। वे ही दशरथ के पुत्र, जानकीजी के पति थे और पिता की आज्ञा शिरोधार्य करके उन्होंने ही चौदह वर्ष पर्यन्त वनवास किया तथा चित्रकूट में रहे। उन्होंने भक्तों के भय को दूर किया, सुग्रीव को राज्य दिया तथा रावण को मारकर सबको सुख दिया।

(6) विकसित कमल के समान विशाल नेत्रोंवाले, सस्मित मुखमुद्रावाले, अद्भुत रूप-लावण्ययुक्त राम के सौन्दर्य से शंकर और ब्रह्मा भी बरबस आकृष्ट हो जाते हैं। उनके चरण-कमलों में मुनियों का मन-भ्रमर सदा रमण करता रहता है। लोकोत्तर बलशाली, आजानुबाहु राम, अद्भुत-दिव्य धनुष-बाण से पूजित हैं। बहुमूल्य हार, अंगद, नूपुर, कमल-पराग-से पीत-वस्त्रधारी उनका शरीर नवमेघ-सा साँवला और सुन्दर है। सब जीवों के एकमात्र शरण्य, परमपुरुषोत्तम, महोत्सवस्वरूप, दशरथ-पुत्र राम, सीता और लक्ष्मण के साथ सदा शोभायमान रहते हैं।

(7) अद्भुत शक्ति-सम्पन्न राम ने शंकर के धनुष को खण्डित कर परशुराम के गर्व को चूर-चूर कर दिया। भयंकर राक्षसों और शत्रुओं के अभिमान को विगलित करनेवाले एवं उनका विनाश करनेवाले, आग के समान शक्तिशाली, दुष्कर कार्यों को करने में सक्षम, श्रेयस्वरूप, प्रतापशाली मुनिजनों के वन्दनीय, सागर को विक्षुब्ध करनेवाले, लोकविजेता, सर्वमान्य, विघ्ननाशक और कल्याणकारी हैं।

(8) जगत् के स्वामी, श्रीश, जगन्निवास, जगत्कारण एवं प्रभु होकर भी राम बड़े ही उदार हैं। श्रेष्ठ विद्वानों ने कहा है कि - 'कृपासिन्धु, यशस्वी, अचिन्त्य-अखिल वैभववाले भगवान् राम की करुणा का रूप दूसरों के कष्टों को देख असहिष्णु होते समय प्रकट हो जाता है। ऐसे करुणानिधान नरशार्दूल राम के प्रातःकाल उठते ही संसार में जागृति और मंगल का प्रारम्भ हो जाता है।

(9) भक्तवत्सल वात्सल्यसिन्धु, स्वजनों के अपराधों की ओर दृष्टिपात न करनेवाले, राम के दोषभोगिता रूप का नित्य सदाचार-परायण विद्वान् निरूपण करते हैं। विरञ्चि और शम्भु इसी कारण से भगवान् राम के पदारविन्द की सेवा करते हैं तो भक्तों को तो उनके चरण-कमल का चञ्चरीक होना ही चाहिए।

(10) विश्वसृष्टि के कारण राम होने से उनके, सृष्टि तथा सब जीवों के बीच पिता-पुत्र, रक्षक-रक्ष्य, शेष-शेषित्व, सेव्य-सेवक, आत्मा-आत्मीत्व आदि अनेक सम्बन्ध हैं।

(11) अतः भगवान् की भक्ति करना ही एकमात्र मुख्य फल है। जीवों के परम प्राप्य उपेयस्वरूप राम ही उनके उपाय भी हैं। इसलिए रागद्वेषादि से विनिर्मुक्त, शब्द चित्त से सावधानीपूर्वक अंगों, पार्षदों और लक्ष्मण-सीता-रहित वेदवेद्य भगवान् श्रीराम के कैंकर्य में जीवनयापन ही जीवों का कल्याण है।

(12) भगवान् राम के पार्षदों में लक्ष्मण राम-कैंकर्य-परायण होकर सीता-पति राम के आज्ञापालक होने से अप्रमेय एवं शरच्चन्द्र के समान उज्ज्वल कीर्तिवाले हैं। अतः वे राम के परम प्रिय हैं।

राम के दूसरे पार्षद हनुमान अत्यन्त बलशाली, बुद्धिमान्, लाल-लाल नेत्रोंवाले श्रीरामपदारविन्द में रत एवं शत्रुओं के लिए मृत्युवत् हैं।

भगवान् राम के शस्त्रास्त्र भी उनके पार्षद हैं।

(13) स्वामी रामानन्द ने देश-कालातीत, आश्रिताभिमत, सहिष्णु, अप्राकृत, दिव्यदेहयुक्त, अपने समस्त कृत्यों में अर्चक के अधीन श्रीराम के प्रतिमावतार को अर्चावतार कहा है। यह भगवद्-विग्रह ही जीवों के एकमात्र उपाय होने से सुधीजनों को आह्वान, आसन, पाद्य, अर्घ्य, आचमनी, स्नान, वस्त्र, यज्ञोपवीत, गन्ध, पुष्प, दीप, नैवेद्य, ताम्बूल, प्रदक्षिणा और विसर्जन आदि षोडशोपचार से अर्चावतार की पूजा करनी चाहिए।

निष्कर्ष– ये ही भगवान् श्रीराम स्वामी रामानन्द के आराध्य इष्टदेव थे, इन्हीं के स्मरण में निरन्तर तल्लीन रहते थे और इन्हीं को भजने के लिए वे अपने शिष्यों को 'राम' मन्त्र देते थे। उन्होंने कबीर को भी इस मन्त्र की दीक्षा दी थी, परन्तु कबीर ने स्वामी रामानन्द द्वारा उपदिष्ट राम के निर्गुण परब्रह्म स्वरूप को अपना ध्येय माना, सगुण और अर्चावतार दशरथ-पुत्र राम को नहीं। फिर अर्चावतार का तो प्रश्न ही न था।

इसका एक कारण यह भी था कि कबीर के जीवन और दर्शन को प्रभावित करनेवाले अन्य अनेक सामाजिक, धार्मिक और आध्यात्मिक स्रोत थे। अतः कबीर का दर्शन विशुद्ध विशिष्टाद्वैत, नाथपन्थी, सूफी साधना, इसलाम, वैष्णवसम्प्रदाय, किसी एक के अनुसरण में खोजना गम्भीर भूल होगी। उन्होंने परमहंस की तरह अपने नीर-क्षीर-विवेक से अपने व्यक्तित्व के अनुरूप आत्महित और लोकहित के तत्त्वों को खोज निकाला और उन्हें व्यवहार की कसौटी पर परखा। तत्कालीन परिस्थितियों में यहाँ आगे निर्गुण सम्प्रदाय अपनी पूर्णता को प्राप्त हुआ।

(3) कबीर की निर्गुण उपासना

कबीर के मतानुसार— ''अपने प्रियतम की उपलब्धि श्रद्धान्वित मन के द्वारा ही सम्भव है।'' मन के असन्तोष से उद्विग्न होकर कबीर ने कहा है— ''इस मथुरा नगरी (शरीर) पर वज्रपात हो जाय, जहाँ से कृष्ण (आत्मा) को निर्वासित या असन्तुष्ट होकर जाना पड़ता है। जब मन मर जाता है और शरीर शक्तिहीन हो जाता है, तब मैं जहाँ-जहाँ जाता हूँ, वहीं-वहीं हरि 'कबीर-कबीर' पुकारते हुए पीछे लगे रहते हैं।

दोष इन्द्रियों में ही नहीं, बल्कि उस मन के भीतर है जो सारी वासनाओं की उत्पत्ति का मूल स्थान है और जो इन्द्रियों को दुष्कर्म करने के लिए सदा प्रेरित किया करता है।

भगवान् के मार्ग का अनुसरण करनेवालों को जगत् के आमने-सामने रहकर उसे निरपेक्ष भाव से देखना और उससे लड़ते हुए मुक्ति की ओर बढ़ना है। उसके भीतर का अन्तर्द्वन्द्व बाहर युद्ध करनेवाले शूरवीर की लड़ाई से कहीं अधिक भयानक होता है। एक पुकार से सभी निर्गुणी सन्तों ने गार्हस्थ्य-जीवन ही व्यतीत किया। उन्हें अन्तर्द्वन्द्व के साथ बाह्य-संघर्ष को भी झेलना पड़ता था।

इसके फलस्वरूप उनका निश्चय हुआ कि 'अनासक्ति' का तात्पर्य बाहरी रहन-सहन नहीं, बल्कि अपने मन की एक विशेष प्रवृत्ति है। यह एक आभ्यन्तरिक दशा है, जिसमें इस प्रकार के विहित वैराग्य से भी अनासक्ति रहा करती है, अर्थात् विहित वैरागी भी संसार में गृहस्थों की तरह ही आसक्त हो सकता है।

निर्गुणी साधक अपने परिवार का त्याग करने को बाध्य नहीं होता। फिर भी उसे पारिवारिक जीवन के उपभोग से उपराम रहना चाहिए। वह अपने पुत्र-कलत्र के साथ रह सकता है, परन्तु अधिक सन्तति उत्पन्न न करनी चाहिए। ब्रह्मचर्य उसके लिए इष्ट है। यदि उसकी जीवनचर्या ऐसी न होगी तो वह अनासक्त नहीं हो सकता।

निरन्तर अभ्यास करते-करते साधक की स्मृति अथवा आदिम आध्यात्मिक पिपासा परमात्मा से संयोग के लिए तीव्र अभिलाषा में परिणत हो जाती है, तब यह भीतरी युद्ध आसानी से जीत लिया जाता है। उस समय सारी चेतन शक्ति प्रेम-पात्र की ओर ही केन्द्रित हो जाती है और इन्द्रियाँ यन्त्रवत् आज्ञानुवर्ती।

भगवत्प्राप्ति का साधन

सब सम्प्रदायों में साध्य उनका इष्टदेवता होता है और उसमें परब्रह्म परमात्मा के तात्त्विक स्वरूप का निरूपण कर उसमें पूर्णता का भाव आरोपित किया जाता है। इष्ट की प्राप्ति के लिए एक साधन-प्रक्रिया भी सम्प्रदायगत सिद्धान्तों पर आधारित होती है। अन्तःकरण की शुद्धि के लिए साधना के अंग रूप में तीर्थ और व्रत-उपवास का महत्त्व भी स्वीकार किया जाता है परन्तु निर्गुण उपासना में इसे बाह्याचार और दम्भ बताया जाता है। निर्गुण उपासना में भी अन्तःकरण शुद्धि पर पूरा बल दिया जाता है, परन्तु उसके लिए विचार-शुद्धि और भाव-शुद्धि को महत्त्व दिया जाता है जिससे आचार-शुद्धि स्वाभाविक ही हो जांती है। परन्तु इसके विरुद्ध जो तीर्थ-व्रत करते हुए भी आचार में शुद्ध नहीं है, वह भाव-विचार में कभी पवित्र नहीं हो सकता। कबीर के मत में उसकी दुर्गति निश्चित है और उसकी तपश्चर्या निष्फल—

भांग माछुली सुरापान जो जो प्रांनी खांहि।
तीरथ बरत नेम किये ते सबै रसातल जांहि।।

यदि कोई भ्रमवश मानता हो कि जप-तप और तीर्थ-व्रत करने से ही भगवान् मिल जायँगे तो वह उसकी निरी अज्ञानता है, धोखा है। विषय-त्याग के लिए और मानसिक

पवित्रता के लिए उनका महत्त्व होते हुए भी यह साधना की पूर्णता नहीं है बल्कि वह भगवान् को पाने के लिए सौदा कर रहा है। परन्तु उसे निराश होना पड़ेगा—

जब तप दीखै थोथरा, तीरथ व्रत बेसास।
सूगै सेंबल सेविया, यौं जग चल्या निरास।।

कबीर के राम

एक आलोचक के मतानुसार- "वस्तुतः भारतीय और विशेषतः उत्तर भारतीय भक्ति-जगत् में राम के नाम का प्रचार इतना अधिक हो चुका था कि कबीर, दादू आदि सन्तों ने उसे अपनाने की बाध्यता का अनुभव किया। इसके अतिरिक्त राम को अपनाकर उसी के माध्यम से वे बहुसंख्यक हिन्दुओं के हृदय-प्रांगण तक पहुँच सकते थे। इन्हीं परिस्थितियों से प्रेरित होकर कबीर ने राम की भक्ति का प्रचार किया, परन्तु उनकी सतत यह चेष्टा रही कि राम-भक्ति के साथ निरर्थक कर्मकाण्ड, मूर्तिपूजा आदि जो रूढ़ियाँ और अन्धविश्वास सम्बद्ध हो गये हैं, उनसे उसे असम्पृक्त रखें।"

'रामानन्द के राम' से 'कबीर के राम' भिन्न हैं। उन्होंने कभी पार्षद या अर्चावतार का उल्लेख नहीं किया और मूर्तिपूजा का खण्डन ही किया है। उन्होंने अपने 'निर्गुण राम' के प्रति एक शूर के आदर्श को अपनाते हुए 'सती-भाव' से निःशेष आत्मसमर्पण अवश्य किया—

एक समसेर इकसार बजती रहै,
खेल कोई सूरमा सन्त झेलै।

शूरवीर सन्त की परिभाषा में कबीर ने कहा— "काम की सेना का दलन कर, क्रोध पर शासन कर सन्त वीरता दिखाता है और विजय मिलने पर परमसुखधाम में ही अपनी वृत्ति को एकाग्र करता है। 'सतीवत्' वह अपनी अनन्यता का निर्वाह करता है और ज्ञान के खड्ग से संसार-रूप रणक्षेत्र में सारी विघ्न-बाधाओं का नाश करता है। मृत्यु से निर्भय होकर, प्रारब्ध को पछाड़नेवाला सन्त ही शूरवीर है।"[1]

रामानन्द द्वारा उपदिष्ट भक्त-भगवान्-सम्बन्ध के नौ प्रकारों में दाम्पत्य-भाव कबीर को सबसे अधिक प्रिय है। इसके अतिरिक्त सेव्य-सेवक, पिता-पुत्र, माता-पुत्र और स्व-स्वामि सम्बन्ध को भी उन्होंने स्वीकार किया है। आत्मा के रूप में 'राम-ब्रह्म' से आत्मीयत्व माने पिण्ड में अपिण्डी के, सगुण में निर्गुण के साक्षात्कार की विधि है। अव्यक्त को व्यक्त करने की इस प्रक्रिया में भोग्य-भोक्तृत्व के रूप में उनके अहं का पूर्ण विलयन प्रकट होता है— "मेरा कुछ नहीं, तेरा ही तुझे देना है।"

उन्होंने रामनन्द के दाशरथि राम के स्थान पर अपने राम को एक विराट् व्यक्तित्व की असीमता देकर उसे सर्वव्यापक, सर्वरूप, सर्वान्तर्यामी घोषित किया और उसकी अलौकिकता तथा अनिर्वचनीयता की प्रतीति दी—

1. शब्दावली कबीर साहब की - बेल्वेडियर प्रेस - पृ॰ 106

पारब्रह्म के तेज का कैसा है उनमान।

कहिबे कूं सोभा नहीं, देख्या ही परवांन।।

कबीर के राम अविनाशी हैं—

कबीर सारी दुनियां बिनसे, रहल राम अविनासी हो।

इस सम्पूर्ण सृष्टि के एकमात्र कर्तार भी राम ही हैं—

आपु ही कर्ता भये कर्तारा, बहु विधि बासन गढ़े कुंभारा।।

इस कर्त्ता की गति को वे अगम बताते हैं। उसी ने 'कुलाल' की हैसियत से 'मेदिनी भरिया' है। ऐसे अति गुणसम्पन्न कन्त से कबीर ने अपनी प्रीति जोड़ी है। अनन्यता यहाँ तक है कि वे यदि भूल से भी किसी से प्रेमपूर्वक हँसकर बात करेंगे, तो स्वयं को दण्डित करके प्रायश्चित्त कर लेंगे—

जौ हंसि बोलौं और सूं तौ नील लगाऊं दंत।।

कबीर की अक्खड़ता के साथ यह आत्म-ताड़ना उनकी विनम्रता और अनन्यता की अवधि ही कही जायगी।

कबीर की निर्गुण-भक्ति पर रामानन्द का प्रभाव

कबीर की साधना-पद्धति योग और ज्ञान की नीरसता से रहित, भक्ति का अन्तःस्रोत लिये हुए है। इस कारण रामानन्द की दार्शनिक विचारधारा का अल्प प्रभाव कबीर की वाणी में दृष्टिगोचर होता है।

रामानन्द ने मुद्रा, तिलक, नाम, मन्त्र और माला— इन पाँच संस्कारों का विधान किया था, परन्तु इनका विरोध करते हुए कबीर ने बताया, इन बाह्य विधानों की अपेक्षा हृदय की चिज्जड़ (भवरोग) की गाँठ खुलना आवश्यक है। शालग्राम की सेवा-पूजा से भ्रान्ति और भी बढ़ेगी और जीव माया में फँसेगा, परन्तु प्रत्येक साधु में देवता का और प्रत्येक आत्मा में शालग्राम का दर्शन उसे अद्वैतज्ञान करा देगा।

रामानन्द द्वारा उपदिष्ट अनन्य अनुराग में कबीर का पूरा विश्वास था। उन्होंने प्रेम की तीव्र विरह-वेदना व्यक्त की—

राम-वियोगी विकल तन इन दुखवे मति कोइ।

छूवत ही मरि जाहिंगे ताला-बेली होइ।।

भवरोग का स्थान जब भगवद्विरह ने ले लिया, तब वह ऐसा असाध्य हो गया कि मरण और जीवन के रूप और अर्थ ही बदल गये—

बिरह बान जे लागिया, औषध लगै न ताहि।

सुसुकि सुसुकि मरि मरि जीवै उठै कराहि कराहि।।

इस विरह ने ही अन्त में चिर-संयोग की सञ्जीवनी पिलायी तब उन्हें नित्य-एकता का प्रबोध हुआ—

मेरा मन सुमिरै राम कूं मेरा मन रामहिं आहि।
अब मन रामहिं लै रह्या सीस नवावौं काहि।।

अहं के विलय की अन्तिम सीमा पर ही इस अनुभूति की सम्भावना है—

तू तू करता तू भया, मुझ में रही न हूँ।
वारी फेरी बलि गई, जित देखौं तित तूँ।।

यह तब सम्भव हुआ, जब सागर में गिरती नदी की भाँति निरन्तर राम स्मरण में तन्मय मन राम में लीन हो गया। फिर तो प्रणामी और प्रणम्य का भेद मिटा और प्रणाम की आवश्यकता ही न रही। परन्तु वे करुणा-वरुणालय भगवान् की सेवा में रुचि रखते हैं। भगवान् की सेवा के लिए वेद का पण्डित होना जरूरी नहीं है, मन के विकारों का नाश अवश्य होना चाहिए। यदि दृढ़ता से कोई प्रभु के चरणारविन्द को पकड़ ले तो त्रिलोकी का ऐश्वर्य भी फीका पड़ जाय, ऐसा चरम-परम सुख वह प्राप्त कर ले—

जो सुख प्रभु गोविन्द की सेवा, सो सुख राज न लहिये।।

इसी कारण वे घोषणा करते हैं—

कहै कबीर दासनि कौ दास, अब नहीं छाँडौ हरि के चरन-निवास।।

वे दूसरों को भी नारद, शुकदेव आदि का आदर्श प्रस्तुत कर हरिचरणारविन्द की शरण लेने की प्रार्थना करते हैं—

भज नारदादि सुकादि वंदित चरन पंकज भामिनी।
भजि भजिसि भूषन पिया मनोहर देव-देव सिरोमिनी।।

प्रपत्ति– 'विशिष्टाद्वैत' की व्याख्या में सम्प्रदाय द्वारा गृहीत 'प्रपत्ति'— सिद्धान्त की चर्चा हो चुकी है। 'प्रपत्ति' सामान्य रूप से भक्तिमार्ग का पारिभाषिक शब्द है। इसका अर्थ है, 'भक्त भगवान् के प्रति अनन्य भाव से शरणागत हो तो भगवान् उसके वश में हो जाते हैं। अर्थात् भगवान् की प्रेम-परवशता का परिचय भक्त को शरणागति में मिलता है।

रामानन्द ने स्त्री-पुरुष, ऊँच-नीच, कुल, बल या किसी भी योग्यता की इसमें शर्त नहीं मानी है, परन्तु प्रपन्न व्यक्ति में छह लक्षण अनिवार्य बताये हैं— अनुकूलता का संकल्प, प्रतिकूलता का परित्याग, रक्षण-विषयक विश्वास, गोप्तृत्व-वरण, आत्मनिक्षेप और कार्पण्य।

कबीर की प्रपत्ति में निर्गुण-भक्त की निष्कामता और सात्त्विकता होने से ये छहों लक्षण प्रकट हुए हैं—

अनुकूलता का संकल्पः– इसके लिए परमात्मा में पूर्ण आस्था करके अहंता-ममता का और देहाध्यास का त्याग करना पड़ता है।

कबीर में यह था—

मेरे मिटी मुक्ता भया पाया ब्रह्म विसास।
अब मेरे दूजा कोउ नहीं, एक तुम्हारी आस।।
कबीर देवल ढरि पड्या, ईंट भई सै बार।
करि चिजारा सौं प्रीतड़ी, ज्यौं ढहै न दूजी बार।।

प्रतिकूलता का परित्याग– भक्तिविरोधी सारी वृत्तियों, प्रवृत्तियों, सम्बन्धों, संकल्पों, भाव, क्रिया, विचार का त्याग और प्रत्येक परिस्थिति में परमात्मा की प्रेरणा, कृपा और प्रेम का अनुभव कर संघर्ष को तिलाञ्जलि दे देना ही प्रतिकूलता का परित्याग है। नारी, दुर्जन, संसार, काम-क्रोध, अंहकार, विषय-वासना, कुटिलता आदि से पूर्ण मुक्त, असंग व्यक्ति ही इस व्रत में दृढ़ रह सकता है। कबीर-जैसे अक्खड़ प्रकृति के साधक के लिए यह कार्य बहुत ही आसान था—

कबीर हरि की भक्ति करि तजि विषयारस चोज।
बार-बार नहिं पाइए, मनिषा-जन्म की मौज।।

अपने इस व्रत की रक्षा के लिए कबीर अपने आराध्य राम से ही आशीर्वाद के रूप में माँगते हैं कि ''जान-बूझकर सत्य छोड़कर असत्य में प्रीति करनेवाले का संग मुझे स्वप्न में भी न मिले।'' उनको यह भी मालूम था कि कामिनी में आसक्त पुरुष को कभी भक्ति, मुक्ति और ज्ञान की उपलब्धि नहीं होती। मन को मटियामेट करके ही वे ब्रह्म-साक्षात्कार कर पाये थे—

मैं-मन्ता मन मारि दे, नान्हा करि-करि पीस।
तब सुख पावै सुन्दरी, ब्रह्म झलक्कै सीस।।

रक्षण-विषयक विश्वास– कबीर की सर्वसमर्थ, सर्व-शक्तिमान्, परमात्मा में अविचल श्रद्धा होने से ही वे निर्भय थे। उन्होंने निश्चिन्त होकर साधना की और अपना सारा भार परमात्मा को सौंप दिया। यही उनके 'फक्कड़' होने का रहस्य था—

उस संम्रथ का दास हौं, कदे न होइ अकाज।
पतिव्रता नांगी रहे तौ उस ही पुरिष कौ लाज।।

उन्हें हरि में पूरा विश्वास था कि ''वह जब मेरी जिम्मेवारी ले चुका है तो मेरा अनिष्ट कभी किसी के द्वारा किसी प्रकार नहीं हो सकता।'' उन्हें लोकनिन्दा सहनी पड़ी थी और उनके द्वारा अनेक प्रकार के विघ्न डाले गये थे, परन्तु 'मस्त-मौला' कबीर ने अपने में गौरव-गरिमा का अनुभव किया, वे दीनता दिखाने को विवश न हुए—

कबीर तूं काहे डरै सिर परि हरि का हाथ।
हस्ती चढ़ि नहिं डोलिये, कूकर भुखै जु लाख।।

गोप्तृत्व-वरण

कबीर केवल राम की तू जिनि छांड़ै ओट।
घण अहरनि बिचि लोह ज्यूं घणी सहै सिर चोट।।

सुजान सन्त उस परमात्म तत्त्व की ओर संकेत करते हैं। जिसका वेद साक्षी है भक्त कबीर उसी परमात्मा की शरण में जाकर दीनभाव से उसका वरण करते हैं और अपनी रक्षा के लिए प्रार्थना।

आत्मनिक्षेप– कबीर ने अपने-आपको निःशेष भाव से भगवान् के प्रति समर्पित

करते हुए अपने सारे अपराधों को स्वीकार किया, और विघ्न-बाधाओं के निवारण के लिए प्रार्थना की—

है हरिजन थैं चूक परी, जे कछु आहि तुम्हारौ हरी।
मोर तोर जब लगि मैं कीन्हां, तब लगि त्रास बहुत दुःख दीन्हां।।

कार्पण्य– प्रपन्न अपनी आर्त्तता के निवेदन में स्वयं को लघुतम अनुभव करता है और अपने को भगवत्प्राप्ति में असमर्थ पाकर अत्यन्त व्याकुल हो उठता है। अपने सब दोषों, अपराधों, दुर्बलताओं एवं पापों को स्वीकार कर परमात्मा के समक्ष अपनी रक्षा के लिए अत्यन्त कातरभाव से प्रार्थना करता है—

काम क्रोध माया मद मंछर, ई सन्तनि हम माहीं।
दया धरम ज्ञान गुर-सेवा, ये प्रभू सुपिनैं नाहीं।।
तुम्ह कृपाल दयाल दामोदर, भगतं बछल भौ हारी।
कहै कबीर धीर मति राखहु, सांसति करौ हमारी।।

कई बार कबीर ने जन-सामान्य की दुर्बलताओं को 'मैं' के ब्याज से व्यक्त कर लोगों को परोक्ष-शैली में भगवत्प्राप्ति के लिए साधना करने को प्रेरित किया है—

जिहि घर कथा होत हरि-सन्तन, इक निमिष न कीनौं फेरा।
लम्पट चोर छूत मतवारे, तिन संगि सदा बसेरा।।
काम क्रोध माया मद मत्सर, ए सेन्या मो माहीं।
दया धर्म और गुरु की सेवा, ये सुपने तरि नाहीं।।

दोषों को अपने में आरोपित करने का तरीका सभी सन्तों में मिलता है। यह उनकी उदारता और सर्वजन-हिताय विनम्रता है। यदि किसी ने उनके व्यक्तित्व से उन्हें जोड़कर उनकी जीवनी गढ़ने का प्रयत्न किया, तो वह भटक जायगा। सबसे एकता की अनुभूतिवश वे निःसंकोच खुलकर ऐसी-ऐसी अनेक बातें कह लेते हैं, जिससे श्रोता भले अपने दोषों को खुलकर स्वीकार न करें, वह आत्मपरिष्कार के लिए प्रवृत्त होने में देर न करें और भगवत्प्राप्ति का दृढ़ संकल्प कर लें—

पर तन पर धन तिय निन्दा पर अपवाद न छूटै।
आवागमन होत है फुनि फुनि इहू पर-संग न छूटै।।

इस प्रकार की प्रपन्न की भक्ति को पराभक्ति का उत्कर्ष देने के लिए स्वामी रामानन्द ने 'न्यास' और 'ध्यान' को भी आवश्यक बताया है। इसके साधन को प्रवृत्ति से निवृत्ति की ओर चलने में सरलता मिलती है। कबीर स्वभाव से ही निवृत्ति-प्रेमी थे और ईश्वर प्रेम की अनुभूति के प्रताप से उन्होंने सद्‌गुरु की खोज की थी। अतः उनकी साधना में 'न्यास' और 'ध्यान' का आदर्श-रूप स्पष्ट झलकता है।

न्यास– निर्गुण-निराकार परब्रह्म की प्राप्ति के लिए साधक को भी निष्काम होना चाहिए। उसके लिए स्थूल विधि-विधान और बाह्याचार अनावश्यक तथा बाधारूप है। आन्तरिक जिज्ञासा और प्रेम के अभाव में तो वह सब मिथ्याचार और अडम्बरमात्र है। दूसरे,

साधक को अन्तर्मुख होने में भी उससे विघ्न पड़ता है। अतः एकमात्र निष्कामतापूर्वक जिज्ञासा और प्रेम से ही सब-कुछ सिद्ध हो जाता है—

जब लगि भक्ति सकामतां, तब लगि निष्फल सेव।
कहै कबीर वै क्यूं मिलै, निहकामी निज देव।।

कबीर को 'दोजख' की आशंका या डर न था, तो स्वर्ग की कामना भी न थी। उनका नाम-जप और रामगुण-गान मात्र वैखरी वाणी का व्यापार न था। वे राम प्रेमवश विरह की तीव्र वेदना सहते हुए रात-दिन अपने आराध्य के ध्यान में लीन रहते थे। इसलिए उन्हें प्रियतम का संयोग-सुख मिला। यह है 'न्यास' की महिमा। इसके अभाव में सारी साधना व्यर्थ और योग दुर्लभ है।

ध्यान– न्यास और ध्यान एक-दूसरे के पूरक और अनिवार्य होने से एक के सधने से दूसरा अपने-आप सध जाता है। ध्यान में चित्तवृत्ति अविच्छिन्न रूप से ध्येय में अर्थात् परमात्म-चिन्तन में लगी रहे यह जरूरी है। ध्यान के विविध प्रयोग के लिए भटकना कबीर को पसन्द न था। गुरु द्वारा निर्दिष्ट विधि के अनुसार श्रद्धापूर्वक ध्यान में लीन होकर उसको ये सफल बना सके थे। उनका अनुभव दूसरों के लिए उपदेश बन गया।

सो ध्यान धरहु जिन बहुरि न धरना।
ऐसे मरहु कि बहुरि न मरना।।

ध्येय की प्राप्ति– ध्यान की सफलता का अर्थ है ध्येय की प्राप्ति। ध्येय की प्राप्ति का अर्थ है उससे एकता, अद्वैतबोध। जिससे एकता होगी उसका पूर्ण परिचय भी होगा ही। कबीर अपने ध्येय परमात्मा को 'हरि', 'गोविन्द' आदि नामों से अभिहित करते हुए उनका गुणगान करते नहीं थकते और भगवत्कृपा का अनुभव भी होने के कारण कृतज्ञतापूर्वक विनम्रता की अवधि तक पहुँचकर कहते हैं—

गोव्यंद के गुण बहुत हैं लिखे जु हिरदय माहिं।
डरता पाणी न पिऊँ, मति वै धोये जाहिं।।

और अनिर्वचनीयता के कारण अतिशय उलझन भी है कि कैसे हरिगुणगान किया जाय?—

सात समंदर की मसि करौं, लेखनि सब बनराय।
धरती सब कागद करौं, हरि गुण लिखा न जाय।।

पूजा सेवा– स्वामी रामानन्द ने अधिकारी भेद से सगुण-भक्ति के लिए षोडशोपचार पूजा का विधान किया था, किन्तु निर्गुण-प्रेमी कबीर के निर्विकारी चित्त में उसके लिए कोई अवकाश न था और पूजा-उपचार का खण्डन किया था—

पाहण केरा पूतला करि पूजे करतार।
इही भरोसे जे रहै, ते बूड़े काली धार।।

उनकी आत्मचैन्य से अनुप्राणित अन्तर्मुखी प्रतिभा नित्य-निरन्तर निर्गुण-निराकार परब्रह्म की ज्योतिर्मय आरती उतारती रही और उसकी दिव्य रश्मियाँ उनकी वाणी में विकीर्ण होती रहीं, ब्रह्मज्ञान का अवतरण करती रहीं।

उनकी भगवत्सेवा भी विलक्षण थी—

नींव बिहूँगा देहुरा, देह बिहूँणा देव।
कबीर तहाँ विलंबिया, करै अलख की सेव।।

निष्काम, निर्गुण, निर्विकार पूजा-सेवा इतनी अद्‌भुत और अलौकिक होने का कारण आत्मा-परमात्मा की ऐक्यानुभूति ही हो सकती है। कबीर की अद्वैतानुभूतिमूलक दाम्पत्य-रति का यह परिणाम था कि सर्वत्र, सबमें, सब समय उन्हें वही-वही नजर आता था।

कबीर सेवा करेंगे तो मात्र दो की— 'राम-नाम' का रहस्यज्ञान करानेवाले सन्त की और दूसरे मुक्तिदाता राम की। सेवा-पूजा में आरती का महत्त्व कबीर ने भी माना है। उनकी आरती की व्याख्या विलक्षण है—

ऐसी आरती त्रिभुवन तारै। तेज पुंज तहां प्रान उतारै।।
पाती पंच पुहुप करि पूजा। देव निरंजन और न दूजा।।

कबीर निश्चयपूर्वक मानते थे कि मूर्तिपूजा से दृष्टि स्थूल बनी रहती है, उसमें ज्ञान का उन्मेष सम्भव नहीं। अतः भवताप मिटाने के लिए की गयी मूर्तिपूजा से किसी को स्वप्न में भी शान्ति तो नहीं मिलती, उसका ताप-सन्ताप और भी बढ़ता है—

हम भी पाहंण पूजते, होते बनके रोझ।
सत गुरु की कृपा भई, डार्‌या सिर ते बोझ।।
सेवै सालगिराम कूं, मन की भ्रांति न जाइ।
सीतलता सुपिनै नहीं, दिन-दिन अधकी लाइ।।

दाम्पत्य-रति– स्वामी रामानन्द द्वारा उपदिष्ट माधुर्यभाव-प्रणीत भार्या-भर्तृत्व-सम्बन्ध का निर्वाह, उसकी प्रेमाभिव्यक्ति और उसके रहस्यों की सांकेतिक व्याख्या कबीर की साधना में प्रतिफलित होकर काव्य बन गयी। उनके प्रियतम थे निर्गुण परन्तु 'राम' नामधारी, जिसके लिए उन्होंने हरि, गोविन्द आदि सम्बोधन भी निस्संकोच किया है—

हरि मोरा पीउ माई हरि मोरा पीउ।
हरि बिन रहि न सकै मोरा जीउ।।
हरि मोरा पीउ मैं हरि की बहुरिया।
रांम बड़े मैं छुटक लहुरिया।।
किया स्यंगार मिलन कै तांईं।
काहै न मिलौं राजा राम गुसांईं।।
अब की बेर मिलन जो पाउँ।
कहै कबीर भौजलि नहि आउँ।।

कबीर ने स्वयं 'गोपीभाव' धारण कर प्रत्येक जीव में प्रेमिका का और परमात्मा में प्रियतम का भाव आरोपित कर अपना आध्यात्मिक विवाह सम्पन्न किया है। इस सम्बन्ध में अनेक उदाहरण दिये जा सकते हैं—

दुलहनी गावहु मंगलाचार।
आज घर आये राजाराम भरतार।।

विवाह होने पर कबीर सौभाग्यवती होने की खुशी मनाते हैं—

सखी सुहाग राम मोहि दीन्हा।

राम से मिलन होने पर प्रणय के दृढ़ पाश में बाँधकर प्रेमिका के अधिकार से कबीर ने कहा—

अब तोहि जान न दैहूँ राम पियारे।
ज्यूं भावै त्यूं होइ हमारे।।

परन्तु यही तो सबसे बड़ा रहस्य है कि चिर-सुहाग मिला, चिर-मिलन-सुख की अनुभूति भी मिली, परन्तु प्रियतम किस क्षण दृढ़ आलिंगन पाश को शिथिल कर चुपके से सरक गये इसका पता न चला और मिलन के आनन्द में डूबी प्रेमिका को वियोग का एक आकस्मिक झटका लगा। विरह असह्य हो गया। क्षणिक मिलन ने व्याकुलता को और भी बढ़ा दिया और लोक-लाज छोड़कर अपना प्रेम सन्देश भेजने के लिए वे अधीर हो गये—

वाल्हा आव हमारे ग्रेह रे। तुम बिन दुखिया देह रे।।
सबको कहै तुम्हारी नारी। मोकौं इहै अदेह रे।।
एक मेक ह्वै सेज न सोवै। तब लग कैसा नेह रे।
आन न भावै नींद न आवै। ग्रिह बन धरै न धीर रे।।
ज्यूं कामी कौं काम पियारा। ज्यूं प्यासे कूं नीर रे।।
है कोई ऐसा पर उपकारी। हरि सूं कहै सुनाइ रे।।
ऐसे हाल कबीर भये हैं। बिन देखे जीउ जाइ रे।।

बसन्त ऋतु कबीर की विरह-वेदना को और भी उद्दीपित करती है। कबीर के लिए अब सृष्टि में प्रवर्तित कामकेलि प्रत्येक प्राणी का राम से मिलन के अलावा और कोई अर्थ नहीं रखता। जहाँ कहीं प्रकृति का शृंगार और प्राणियों का आनन्द है, वहाँ कबीर को निश्चय हो जाता है कि राम आकर मिले हैं और वे अपनी विरह दशा से और भी अधिक व्यथित हो उठते हैं कि अब तक प्रियतम क्यों नहीं आये? 'बिन पीव मिले कलप हलि गइया' में क्षण-क्षण भारी हो रहे हैं, यहीं नहीं, जीव निकल जाने की नौबत आ गयी और कबीर की आत्मा सावधान हुई, उसने कबीर के मन का समाधान किया कि "सारा संसार माया है, तूने तो राम-रूप अक्षय कोश पा लिया है।" तब कबीर आश्वस्त हुए—

जरत जरत जल पइया सुख सागर का मूल।
गुर प्रसादि कबीर कहि भागी संसै सूल।।

कबीर की दाम्पत्य-रति विषयक अभिव्यक्ति में कहीं विकृति के दर्शन नहीं होते। राम के विरह में राम नाम का आधार पाकर वे सँभल गये थे। वे सजग और सतर्क समाज-सुधारक और क्रान्तिकारी होने से अपने समय में प्रवर्तित वाम मार्ग और शाक्त-सम्प्रदाय के प्रति उन्होंने हमेशा अपना विरोधभाव व्यक्त किया। उनकी समझ में ये सम्प्रदाय भक्ति-भावित मन को दूषित और पतित करनेवाले होने के कारण उनके प्रति कबीर ने घृणा भाव ही दर्शाया—

साषत (शाक्त) बाभण जिनि मिलै, बैसनौ मिलै चंडाल।
अंकमाल दै भेटियै, मानौ मिलै गोपाल।।

चण्डाल भी रामभक्त अर्थात् वैष्णव है तो 'गोपाल' माने 'परमात्मा राम' के समान सुखदायी है, अतः आलिंगन करने योग्य है। 'दाशरथि राम' कबीर के आराध्य भले न थे, अज्ञात भाव से उन्होंने मर्यादा पुरुषोतम के आदर्श को अपनाया था और समाज स्वच्छता तथा स्वस्थता के लिए वे नैतिक मर्यादाओं के पालन में विश्वास करते थे।

इस विवेक के कारण उनकी विचारधारा में अद्भुत सामञ्जस्य तात्त्विक ऐक्यानुभूति से प्रेरित और प्रभु प्रेम-प्रसूत होने से सम्प्रदाय और वाद की संकीर्णता से मुक्त, निर्गुण-भक्ति से सञ्चालित व्यवहार का परिणाम था। वे सब भेद-भावों से मुक्त होकर सबको अपना निश्छल भगवद्-प्रेम दे सकते थे।

जाति-पाँति के भेदभाव का निवारण– स्वयंचेता कबीर के सुधारक विचारों को उनके गुरु के प्रभाव से बहुत बल मिला। भगवद्-प्रेम सम्बन्ध सब भेदों को मिटाकर एक अखण्ड की, अद्वितीयता की अनुभूति देकर व्यक्ति के दृष्टिकोण को अतिशय उदार और हृदय को विशाल बना देता है। कोई 'अन्य' या 'गैर' नहीं रह जाता तो जाति-पाँति की सत्ता कैसे रहेगी? जाति, वर्ण, कुल आदि का अभिमान विगलित कर देनेवाले इस प्रभुप्रेम पर कबीर बलि-बलि जाते हैं। भगवान् उनके कबीर को मिले, परन्तु कभी न पूछा कि 'तेरा नाम क्या और तेरी जाति कौन-सी।' भगवान् गरीब-अमीर का भेद भी नहीं करते। वे तो भिखारी-से कबीर को बड़े प्रेम से मिले। फिर सामान्य मनुष्य को क्यों अपने बड़प्पन का मिथ्याभिमान होना चाहिए? कबीर बताते हैं कि ऊँच-नीच का भेद-भाव रखनेवाला पशु है और भ्रमवश वह संसार में भटकता रहता है। नीच तो वह कहा जायगा जिसके मुख में राम का नाम नहीं है। ऊँचे कुलवान् होने की इच्छा हो तो कबीर का उपदेश है––

कुल खोया कुल ऊबरैं, कुल राख्यां कुल जाइ।
राम निकुल कुल भेंटि लै, सब कुल रह्या समाइ।।

यहाँ 'कुल' मात्र 'खानदान' का अर्थ नहीं देता, 'सर्वस्व' की ओर संकेत करता है। छोटे घेरे से ऊपर उठना माने सर्वस्व की रक्षा और तब उसका खानदान भी 'भगवान् का कुल' अर्थात् समष्टि हो जाता है। ऐसी अभेद बोधक उदार दृष्टि देनेवाले अपने गुरु को कबीर नहीं भूल सकते जिनके व्यवहार में कभी जाति-पाँति का भेद न था। वे आटे और नमक की भाँति सबसे अभिन्न होकर रहते थे—

कबीर गुर गुरवा मिल्या रलि गया आंटे लूण।
जाति-पाँति कुल सब मिटै नाँव धरोगे कूण।।

तथाकथित सनातन धर्म की संकुचित मर्यादाओं को लाँघने में ही स्वामी रामानन्द ने सच्चे वैष्णव का धर्म देखा। उनसे भी आगे बढ़कर कबीर ने उन मर्यादाओं को तोड़कर भी अपने वैष्णव-संस्कारों का परिचय दिया।

कबीर के वैष्णव संस्कार– कबीर को जन्म से प्राप्त वैष्णवता का बीज सत्संग के वातावरण में पल्लवित, पुष्पित और फलित हुआ। कबीर की तत्त्वग्राहिणी प्रतिभा प्रत्येक स्तर पर सजग थी। उन्होंने वैष्णव भक्त की आत्मा पायी थी। इसी बात पर वे जड़ घेरों को तोड़ने में सफल हुए। वैष्णवों द्वारा भगवान् के लिए प्रयुक्त सम्बोधनों का व्यवहार

उन्होंने पूरी श्रद्धा से किया था, कारण वे नाम का रहस्य जानते थे। परन्तु कर्मकाण्ड के विरोधी होने के कारण वे स्वर्ग को नहीं मानते थे। फिर भी मनुष्य को परमार्थ में प्रेरित करने के लिए वे पापी को नरक का भय दिखाते हैं—

पापी पूजा वैसी करि भवै मांस मद दोइ।
तिनकी दष्या मुकति नहीं कोटि नरक फल होइ।।

वे अन्तर्दर्शन करते और अपने में भगवद्-प्रेम का नितान्त अभाव देखकर बड़ी कातरता से अपना अपराध स्वीकार करके 'माधव' को उसकी सूचना देते। राम को अपनी रक्षा के लिए वे पुत्रभाव से प्रार्थना करते हैं—

को काहू का मरम न जानै मैं सरनागति तेरी।
कहै कबीर बाप राम राया दुरमति राखहु मेरी।।

उनकी इस प्रार्थना में उनका विश्वास झलकता है कि भगवान् जीवों पर कृपा करते हैं—

जप तप संजम सुचि ध्यान, बन्दि परे सब सहित ग्यांन।
कहि कबीर उबरै द्वै तीनि, जापरि गोविंद कृपा कीन्हि।।

इन वैष्णव-संस्कारों के प्रभाव से उनकी प्रेमानुभूतियों में नवधा गौणी भक्ति का रूप हम पा सकते हैं। बाह्याचार से मुक्त होने के कारण साम्प्रदायिकता का लेश भी संस्पर्श न था, शुद्ध, सात्त्विक मानसी भक्ति में सहज स्वभाव से ये तत्त्व उनके भावलोक में समाविष्ट थे। यहीं पर प्रतिपादित हो जाता है कि सिद्धान्त नियामक होकर भी गौण हैं और व्यवहार-नियम्य होकर भी मुख्य हैं। सर्वप्रथम नवधा भक्ति-शास्त्र के प्रणेता ने कबीर-जैसे भक्तों के विचार और व्यवहार के आलोक में उनकी भक्ति को परखा होगा और उन्हीं से 'कसौटी' पायी होगी।

नवधा भक्ति के अंग हैं— श्रवण, कीर्त्तन, स्मरण, पादसेवन, अर्चन, वन्दन, दास्य, सख्य और आत्मनिवेदन।

श्रवण– कबीर रामभजन के श्रवण के लिए अत्यन्त उत्सुक रहते थे और उनकी श्रवणासक्ति में ऐसी तीव्रता थी कि वे आत्म-विस्मरण का सुख पाने को लालायित रहते थे। उदाहरण—

ऐसा कोई ना मिलै राम भजन का गीत।
तन मन सौंपे मिरग ज्यूं सूनै बधिक का गीत।।

कीर्त्तन– उनका कीर्त्तन झाँझ-करताल, मृदंग आदि वाद्यों की अपेक्षा न रखता था। उनके कीर्त्तन का अर्थ था राम में मन को ऐसा तन्मय कर देना कि नित्य-एकता की सिद्धि हो जाय। मात्र जिह्वा से नामोच्चार और पुकार में उन्हें दिलचस्पी न थी, बल्कि उसमें समय की व्यर्थता और केवल परिश्रम देखते थे। उसी प्रकार आत्म-जागृति के अभाव में मात्र गोविन्द का गुणगान उसे मृत्यु भय से नहीं उबार सकता। इसलिए वे राम में मन को लीन कर देनेवाला कीर्त्तन पसन्द करते हैं—

कबीर राम रिझाइ लै, मुखि अमृत गुण गाइ।
फूटा नग ज्यूं जोड़ि मन, संधे संधि मिलाइ।।

स्मरण– कीर्त्तन करते-करते मन राममय हो गया तो स्मरण किसका और नमस्कार किसको? तात्पर्य यह है कि यह स्थिति प्राप्त होने तक मनसा-वाचा-कर्मणा भगवद्-स्मरण ही एकमात्र साधन है जो भव पार करा देगा—

भगति हरि भजन नांव है, दूजा दुःख अपार।
मनसा वाचा करमनां, कबीर सुमिरण सार।।

यदि कोई भक्त या जिज्ञासु सत्संग से वञ्चित रहे, उससे कथा-श्रवण न हो सके, उसमें लीलागान या आत्मचिन्तन की योग्यता न हो, और किसी भी प्रकार की परमार्थ-प्राप्ति में अधिकार न रखता हो, वह भी यदि हृदय से 'राम' का नाम निरन्तर स्मरण करता रहे, तो वह भव-बन्धन से मुक्त हो जायगा और उसमें ज्ञान तथा भक्ति की योग्यता आ जायगी—

राम सिमिर राम सिमिर राम सिमिर भाई।
राम नाम सिमरन बिन बूड़ते अधिकाई।।

कबीर ने तो डंके की चोट पर यह ऐलान किया है कि बिना राम-नाम के कोई चाहे अपने को ज्ञानी या भक्त कहला ले, मुक्त कभी नहीं हो सकता। इसलिए दिन-रात केशव (राम) को पुकारते रहनेवाले की आवाज उस तक अवश्य पहुँच जायगी, अर्थात् उसे भगवत्कृपा अवश्य प्राप्त होगी। सम्पूर्ण तत्त्वोपदेश का सार भी 'राम' है। इसलिए मात्र जीभ-रटन्त जप से सिद्धि न होगी। नामोच्चार के साथ-साथ उसके रहस्य को भी समझना आवश्यक है।

पादसेवन– दासानुदास की सीमा तक विनम्र होकर हरिचरणारविन्द की शरण में अनन्य-भावपूर्वक सुख पाना भक्त का लक्षण है—

कहै कबीर दासनि कौ दास।
अब नहिं छांड़ौ हरि के चरन-निवास।।

अर्चन– कबीर ने तन, मन और सीस अर्थात् व्यक्तिभाव में सीमित अपने सारे कर्म, सारी इच्छाएँ और सारे विचार भगवान् को समर्पित कर उनसे अभिन्न होने का व्रत लिया। व्रत के फलस्वरूप आत्मलीन होने पर ब्रह्म-ज्योति प्रकट हो गयी। मानो उनकी पूजा की सारी मानसी सामग्री सार्थक हो गयी। उन्होंने उस आध्यात्मिक उत्कर्ष की स्थिति में दिव्य आरती और शंखध्वनि तथा घण्टानाद का श्रवण भी किया जो भौतिक नही थे। अतः वे बाहर नहीं, अपने भीतर ध्यान और योगाभ्यास के फलस्वरूप अनायास होनेवाले थे। बाहरी पूजा का संकल्प छूट गया होने के कारण ही वे यह अनुभव कर पाये—

दीपकं ग्यांन सबद धुनि घंटा। परम पुरिख तहां देव अनन्ता।
परम प्रकास सकल उजियारा। कहै कबीर मैं दास तुम्हारा।

ज्ञान का दीपक, अनाहत नाद, ब्रह्मज्योति, उस परमात्म-दर्शन की शुभ घड़ी को यशस्वी बना रहे थे। आरती है परमात्म दर्शन के लिए। प्रकाशों के प्रकाश परमात्मा का दर्शन हो गया और सारी पूजा-अर्चा का उपसंहार भी। अब कबीर ने 'दासोऽहं' की वृत्ति जीवन-भर के लिए धारण की, क्योंकि यही जीवन का अवलम्ब है। या तो कबीर ब्रह्मलीन

हो सकता है या दास होकर विश्व की सेवा द्वारा परमात्मा की सेवा-पूजा कर सकता है और कोई विकल्प अब जीवन का अवलम्ब नहीं हो सकता।

वन्दन– कबीर की वन्दना में शरीर नहीं, मन झुकता है। अतः भजन ही वन्दन है—

मन रे हरि भजि हरि भजि हरि भजि भाई।
जा दिन तेरो कोई नाहीं, ता दिन राम सहाई।।

निरभिमानी व्यक्ति ही सच्चे अर्थ में वन्दन कर सकता है। कबीर अभिमानी थे तो राम के बल पर, भौतिक शक्ति या सत्ता के बल पर नहीं। निरभिमान का लक्षण है, बिना किसी उपचार के भजन की अखण्ड-धारा प्रवाहित होती रहे—

कबीर सबद सरीर में, बिनि गुण बाजै तंति।
बाहरि भीतरि भरि रह्या ताथैं छूटि भरंति।।

कबीर का भजन प्रेम इस हद तक है कि जो कोई भी भक्त राम के निर्मल गुणों का गान करता हो, वह उन्हें प्रिय हो जाता है। राम के गुणानुवाद का इष्ट फल है अहंता का छूटना और राम की प्राप्ति। जो राम को नहीं पा सकता, उसका अहं भले बना रहे, वह कहीं का नहीं रह जाता।

दास्य– 'कबीरदास' नाम की प्रसिद्धि के मूल में कबीर की दास्य-भक्ति ही प्रकट होती है। उनकी वाणी में यह पक्ष सर्वाधिक प्रबल है। अपने दासत्वाभिमान के साथ सर्वसमर्थ स्वामी में उनका अटल विश्वास उनकी दास्य-भक्ति को और भी दृढ़ करता है। वे एक क्षण के लिए भी स्वामी की सेवा से विरत होना नहीं चाहते। उन्हें सदा सन्तों और भक्तों की खोज रहती है। इस सौभाग्य का वरण करने के लिए उन्होंने 'तृणादपि सुनीचेन' का आदर्श अपनाया है—

कबीर चेरा सन्त का, दासनि का पर दास।
कबीर ऐसे ह्वै रह्या, ज्यूं पाउं तलि घास।।

राम में रमण करनेवाले सन्तों की चरणधूलि होना कबीर को प्रिय है, क्योंकि कबीर का विश्वास है— "सन्त की चरणरज पतितपावनी है और भगवत्प्रसाद की दिव्यता से ओतप्रोत। महिमा चरणरज की है जिससे विश्वसृष्टि की उत्तम सेवा हो पायेगी।" यहाँ दीनता और विनम्रता में भी दासत्व गौरव से महिमामण्डित हो गया है।

पाखण्ड और अभिमान छोड़ कबीर 'राह के रोड़े-सा' तुच्छ भी हो सकता है और देहासक्ति से ऊपर उठ सकता है। परम सेवक परमात्मा का आदर्श उनके 'दासोऽहं' को ज्ञान की भूमिका भी देता है। चाहे कोई परमात्मा की सेवा करे या न करे, परमात्मा सबकी सेवा में असंग, तटस्थ भाव से तत्पर है। कबीर भी निर्मल, निस्संग अन्तःकरण से संसार के प्रति उदासीन और तृष्णारहित, समदर्शी और अनासक्त होकर सेवापरायण हैं। ऐसे विरक्त, विवेकी, अनुरागी, हरिचरणों में रमण करनेवाले तत्त्वज्ञ दास विरल ही होंगे। इस योग्यता की पराकाष्ठा के साथ दासोचित विनम्रता की पराकाष्ठा हमें विस्मित और विमुग्ध कर देनेवाली है—

कबीर कूता राम का, मुतिया मेरा नाऊँ।
गले राम की जेवड़ी जित खैंचैं तित जाऊँ।।
'तो तो' करै तो बाहुड़ौं, दुरि दुरि करै तो जाऊँ।
ज्यूं हरि राखै त्यूं रहौं, जो देवै सो खाऊँ।।

विश्व-सूत्रधार के इंगित पर कठपुतलीवत् नाचने को तत्पर कबीर ने कुत्ते की दासोपम वफादारी और आत्मसमर्पण को लक्ष्य किया और उन्हीं भावों को परमात्मा के प्रति इस बहाने निवेदित किया।

उनकी दृष्टि में राम की सेवा उसी प्रकार की है जैसे बँसवारी की। पेड़ की जंड़ को सींचने से पत्ते-पत्ते में जल पहुँच जाता है, वैसे राम की सेवा से विश्वभर के सब प्राणियों की सेवा हो जाती है। इस कारण वे कृपायाचना के लिए किसी और का मुँह न ताकेंगे। कबीर की इस अनन्यता की पुष्टि में दास्य और दाम्पत्य दोनों का प्रभाव है।

सख्यभाव– नवधा भक्ति के इस अंग का उल्लेख भर क्वचित् मिल जाता है, अन्यथा कबीर की भक्ति भावना में इसका सर्वथा अभाव है। ऐसा प्रतीत होता है कि एक बार दास की भूमिका स्वीकार कर उसी में तृप्ति पा ली तो फिर सखा होना जरूरी नहीं रहा। दूसरे, दाम्पत्य-रीति में दास्य-सख्य का समावेश हो ही जाता है, कारण, उन्हें स्व-स्वामी भाव में आस्था थी—

जाके राम सरीखा साहिब भाई, सो क्यूँ अनत पुकारन जाई।
जा सिरि तीनि लोक कौ भारा, सो क्यूँ न करै जन की प्रतिपारा।।

मिलन के क्षणों के उपरान्त कबीर अपने विरह की पीड़ा दास होकर ही शान्त कर सकते हैं और दासानुदास होने में पूर्ण समाधान पा लेते हैं, परन्तु सखा होने में उन्हें वह सुख नहीं मिल सकता। इसलिए सख्य की अपेक्षा कान्तासक्ति उनमें वैसी ही तीव्र है जैसी दास्यासक्ति है।

आत्मनिवेदन– दास्यभाव से प्रसूत आत्मनिवेदन विविध रूपों में प्रकट होता है। कबीर का आत्मनिवेदन सर्वप्रथम गुरु के प्रति हुआ और उनके गुरु ने उसे स्वीकार कर रामजी को सौंप दिया—

मो गुलाम मोहिं बेचि गुसाईं। तन मन धन मेरा रामजी के ताईं।।

अहंता-ममता का पूर्ण विसर्जन और एकमात्र परमात्मा की सत्ता का साक्षात्कार उसके कर्तृत्व-भोक्तृत्व के अभिमान को निवृत्त कर देता है। इस कारण वह पाप-पुण्य की भावना से मुक्त, निष्काम, निर्भय होकर सृष्टि में स्वच्छन्द विचरण करता है। अब उसे इस संसार में कहीं किसी के प्रति कुछ अर्पण नहीं करना है, कारण, यह सम्पूर्ण विश्व सृष्टि ही परमात्मा में समर्पित दिख रही है। आत्मनिषेधपूर्वक कबीर का आत्मनिवेदन अत्यन्त मधुर है—

मैं नाहीं कछु आहि न मोरा।
तन धन सरबस गोविंद तोरा।।

अखण्ड में विश्वासी कबीर ने खण्ड का आश्रय छोड़ दिया और अखण्ड से वे एक

हो गये। अहं को वे 'रुई लपेटी आग' अर्थात् सत्यानाशी बताते हैं। कबीर की विभिन्न उक्तियों में परम-तात्पर्य 'परमात्मा' की व्यञ्जना उनके साक्षात्कार के रहस्य को उद्घाटित करती है।

परमात्म-साक्षात्कार का प्रकाशन

निरभिमानता की अन्तिम स्थिति का अर्थ है व्यष्टि मिटकर समष्टि होना, जीव का शिव से ब्रह्म से एकत्व। व्यवहार में यह ऐक्यानुभूति सबमें 'हरिदर्शन' की दृष्टि का हमेशा के लिए उन्मेष कर देती है और अन्यता का नितान्त अभाव हो जाता है। परमात्म ज्योति का साक्षात्कार अर्थात् भगवान् के अपूर्व लावण्य का दर्शन—

कबीर देख्या एक अंग, महिमा कही न जाय।
तेज पुंज पारस धणी नैनूं रह्या समाय।।

विभिन्न रामायणों में राम के शील, शक्ति और सौन्दर्य का वर्णन मुख्यतः सगुण-भक्ति से प्रेरित है। जहाँ ज्ञान की भूमिका से युक्त भक्तिभाव की अभिव्यक्ति है वहाँ कोई भक्त चाहे निर्गुण राम का वर्णन भले करे, परन्तु जिस परब्रह्म परमात्मा में सगुण-निर्गुण दोनों अध्यस्त हैं, उनकी ओर संकेत करनेवाले की वाणी कभी केवल निर्गुणपरक नहीं हो सकती। अद्वितीय, अखण्ड और एक को दोनों अपनी-अपनी भावना, धारणा और विवेक के अनुसार पा ले तो एक ऐसी स्थिति आ जाती है, जिसे मात्र 'अनिर्वचनीय' ही कहना पड़ता है। फिर भी निर्वचन करने में प्रवृत्ति होती है क्योंकि प्रेमानुभूति की अभिव्यक्ति में कोई शर्त या सिद्धान्त टिक नहीं पाता और वर्णन करनेवाला या तो ऐसा आत्मविस्मृत होता है कि सर्प की केंचुल की भाँति सारे वाद-विवाद धरे रह जाते हैं।

अपने प्रियतम परमात्मा राम के शील-निरूपण में कबीर उनकी उदारता, करुणा और भक्तवत्सलता का वर्णन उसी प्रकार करते हैं, जिस प्रकार कोई भक्त अपने इष्टदेव का करता हो। कबीर का अनुभव है कि पापी, पतित और शक्की के हृदय को भी निष्कलुष कर उसे भगवत्-प्रेम से भर देते हैं। कबीर भगवान् की इस उदारता को जान लेने के बाद बिना भक्ति के एक दिन भी नहीं रह सकते। इस कृपा में करुणा भी मिली हुई है— "ताथै सेविए नारायण, प्रभु मेरौ दीनदयाल दया करणा।" और 'कबीर को स्वामी गरीब निवाज', अभक्त पर भी कृपा करता है तो भक्त के लिए भगवान् का प्रेम मानो बरसता ही रहता है।

यदि कोई इस प्रेम-दीवाने कबीर से जाकर पूछे कि तुम्हारे प्रियतम का नाम क्या? तो झट कबीर कहेंगे 'राम' और दार्शनिक प्रश्न पूछनेवाले से यह भी कहेंगे कि 'ये राम निर्गुण-निराकार, निर्विकार हैं।' प्रेमावेग में वे डूबते-उतराते कबीर बोलकर भी भूल जाते हैं कि अभी-अभी जिसे मैं निर्गुण बता रहा था उनमें ये सारे गुण ऐसे हैं जिन्हें बताये बिना बात पूरी नहीं हो सकती। प्रेम मद में आकण्ठ मग्न, मस्ती में झूमते हुए कबीर ने समास शैली में उस अनन्त के गुण वर्णन का समाहार कर दिया—

करता केरे बहुत गुण औगुण कोई नाहिं।
जो दिल खोजौं आपणां सब औगुण मुझ माहिं।।

इसी कारण उन्होंने 'भक्तवत्सल, भवहारी कृपाल दयाल दामोदर' से कहा, "मेरी रक्षा में देर मत करो।" कथा-श्रवण से भी अधिक उन्हें गुण-कथन प्रिय था। वे मानते थे कि श्रद्धा-प्रेमपूर्वक परमात्मा का गुणानुवाद करनेवाले का सम्पूर्ण व्यक्तित्व और अस्तित्व राममय हो जाता है। इसलिए उसके नेत्रों में राम रमण करते हैं— "खालिक खलक खलक में खालिक" इस परमात्म-दृष्टि के प्रभाव से है। फिर सगुण-निर्गुण का और अन्तर्यामी एवं विश्वनियन्ता का वर्गीकरण ही मिट गया—

अध उरध दसहूँ दिस जित तित पूरि रह्या राम राई।
जल थल पूरि रहे प्रभु स्वामी। जित तित पूरी रह्या राम राई।।

निष्कर्ष रूप में कबीर ने कहा— सच्चे सन्त विरल होते हैं जो काम-क्रोध-लोभ से रहित भी हो और भगवत्प्राप्ति भी करा दे। कारण त्रिगुणातीत होना माने माया को पार कर और परमपद पाना और परमपद का अर्थ है परमात्मा। उस पद को पाने का अर्थ है तत्स्वरूप हो जाना—

अस्तुति निन्द्या आसा छांड़ै, तजै मान अभिमाना।
लोहा कंचन समि करि देखै वे मूरति भगवाना।।

चिन्तामणिस्वरूप माधव के चरणों में ही उनका चित्त रमण करता रहता है। सच्चे सन्त तृष्णा और अभिमान से रहित होने के कारण ही संसार से उदासीन रहकर भगवन्मय हो जाते हैं। उनका एक ही नित्यक्रम रहा— 'भगवान् के विरह-मिलन की अनुभूतियों में रसमग्न रहना।'

कबीर की अनन्य प्रेमाभिव्यक्ति

विरह-वर्णन– कबीर की विरह वेदना में सन्ताप के साथ ही समता का अद्‌भुत योग है। इसका कारण वे बताते हैं—

हँसि हँसि कंत न पाइये, जिनी पाया तिन रोइ।
जो हँसि ही हरि मिलै, तो न दुहागिनि कोइ।।

यह है परमात्म-प्राप्ति अनुभव का सार। कबीर को विरह वेदना की अनुभूति थी, अन्यथा वे इसका वर्णन कैसे करते? कल्पित में उनका विश्वास न था। पुरुष होकर प्रेमिका की संवेदनाओं का वर्णन यथार्थ अनुभूति से ही सम्भव है। उन्होंने प्रभु-विरह में व्याकुल होकर अनेक रात्रियाँ रोते-रोते बितायीं। कबीर के अक्खड़ व्यक्तित्व में उनके रुदन-क्रन्दन को विद्वान् आलोचक स्वीकार करने में झिझकते हैं, परन्तु कबीर निःसंकोच वर्णन करते हैं और उसे अनिवार्य और अपरिहार्य विरह-दशा भी बताते हैं—

नैना नीझर लाइया, रहट बसै निस-जाम।
पपीहा ज्यूँ पिव-पिव करौं, कबहु मिलहुगे राम।।

वे इसके साथ गुरु द्वारा उपदिष्ट नाम जप की अथक साधना भी करते रहे और दर्शन के लिए प्रभु-आगमन की दिन-रात विकल प्रतीक्षा भी। मृत्यु को पार किये बिना प्रभु-मन्दिर की देहरी पर पाँव रखना शक्य नहीं है।

प्राणान्त की कष्टदायक स्थिति से गुजरते हुए कबीर ने कहा—

कैसे जीवेगी बिरहिनी पिया बिन,

कीजै कौन उपाय?

इतनी तन्मयता में भी प्रेमोन्माद का अतिरेक नहीं है। यदि उन्हें मिलन की सम्भावना जान पड़ती तो तुरन्त विरह का विस्मरण हो जाता और मृत्यु से भी प्रेम करती हुई अहंताशून्य अभिसारिका के गौरवजन्य आनन्दी अनुभूति वे अवश्य पा लेते—

भीजै चुनरिया प्रेमरस-बूंदन।

आरती साज के चली है सुहागिनि,

प्रिय अपने को ढूँढ़न।।

प्रेम उनके लिए पंचम पुरुषार्थ है। उसी में आठों पहर वह मतवाला रहता है। प्रतिक्षण नाम पुकारते हुए दर्शन के लिए व्याकुल प्रेमी को मुक्ति का प्रलोभन विचलित नहीं कर सकता।

संयोग-वर्णन– प्रभु-मिलन में वे सद्‌गुरु को दूती का श्रेय देते हैं। प्रभु की नगरी को वे अद्भुत बताते हैं, क्योंकि एक बार जिसे वहाँ प्रवेश मिल जाता है, वह दुबारा संसार में लौटता नहीं। उसके मन में संसार के प्रेति कोई आकर्षण नहीं रह जाता। कबीर कहते हैं, "वह नगरी हृदय के भीतर ही बसी हुई है, जहाँ सूर्य, चन्द्र, पवन, पानी किसी की गति नहीं है। इसलिए कृपालु करुणा-सागर को मेरी विरह-वेदना और प्रेम का सन्देश सद्‌गुरु के सिवा कोई पहुँचानेवाला नहीं है।"

परम प्रकाशमय प्रेमलोक में जाने के लिए निष्काम होना पड़ता है। कबीर ने अपना निवेदन कर दास्य-भाव से समर्पित होकर स्वयं को सम्पूर्ण कामना-लालसाओं से मुक्त कर दिया—

एक निरंजन देव का कबीरा दास खवास।

वहाँ कबीर ने देखा, अगम-अगोचर परमात्म-तत्त्व तो अखण्ड प्रकाशस्वरूप, ज्योति की भी ज्योति स्वयं प्रकाश है। इसी अर्थ में कबीर के प्रियतम की नगरी हद-बेहद के पार है। वहाँ बारहों महीना वसन्त है और अन्वय-व्यतिरेक की शैली में वे उस अवर्णनीय प्रियतम के अनिर्वचनीय रस का संकेत देते हैं—

साहब कबीर सर्व रंग रंगिया,

सब रंग से रंग न्यारा।।

फिर तो उन्मुक्त होकर फाग-लीला के अलौकिक खेल का आनन्द भी लूटा—

जो रंग रंगे सकल छवि छाके।

तन-मन सबहि भुलानी।

यों मत जाने यहि रे फाग है।

यह कछु अकथ कहानी।।

इस विरल अनुभव को कोई स्थूल भौतिक विषय-भोगवादी अर्थ में घटित न करे, इसलिए उन्होंने उसको अलौकिक बताया। उन्होंने प्रियतम के अवर्णनीय रूप से अपने को अभिन्न अनुभव किया। उनके विचार से प्रियतम प्रभु को वही मनुष्य प्रिय है जो निरन्तर उनके ध्यान में तल्लीन है, सद्‌गुरु में पूर्ण श्रद्धा रखता है, और प्रेम के खेल में कभी पीछे

हठ नहीं करता। इन्द्रियाँ उसको कितना भी बहकाना चाहें और विषयों के जंजाल में उलझाने का उपक्रम करें। फिर भी वे उनसे हार न मानें और उन इन्द्रियों को ही इसमें निमग्न कर दें।

माता-पुत्र-सम्बन्ध– 'दासोऽहं' के रूप में अपने सर्वसमर्थ स्वामी की छत्रच्छाया पानेवाले 'दुलहिन कबीर' अपने राजा राम भरतार में माता का हृदय देख भगवद्वात्सल्य का सुख भी पा लेते हैं और उसके बालक के रूप में दीन होकर आत्म-निवेदन करते हुए अपने दोषों का उद्घाटन करते हैं—

हरि जननी मैं बालक तेरा, काहे न अवगुण बकसहु मेरा।।
कर गहि केस करै जो बाता, तऊ न हेत उतारै माता।।

वे बड़ी युक्ति से हृदय की एकता स्थापित करते हैं जो किसी भी प्रकार के प्रेम-सम्बन्ध का स्वभाव है—

कहै कबीर एक बुद्धि विचारी, बालक दुखी दुखी महतारी।।

इन्हीं सब भाव-सम्बन्धों के प्रिय बन्धन के स्वीकार से निर्भय होकर वे आत्मान्वेषणपूर्वक अपने सब दोषों को स्वीकार करके पूर्ण शुद्ध हो गये और हरिचरणों में बसेरा पाया। पौराणिक कथाओं में श्रद्धा न रखनेवाले कबीर पौराणिक पात्रों से तादात्म्य कर अपनी स्थिति की व्याख्या करते हैं—

सिव सनकादिक नारदा, ब्रह्म लिया निज वास जी।
कहै कबीर पद-पंकज्या अब नेडा चरण निवास जी।।

निष्कर्ष– कबीर की साधना और प्रेमानुभूति के आधार पर किये गये इस विवेचन से उपलब्ध सत्य के प्रकाश में कहा जा सकता है कि कबीर ने अनन्य प्रेम सम्बन्ध से सिद्धावस्था का अनुभव किया था। साधक-भक्त लीला के विरह-रूप को जितनी आसानी से अनुभव कर सकते हैं, उतना मिलन-रस को नहीं। साधक सिद्धावस्था प्राप्त करने पर भक्ति अर्थात् चिन्मय-रस के एकमात्र आकर निखिलानन्द-संदोह-भगवान् से मिलकर एकमेक हो जाता है। तब उसे कुछ कहने को नहीं रह जाता—

कहना था सो कह दिया, अब कछु कहना नाहिं।
एक गई दूजी गई, बैठा दरिया माहिं।।
साखी सब्दी जब कही, तब कछु जाना नाहिं।
बिछुरा था तब ही मिला, अब कछु कहना नाहिं।।

यह एक दार्शनिक सत्य है कि कान्ताभाव की रति निर्गुण उपासकों में भी पायी जाती है। कबीरदास, दादू आदि भक्तों में भी यह भाव है, परन्तु वह समासोक्ति शैली में व्यञ्जित हुआ है, जबकि लौकिक कान्ताविषयक प्रीति व्यञ्जना का विषय होती है।

कबीरदास प्रायः ऐसे पदों के अन्त में सद्गुरु या सन्तों का नाम सावधानी से ले लेते हैं जिससे आध्यात्मिक प्रीति निश्चित रूप से प्रस्तुतार्थ हो जाती है। लौकिक या अलौकिक प्रेम की स्थिति ऐसी ही होती है, परन्तु सहृदय को इससे अलौकिक रसानुभूति ही होगी। उत्तर भारत के नाथ-शैव मत जो 'नाथयोगी-सम्प्रदाय' के नाम से प्रसिद्ध हुआ, उसका

झुकाव निर्गुण उपासना की ओर था। कबीर में भक्ति के संस्कार नाथमत से आये हुए नहीं थे, क्योंकि इस साधना में भक्ति अपरिचित वस्तु है।

कबीर ने नाथ-पन्थ की साधना से बहुत-कुछ ग्रहण किया, और भक्ति से उसको समन्वित कर एक सत्यान्वेषण की नयी प्रक्रिया प्रस्तुत की और समझाया— "आध्यात्मिक साधना कभी रूप की साधना नहीं हो सकती। वह सारे रूप के भीतर से, चञ्चल रूप की बाहरी सीमाओं का अतिक्रमण करके ध्रुव सत्य की दिशा में प्रयाण की चेष्टा करती है। अतः हम साधना के अन्त में अक्षय पुरुष-अखण्ड सत्य का सन्धान अवश्य पाते हैं। जब तक यह अन्तिम उपलब्धि न हो, हमारी साधना अधूरी है।"

(4) नाथयोगी-सम्प्रदाय

'बौद्ध-धर्म से उत्पन्न सिद्ध-सम्प्रदाय में अनैतिक तत्त्वों की प्रतिक्रिया में कठोर नौतिकता के आग्रह के साथ नाथ-पन्थ का उदय ईसा की 11वीं शताब्दी के आस-पास हुआ। उस समय पूर्व और उत्तर में नाथ-पन्थ सबसे बलवान् था। विविध सिद्धियों के प्रभाव से वे अपनी ओर जनता का ध्यान आकृष्ट कर सके। वे शास्त्रीय स्मार्त मत के विरोधी होने से प्रस्थानत्रयी को स्वीकार न करते थे। वे गुणातीत शिव के उपासक थे। उनके मतानुसार 'नाथ' की परिभाषा है, 'समस्त त्रिभुवन का एकमात्र यती, परब्रह्म परमात्मा जो निर्गुण-सगुण से अतीत है।'

इस पन्थ ने अपनी दिव्य-परम्परा की स्थापना में अवतार के अति सूक्ष्म दिव्य तत्त्व को स्वीकार कर उसके आध्यात्मिक महत्त्व की स्थापना की है। निराकार-साकार से अतीत, द्वैताद्वैत-विलक्षण, परमशून्य, 'नाथ' निरञ्जन-स्वरूप है। 'नाथ' से सर्वप्रथम निराकार ज्योति नाथ उत्पन्न हुए। उनसे परम्परा क्रम से 'साकारनाथ', 'सदाशिव भैरव' और 'भक्ति भैरवी' की उत्पत्ति हुई। 'शक्ति भैरवी' ने नादरूपा सृष्टि-परम्परा का विकास किया। बिन्दु रूपा सृष्टि-परम्परा के क्रम से 'सदाशिव भैरव' से विष्णु और विष्णु से ब्रह्मा की उत्पत्ति हुई। ब्रह्मा से यह सम्पूर्ण विश्व सृष्टि चली।

गुणातीत शिव के उपासक नाथ की साधना में ध्यान, समाधि और काया-साधन का महत्त्व था। साधना करनेवाले व्यक्ति साधक, सिद्ध या अवधूत की जीवन-शैली अपनाते थे। वे गृहस्थ न थे। उनके अनेक शिष्य आगे चलकर सम्प्रदाय के नीति-नियमों का पालन करने में असफल रहे और आश्रमभ्रष्ट गृहस्थ हो गये। उनकी जाति 'योगी' कहलायी। वे न हिन्दू कहे गये न मुसलमान, हिन्दुओं ने उनका तिरस्कार किया। इससे व्यवहार में उनका झुकाव मुसलमान धर्म की ओर रहते हुए भी मूल संस्कार से वे हिन्दू ही थे। ऐसी ही परिस्थिति में कबीर का जन्म या पालन 'योगी' जाति में हुआ परन्तु एक बात स्पष्ट है कि नाथों का द्वैताद्वैत-विलक्षण समत्ववाद कबीर की दार्शनिक विचारधारा में मूल रूप में सुरक्षित मिलता है। 'सत्य रूप स्वयंज्योति', 'सबसे न्यारा निरञ्जन-राम' आदि के उल्लेख कबीर ने इसी से प्रभावित होकर किये हैं। फिर भी कबीर नाथ-पन्थ के अनुयायी न थे। उन्होंने योग के साथ भक्ति को भी आवश्यक माना था और उनके सद्गुरु स्वामी रामानन्द ने ही उन्हें भक्ति की प्रेरणा दी थी।

योग और भक्ति

स्वामी रामानन्द ने वैष्णव-भक्ति को इस प्रकार अपनाया कि वह शंकराचार्य के अद्वैतवाद में भी खप सकी और सर्वात्मवाद के अनुसार विग्रह-वपु भगवान् के प्रति प्रेम का आधार भी बनी। वैष्णव भक्ति-दर्शन में योगाभ्यास का महत्त्व पहले से था। रामानन्द के गुरु राघवानन्द बहुत बड़े योगी थे और उन्होंने अपने योगबल से रामानन्द की रक्षा की थी। यह स्पष्ट है कि रामानन्द को उन्होंने योग की शिक्षा भी दी होगी। स्वामी रामानन्द भी अपने सम्प्रदाय में योगी के रूप में प्रसिद्ध थे।

रामानन्द के दर्शन में योग और भक्ति का समन्वय हुआ और उन्होंने अपने शिष्यों को इस नवीन साधना-पद्धति के लिए मार्ग-दर्शन दिया। कबीर ने भी इस समन्वय को पसन्द किया। उन्होंने अन्य धाराओं में प्राप्त निर्गुण उपासना में सहायक तत्त्वों का एक मिश्रित रूप अपनी साधना में स्वीकार कर 'निर्गुण सम्प्रदाय' के लिए मार्ग प्रशस्त किया। इसमें अद्वैती सर्वात्मवाद, सगुण भक्ति, बौद्ध-धर्म का शब्द योग, गुरु के प्रति आत्मसमर्पण, मध्यम मार्ग आदि की विशेषताओं का समावेश है। इसी से एक ओर कबीर में वैष्णव भक्ति का रसवाद है तो दूसरी ओर सिद्धों का रहस्य-विज्ञान। यह तत्कालीन वैष्णव सम्प्रदाय की व्यापक लोकप्रियता का प्रमाण है।

दक्षिण तथा उत्तर भारत को भक्ति-आन्दोलन द्वारा निकट लाने का श्रेय राघवानन्द को दिया जाता है। उनकी साधना में योग-भक्ति का समन्वय था। यह बात 'सिद्धान्त-तन्मात्रा' से भी प्रकट होती है। इस समन्वय को महाराष्ट्र के सन्तों ने भी अपनाया था। उनके इष्टदेय दत्तात्रेय और श्रीकृष्ण की विचारधारा में भक्ति के साथ योग सम्मिलित है।

नाथ-योगी-सम्प्रदाय के प्रवर्तक : मत्स्येन्द्रनाथ– इस सम्प्रदाय के मूल प्रवर्तक 'आदिनाथ शिव' माने गये हैं, परन्तु इसके मत-प्रवर्तक मत्स्येन्द्रनाथ हैं। इससे सम्बद्ध पौराणिक कथा के अनुसार "क्षीर-समुद्र के तट पर शिवजी पार्वतीजी को योग का रहस्य समझा रहे थे। उस समय क्षीर-समुद्र में रहनेवाले एक मत्स्य के पेट में छिपकर मत्स्येन्द्रनाथ ने उसका श्रवण किया।" 'मत्स्येन्द्रनाथ' नाम का यही रहस्य है।

महाराष्ट्र में प्रचलित परम्परा के अनुसार जालन्धरनाथ मत्स्येन्द्रनाथ के गुरु भाई बताये जाते हैं। महाराष्ट्र के वारकरी-सम्प्रदाय में शंकराचार्य के भक्ति-सिद्धान्त एवं नाथयोगी-सम्प्रदाय के सिद्धान्तों का अद्भुत समन्वय लक्षित होता है।

'मत्स्येन्द्रनाथ' में 'नाथ' शब्द का अर्थ परमेश्वर या योगेश्वर 'शिव' है। इस प्रकार 'नाथ-पन्थ' का अर्थ है 'सिद्ध-मार्ग', 'अवधूत मार्ग', 'योग मार्ग' क्योंकि इस मार्ग में योगाभ्यास का सर्वोपरि महत्त्व है। कापालिकों ने भी इससे अपना सम्बन्ध जोड़ा है, परन्तु नाथ-पन्थ उनसे स्वतन्त्र है।

नाथ-दर्शन– आधुनिक हठयोग के जन्मदाता 'गोरखनाथ' मत्स्येन्द्रनाथ के शिष्य थे। अविचल समाधि लगाने की योग विद्या जो उन्हें गुरु से प्राप्त हुई, 'नाथ-दर्शन' का स्वरूप है। जिसे इस विद्या की सिद्धि हो जाती है, उसको कभी विषय-भोग की गन्ध भी स्पर्श नहीं करती। त्रिपुरा-विषयक तान्त्रिक-साहित्य में 'नाथ-दर्शन' का स्वरूप स्पष्ट किया

गया है। इसमें शैव और वैष्णव की ईश्वरवादी एवं बौद्ध-सिद्धों तथा जैन-मुनियों की निरीश्वरवादी विशेषताओं की योग की परम्परागत क्रियाओं के साथ समन्वय किया गया है। इसी से एक नवीन साधना-पद्धति का उदय हुआ। उसके परिणाम का प्रभाव चिरकालिक सिद्ध हुआ। इसी से आगे आनेवाले अनेक धार्मिक सम्प्रदायों में अनिवार्य रूप से इसका आंशिक प्रभाव मिलता है। इस समन्वय के कारण ही नाथ-दर्शन न द्वैत है न अद्वैत। नाथ सगुण और निर्गुण से परे, सिद्धि के लिए अनिवार्य रूप से योगपथ पर चलता हुआ, दुनिया से ऊपर उठ जाता है और जीवन के चरम लक्ष्य-स्वरूप आत्मानुभूति प्राप्त करता है।

गुरु गोरखनाथ– गुरु गोरखनाथ के जीवनकाल के लिए ईसा की दसवीं शताब्दी अथवा अधिक-से-अधिक 11वीं शती का प्रारम्भ-काल माना जाता है। इनका कार्य-क्षेत्र नेपाल, उत्तरी भारत, असम, महाराष्ट्र और सिन्ध तक फैला हुआ था। गुरु गोरखनाथ के दार्शनिक सिद्धान्त वेदान्तपरक जान पड़ते हैं। इनकी योग-सम्बन्धी रचनाओं के अन्तर्गत भी अद्वैत-सिद्धान्त का ही प्रतिपादन लक्षित होता है। परन्तु मोक्ष-प्राप्ति के साधन-भेद द्वारा वेदान्त-निर्दिष्ट-साधना तथा नाथ-पन्थ की साधना में महान् अन्तर है। वेदान्त का ज्ञान-मार्ग तत्त्व-विचार को सर्वोच्च स्थान देता है तथा नित्यानित्य विवेक, वैराग्य तथा ब्रह्मस्वरूप में समाहित होने की एकान्तिक चेष्टा को ही सब-कुछ समझता है, किन्तु योगदर्शन को केवल विचार या आत्मचिन्तन पर ही आश्रित रहना पर्याप्त नहीं जान पड़ता।

गुरु गोरखनाथ द्वारा निर्दिष्ट योग-साधना के अन्तर्गत 'बीजक्षय' में प्रायः वे ही बातें प्रधानतः दीख पड़ती हैं जिनका प्रचार आगे चलकर कबीर-साहब आदि सन्तों ने भी किया था। सन्त-दर्शन में योग की क्रियात्मक स्थूलता नहीं है, ज्ञान की सूक्ष्मता से युक्त योग का प्रतिपादन है। उन्होंने प्राण-प्रक्रिया-प्रधान योग-साधना को वेदाध्ययन से अधिक महत्त्व दिया है। उनके मन में योग की सहज अभिव्यक्ति ही ज्ञान है। यह ज्ञान पुस्तक के ज्ञान से भिन्न और ब्रह्मानन्दानुभव स्वरूप अर्थात् शिव-शक्ति-सामरस्य की अभिव्यक्ति है।

शिव-शक्ति सामरस्यावस्था को प्राप्त करने के लिए गूढ़ मार्ग से मन का ऊर्ध्वगमन आवश्यक है। गूढ़मार्ग के विषय में चार मत मिलते हैं— (1) मूलाधार से अथवा (2) नाभि से गूढ मार्ग का अवलम्बन नाथ-मत है और (3) हृदय से अथवा (4) भ्रूमध्य भाग से गूढ़ मार्ग की साधना वैदिक मत है। गुरु शिष्य के अधिकार को देखकर किसी एक गूढ़ मार्ग की साधना-पद्धति के लिए शिष्य को मार्ग दर्शन करता है। जब गुरु के संकेत और अनुभव को शिष्य प्राप्त कर लेता है तब उसे सिद्धि मिलती है। गुरु ही शिव है और गुरु ही ब्रह्म है तथा शिष्य ही शक्ति और शिष्य ही जीव है। इनमें अभेद ज्ञान होना ही एकता है।

रसायन– जिनको गोरखनाथ के मत को अपनाना कठिन जान पड़ा उन्होंने शुद्ध रूप से हठयोग या रसायन-योग को स्वीकार किया जिसमें आत्मचिन्तन का नहीं, कायासिद्धि का महत्त्व है। प्रसिद्ध महायानी नागार्जुन रासायनिक था। परन्तु नाथ-योगी-सम्प्रदाय का प्रधान लक्ष्य 'रस-प्रयोग' की अपेक्षा सहस्रार-स्थित चन्द्र से चूनेवाले अमृत का पान ही जान पड़ता है। अतएव सम्भव है कि रसायन-क्रिया का बाह्य उपचार ही क्रमशः परिवर्तित होता हुआ उक्त योग-सम्बन्धी अभ्यास में परिणत हो गया हो और वही नाथ-योगियों द्वारा अमरत्व का आधार माना जाने लगा हो।

वास्तव में सन्तों के 'पूर्ण सन्त के आदर्श' द्वारा 'कायापलट' के सिद्धान्त का परोक्ष प्रभाव भी इस पर लक्षित होता है। 'पूर्ण सन्त' के आदर्श को चरितार्थ करने में जिस आन्तरिक दैवी सम्पत्ति को अनिवार्य बताया गया है, उसे प्राप्त करने में असमर्थ कच्चे योगियों ने 'रसायन' की बहिर्मुख साधना का आश्रय खोजा होगा।

कबीर पर नाथयोगी सम्प्रदाय का प्रभाव

कबीर ने अपने 'निरञ्जन-नाथ' की आरती गाकर भी अपनी योगसाधना में भाव-पुट का संकेत किया है। जिसको वे नाथ कहते हैं, जो निरञ्जन है, वही 'हरि' नामधारी है। इन नामों के अभेद के द्वारा हम कबीर तक पहुँच सकते हैं और उनकी वाणी में गोरखनाथ का लक्ष्य खोज सकते हैं। किन्तु गोरख का 'नाथ, निरञ्जन या हरि', योगसाध्य है, कबीर का 'राम, निरञ्जन या हरि' प्रेमसाध्य। कबीर योग को प्रेम का सहयोगी मात्र बना लेते हैं। यही दोनों की साधना का मौलिक अन्तर है।

शून्य– गोरखनाथ बाह्याचार के विरोधी थे, सदाचार के नहीं। वे मिथ्याचार की निन्दा करते थे–– "आचार वस्तु ही कल्पित है और बुद्धिमान् लोग इस पर तनिक भी विश्वास नहीं करते। उन्होंने 'शून्य' में ईश्वर की भावना की। कबीर आदि सन्तों ने इसी शून्य में निर्गुण ब्रह्म को देखा। सचादार से मन शुद्ध होने पर शून्य में स्थिति मानी गयी।"

मनशुद्धि– नाथों ने भूत सिद्धि और भूति शुद्धि पर विशेष ज़ोर दिया, किन्तु कबीर आदि सन्तों ने मन की शुद्धि और मन की सिद्धि पर विशेष जोर दिया। सन्तमत के अनुसार अजपाजाप से मन पंगु हो जाता है, ब्रह्म भावना का उत्कर्ष होता है और आत्मनिरति माने आत्मस्थ होने की सिद्धि होती है।

रहस्य की अभिव्यक्ति– कबीर की साधना-पद्धति का मूल मन्त्र है आत्मचिन्तन। उन्होंने रूपक द्वारा स्पष्ट किया है कि आत्मा ही मछली, धीवर, जाल और काल सब रूपों में प्रकट है। इसी अभिव्यक्ति शैली से रहस्यात्मकता अंकुरित हुई, जिसके फलस्वरूप पहेली, रूपक और उलटवाँसी की रचना हुई। योगाचार और वामाचारपरक अर्थवाली अनुभूति को 'गोमांसभक्षण' अर्थात् चन्द्रसार-रूप 'अमर वारुणी' का पान कहा। उपमान-प्रयोग में कबीर मौलिक होते हुए भी गोरखनाथ के अनुकरण में उन्होंने जनभाषा को और रूपक, पहेली, उलटवाँसियों की शैली को अपनाया।

साधना में रागात्मिका वृत्ति– नाथों ने मन का सम्बन्ध इन्द्रियों के द्वारा शरीर के साथ स्थापित किया है। कबीर ने मन को दोनों ओर जोड़ा है। नाद द्वारा मन के शून्यीकरण तक पहुँचकर वे सुख-दुःख से ऊपर लोकोत्तर अवस्था का अनुभव प्राप्त करते हैं। दूसरी ओर वे परमात्मा के प्रेम द्वारा मन को बाँधकर उसे परमात्मा में विलीन कर देते हैं। कबीर की साधना में इस प्रकार रागात्मिका वृत्ति की प्रधानता है। चित्तवृत्ति-निरोध तक नाथ-साधना और सन्त-साधना में समानता है। परन्तु 'रागात्मिका वृत्ति के द्वारा तत्त्वानुभूति' सन्त-साधना की मौलिकता है।

नाथ-साधना बौद्ध-साधना-पद्धति से अत्यधिक प्रेरित और प्रभावित होने पर भी

अपनी सुरक्षा के हेतु से उसने ईश्वरवादी होना पसन्द किया। राहुल सांकृत्यायन के अनुसार सिद्धों का समय 12वीं शती से 14वीं शती के अन्त तक होने से नाथ पन्थ की कविता का जनता में व्यापक प्रचार था और उनके सत्संग से उनका मन प्रभावित था। सिद्धों द्वारा प्रयुक्त 'निर्वाण, शून्य, सहज' जैसे शब्दों को उन्होंने बदलकर नये अर्थ दिये थे। कबीर ने अपनी मौलिक प्रतिभा के प्रयोग से उनका और भी संशोधन किया। उदाहरणार्थ सिद्धों ने 'आनन्द' को क्रियात्मक ढंग से मानसी स्तर पर मत का शून्यीकरण माना, जबकि उसी 'आनन्द' शब्द को नाथों ने 'इन्द्रिय-निरोध' से प्राप्त ईश्वर-साक्षात्कार को माना। इसीलिए उसे 'हठयोग' कहा गया।

रामानन्द से प्रभावित कबीर ने इस ईश्वरवाद में भक्ति का पुट दिया और सूफी-भावना से प्रभावित एवं स्वानुभूति होने के कारण ईश्वर-विरह की तीव्र अनुभूति को आवश्यक बताया। इस प्रकार 'कबीर-दर्शन' में प्रेम की भूमिका पर ज्ञान, योग और वैष्णव-भक्ति का समन्वय मिलता है। 'निरञ्जन' का प्रयोग उसके मूल स्रोत की ओर हमारा ध्यान आकृष्ट करता है जो नाथ-पन्थ के समकाल प्रवर्तित एक सम्प्रदाय था और इस समन्वय की विशालता और उदारता का परिचय देता है।

(5) निरञ्जन-सम्प्रदाय

ब्रह्म-निरूपण के प्रसंग में द्वैत-विशिष्ट जगत् के अधिष्ठाता तथा नियन्ता के रूप में अवर-ब्रह्म की कल्पना की गयी और उसके लिए सन्तों ने 'काल' और 'निरञ्जन'— इन शब्दों का प्रयोग किया। यह उपनिषदों के प्रभाव का परिणाम है। उदाहरण श्वेताश्वतर उपनिषद् के षष्ठाध्याय में 'निर्गुण', 'काल' और 'निरञ्जन' का विशेष रूप से विश्लेषण किया गया है।

'अवर-ब्रह्म' के रूप में निरञ्जन की तुलना शांकर-वेदान्त के 'ईश्वर' के साथ हो सकती है। परमार्थ-दर्शन का एकमात्र ज्ञानगम्य 'ब्रह्म' ही 'व्यवहार-दर्शन' में 'ईश्वर' होकर भक्त का उपास्य और 'सृष्टि-स्थिति-लय' का कारण बनकर द्वि-रूप होता है।

गीता में श्रीकृष्ण ने अपने-आपको 'कालोऽस्मि' कहा है। सन्तों द्वारा सर्वप्रथम 'निरञ्जन' का प्रयोग इसी दृष्टि से हुआ था। श्रीकृष्ण द्वारा परब्रह्म के अर्थ में 'निरञ्जन' को दी गयी श्रेष्ठता की कबीर आदि सन्तों ने पूर्ण रक्षा की है। उनके द्वारा 'निरञ्जन' परब्रह्म परमात्मा का ही पर्याय समझा जाता था, परन्तु आगे चलकर जिन सन्तों ने अपने-आपको 'निरञ्जन-सम्प्रदाय' से ऊँचा सिद्ध करना चाहा, उन्होंने उसे गिराने की चेष्टा की और उसे 'काल-पुरुष' की पदवी दी गयी।

'धर्मपुराण' में धर्म को शून्य का रूप, निराकार और निरञ्जन कहा गया है। धर्माष्टक नाम के स्तोत्र में निरञ्जन का तात्त्विक-निरूपण की शैली में सुन्दर परिचय मिलता है। धर्म कूर्म या कछुए का वाचक मूल शब्द 'निरञ्जन' है। इसी कारण अब भी कबीर-पन्थ में 'कूर्मजी' का सम्मान है।[1]

---

1. मध्यकालीन धर्मसाधना— आचार्य हजारीप्रसाद द्विवेदी-पृ० 6

शिवदयाल के मतानुसार "काल 'निरञ्जन' परम-पुरुष-रूप सिन्धु की एक बूँद है। वह माया के संयोग से पाँच तत्त्व और तीन गुणों के द्वारा सृष्टि की रचना करता है। उसका स्थान सातवें कमल में है। सारे जगत् के लोग इसी बूँद को (अंश को) सिन्धु (परम पुरुष) समझते हैं और ठगे जाते हैं। केवल सन्त ही सत्य लोक में नित्य आनन्द मनाते हैं।

निर्गुण सम्प्रदाय की विभिन्न शाखाओं का मूल कारण इस प्रकार का सैद्धान्तिक मतभेद है। जब स्पर्द्धापूर्वक सम्प्रदाय चलने लगे, तब निन्दा की विकृति ने प्रवेश किया और मत शुद्ध-सिद्धान्त-रूप न रहकर अन्ध मान्यता हो गया। इसी कारण कुछ सन्तों ने निरञ्जन को परम पुरुष से अलग उससे निम्न और धोखेबाज बताया है।

(6) सन्तमत

मध्यकालीन सन्त– भारतीय इतिहास का मध्यकाल धार्मिक प्रवृत्तियों के साथ अनेक शूद्र-जाति के भक्तों और सन्तों की गौरवगाथा का इतिहास है। नम्मालवार, नामदेव, रैदास आदि अनेक विभूतियाँ भारतीय जनता के लिए आज भी प्रातःस्मरणीय और श्रद्धेय हैं। समाज के कठोर बन्धन उनके साधना मार्ग की सबसे बड़ी बाधाएँ थीं। शूद्र वर्ण के साधक इन बाधाओं के साथ संघर्ष करते हुए आध्यात्मिक क्षेत्र में आगे बढ़े। उनकी उपलब्धियों से तत्कालीन समाज भी चकित रह गया और उनके प्रभाव से धीरे-धीरे परिस्थितियों में परिवर्तन आता गया।

यह एक गलत धारणा है कि भारत में मुसलमानों के आगमन के बाद जाति-भेद को मिटाने के प्रयत्न हुए। उनके आगमन के पूर्व ही तमिल प्रदेश में सन्तों को यह अनुभूति हो गयी थी कि— "यो नः पिता जनिता विधाता" जब सबका पिता एक परमात्मा है तो ऊँच-नीच की भावना के लिए अवकाश ही नहीं रह गया। परन्तु वैष्णव धर्म का पुनरुत्थान जिन कट्टर परिस्थितियों में हुआ, उन्होंने इस न्याय-कामना को पनपने न दिया। शूद्र पर दुगुना अत्याचार होता था। हिन्दू होने के कारण मुसलमान उन पर अत्याचार करते थे और शूद्र होने के कारण उच्च जाति का हिन्दू सधर्मी होकर भी वर्णाभिमान के मिथ्या आडम्बर को पोसने के लिए उसका तिरस्कार करता था।

इस विषमता के बावजूद मध्ययुग के आचार्यों के जीवन-दर्शन के प्रभाव से सारा धार्मिक वातावरण वेदान्त से ओतप्रोत हो गया था। इसी वातावरण में निरन्तर साँस लेनेवाले इन अपढ़ साधु-सन्तों के अस्तित्व का वह अंग-सा हो गया। ये सभी उपनिषदों के सिद्धान्तों और उपदेशों से परिचित थे। कबीर को इसका ज्ञान अपने गुरु रामानन्द से हुआ और कबीर के शिष्य-प्रशिष्यों में होता हुआ वह आगे फैलता गया।

स्वामी रामानन्द को अपने जीवन-दर्शन के लिए सिद्धान्त रूप में निर्गुण सम्प्रदाय की एक ठोस भूमिका तैयार मिली हुई थी। परन्तु उसको व्यावहारिक धरातल पर स्थापित करने का श्रेय उन्हीं को है। फिर भी उनके परवर्ती सन्तों का मत उनके मत का अनुवाद नहीं है। उनसे तथा वेदान्तियों से उनका मतभेद भी रहा।

तन्त्र के प्रति सन्तों का आकर्षण उनके समय की परिस्थितियों को देखते हुए अनुचित

या दोषपूर्ण नहीं कहा जा सकता। सब तन्त्रशास्त्रों का सर्वग्राह्य और सार्वभौम होना एक सर्वमान्य फिर भी क्रान्तिकारी विशेषता रही है। वैदिक परम्परा में शूद्रों और स्त्रियों की उपेक्षा की गयी थी, जबकि तन्त्र परम्परा में मानव-मानव में किसी प्रकार के भेदभाव को आश्रय नहीं दिया गया। 'भैरवी-चक्र' अर्थात् 'श्रीचक्र' में यह अभेदमूलक उदारता अपनी पराकाष्ठा पर है। उसके निर्देशानुसार— "व्यक्ति मन्त्र-दीक्षित होते ही शिवत्व-सम्पन्न हो जाता है।" वर्ण, जाति या लिंग उसमें बाधक नहीं होते।

सन्त की परिभाषा– सन्त शब्द का मौलिक अर्थ 'शुद्ध अस्तित्व' अर्थात् सन्मात्र का बोधक है। इसी कारण नित्य वस्तु अर्थात् परम तत्त्व के लिए 'सत्' का प्रयोग होता है। सदा एकरस तथा अविकृत रूप में विद्यमान इस परम तत्त्व को 'सत्य' नाम से भी अभिहित किया जाता है। अतः सत्-रूप परम तत्त्व को अपने आत्मा से अभिन्न अनुभव कर अपने व्यक्ति-अहम् से ऊपर उठनेवाले व्यक्ति को 'सन्त' की संज्ञा दी गयी।

सन्त बिना ग्रन्थ पढ़े भी ज्ञानी अर्थात् निर्द्वन्द्व हो सकता है, यदि उसके मन में से सुख-दुःख, मान-अपमान, ऊँच-नीच, सम्पत्ति-विपत्ति आदि द्वन्द्व निवृत्त हो गये। साधना द्वारा माया के आवरण को फाड़कर फेंक देना और शुद्ध आत्मतत्त्व का साक्षात्कार करना उसका ज्ञानी होना है। सम्भव है, महान् शास्त्रज्ञ पण्डित माया और अविद्या के बन्धनों में पड़ा भटकता रहे, और मोक्ष के अधिकार से वञ्चित रह जाय। इसके विपरीत अपढ़ व्यक्ति भी तप, साधना तथा सत्संग द्वारा अपने आचार-विचार को शुद्ध कर, परम सत्य के अन्वेषण में अपनी अध्यात्मयात्रा में गन्तव्य तक पहुँचकर उसका साक्षादपरोक्ष रूप से अनुभव कर ले तो वह ज्ञानी कहा जायगा। इस दृष्टि से शिक्षा और ज्ञान में अन्तर है।

"प्रत्येक शिक्षित ज्ञानी हो जाता है, और प्रत्येक ज्ञानी व्यक्ति का शिक्षित होना अनिवार्य है।" ऐसी कोई शर्त अध्यात्म-ज्ञान में नहीं है। साक्षरता और शिक्षा से परे सन्तों के इस तत्त्व ज्ञान को 'अनुभूति' या 'अनुभव' की संज्ञा दी गयी है। किन्हीं प्रसंगों में इस परमात्म ज्ञान को 'विवेकरूप गुरु' कहकर पोथी के ज्ञान से उसे श्रेष्ठ बताया गया है। 'साधुभाव' अर्थात् सर्वभूत हित के लिए सुहृद्भाव अथवा वह प्रशस्त कर्म जो 'सत्कार्य' करने की क्षमता को बढ़ानेवाले, यज्ञ, तप तथा दान आदि 'तदर्थ' प्रवृत्ति का समर्थन करता है। तदर्थ माने वे सारे भाव, विचार और कर्म जिन्हें परमेश्वर के लिए निष्काम भाव से करने का अभ्यास कहकर गिनाया जा सकता है। महाराष्ट्र में 'सन्त' शब्द का प्रयोग किसी समय केवल उन भक्तों के लिए ही होता था जो विट्ठल या वारकरी सम्प्रदाय के प्रधान प्रचारक थे और जिनकी साधना निर्गुण भक्ति के आधार पर चलती थी। इसी कारण यद्यपि सगुण राम अथवा कृष्ण के उपासक तुलसीदास तथा सूरदास आदि भी सन्त-व्यक्तित्व रखते थे, धीरे-धीरे 'सन्त' शब्द निर्गुणवादी साधकों तथा महात्माओं के अर्थ में ही रूढ़ होता चला आया है।

कबीर ने अपनी एक साखी में आदर्श सन्त के लक्षण घटित करते हुए बताया है कि "सन्त निर्वैरी, निष्काम, प्रभु का प्रेमी और विषयों से विरक्त होता है।" इस आदर्श के अनुरूप "सन्त अर्थात् महापुरुष।" इसको यथार्थ में चरितार्थ करने के लिए उनका पूर्णतः आत्मनिष्ठ होना माने भीतर-बाहर के भेदभाव की स्थिति से ऊपर उठकर सर्वत्र एकमात्र परमात्मा का दर्शन करते हुए, उसी की सेवा के लिए समाज में रहते हुए, निःस्वार्थ भाव

से विश्व-कल्याण में प्रवृत्त होना। तभी लोगों के समक्ष व्यक्ति-विशेष की करनी तथा रहनी में एक सुन्दर सामञ्जस्य प्रस्तुत हो पाता है। सन्त तुलसीदास के 'स्वान्तः सुखाय' के प्रेम में इसी श्रेय का सामञ्जस्य था और वही कबीर में भी चरितार्थ हुआ।

अनेक सन्तों की जीवनियों का सम्यक् अनुसन्धानपूर्ण अध्ययन यह निष्कर्ष देता है कि "सभी सन्तों का लक्ष्य मानव-जीवन को समुचित महत्त्व प्रदान करना, उसका आध्यात्मिक आधार पर पुनर्निर्माण करना, इसी भूतल पर जीवन्मुक्त के सच्चिदानन्द स्वरूप की अनुभूति के साथ जीवन जीना तथा विश्व-कल्याण में सहयोग देना है।"

सन्तमत का स्वरूप

निर्गुण भक्ति के अर्थ में प्रयुक्त 'सन्त मत' स्वानुभूति की ओर संकेत करता है। सन्त मत सिद्धि की व्यावहारिक सफलता में विश्वास करता है। अतः इस मत में व्यक्ति एवं समष्टि के आध्यात्मिक जीवन का निर्माण और विश्व-जीवन में उसके प्रतिफलन की युगपत् व्यवस्था निहित है। इसी कारण उनकी सामाजिक देन भी महत्त्वपूर्ण है। उनकी सबसे बड़ी देन है 'पूर्ण सन्त का आदर्श।' इस आदर्श के अनुसार आचार और व्यवहार पक्ष में सन्तों ने श्रद्धा, तप, ब्रह्मचर्य, सत्य, शम, दम, दान, दया आदि गुणों की जीवन में आवश्यकता बतायी है। परन्तु सामान्य मनुष्य का झुकाव कठिनाई से बचने का होने के कारण उसके महत्त्व को हृदयंगम नहीं कर पाता तब उसकी उपेक्षा कर बैठता है और आदर्श आत्मसात् करने के बदले वीरपूजा या अवतारोपासना में धन्यता का अनुभव करने को उसका मन प्रेरित है। इस प्रकार अवतार-भावना मानव-मन के अभाव की पूर्ति के लिए उदित होनेवाली एक मनोवैज्ञानिक घटना है परन्तु उसका अदम्य आवेग और आन्तरिक सचाई बाहर पूजा और स्तुति में सक्रिय होते हैं।

इसका एक कारण यह भी बताया जाता है कि सन्तों का झुकाव निवृत्तिमार्ग की ओर अधिक होने के कारण मार्ग को सैद्धान्तिक दृष्टि से उचित महत्त्व देकर भी दोनों में सामञ्जस्य लाने की व्यावहारिक चेष्टा नहीं की गयी थी। इतना अवश्य कहा जा सकता है कि उनकी मूल प्रेरणाओं के स्रोत कभी बहिर्मुखी और कभी अन्तर्मुखी वृत्तियों में लक्षित होते थे और कभी-कभी दोनों में व्यापक सामञ्जस्य लाने के प्रयत्न भी होते आ रहे थे।

सन्तों ने वैष्णव-भक्ति से प्रभावित होकर निर्गुण-भावना के क्षेत्र में 'राम' को व्यापक रूप से अंगीकार किया है, क़िन्तु उन्होंने राम को सगुण न मानकर निर्गुण माना है। "ब्रह्म निर्गुण है", यह कहने का तात्पर्य होता है कि वह सत्त्व, रजस् और तमस् इन तीन गुणों से विशिष्ट प्रकृति से विकसित अहंकार, मन, बुद्धि, इन्द्रिय आदि विकृतियों से परे हैं।[1]

सन्त मत ने उपनिषदों के 'अद्वैत-सिद्धान्त' के साथ अविद्या अर्थात् माया को भी स्वीकार किया है जिससे अद्वैत द्वैत और एकत्व बहुत्व के रूप में प्रतीत होता है। अद्वैत के अतिरिक्त सन्त मत की अन्य सब मान्यताओं को भी उपनिषद्-युग में प्रवर्तित देखा जा सकता है।

सन्तों का 'एकेश्वरवाद' जाने-अनजाने ही सही, अद्वैतवाद की आधारशिला पर

---

1. सन्त मत का सरभंग सम्प्रदाय— पृ॰ 3

खड़ा है। अद्वैतवाद चाहे शांकर का हो या शैव का, सगुणवादी वैष्णवों का हो या निर्गुणवादी सन्तों का, सबके मूल्य में औपनिषदिक सत्य है।

सन्त-सम्प्रदाय और वेदान्त में कुछ अन्तर पड़ गया है तो वह इतना ही कि कहीं-कहीं सूफी काव्य के प्रभाव के कारण उक्तियों में बाहर से लौकिक प्रेम के गहरे रंग में भक्ति-भावना रँग गयी है। प्रेम की भावना से उपनिषदें सर्वथा मुक्त नहीं हैं, परन्तु उनमें प्रेमानुभूति की वह गाढ़ता और तीव्रता नहीं है जिसके कारण निर्गुणियों को परमात्मा बिलकुल पति के रूप में दिखायी देता है। कुछ विरल उक्तियों में आत्मा-परमात्मा के सम्बन्ध को दाम्पत्य-भाव के रूप में निरूपित किया गया है, परन्तु सम्बन्ध की अपेक्षा ऐक्यमूलक आनन्दानुभूति पर विशेष जोर दिया गया है। यह सम्बन्ध भौतिक जीवन का स्थूल तथ्य नहीं है, मात्र अभिव्यक्ति की सुविधा के लिए रूपक-शैली में उल्लिखित-निरूपित अभिन्नता का बोधक होता है। इसी प्रकार सन्त-साहित्य में 'लोक' या 'देश' आदि शब्द साधकों की विविध आध्यात्मिक दशाओं के प्रतीक मात्र हैं, उनकी कोई भौतिक स्थिति नहीं है।

कबीर, कीनाराम और उनके अनुयायियों ने सन्त को 'अवधूत' भी कहा है।

अवधूत– 'अवधूत' शब्द संस्कृत के 'धू' धातु में क्त प्रत्यय लगाकर और अव उपसर्ग जोड़कर बना है। उसका शाब्दिक अर्थ हुआ 'परिकम्पित'। अवधूत वस्तुतः संसार के द्वारा परित्यक्त अर्थात् रहन-सहन में लोगों द्वारा तिरस्कृत होता है। स्वजन-सम्बन्धियों से उसका कोई रिश्ता-नाता नहीं होता।

निर्वाणतन्त्र में (चतुर्दश पटल में) कहा गया है कि "सभी पञ्चतत्त्वों का सेवन करते हुए, बीराचारी की रहनी अपनाते हुए, संन्यास धर्म का सम्यक् पालन करते हुए, सिर पर लम्बे केश और जटा; गले में अस्थि और रुद्राक्ष की माला तथा कमर पर कौपीन-मात्र धारण करके या दिगम्बर रहकर एवं शरीर पर रक्त-चन्दन और भस्म का लेप करके विचरण करनेवाला अवधूत है।"

तन्त्रग्रन्थों में अवधूतों के चार प्रकार बताये गये हैं— ब्रह्मावधूत, शैवावधूत, भक्तावधूत और हंसावधूत। हंसावधूतों में भी पूर्णता प्राप्त करनेवाले परमहंस कहे जाते हैं। साधक को 'परिव्राजक' अर्थात् पूर्णता की ओर चलनेवाला कहा गया है।

बन्ध-मुक्तिरहित, परमसिद्धान्तवादी निर्गुण-सगुण के भेद से परे परात्पर-कूटस्थ नाथ को माननेवाले ब्रह्मनिष्ठ नाथयोगी-सम्प्रदाय के 'अवधूत' हैं।

स्वामी रामानन्द के गुरु राघवानन्द अवधूत वेशधारी थे। इस सन्दर्भ में प्रतीत होता है कि योग मार्ग के अनुयायी और दत्तात्रेय के उपासक अवधूत कहे जाते थे। इस प्रकार राघवानन्द का सिद्धान्त हठयोग तथा वैष्णव-भक्ति के पूर्ण समन्वय का समर्थन करता है।

स्वामी रामानन्द इस सिद्धान्त से प्रभावित थे। उन्होंने अपने शिष्यों को वैष्णव-धर्म के साथ-साथ योग की भी शिक्षा दी थी। शायद इसीलिए उनके कुछ शिष्य अवधूत कहे जाते थे। दूसरे, रामानन्द-सम्प्रदाय के साधू वैरागी और मुक्त एवं स्वतन्त्र होने से भी अवधूत कहे जाते हैं। वे निराकारोपासना का उपदेश करते हैं और मन्दिर, मूर्तिपूजा तथा तीर्थ-जल को अनावश्यक बताते हैं।

कबीर ने अपने पदों में 'अवधू' या 'अवधूत' को सम्बोधन किया है। शुद्ध-मुक्त जीवात्मा को वे 'हंस' कहते हैं। गोरखपन्थी सिद्धयोगी को तथा गोरखनाथ को भी उन्होंने 'जग से न्यारे' 'अवधूत' या 'अवधू' कहा है। उसके क्रिया-कलाप का वर्णन बड़े आदर के साथ उसकी भाषा तथा तर्कशैली में सुसंगत रूप से उन्होंने किया है।

विद्वानों द्वारा 'अवधू' अर्थात् जिसे 'वधू' न हो वह व्यक्ति, ऐसा अर्थ दिया गया है। यह एक लाक्षणिक प्रयोग है। वधू न होने से संसार के जंजाल से, घर-द्वार से नाते-रिश्ते से मुक्त, विषयों का त्यागकर स्वच्छन्द और निर्द्वन्द्व विचरण करनेवाला बेख्वाहिश, बेपरवाह सन्त अवधूत के लक्षणों से युक्त है।

अघोरमत

'अवधूत' की जो परिभाषा की जाती है, वह 'अघोर' के लिए भी ज्यों-की-त्यों लागू होती है। 'अघोर' के लिए 'औघड़' शब्द का प्रयोग भी देखने में आता है। 'औघड़' शब्द 'अघोर' का अपभ्रंश है। प्राचीन वैदिक युग के रुद्र की उपासना-विधि में 'औघड़ मत' की उद्भावना के बीज मिलते हैं। कुछ लोग 'औघड़' को 'अवघट' का अपभ्रंश मानते हैं। 'अवघट' शब्द टेढ़े और कठिन मार्ग के लिए प्रयुक्त होता है। व्रज-साहित्य में इस अर्थ के लिए 'अवघट-घाटा' का प्रयोग किया गया है।

लिंग-पुराण में वर्णन है कि शिवजी के पाँच मुखों में एक मुख 'अघोर' है। आधुनिक औघड़ मतावलम्बी गोरखनाथ को या दत्तात्रेय को अपने मत का प्रवर्तक मानते हैं। अवधूत-वेश प्राचीनतम है और बड़े-बड़े महर्षियों द्वारा भी पूजनीय और आदरणीय माना गया है। वे अघोर मत के दार्शनिक रहस्य और वेशभूषा के साथ उसके सम्बन्ध का ज्ञान रखते थे। परन्तु आधुनिक औघड़-सम्प्रदाय में इस गौरव की भावना देखने में नहीं आती, क्योंकि इस मत के या अन्य मत के अनुयायियों में इस तात्त्विक गम्भीर दृष्टि का पूर्णतया अभाव है। ये वेद-पुराण प्रतिपादित चार वर्ण और चार आश्रम की उपेक्षा कर मात्र शिव के वेश को महत्त्व देने में अपनी अघोरता की सिद्धि मानने की गम्भीर भूल कर रहे हैं।

'अघोर' का नामान्तर 'औघड़' होने पर एक कारण यह भी सम्भव है कि समाज द्वारा बहिष्कृत पन्थ को पुनः प्रतिष्ठा दिलाने का प्रयत्न हो। इसी मत के अनुयायी बंगाल में 'अघोरी', उत्तर प्रदेश एवं बिहार में 'औघड़' तथा पंजाब में 'सरभंग' कहलाते हैं। समग्र अघोर मत अथवा सरभंग मत के सन्त-साहित्य में प्रेम की महिमा गायी गयी है। इसी कारण इसके जात-पाँत सम्बन्धी विचार कबीर के अनुरूप हैं।

सन्त-साधना-पद्धति

अध्यात्म-साधना के क्षेत्र में प्रत्येक सम्प्रदाय की अपनी-अपनी एक विशेष साधना-पद्धति होती है, परन्तु साध्य सबका एकमात्र परमात्मा ही होता है। सन्त मत के अनुसार सभी व्यक्ति ब्रह्म ज्ञान के अधिकारी नहीं हो सकते। अतः यह ज्ञान अत्यन्त गूढ़ होने से बिना योग्यता के जिस किसी को उसका उपदेश नहीं करना चाहिए। दूसरे, सन्त मत ब्रह्म ज्ञान के लिए ध्यानयोग को और ध्यानयोग की योग्यता प्राप्त करने के लिए हठयोग को

आवश्यक मानता है। परन्तु बिना योग्य गुरु के मार्गदर्शन के कोई साधक साधना में सफलता नहीं पा सकता। साधना-पद्धति के गुह्य तत्त्वों की सुरक्षा की दृष्टि से सन्त मत की अनेक महत्त्वपूर्ण रचनाएँ अप्रकाशित हैं।

श्वेताश्वतर उपनिषद् में भी ब्रह्मज्ञान को गुह्य और गुरु को देवोपम गौरव से युक्त बताया गया है। कोई भी व्यक्ति बाहरी दुनिया के किसी कठिन-से-कठिन विषय का ज्ञान बिना गुरु के ही प्राप्त करने की योग्यता रखता हो, वह सम्भव है, परन्तु उसके लिए ब्रह्मज्ञान का गूढ़ार्थ ग्रहण करना गुरु के मार्ग दर्शन के अभाव में सम्भव नहीं है। शिष्य अनधिकारी हो या गुरु से उसकी आत्मीयता न हो तो उसे भी गूढ़ार्थ का ज्ञान नहीं हो सकता।

सन्तों का अनुभव है कि इस साधना के प्रभाव से मनुष्य का 'कायापलट' हो जाता है और वह पूर्णता के आदर्श को सिद्ध करता है। उसे नवीन जीवन की उपलब्धि होती है। आध्यात्मिक दृष्टिकोण के प्रभाव से उसकी सारी मनोवृत्तियाँ सन्तुलित हो जाती हैं और जीवन के अन्तिम क्षण तक परमतत्त्व के मूल स्रोत के साथ सदा जुड़े रहने के कारण उसकी किसी भी चेष्टा में संकीर्णता के भाव लक्षित नहीं होते। इस प्रकार गुरु का महत्त्व और साधक की विशेष योग्यता के साथ इस साधना-प्रक्रिया का प्रारम्भ नामोपासना से होता है। उसके साथ कायाशोधन मनोमारण और संयत जीवनयापन के लिए ध्यानयोग, हठयोग और निर्गुण-उपासना भी सम्मिलित रहती है।

साधक

गुरु से दीक्षा प्राप्त करनेवाला अर्थात् सद्गुरु के अनुग्रह का पात्र साधक अध्यात्म-साधना में जो सफलता पाता है, वह पोथी-पण्डित कभी स्वप्न में भी अनुभव नहीं कर पाता। कहावत है कि सौ दिन का पण्डित एक दिन के मुण्डित अर्थात् दीक्षित शिष्य के बराबर है—

सौ दिन का पण्डित एक दिन का मुड़न्त।
पार न पाय योगेश्वर घर का।।

इस तात्पर्य को व्यक्त करते हुए आत्मप्राप्ति के उपायों का वर्णन कठोपनिषद् में है—

नायमात्मा प्रवचनेन लभ्यो
न मेधया न बहुना श्रुतेन।।
यमेवैष वृणुते तेन लभ्य—
स्तस्यैष आत्मा वृणुते तनूं स्वाम्।। 1।2।23

अर्थात् यह आत्मा वेदाध्ययन द्वारा प्राप्त होने योग्य नहीं है और न धारणा शक्ति से और न अधिक श्रवण से ही प्राप्त हो सकता है। यह साधक जिस आत्मा का वरण करता है, उस आत्मा से ही यह प्राप्त किया जा सकता है।

साधक द्वारा आत्मब्रह्म की उपासना सन्त-साधना का मूल-मन्त्र है। उत्तर-मध्यकाल में

इस देश में विभिन्न प्रदेशों में अनेक महान् भक्तों के और उच्चकोटि के विचारकों के तत्त्वज्ञानी होने का रहस्य था उनकी 'आत्मब्रह्म की उपासना'। कबीर-जैसे अनेक निरक्षर सन्त 'ढाई' अक्षर प्रेम का पढ़कर पण्डित अर्थात् प्रेमपूर्वक आत्मलीन होकर नामोपासना से सिद्ध हो गये। उनकी निर्गुण उपासना को स्पष्ट करने के लिए ही कबीर ने कहा—

उनका नाम कहने को नाहीं, दूजा धोखा होय।

नाम की दीक्षा देकर उपदेश द्वारा आत्मब्रह्म में स्थित करनेवाले सद्गुरु के प्रति भक्ति का प्रतिपादन उपनिषदों में किया गया है—

यस्य देवे पराभक्तिर्यथा देवे तथा गुरौ।
तस्यैते कथिता ह्यर्थाः प्रकाशन्ते महात्मनः ।। श्वेता॰ 6।23

"जिस पुरुष को देवता में उत्कृष्ट भक्ति होती है, तथा देव के समान गुरु में भी जिसकी भक्ति होती है, उसी महात्मा को ये कहे गये अर्थ स्वतः प्रकाशित होते हैं।"

साधक को आत्मा और गुरु के अनुग्रह के साथ-साथ परमात्मा की कृपा भी प्राप्त होनी चाहिए—

तमक्रतुः पश्यति वीतशोको।
धातुप्रसादान् महिमानमात्मनः ।। कठो॰ 2।20

"निष्काम पुरुष जगत्कर्त्ता की कृपा से अपने आत्मा की महिमा देखता है और शोकरहित हो जाता है।"

जो साधक गुरु में श्रद्धापूर्वक परमात्मबुद्धि कर उनके शब्दों और उपदेशों का आदर करता है, गुरु और परमात्मा को एक मानता है, वह निश्चय ही सिद्धि लाभ करता है। परन्तु जो गुरु के वचनों का अतिक्रमण करता है, वह 'निगुरा' कहलाता है और उसे कभी अपनी साधना में सफलता नहीं मिलती।

साधना मार्ग में गुरु और शिष्य दोनों का पूर्ण सहयोग अपेक्षित है। ईश्वरीय प्रेरणा के अभाव में अनेक अनैतिक वासनाएँ तथा अनेक प्रकार के शारीरिक दोष उत्पन्न हो सकते हैं। इसलिए साधक तथा गुरु दोनों को सभी प्रकार की बाह्य प्रवृत्तियों के निग्रह तथा वासनाराहित्य के लिए जागरूक रहना आवश्यक है, जिसके साधक का मन अधिकाधिक अन्तर्मुख हो और बहिर्मुखता निवृत्त हो जाय, गुरु सारी मानसिक प्रवृत्ति की जड़ता को हिलाकर दूर कर देता है और उसके वृत्ति चैतन्य को अन्तर्मुख कर देते हैं। इसी कारण गुरु इस भूतल पर भगवान् माने जाते हैं।

गुरु– जीव अपने एकमात्र स्वामी परमात्मा को अपने अकेले के प्रयत्न से न जान सकता है न देख सकता है, क्योंकि पथ और गन्तव्य दोनों अनजाना-अनदेखा है। इसलिए उसे गुरु की शरण में जाना हितकर हैं। आचार्य जीव को परमात्मा की शरण में पहुँचानेवाला माध्यम है। सद्गुरु द्वारा पुरस्कृत जीव को ही परमात्मा स्वीकार करते हैं।

वेदान्त-देशिक के मतानुसार रामायण का तात्पर्य गुरुतत्त्व के प्रतिपादन में है— "भयंकर समुद्र से वेष्टित तथा राक्षसों से पूर्ण लङ्का में रावण के द्वारा आहत जनकनन्दिनी को भगवान् राम का सन्देश तभी मिला जब वीराग्रणी हनुमान ने स्वयं समुद्र लाँघकर उसे

सुनाया। जीव की दशा भी जानकी के समान ही है। संसार-सिन्धु में परिवेष्टित, अभिमानी रावणरूपी मन तथा राक्षसरूपी इन्द्रियों द्वारा अधिष्ठित इस लङ्कारूपी शरीर में दीन-हीन जीव निवास कर रहा है। उसका कल्याण तथा भगवच्चरण की प्राप्ति हनुमान-जैसे आचार्य की प्राप्ति और उनसे भगवान् का सन्देश पाने से ही सम्भव है।''

यदि किसी को सच्चे गुरु अर्थात् सद्‌गुरु मिल जायँ तो उसकी साधना की सफलता निश्चित है। निर्गुण सम्प्रदाय में इसी कारण गुरु को परमेश्वरस्वरूप बताया गया है। इसके साथ झूठे गुरु से सावधान करने के लिए सद्‌गुरु के स्पष्ट लक्षण भी निरूपित किये गये हैं।

स्थूल दृष्टि से देखा जाय तो लोग गुरुपूजा को व्यक्ति-पूजा या मानव-पूजा कहते हैं। इस कारण इस साधना-पथ में शिष्य की हानि की सम्भावना भी मानी जाती है। गुरु सर्वोच्च पद ग्रहण करके प्राप्त अधिकारों का दुरुपयोग करेगा ऐसा भय भी रहता है। इससे बचने के लिए ऐसा भी प्रस्ताव किया जाता है कि कबीर-जैसे पहुँचे हुए सिद्ध-सन्तों की वाणी का ही आश्रय लिया जाय। 'गुरुग्रन्थ-साहब', 'कुरान', 'बाइबिल' आदि ग्रन्थों का अवतरण इसी भावना से हुआ। इसके महत्त्व को अस्वीकार तो नहीं किया जा सकता, फिर भी सद्‌गुरु के सान्निध्य में परमात्म-चैतन्य सीधे अनुभव में आता है और आत्म-चैतन्य का जागरण हो पाता है, वह ग्रन्थों के माध्यम से कभी सम्भव नहीं है।

गुरु के वास्तविक रहस्य के मर्मी सन्त बताते हैं कि ''गुरु के विषय में अविवेकपूर्ण बात करनेवाले अन्धे हैं। यदि परमेश्वर रुष्ट हो जाय तो गुरु जीव की रक्षा कर सकते हैं, परन्तु स्वयं गुरु ही रुष्ट हो जाय तो उसकी रक्षा कहीं, किसी से नहीं हो सकती।''

बौद्ध तन्त्रों में गुरु को परमेश्वर का प्रतिनिधि माना गया है। तिब्बत में गुरु को लामा कहते हैं। वहाँ प्रवर्तित 'लामा-धर्म' गुरु-धर्म ही है। सहजयानियों की योग-साधना में गुरु की सहृदयता अनिवार्य बतायी गयी है। वह गुरु प्रथम अपने शिष्य की आन्तरिक वृत्तियों की पहले परीक्षा कर लेता है और उसके व्यक्तिगत अधिकार के अनुरूप उसे साधना-पद्धति का मार्गदर्शन करता है। सहजयानी गुरु को 'महामुद्रा' अर्थात् 'शून्यता' तथा 'करुणा' की युगलमूर्ति बताते हैं। तन्त्र में यही 'शिव-भक्ति' का सामरस्य है। इसी को वज्रयान 'महासुख' और सहजयान 'सहज' कहते हैं। 'शून्यता' सर्वश्रेष्ठ ज्ञान का वाचक है। 'महामुद्रा' साक्षात्कार की सिद्धि है। वज्रयानी 'सिद्ध गुरु की' मौन मुद्रा को उपदेश बताते हैं। बुद्धत्व की प्राप्ति में आवश्यक 'प्रज्ञा और उपाय' का सम्मिलित रूप गुरु में मूर्तिमत होने से उन्होंने गुरु को 'मिथुनाकार' अथवा 'युगनद्ध' भी कहा है। इसका अभिप्राय यह है कि परम ज्ञानी होने के साथ जगत् के प्रपञ्च में कैसे प्राणियों के उद्धार के लिए वे करुणावरुणालय भी हैं। उनकी करुणा में एकरस भगवत्प्रेम छलकता रहता है।

ऐसे गुरु के कृपापात्र शिष्य की आन्तरिक स्थिति का वर्णन स्फुट-अस्फुट शब्दों में या सांकेतिक शैली में वही कर सकता है जिसे उसका अनुभव है। सन्त रजपत्ती लिखती हैं— ''गुरु ने प्रेम का प्याला पिला दिया है और नयन से नयन मिलाकर हृदय में प्रेम का भाला गाड़ दिया है। मेरी सुध-बुध नष्ट हो गयी और मैं मतवाली बन गयी। मुझे दिन-रात कभी नींद नहीं आती। मैं बेचैन हूँ, मेरे हृदय में रह-रहकर ज्वाला उठती रहती है। क्षणभर भी गुरु की मुखाकृति नहीं भूलती। मेरे नयन उसके चरण-कमल के लोभी बने रहते हैं।''

विभिन्न स्वभाव, रुचि, संस्कार और योग्यतावाले अनेक शिष्यों में इस प्रकार की समान अनुभूति की विचित्रता का कारण उनके कृपालु गुरु में ही मिल सकता है। जिस गुरु ने परम ज्ञान प्राप्त कर लिया है, उससे कुछ भी अज्ञात नहीं रहता। उसके समक्ष समग्र विश्व के पदार्थ अपने विशुद्ध रूप को प्रकट कर देते हैं। शिष्य के सारे गुण-दोषों को गुरु एक दृष्टि में ही समझ लेते हैं और बड़े प्रेम से उसके दोषों का युक्तिपूर्वक निवारण कर गुणों का संवर्द्धन कर उसे परम सुख का अनुभव देते हैं। यही परम स्वातन्त्र्य और परम शान्ति है। यही सहजावस्था है।

सामान्य दशा से सहजावस्था तक पहुँचने की एक प्रक्रिया है— "प्रज्ञा तथा उपाय को युगनद्ध में परिणत कर बोधिचित् को उसकी संवृत अवस्था से विवृत दशा में ले जाना अर्थात् परम सत्य की प्राप्ति। पहले सहजयानी-साधक निर्माण-चक्र वा मणिपूरक-चक्र में बोधिचित् को हठयोग के द्वारा उपलब्ध करता है। फिर क्रमशः धर्मचक्र अर्थात् अनाहत चक्र से सम्भोग चक्र माने विशुद्ध चक्र तक, विशुद्ध चक्र से शीर्षस्थ उष्णीष-कमल माने सहज चक्र रूप वज्रकाय तक पहुँचता है। यही पूर्ण शान्ति एवं निश्चलता की द्योतक 'सहजावस्था' है।"

इसकी एक विशेषता यह है कि साधक साधना के मन्त्रादि सारे बाह्याचारों की उपेक्षा कर योग द्वारा मानसिक शक्तियों के विकास को सर्वाधिक महत्त्व देता है और अपने लिये अनुकूल अर्थों की संगति खोजता है। उदाहरणार्थ 'वज्र'[1] को प्रज्ञा के अर्थ में ग्रहण कर उसे 'बोधिचित्' का सार कहा गया है। इसी को हिन्दू-तन्त्र में भक्ति का बोधक कहते हैं। शक्ति-जागरण में 'नामोपासना' एक महत्त्वपूर्ण साधन है।

नामोपासना– "मध्ययुग की समस्त धर्म-साधना को नाम की साधना कहा जा सकता है। सगुण हो या निर्गुण। नामस्मरण अर्थात् भक्तों के भाव-गृहीत रूप का स्मरण। 'ब्रह्मसंहिता' में लिखा है—" सन्त लोग प्रेमाञ्जन से विच्छुरित भक्तिरूप नयनों से सदैव उसका दर्शन करते रहते हैं—[2]

प्रेमाञ्जनाच्छुरित भक्तिविलोचनेन,
सन्तः सदैव हृदयेऽप्यवलोकयन्ति।
यं श्याम सुन्दरमचिन्त्यगुणप्रकाशं,
गोविन्दमादिपुरुषं तमहं भजामि।।

यह भाव-गृहीत गुण-विशिष्ट रूप निर्गुण उपासना में भी है और नामोपासना की यह चरम परिणति है।

गुरु शिष्य को उसके अन्तःकरण की शुद्धि और आत्मचैतन्य के जागरण के लिए मन्त्र-दीक्षा देता है। इसी को सन्त 'नाम-सुमिरन' और भक्त 'भगवत्स्मरण' कहते हैं। योग के साथ भगवान् के नाम तथा स्मरण-कीर्त्तन भी मुक्ति में सहायक होते हैं। अतः विष्णु

---

1. वज्र—बौद्ध साधकों-सिद्धों की परिभाषा 'शून्य', 'परम-तत्त्व', अभेद्यता, दृढ़ता। चक्राकार चिह्न की संज्ञा 1— हिन्दी शब्द सागर— भा॰ 9
2. मध्यकालीन धर्मसाधना— आचार्य हजारीप्रसाद द्विवेदी— पृ॰ 13

पुराण की दृष्टि में योग तथा भक्ति का समुच्चय मुक्ति की साधना में मुख्य उपाय है—

अवशेनापि यन्नाम्नि कीर्तिते सर्वपातकैः।
पुम विमुच्यते सद्यः सिंहत्रस्ततैर्वृकैरिव।।
यन्नामकीर्त्तनं भक्त्या विलायनमनुत्तमम्।
मैत्रेयाशेषपापानां धातूनामिव पावकः।।[1]

निरन्तर राम नाम जपने से चित्तवृत्ति-निरोध में सहायता मिलती है और मन को आत्मकेन्द्रित करने का अभ्यास पक्का होता है। इस कारण 'मन्त्रयोग' और 'शब्दयोग' जैसे शब्द भी नामोपासना के अर्थ में प्रयुक्त होते हैं। सूफी-साधना में 'नाम-सुमिरन' को प्रार्थना-परक अर्थ में जिक्र कहते हैं।

अन्य साधना-पद्धतियों की अपेक्षा निर्गुण-पन्थ में नामोपासना का सर्वाधिक महत्त्व है। उनकी दृष्टि में नाम किसी बाह्य वस्तु का वाचक नहीं है। इसलिए नामोपासना उनकी अन्तरंग साधना है। मात्र वैखरी वाणी से नामोच्चारण या माला फेरना भी उनका अभिप्राय नहीं है। उनके लिए नाम परमात्मा का ऐसा प्रिय प्रतीक है जो निश्चित रूप से परमात्मा से आत्मा की अभिन्नता का अनुभव करा देता है। यहाँ तक कि गुरु से प्राप्त मन्त्र को वे श्रद्धा और आदरपूर्वक गुरु का प्रतीक भी मानते हैं। जैसे गुरु जीव को परमात्मा से मिलाता है, वैसे गुरु का मन्त्र भी उसे परमात्मा से मिलाने की शक्ति रखता है। इसलिए नामोपासना उनके लिए 'प्रेम-साधना' है जो शब्दवेधी बाण की तरह सीधे लक्ष्य वेध करती है। 'सुरति' का प्रचुर प्रयोग इसी से सम्बन्धित है।

सूरदास और तुलसीदास-जैसे सगुणवादी भक्तों की रचनाओं में नाम-माहात्म्य-वर्णन के अनेक पौराणिक प्रसंगों का उल्लेख और वर्णन मिलता है। उसी प्रकार निर्गुणवादी सन्तों ने भी श्रद्धापूर्वक अपनी रचनाओं में नाम-माहात्म्य के प्रतिपादन के लिए पुराणों में वर्णित भक्तों का उल्लेख किया है। यह एक मनोवैज्ञानिक स्थिति है जब भजन करनेवाला पौराणिक अवतारी तत्त्वों के सहारे अपनी निष्ठा को दृढ़ करता है। कबीर भी इसके अपवाद नहीं हैं। उन्होंने वर्णन किया है— "अखिल सृष्टि का जो स्वामी है, उसी का नाम गुरु से प्राप्त हुआ था। उसी ने हिरण्यकशिपु को नख से विदीर्ण कर प्रह्लाद के वचनों की रक्षा की थी। वही सब पापों का ध्वंस कर सन्तों का उद्धार करता है।"

नामोपासना के कारण अनेक सन्तों का प्रह्लाद से तादात्म्य है और वे नृसिंहावतार का उल्लेख पुराण के मूल रूप को ग्रहण करते हुए करते हैं। इसके अतिरिक्त इससे एकेश्वरवादी निराकार ईश्वर और सर्वान्तर्यामी परमात्मा का प्रतिपादन भी होता है। कबीर की अनन्य नामनिष्ठा देखकर ही भक्तों में उन्हें प्रह्लाद का अवतार कहा गया। कबीर नृसिंहावतार और प्रह्लाद की नामोपासना का वर्णन करते हैं और साथ में भगवत् प्रेम की दीक्षा भी देते हैं।

नहीं छाड़ो रे बाल राम नाम, मोहि और पढ़न सूं कौन काम?
प्रह्लाद पधारे पढ़न साल, संग सखा लिये बहुत बाल।।

---

1. विष्णु पुराण— 6/8/19/20

प्रह्लाद की उत्कट भक्ति से रीझकर देवाधिदेव नृसिंह प्रकट हुए—

महापुरुष देवाधिदेव, नरस्यंघ प्रकट कियो भगती भेव।

और—

कहै कबीर कोई लहै न पार, प्रहिलाद उबार्‌यो अनेक बार।।

नाम की अभिव्यक्ति के मूल कारण परमात्मा का औपनिषदिक शैली में निरूपण करते हुए कबीर एक मिट्टी में अनेक रूपधारी अखण्ड ब्रह्म के साक्षात्कार के लिए ज्ञान के चक्षु देते हैं—

माटी एक भेष धरि नाना, ता महि ब्रह्म छपाना।
कहैं कबीरा मिलत छोड़ि करि दोजक सिउ मनुमाना।।

नाम की उपासना में प्रेमपूर्वक एकान्त निष्ठा तथा तल्लीनता अपेक्षित है। यह निरतिशय त्याग-वैराग्य से सच्चे भगवत्प्रेमी के हृदय में मिलती है। तब नामोपासना में ध्यानयोग का बल प्राप्त होने से सिद्धि अवश्य मिलती है।

ध्यानयोग– सन्तों के साधन-पक्ष में योग का बहुत महत्त्वपूर्ण स्थान है। योग की क्रियाएँ प्रारम्भ से भारतीय संस्कृति और उसके अध्यात्म पक्ष का एक विशिष्ट अङ्ग रही हैं। उपनिषदों के अध्ययन से यह स्पष्ट प्रतीत होता है कि उस काल में योग के द्वारा चित्तवृत्ति के निरोध का व्यापक रूप से अभ्यास किया जाता था और केवल हठयोग से ध्यानयोग को उच्चतर और श्रेष्ठ माना जाता था। श्वेताश्वतर उपनिषद् में लिखा है— 'ऋषियों ने ध्यानयोग के द्वारा आत्मशक्ति को प्रत्यक्ष किया।'[1] इसी उपनिषद् में अन्यत्र भी "ध्याननिर्मथनाभ्यास" जैसे संश्लिष्ट पद का प्रयोग किया गया है, जिससे यह प्रतीत होता है कि ध्यानयोग की क्रियाओं का विधिपूर्वक अभ्यास किया गया था।[2] 'मुक्त मन', 'मनोयोग' आदि के प्रयोग उपनिषदों में पद-पद पर मिलते हैं।

कठोपनिषद् में बहुत ही वैज्ञानिक ढंग से और बहुत ही स्पष्ट शब्दों में योग की परिभाषा दी गयी है— "जब पाँचों इन्द्रियाँ और तर्क-वितर्क, ज्ञान-विज्ञान, मन-बुद्धि सभी निश्चेष्ट हो जाते हैं, तब उसी दशा को 'परम गति' कहते हैं, उसी को योग भी कहते हैं।"[3]

ध्यानयोग को सन्तों ने 'विहंगम योग' भी कहा है। किस प्रकार विहंगम अथवा पक्षी वृक्ष की डाल पर लगे हुए मीठे फलों का रसास्वादन बार-बार करता है, उड़ता भी है तो इसके पहले कि रसानुभूति का तार टूटने न पावे, पुनः डाल पर बैठकर उस रस का आस्वादन आरम्भ कर देता है। रसास्वादानुभूति की शृंखला पल मात्र के लिए भी छिन्न नहीं होती, उसी प्रकार ध्यानयोगी अपने आनन्द-लोक में निरन्तर विचरता रहता है।

सन्त कीनाराम ने ध्यानयोग को 'अध्यात्म-योग' और किन्हीं-किन्हीं पदों में इसे 'सहज योग" भी कहा है। इससे तत्त्वज्ञान की उपलब्धि होने से इसे 'ज्ञानयोग' भी कहा

1. श्वेताश्वतर उपनिषद् 1/3
2. वही 1/14
3. कठोपनिषद् 2/3/10

जाता है। ज्ञानयोगी विश्व की समस्या को अपनी समझने लगता है, उसके लिए 'वसुधैव कुटुम्बकम्' हो जाता है। जहाँ तक कीनाराम आदि सन्तों की योग-साधना का प्रश्न है, वह मुख्यतः ध्यानयोग है।

तात्त्विक रहस्य की वास्तविक जानकारी केवल योग क्रिया द्वारा ही सम्भव है। इसके लिए साधन के रूप में नामोपासना को सर्वश्रेष्ठ बताया है। इस नाम मन्त्र की दीक्षा गुरु से लेना और उपासना से साधक की योग्यता को बढ़ाना ही नामोपासना की सफलता है।

निर्गुणी सन्तों की चरम उपलब्धि-स्वरूप 'उन्मन दशा' एकान्त प्रेम विचार की स्थिरता तथा ध्यान से पुष्ट स्थिति का परिणाम है। मात्र 'हठयोग' से मनोनिग्रह में साक्षात्कार की शक्ति नहीं आ सकती। सहजानुभूति तत्त्व-साक्षात्कार की ओर संकेत करती है इसलिए ध्यान और चिन्तन अनिवार्य है। कबीर ने आलंकारिक शैली में अपनी वैकुण्ठ-यात्रा के वर्णन में इन तत्त्वों की ओर संकेत किया है कि "वे हाथ में प्रेम का कोड़ा लिये हुए अनायास रकाब में पाँव डालकर विचार-तुरंग पर सवार हो गये।"

नामोपासना और ध्यानयोग के प्रभाव से जब मनुष्य का चित्त पूर्ण रूप से आत्मकेन्द्रित हो जाता है, तब वह योगी के लिए सुलभ परमानन्द का अनुभव करता है। मनोवैज्ञानिक दृष्टि से यह कहा जा सकता है कि व्यक्ति बाह्य भौतिक जगत् में सुख-वैभव की जैसी कल्पना करता है और जैसे इन्द्रिय-प्रत्यक्षों को प्राप्त करता है, वे सारे सुख-वैभव और प्रत्यक्ष उसके अन्तर्जगत् में विद्यमान होते हैं। संसारी मनोवृत्ति से प्रेरित मनुष्य जिस प्रकार बाह्य जगत् में सुख-शान्ति की खोज करता है उसी प्रकार योगी अपने अन्तर्जगत् में सुख-शान्ति की खोज करता है।

सुख-शान्ति किसी पराधीन और दुःखी मनुष्य को नहीं मिलते। इसके लिए उसे स्वतन्त्र होना चाहिए। पराधीनता विषयासक्ति से आती है और दुःख तथा अशान्ति देती है। स्वतन्त्र अर्थात् निर्विषय चित्त में परमसुख, परमशान्ति और परमानन्द सहज स्वभाव से रहते हैं।

जो साधक मात्र नामोपासना और ध्यानयोग से साधना को सरलता से आगे नहीं बढ़ा पाता, चित्त शुद्धि में कठिनाई आती है उनके लिए सन्त-साधना-पद्धति ने दो उपाय बताये हैं— (1) हठयोग, (2) रागमार्ग। ध्यानयोग के क्षेत्र में 'सुरति' और 'निरति' ये दो महत्त्वपूर्ण शब्द हैं।

योग-साधना– योग-साधना का सबसे महत्त्वपूर्ण परिणाम चित्तवृत्तियों का सम्यक् निरोध है, जिसका उपयोग अन्य साधनाओं में भी भली-भाँति किया जा सकता है। इसलिए यह साधना कुछ आगे चलकर और भी अधिक लोकप्रिय हुई और अन्य धर्मों ने भी उसे अपनाया।

वज्रयानियों के दुराचारों के विरोध में कुछ सिद्धों ने अपनी मूल परम्परा का परित्याग कर दिया और नवीन विचारधारा के अनुसार वीर्यरक्षा का प्रचार करने लगे। उन्होंने योग को निदिध्यासन का स्वरूप बताकर उसकी व्याख्या में स्पष्ट कहा कि आत्मज्ञान के प्रयत्नभूत यम, नियम आदि की अपेक्षा रखनेवाली मन की विशिष्ट गति का ब्रह्म के साथ संयोग होना ही योग है—

आत्म प्रयत्न सापेक्षा विशिष्टा या मनो गतिः।
तस्या ब्रह्मणि संयोगो योग इत्यभिधीयते।।

योग दर्शन कहता है—"मनुष्य का मन, प्राण, बिन्दु और वाक् ये चार अत्यन्त शक्तिशाली हैं। किसी भी एक की सिद्धि से सब पर अधिकार हो जाता है। अतः इनका एक में केन्द्रित हो जाना ही सिद्धि है। मन में एकाग्रता को राजयोग, प्राण में एकाग्रता को हठयोग और वाक् में एकाग्रता को मन्त्रयोग कहते हैं। बिन्दु का सम्बन्ध कुण्डलिनी से है। कुण्डलिनी का जागरण और वीर्य-विजय के साथ बिन्दु में स्थिरता से कुण्डलिनी-योग होता है। इस प्रकार योग-दर्शन इस शरीर के भीतर ही परम सिद्धि का सन्धान मानता है।

योग-परम्परा– ईसा की दो-तीन शताब्दी पूर्व पतञ्जलि ने सर्वप्रथम योग-दर्शन को शास्त्रीय रूप दिया। उसके पूर्व सांख्य-दर्शन और योग-दर्शन के सिद्धान्त और प्रक्रिया में कोई भेद रेखा नहीं खींची गयी थी। विभिन्न सम्प्रदायों की साधना में इसका प्रचलन था। दर्शन के व्यवस्थित रूप में ज्ञान के साथ भक्ति और योग दोनों के समन्वय की अनेक सम्भावनाएँ प्रत्यक्ष हो उठीं। इसका व्यावहारिक रूप हमें ज्ञान मार्ग एवं भक्ति मार्ग में मिलता है, परन्तु 'हठयोग' के नाम से प्रचलित मध्ययुग की साधना में उसके बाह्य पक्ष पर विशेष जोर दिया गया।

नाथ योगी-सम्प्रदाय में योग का सर्वोपरि महत्त्व था। उन्होंने जन-जीवन के नैतिकस्तर को ऊपर उठाने के लिए साधक के लिए अनेक कठोर नियम बनाये और लोकहित को ध्यान में रखकर ही अपने साहित्य में लोकभाषा का प्रयोग कर उनके जीवन से योग को एकरूप करना चाहा।

हठयोग– ज्ञान, प्रकाश तथा शक्ति का वाचक 'सूर्य' और आनन्द, रस तथा शीतलता का वाचक 'चन्द्र' दोनों का परस्पर में मिलना हठयोग है—

हकारः कीर्तितः सूर्यष्ठकारश्चन्द्र उच्यते।
सूर्यचन्द्रमसोर्योगाद् हठयोगो निगद्यते।।

सन्त के जीवन को अकर्मण्य, अव्यावहारिक और असंगता के अर्थ में मात्र जंगल का योगी मान लेना गम्भीर भूल है। अनेक सन्तों की जीवन-शैली इस तथ्य का प्रमाण है कि वे अपने हृदय में करुणावश लोक-कल्याण की प्रबल भावना रखते थे और उसे कार्य में चरितार्थ भी करते थे। परन्तु इससे यह घटित नहीं होता कि इन सन्तों ने हठयोग को अनावश्यक माना था। उनकी रचनाओं में हठयोग का विस्तृत वर्णन मिलता है और उसको लाभप्रद बताते हुए साधन के रूप में उसकी उपयोगिता का समर्थन किया है। उन्होंने हठयोग को सर्वोच्च साधन नहीं माना है और उसे साध्य भी नहीं बताया है। उनकी रचनाओं में वर्णित आसन, प्राणायाम, मुद्रा, सहज-समाधि, इडा, पिंगला, सुषुम्णा, सुरति-निरति, पिण्ड-ब्रह्माण्ड, अनहद-नाद, त्रिकुटी, षट्चक्र, अष्टदल-कमल, बंकनाल, शून्य-गगन आदि शब्दों के प्रयोग सविवरण किये हैं। इससे यह प्रमाणित होता है कि "ध्यानयोग और ज्ञानयोग की भूमिका में हठयोग का विशेष महत्त्व रहा है" ऐसा उन साधक और सिद्ध सन्तों ने अपनी साधना-प्रक्रिया में अनुभव किया था।

हठयोग का प्रधान लक्ष्य है, कुण्डलिनी-शक्ति को मूलाधार से जाग्रत कर शून्य गगन-स्थित सहस्र-दल-कमल में मिला देना। 'कुण्डलिनी' प्रकृति का प्रतीक है और 'सहस्रपद्म' सत्पुरुष अथवा ब्रह्म का। शिव और शक्ति के प्रतीक रूप में भी सहस्रार और

कुण्डलिनी का जागरण मात्र हठयोग से ही होता हो, ऐसी बात नहीं है। ध्यानयोग और भक्तियोग से भी उसका जागरण होता है और वह अधिक निरापद होता है, परन्तु वह भक्ति और ज्ञान के अधिकारी के लिए ही।

जिसकी रुचि हठयोग में अत्यधिक है, वह ज्ञान या भक्ति में प्रवृत्त न होकर काया-साधना में महत्त्वबुद्धि कर, समाधि-पर्यन्त अपनी मानसी-शक्ति का विकास और उन्नयन करता है। परन्तु ज्ञान में ब्रह्मात्मैक्यानुभूति और भक्ति में भगवद्-प्रेमानुभूति का आधार साधक को पतित नहीं होने देता, जबकि योग में शुष्कता और अभिमान की कठोरता होने से पतन की अनेक सम्भावनाएँ रहती हैं। ज्ञान और भक्ति में हठयोग करना नहीं पड़ता, फिर भी गौण रूप से और स्वाभाविक क्रम में, अनायास हठयोग के प्रभाव का शुभ फल ज्ञानी और भक्त को अवश्य मिल जाता है। इसके विपरीत निरा हठयोगी क्षणिक एकाग्रता प्राप्त कर पुनः-पुनः योग-विरहित पूर्वावस्था में बार-बार लौट आता है। इस आरोहण-अवरोहण की स्थिति ऐसी विक्षेपपूर्ण होती है कि वह निरन्तर परमानन्द के आस्वादन से वञ्चित रहता है। इस स्थिति में हठयोग को ध्यानयोग और ज्ञानयोग का सोपान मात्र स्वीकार करना हितकर है।

हठयोग की प्राचीन परम्परा में अष्टांगयोग के साथ मुनि मार्कण्डेय का नाम विशेष उल्लेखनीय है। परन्तु यह प्राचीन विद्या मध्ययुग तक मृतप्राय अवस्था में थी। पुनः उसको जीवित करनेवालों में आदितम प्रचारक की हैसियत से मत्स्येन्द्रनाथ का नाम और प्रवर्तक के रूप में गोरखनाथ का नाम लिया जाता है।

हठयोग में मानसिक शक्ति से अधिक शारीरिक शक्ति को आवश्यक बताया जाता है। इसमें क्रियाएँ यान्त्रिक अधिक होती हैं। परन्तु इसका यह तात्पर्य नहीं है कि इसमें भौतिक जड़ता का महत्त्व है। वास्तव में भौतिक पदार्थ कुछ नहीं है। परम तत्त्व से वञ्चित होकर जीव बहिर्मुख होने से उसे एक भ्रामक प्रतीतिरूप जगत् सत्य दिखता है। आत्मा पर भूत-तत्त्व की स्थूल जड़ता और मनस्-तत्त्व की सूक्ष्म जड़ता के आवरण आ जाने से मन बहिर्मुख होकर इन्द्रियों और विषयों में अपने विकास की दिशा खोज लेता है। अतः हठयोग से शरीर, मन और बुद्धि का परिष्कार होता है। इस दृष्टि से हठयोग में नाथमत के अनुसार काया-साधन से मुक्ति मानी गयी है।

उनका अधिक हठयोगपरायण होने का एक कारण यह भी था कि वे वैदिक आचार के प्रति श्रद्धा न रखते थे, निरञ्जन की खूब महिमा मानते थे। जब निर्गुण सम्प्रदाय के अन्तर्गत प्राचीन हिन्दू-सम्प्रदायों की विशेष-विशेष भावनाओं का समावेश होने लगा, धीरे-धीरे हठयोग सम्बन्धी आसनों, मुद्राओं तथा बन्धों को स्थान मिलता गया। इसे क्रियायोग भी कहते हैं। प्राणायाम, ध्यान तथा समाधि से उसमें पूर्णता आती है।

कुण्डलिनी शक्ति– नाथपन्थी हठयोग-पद्धति साधना-प्रक्रिया में कुण्डलिनी शक्ति का सर्वोच्च महत्त्व है। इसकी व्याख्या में वर्णन किया गया है कि समष्टि रूप 'महाकुण्डलिनी-शक्ति' सम्पूर्ण सृष्टि में परिव्याप्त है। यही शक्ति जीव में व्यष्टि की प्रधानता से 'कुण्डलिनी' कही जाती है। जीव कुण्डलिनी और प्राण-इन दो शक्तियों के साथ माता के गर्भ में प्रवेश करता है। यह कुण्डलिनी शक्ति जाग्रत-स्वप्न-सुषुप्ति तीनों अवस्थाओं में निश्चेष्ट रहती है,

याने साढ़े तीन वलयों में अपने को समेटे सोयी रहती है। उसके केन्द्र में अग्निचक्र अर्थात् त्रिकोणचक्र में अवस्थित स्वयंभू-लिंग होता है। उसी को सूर्य की संज्ञा दी जाती है। कुण्डलिनी जाग्रत होने पर चक्र-भेदन करके अन्त में शिव से मिलती है।

चक्र-व्यवस्था और चक्र-भेदन– स्वयंभू-लिंग के ऊपर विभिन्न कक्षा के आठ चक्रों की व्यवस्थित योजना देखने में आती है— (1) मूलाधार चक्र— चार दलों का कमल। (2) नाभि में स्वाधिष्ठान चक्र— छह दलों का कमल। (3) उसके ऊपर मणिपूरक चक्र— दस दलों का कमल। (4) हृदय के पास अनाहत चक्र— बारह दलों का कमल। (5) कण्ठ के पास विशुद्ध चक्र— सोलह दलों का कमल। (6) भ्रूमध्य स्थित आज्ञा चक्र— दो दलों का कमल। (7) शून्य चक्र या सहस्त्रार चक्र— सहस्त्रदलों का कमल। इस स्थान को 'शून्य गगन', 'कैलास' आदि संज्ञाएँ दी जाती हैं। यहाँ तक स्थिति प्राप्त होने के बाद भी व्युत्थान होने पर भी पुनः वासना जगने की सम्भावना रहती है। (8) सुरति कमल— यह सर्वोपरि और समाधि की अन्तिम स्थिति है। वहाँ स्थिति हो जाने के बाद व्युत्थान होने पर भी पूर्ण निर्वासनता बनी रहती है। षट्-चक्र-भेदन की प्रक्रिया में प्राण एक नियत मार्ग से क्रमिक ऊर्ध्वगति प्राप्त करता है। इसमें विभिन्न नाड़ियों का योग रहता है।

इड़ा, पिंगला और सुषुम्णा– चक्रभेदन के लिए ऊपर उठनेवाली कुण्डलिनी सुषुम्णा से प्रवाहित होती है। इस क्रिया में इड़ा-पिंगला सहायक होती हैं। प्राणवायु का वहन करनेवाली बायीं ओर की नाड़ियाँ 'इड़ा' और दाहिनी ओर की नाड़ियाँ 'पिंगला' कही जाती हैं। इड़ा के लिए 'चन्द्रनाड़ी', 'ललना' और 'गंगा' तथा पिंगला के लिए 'सूर्यनाड़ी', 'रसना' और 'यमुना' प्रतीकों का व्यवहार होता है। इन दोनों के बीच में रीढ़ के एक छोर से दूसरे छोर तक— ब्रह्मरन्ध्रपर्यन्त 'सुषुम्णा' है। 'सुषुम्णा' के लिए 'अदधूती' और 'सरस्वती' प्रतीकों का प्रयोग होता है। वह शून्य की ओर ले जानेवाली होने से उसे शून्यनाड़ी भी कहते हैं। सुषुम्णा के अन्दर क्रमशः वज्रा, चित्रिणी और ब्रह्मनाड़ी का समावेश होता है। सूर्य और चन्द्र प्राण और अपान के प्रतीक हैं।

नाड़ी चक्र को तिर्यक् मार्ग और तिर्यक् गति बताया गया है। सुषुम्णा का मार्ग सरल मार्ग, मध्यम मार्ग या केन्द्रीय मार्ग भी कहा जाता है।

सरल मार्ग– आत्मस्वरूप में सूर्य-चन्द्र के मण्डलों में अर्थात् नाद और बिन्दु का अस्तित्व नहीं है। आत्मा सहज स्वभाव से मुक्त है। इसलिए नाड़ियों के तिर्यक् मार्ग को छोड़ सम्पूर्ण गम्भीर बाधाओं से मुक्त सुषुम्णा के स्थूल मार्ग का अनुसरण करना ही श्रेयस्कर है। इस साधना मार्ग की प्रक्रिया में चित्त शुद्धि, समरसता और बोधिचित् तथा नैरात्मा पारस्परिक मिलन-तीनों का समान महत्त्व है, क्योंकि उसका परिणाम है 'सहजानुभूति' या 'स्वयं-वेदन'। इसीलिए यह अनिर्वचनीय है।

सुषुम्णा के भीतर स्थित ब्रह्मनाड़ियों में से कुण्डलिनी प्रवाहित होती है। कुछ योगियों के द्वारा तीन और कुछ के द्वारा पाँच स्त्रोतों या नाड़ियों का उल्लेख किया गया है। सुषुम्णा के तीन स्तरों के विश्लेषण से ये पाँच बतायी जाती हैं।

इड़ा, पिंगला और सुषुम्णा तीनों का ब्रह्मरन्ध्र में संगम होता है। इनके लिए क्रमशः 'त्रिवेणी' और 'प्रयाग' शब्द-प्रतीकों का वर्णन सन्तों द्वारा किया गया है। संगम होने पर

वायु का गमनागमन निरुद्ध होकर 'महासुख' माने सहज-सुख का आविर्भाव होता है और योगी कमल-किञ्जल्क का पान करता है।

'कैलास' माने जगद्गुरु शंकर का स्थान। प्रत्येक व्यक्ति के गुरु का स्थान अपने भीतरवाले इस कैलास में है। 'कैलास' और 'महासुख-कमल' का रूपक समझाते हुए वर्णन किया गया है— ''यह पादप नभ रूप जल में परमानन्दमय प्रकाशपन्थ में उत्पन्न होता है। 'मूल-शक्ति' उसकी नाल है और 'अनाहत नाद' उसका रूप है। जहाँ वायु और मन एक साथ निश्चल हो जाता है वह 'उर्ध्व मेरु' सुषुम्णा का सिरा, आध्यात्मिक यात्रा का अन्तिम गन्तव्य 'कैलास' है। उसकी कल्पना पर्वत-शिखर के समान की गयी है। वही 'महामुद्रा' और 'मूल-शक्ति' का निवास-स्थान है। अपने निवास-स्थान में लौट आना माने कुलीन होना, परम कर्त्तव्य अदा करना।''

यह शक्तिकेन्द्र ब्रह्मरन्ध्र के सहस्त्रार के मूल में त्रिकोणाकार है और उसे 'योनि' कहते हैं। वह चन्द्रमा का स्थान है। इसमें से सदा अमृत झरता रहता है। इसके साथ योगी की कुलीनता और परम कर्त्तव्य का सम्बन्ध जोड़कर वर्णन किया जाता है— ''सिद्धासन से योगी सोमरस माने अमर वारुणी का पान करता है और गो-मांस-भक्षण माने खेचरी मुद्रा धारण करता है।'' कबीर ने इसी स्थिति को 'महा रस' का रूपक देकर उसमें 'भव की भट्ठी', 'ध्यान का महुआ' और 'ज्ञान का गुड़' समाविष्ट किया है। इस हठयोग का सार प्राणायाम की सफलता है।

प्राणायाम– प्राणायाम अर्थात् वायु-विजय, प्राण-निरोध। हठयोग की साधना में ब्रह्मचर्य का पालन मुख्य शर्त है। अतः वीर्य-रक्षा के लिए इस साधना में अनेक यम-नियम और युक्तियाँ हैं। वायु अर्थात् प्राण। प्राण और मन का संयम ब्रह्मचर्य में सहायक है। वीर्य के लिए 'बिन्दु' शब्ध का प्रयोग है। ये तीनों परस्पर सम्बद्ध हैं। एक का निरोध हो जाने पर अन्य दो भी निरुद्ध हो जाते हैं। क्रियायोग से बिन्दु, वायु और मनस् सूक्ष्म होकर, ब्रह्मनाड़ी में प्रवेश कर ऊर्ध्वगामी होते हैं। उस स्थिति में कुण्डलिनी शक्ति का इनसे एकरूप हो जाना स्वाभाविक है।

क्रियायोग– प्राणायाम में आसन शरीर को स्वस्थ रखता है, उसकी स्थिति में दृढ़ता आती है फिर भी क्रिया में वह जड़तारहित माने हल्का रहता है। मुद्रा से कुण्डलिनी का जागरण होता है और नादानुसन्धान से मन में स्थिरता आती है। मन की निश्चलता से प्राण ऊपर उठकर ब्रह्मरन्ध्र में प्रवेश करता है। प्रवेश के क्षण को 'सन्धि-क्षण' या 'निरोध-क्षण' कहते हैं। वह आवरण-निवृत्ति का क्षण है। इसी को 'लय' या 'मनोन्मनी स्थिति' कहते हैं। यह शान्तावस्था अर्थात् परमानन्दमयी सहजावस्था है। इस साधना को 'क्रियायोग' कहते हैं। इसी के विविध नाम हैं— 'कुण्डलिनी-जागरण', 'मध्यम-मार्ग का खुलना', 'प्राण और मन की शुद्धि', 'भूत-शुद्धि', 'विरेचन-प्रक्रिया', 'प्रज्ञा का उदय', 'अहंकार और अविद्या-ग्रन्थि का नाश'। इसमें प्रत्येक नाम योग से सम्पन्न होनेवाली एक-एक स्थिति है। जिसमें ये सारे लक्षण घटित होते हैं, उसे 'योगी' कहते हैं।

योगी– कोई व्यक्ति बाह्य लक्षणों को धारण करने से 'योगी' नहीं हो जाता, 'योगी' नाम से प्रसिद्धि हो जाने से भी उसमें वह योग्यता प्रकट नहीं होती। इसी दृष्टि से कबीर के

कनफटे और वेशधारी को योगी न माना जो कान में छिद्र करके कुण्डल धारण करते हैं। 'कुण्डल' योग और सांख्य के प्रतीक हैं। सगुण भगवान् के वर्णन में इसी अर्थ में 'कुण्डल' का महत्त्व है। 'योग में कुण्डल' मुद्रा और दर्शन का अर्थ देता है। ये योगपरक और सांख्यपरक शब्द हैं। यह योगी दो-तीन अंगुल की काली सींग की छोटी-सी सीटी गले में धारण करते हैं जिसे 'शृंगीनाद' कहते हैं। 'सेली' नामक काले ऊनी धागों से वह गुँथा होता है। वे हाथ में नारियल का खप्पर, गेरुआ वस्त्र, जटा, भभूत और त्रिपुण्ड धारण करते हैं। सम्भव है, ये सारे बाह्य लक्षण शुरू में एक-एक रहस्यार्थ की सांकेतिकता रखते हों, आगे चलकर ये मुख्य हो गये। वास्तव में अवधूत की वेशभूषा में ये लक्षण होते हैं।

कबीर ने योगी और अवधूत को भिन्न माना है। उनके अनुसार, "योगी वह है, जो भीतरी रस से परिपक्व है।" तात्पर्य यह है कि वह सर्वमय होकर सर्वविवर्जित आचार-परायण न हो जाय। वह भिक्षा न माँगे और उपवास न करे। वह झोलीपत्र और बटुआ न रखे। अनहद नाद के बजने से विरक्त न हो। परिवार या शरीर-रूपी पाँच जने की जमात का पालन भी करे और संसार से मुक्ति पाने की साधनः विवेकपूर्वक करे, भोगी न रहे।

इस प्रकार 'योगी' होने के लिए साधना पर कबीर ने विशेष जोर दिया है। साधना की प्राथमिक स्थिति में कुण्डलिनी शक्ति का आविर्भाव आंशिक होता है। जो व्यक्ति नियमित रूप से साधनारत रहता है, उसमें इस शक्ति की अविरल रूप से वृद्धि होती रहती है। अन्त में यह शक्ति परमतत्त्व की असीमता में विलीन हो जाती है। इस विलय का अर्थ है 'शिव-शक्ति की एकता', 'अहं का विलय' और 'ब्रह्मभाव का उदय' इसी से 'शिवोऽहम्' की अनुभूति अभिव्यक्ति पाती है और अभेदानुभव का वर्णन करती है—

शिवस्याभ्यन्तरे शक्तिः शक्तिः शक्तेरभ्यन्तरे शिवः।
अन्तरं नैव पश्यामि चन्द्रचन्द्रिकयोरिव।।

निर्गुण-सम्प्रदाय में प्राणायाम एक स्थूल यान्त्रिक क्रिया नहीं, परन्तु सहायक साधना है। वह नाम स्मरण की प्रेम साधना से सम्पन्न होनेवाली स्थिति का अनुभव कराती है। अनुभव के कारण ही उनके श्वास-निःश्वास साधारण श्वसन-क्रिया से अधिक गहरा होता है। उनका प्रत्येक निःश्वास और प्रश्वास नामोपासना में पूरक होकर ईश्वर का नाम स्मरण कराता रहता है।

त्रिकुटी– आज्ञाचक्र अथवा दोनों भ्रुवों एवं नाक के मध्यवर्ती केन्द्र को त्रिकुटी कहते हैं। किसी भी मन्दिर या मसजिद के ऊपर गुम्बद की रचना देखने में आती है। इस बाहरी मन्दिर की रचना की प्रेरणा भीतर से मिलती है। अन्तर में स्थित असली मन्दिर की प्रतिकृति बाहर का मन्दिर है। मनुष्य का सिर भीतर का सच्चा मन्दिर है। मन्दिर के केन्द्र में सिरोभाग में एक तिकोनी वस्तु रहती है। उसे सन्त मत में 'त्रिकुटी' कहते हैं।

सगुण और निर्गुण दोनों अर्थात् भौतिक एवं आध्यात्मिक लोकों का मिलन-स्थान 'त्रिकुटी' है। इस विचार से 'सन्त साहित्य' में इसको महत्त्व दिया गया है। उसे 'अनाहत-चक्र' से अलग एक चक्र कहा जाता है जिसे 'शून्य-चक्र' की संज्ञा दी जाती है। 'सुन्न' या 'सून्न' बौद्धों के 'शून्यवाद' की प्रतिध्वनि है, जिसमें सत्तत्त्व शून्यमात्र माना जाता है। योग में वह सूक्ष्म आकाशतत्त्व का बोधक होकर त्रिकुटी के लिए प्रयुक्त किया गया। प्रधान रूप

से आकाशतत्त्व की स्थिति ब्रह्माण्ड माने सिर में है। सन्तों ने 'सुन्न महल', 'सुन्न शहर', 'गगन गुफा', 'गगन मण्डल', 'गगन अटारी', 'गगन-महल', 'अमरपुरी', 'भँवरगुहा' आदि अनेक संज्ञाएँ त्रिकुटी के अर्थ में प्रयुक्त की हैं।

त्रिकुटी में स्थित होने पर सच्चे आध्यात्मिक जीवन का प्रारम्भ होता है। तब कुण्डलिनी ब्रह्मरन्ध्र में पहुँचती है और मन निर्विषय, शान्त होकर अन्तर्मुख होता है। इस चेतनावस्था में 'अनाहत-नाद' सुनायी देता है। ब्रह्माण्ड में इस शिवशक्ति के मिलन की अनुभूति के लोक में योगी अपनी-अपनी दिव्य दृष्टि चित्तवृत्ति की स्थिरता प्राप्त कर परमानन्द का रसास्वादन करता है। इस स्थिति की व्याख्या में बताया गया है कि शिव-शक्ति के मिलन से विक्षोभ अर्थात् नाद उत्पन्न होता है। विक्षोभ का क्रियाशील होना 'बिन्दु' है।

नाद और बिन्दु– गोरक्ष-सिद्धान्त-संग्रह में आदि शिव से दो प्रकार सृष्टि उत्पन्न होने का वर्णन है— एक नादरूपा और दूसरी बिन्दुरूपा। नाद-परम्परा में नौ नाथों की उत्पत्ति हुई। यह परम्परा आगे चलकर बारह नाथ तथा चौरासी सिद्धों तक जोड़ी गयी।

आदि शिव अद्वैत के भी ऊपर विराजमान हैं। वह निराकार-साकार से अतीत, परमशून्य निरञ्जन-स्वरूप आदि नाथ हैं। उनसे प्रथम निराकार ज्योतिनाथ हुए। इसी परम्परा में क्रमशः साकारनाथ, सदाशिव-भैरव, विष्णु और ब्रह्मा का नाम लिया जाता है।

नादरूपा सृष्टि में शिष्यक्रम नव नाथों का है। बिन्दुरूपा सृष्टि में सदाशिव भैरव आदि पुत्र-पौत्रादि की परम्परा है। 'शारदातिलक' में बताया गया है कि 'शिव और प्रकृति' की एकता का अर्थ है 'सगुण शिव'। इससे सृष्टि-परम्परा में क्रमशः शक्ति, नाद और बिन्दु उत्पन्न होते हैं। इस प्राथमिक स्थिति में नाद और बिन्दु अव्यक्त होने के कारण 'पर-नाद' और 'पर-बिन्दु' कहे जाते हैं। पर-बिन्दु से तीन प्रकार की अभिव्यक्ति होती है— रुद्र, विष्णु और ब्रह्मा जो मूल रूप में पर-बिन्दु, बीज और अपर नाद हैं। निर्विशेष से इच्छा, ज्ञान और क्रिया ही इन तीन रूपों में परिणत होते हैं।

नाद माने शब्द। 'अपर' माने स्थूल और 'पर' माने सूक्ष्म। इन दो रूपों में उसके व्यक्त होने का अर्थ है, क्रमशः (1) स्थूल-ब्रह्मगायत्री और तीन वेद माने स्मृति, धर्मशास्त्र और पुराण-उपपुराणों का प्रकट होना। (2) सूक्ष्म-प्रणव और महागायत्री तथा योगशास्त्र का प्रकट होना। इसमें तन्त्र, पातञ्जल-योग, सांख्य, न्याय और ज्योतिष का समावेश किया गया है।

त्रिकुटी में स्थित होने पर नाद-श्रवण होता है। किसी अनुभवी सन्त ने इस अनुभव का वर्णन करते हुए बताया है— "आन्तरिक जगत् में प्रवेश कर गुरु की प्रकाशमय लाल रंग की प्रतिमा का दर्शन कर जहाँ दूर से घण्टे और शंख की आवाज़ सुन रहे थे, अब मृदंग या पखावज तथा मेघनाद के शब्द को दिल दो। यह अन्तरी शब्द है। कोई इसको 'ओम्-ओम्' कहते हैं, कोई 'बम्-बम्' बोलते हैं। मुसलमान फकीर इसे 'हूँ-हूँ' कहते हैं। गुरु नानक साहब के भक्त लोग 'वाह गुरु' कहते हैं।"

ध्वनि अथवा शब्द कालान्तर में स्वतः और सहज हो जाता है। साधक स्वयं शब्दमय हो जाता है और शब्द ही ब्रह्म है, अतः वह ब्रह्ममय हो जाता है। इसलिए शब्द का सन्तमत

बहुत बड़ा स्थान है। ज्यों-ज्यों मन विशुद्ध और स्थिर होता जाता है, त्यों-त्यों इन शब्दों का सुनायी देना बन्द हो जाता है, क्योंकि चिदात्मक आत्मा अपने स्वरूप में स्थिर हो जाने पर बाह्य प्रकृति से उसका कोई सरोकार नहीं रहता। इस प्रकार नाद-श्रवण साधना-मार्ग में आनेवाली एक अनिवार्य स्थिति है। जब श्रोता, शब्द और नाद-श्रवण के त्रैत का निवारण हो जाता है, या श्रोता-श्रव्य का द्वैत नहीं रहता, तब मात्र अद्वैत-बोध होता है। बिन्दु नाद का सूक्ष्मतम रूप है।

बिन्दु– जीवनतत्त्व से युक्त रस सूक्ष्म बिन्दु और सत्ता का स्थूल रूप है। उसकी सुरक्षा अत्यन्त आवश्यक है। 'शब्द-साधना' में व्याप्त अनाहत-नाद को पिण्ड में भी स्थित माना गया है। नाद से प्रकाश होता है और प्रकाश का व्यक्त रूप है बिन्दु जो तेज का प्रतीक है। बिन्दु तीन प्रकार के अभिव्यक्ति पाता है— इच्छा, ज्ञान और क्रिया। नाद और बिन्दु की यह क्रीड़ा ब्रह्माण्ड में व्याप्त है। पिण्ड में यह बिन्दु वीर्य-बिन्दु के रूप में रहता है। हठयोगी-साधक इसकी सुरक्षा के लिए बिन्दु को ऊर्ध्वगति देने की साधना करता है। इसी हेतु से बौद्ध तथा शाक्त-तन्त्रों में 'बज्रोली', 'सहजोली' आदि कई क्रियाओं के संकेत हैं। साधक इन क्रियाओं द्वारा 'मुद्रा' से समागम करते हुए भी उसको स्खलित नहीं होने देता, तब उसे उन्नयन में सफलता मिलती है। कामवृत्ति के उन्नयन करनेवाले योगी को 'ऊर्ध्वरेतस्' कहा जाता है।[1]

नाट्यशास्त्र की शब्दावली में प्रयुक्त 'बिन्दु' अर्थप्रकृति की पाँच स्थितियों में से दूसरी स्थिति है। ''अवान्तरार्थ विच्छेदे बिन्दुरच्छेद कारणम्'', अर्थात् किसी दूसरे अर्थ या कथा से विच्छिन्न हो जाने पर इतिवृत्त के जोड़ने या आगे बढ़ाने के कारण को 'बिन्दु' कहा जाता है। जैसे तेल की बूँद पानी में फैल जाती है, वैसे ही बिन्दु भी नाटकीय कथावस्तु में फैल जाता है।

इस परिभाषा में बिन्दु के तीन लक्षण बताये गये हैं, जो योगपरक शब्दावली के 'बिन्दु' से सम्बन्ध रखते हैं—

(1) **'संयोग'** माने आत्मा-परमात्मा की एकता में कारण रूप।

(2) **'आगे बढ़ाना'** माने वंश-परम्परा में कारण रूप।

(3) **'व्याप्त होना'** माने ब्रह्माण्ड में प्रकाश रूप से व्याप्त।

विश्लेषण की दृष्टि से नाद और बिन्दु की अलग-अलग चर्चा की गयी। सामान्य रूप से ये दोनों इतने एकरूप हैं कि परस्पर को प्रभावित किये बिना नहीं रहते। ''कुण्डलिनी को जाग्रत कर योगी लोग जब उसे (बिन्दु को) उद्‌बुद्ध कर लेते हैं तब वह ऊपर की ओर उठती है। उसकी इस ऊर्ध्वगति से जो स्फोट होता है, उसे नाद कहते हैं। यह नाद अनाहत रूप से सारे ब्रह्माण्ड में व्याप्त है। यही पिण्ड में भी है, पर इसे अज्ञानी नहीं सुन सकते, क्योंकि उनका सुषुम्णापथ बन्द है। जब हठयोग से उनका वह पथ खुल जाता है, वे उस अनाहत ध्वनि को सुनने लगते हैं। अनुभवी साधकों ने पहले समुद्र-गर्जन, मेघों की गड़गड़ाहट, शंख, घण्टे आदि की ध्वनि और अन्त में किंकिणी, वंशी, भ्रमर आदि की ध्वनि के समान

---

1. हिन्दी साहित्य कोश— भा० 1, पृ० 513-4

बताया है। यही नाद वास्तव में उपाधियुक्त होकर सात स्वरों में विभाजित हो जाता है, पर निरुपाधि होकर प्रणव या ओंकार कहलाता है। इसी को 'शब्दब्रह्म' कहते हैं। वैष्णव पद्धतियों में इष्टदेव के नाम को 'शब्दब्रह्म' कहते हैं। इसी 'शब्दब्रह्म' को वैयाकरणों ने 'स्फोट' कहा है। सन्तों ने अनाहत-नाद को 'सोऽहं' ध्वनि भी कहा है।''[1]

नाद और बिन्दु का वैसा ही अविकल सम्बन्ध है जैसा मेघ और विद्युत् में। बिजली का चमकना, मेघ की गर्जना और अन्त में वृष्टि। सन्तों और भक्तों के पदों में इन तीनों प्राकृतिक घटनाओं का वर्णन-उल्लेख स्वानुभूतिपरक अर्थ में बार-बार किया गया है। बिन्दु का प्रकाश रूप होना, नाद ध्वनि का श्रवण, अमृत वर्षण आदि कल्पना या अलंकार मात्र नहीं, अध्यात्म जगत् का तथ्य माने यथार्थ है।

योग में 'बिन्दुभेद' शब्द का प्रयोग एक विशेष अर्थ देता है— ''बिन्दु-भेद माने दोनों आँखों से एक ही वस्तु दिखना। उसे देखते-देखते आँखों में नील प्रकाश का उदय होता है। यह 'शाम्भवी मुद्रा' की पूर्व तैयारी है। 'बिन्दु-भेद' क्रिया में आँखों के चले जाने का भय है। पुतलियाँ बड़े वेग से उल्टी-सुल्टी, ऊपर-नीचे फिरती हैं। उस समय आँखों के बाहर निकल जाने का भय भी रहता है। यह दृश्य देखनेवाले भी डर जाते हैं। आँखों के फिरने की क्रिया को 'चक्षुवेध' या नेत्र चक्रों का वेध कहते हैं। इससे चक्षुदेवता प्रसन्न होते हैं माने नेत्रशुद्धि से दिव्य-शक्ति की और दूरदर्शन की योग्यता प्राप्त होती है।''[2]

इस क्रिया से प्राप्त अनुभव का वर्णन करते हुए बताया गया है कि बिन्दु 'गुरुपीठ' है। बिन्दु माने तिल, बिन्दु माने 'हं-क्ष'-द्वि अक्षरात्मा। ''पुतलियाँ फिरते-फिरते केन्द्र में आ गयीं; दोनों के बिन्दु सम रहने लगे। ध्यान में एक बार आँखें ऊपर घूमीं और एक बार नीचे। ऐसा होते ही एक तिल के आकार का छोटा-सा, अत्यन्त तेजोमय, नील बिन्दु आँखों में से बिजली के वेग के समान निकलकर पुनः अन्दर चला गया।''[3]

यहाँ पर 'बिन्दु' प्रत्येक आँख के 'तिल' के अर्थ में प्रयुक्त हुआ है, और उसका सम्बन्ध भ्रूमध्य में स्थित प्रकाश स्रोत से जोड़ा गया है। आँख की पुतली का स्थिर होना माने वीर्य-बिन्दु का स्थिर होना। इस प्रकार बिन्दु-भेद कुण्डलिनी-शक्ति के जागरण और उन्नयन में सहायक एक योग-क्रिया है। योग में एक ही उद्देश्य की पूर्ति में सहायक दो प्रकार की क्रियाएँ मिलती हैं— विकट और सौम्य। 'बिन्दु-भेद' विकट क्रिया है, परन्तु भक्तिपूर्वक नामजप से होनेवाला प्राणायाम 'सौम्य' है। इसी कारण सन्तों ने योग की अपेक्षा भक्ति को प्रमुखता दी है। इससे चित्त-शुद्धि सरलता से होती है।

चित्तशुद्धि– सभी साधनाओं का परम साध्य परमात्मा है और चित्त-शुद्धि होने पर ही 'वह अनुभवरूप है' ऐसा ज्ञान होता है। इसलिए अध्यात्म-मार्ग के साधक का प्रथम लक्ष्य चित्त-शुद्धि होता है। सहजयानी के मत में चित्त ही सब-कुछ है, उसके अतिरिक्त कहीं कुछ नहीं है। इसलिए चित्त सर्वरूप है। उसको 'ख'-सम माने आकाशवत् शून्य बना देने

1. हिन्दी साहित्य कोश— भा॰ 1, पृ॰ 392
2. चित्-शक्ति-विलास— स्वामी मुक्तानन्द, पृ॰, 112
3. चित्-शक्ति-विलास— स्वामी मुक्तानन्द, पृ॰, 115

से विक्षेप की निवृत्ति होकर 'सहज स्थिति' प्राप्त होती है। इसी को सन्तों द्वारा 'अमन', 'उन्मन', 'सहजावस्था' आदि नाम दिये गये हैं। वे साधना अर्थात् चित्त-शुद्धि की प्रक्रिया को 'रुई धुनना' कहते हैं। लगातार रुई धुनते रहने से अन्त में सारी रुई उड़ जायगी और कुछ बचेगा नहीं, अर्थात् शून्य रह जायगा। शून्य होकर रहना पूर्ण निर्वासनता के साथ आत्मा की पूर्णता का अनुभव करना है।

चित्त-शुद्धि को लक्ष्य कर अनेक प्रकार के मन्तव्य दिये गये हैं—

(1) विषय- कषाय में जाते हुए मन को जिसने रोककर निरञ्जन में लगा दिया, उसी ने मोक्ष के कारण का अनुभव किया।

(2) देवता देवालयों के पाषाणों में अथवा चित्रादि में नहीं रहा करते, ज्ञानमय निरञ्जन तो अपने चित्त के 'सम' एवं 'शान्त' होने पर आप-ही-आप अनुभव में आ जाता है।

रागमार्ग और मुद्रा

मुद्रा– इसे 'उन्मनी' अर्थात् मन को निरुद्ध करनेवाली मुद्रा कहते हैं। इसका अन्तिम परिणाम साधना की चरम परिणतिस्वरूप शिव-शक्ति का सामरस्य है। तन्त्र में इसकी प्रतीकात्मक अभिव्यक्ति में एक यन्त्र-विशेष का उपयोग किया जाता है। इस यन्त्र में दो समकेन्द्र-त्रिकोण अंकित रहते हैं। एक ऊर्ध्वमुख त्रिकोण शिवतत्त्व का द्योतक होता है और एक अधोमुख त्रिकोण शक्तितत्त्व का। इनकी यौगिक एकता के लिए दोनों के परस्पर आलिंगन का भाव निर्देशित होता है। यही है शून्यता और करुणा का, वज्र और भग का योग। इससे साधक शिव-शक्ति के समरस मिलन द्वारा ब्रह्म नाड़ी में बिन्दु को चालित कर स्थिर तथा दृढ़ करने में पूर्ण सफल होकर 'महायोगी' का पद प्राप्त करता है।

इस मुद्रा का आध्यात्मिक रहस्य मनोवैज्ञानिक शैली में स्पष्ट किया जाय तो कहना होगा कि संसार के बन्धन का कारण कामवृत्ति से प्रेरित राग है। काम की मलिनता और अशुद्धि से मुक्त होकर यही राग मोक्ष का साधन बनता है। मुद्रा इस राग के परिष्कार और उन्नयन द्वारा आत्मशक्ति को जगाने का सफल साधन है। किसी पर-स्त्री के साथ विशिष्ट तान्त्रिक क्रियाओं के अनुष्ठान द्वारा काम को राग में परिणत करना 'मुद्रा' है।

राग मार्ग– वज्रयान के साधकों ने जिसे 'अवधूती' मार्ग कहा है, और बाद में उसे 'योगिनी मार्ग', 'चाण्डाली मार्ग', 'डोम्बी मार्ग', 'बंगाली मार्ग' आदि विविध नाम विभिन्न सम्प्रदायों द्वारा दिये गये, वही सहजयानी का 'राग-मार्ग' है। यह मार्ग वैराग्य-मार्ग से नितान्त भिन्न है, विपरीत है। इस मार्ग का अनुसरण करने पर मोझ अर्थात् 'महासुख' की सम्भावना हो सकती है।

महासुख की अभिव्यक्ति उष्णीष कमल में होती है। यही 'सहस्त्रार' है। इस कमल की कर्णिका के मध्य में गुरु का आसन है। गुरु कृपा और राग मार्ग के अवलम्बन से उस स्थान को प्राप्त किया जा सकता है। पूर्ण ब्रह्मचर्य-पालन और प्राणायाम से जिस साधन का अवलम्बन लिया जाता है, वह सरल या मध्यम मार्ग 'मुद्रा' में सम्पन्न 'राग मार्ग' हो जाता है।

तान्त्रिक भाषा-शैली में वर्णन मिलता है— "बायीं नासिका की 'ललना' नामक 'प्रज्ञा'-स्वरूप चन्द्र-नाड़ी तथा दाहिनी नासिका की 'रसना' नामक 'उपाय'-स्वरूप सूर्यनाड़ी 'महासुख-कमल' के दो खण्ड हैं। उसका पौधा गगन के जल में, परम आनन्दमय प्रकाश-

रूप पंक में उत्पन्न होता है। 'अवधूती' अथवा मूल-शक्ति उसका नाल है। ज्ञान उसका संवहकार होता है।''

अवधूती प्रज्ञा और उपाय के बीच शक्तिस्वरूपा है। जब ये दोनों शक्तियाँ विशुद्ध होकर एकरूप हो जाती हैं, तब 'अवधूती' संज्ञा धारण करती हैं। इस स्थिति में चन्द्र के चन्द्रत्व और सूर्य के सूर्यत्व का अलगाव मिट जाता है। यह युगल-स्थिति है। वैराग्य और विषय-त्याग इस स्थिति को प्राप्त करने के लिए साधन होने से उनसे भी अधिक इस स्थिति का महत्त्व है। इसीलिए वैराग्य और विषय-त्याग में असमर्थ के लिए 'राग मार्ग' का अनुसन्धान किया गया। राग मार्ग के साधक को वैराग्य का दमन करनेवाला होने के कारण 'वीर' कहा जाता है।

राग मार्ग के रूप में 'सहज-मार्ग' का प्रतिपादन किया गया है। इसमें कठोर तपस्या को अनावश्यक बताया गया है। शरीर और चित्त को कष्ट देने से विक्षेप बढ़ जाने पर सिद्धि असम्भव हो जाती है। वज्रयान का सिद्धान्त राग मार्ग का प्रतिपादन करता है— ''देहरूपी वृक्ष के चित्तरूपी अंकुर को विशुद्ध विषय-रस के द्वारा सिक्त करने पर यह वृक्ष कल्पवृक्ष बन जाता है और आकाश के समान 'निरञ्जन' फल फलता है।''

उन्मनी मुद्रा– हठयोग के अन्तर्गत 'उन्मनी मुद्रा' का अर्थ दृष्टि को स्थिर और अन्तर्मुख करना है। इस क्रिया में साधक की 'सुरति' अर्थात् ध्यान दृष्टि नेत्र के अष्टदल-कमल में अवस्थित 'सूची-द्वार' से होकर ब्रह्माण्ड में प्रवेश करती है। प्रथम वह इड़ा-पिंगला-सुषुम्णा याने गंगा-यमुना-सरस्वती की त्रिवेणी में मज्जन कर सहस्र दल में विचरण करती हुई बंकनाल के माध्यम से 'त्रिकुटी' में प्रवेश करती है। इस प्रवेश के समकाल ही दिव्य दृष्टि प्राप्त कर साधक तेज और ज्योति का अलौकिक दर्शन पाता है और अन्त में आत्म-साक्षात्कार करता है।

दृढ़ आत्मबल के अभाव में साधक के लिए एक मर्यादित साधन के रूप में राग मार्ग का आविर्भाव और निरूपण हुआ। परन्तु इस सुविधा के कारण आगे चलकर साधना-मार्ग में अनेक विकृतियों का प्रवेश हो गया। इसका परिणाम आश्रमभ्रष्ट जातियों के रूप में मौजूद है। पुनः इस मार्ग का अनुसन्धान कर नाथपन्थ में हठयोग के अन्तर्गत 'उन्मनी मुद्रा' को उसका संशोधित एवं निश्चित रूप दिया गया। यह रूप निष्कलंकित था। उन्मनी मुद्रा अर्थात् मन का या चित्तवृत्ति का उन्मन होना, तिरोहित होना और साधक का मन से स्वतन्त्र होकर सिद्ध हो जाना यह सिद्धों का राग मार्ग नहीं, अद्वैत-वेदान्त का ध्यानयोग है।

खेचरी मुद्रा– जो इन दोनों मार्गों को अस्वीकार करता है, उसके लिए हठयोग ने 'खेचरी मुद्रा' का अनुसन्धान किया है। यह एक अत्यन्त विकट, कष्टसाध्य मुद्रा है। बिना गुरु के निर्देश के इसका अभ्यास विपत्ति में डालनेवाला है। इस क्रिया के आरम्भ में जिह्वा को सतत अभ्यास द्वारा खींचकर इतना लम्बा बनाया जाता है कि वह भ्रूमध्य तक पहुँच जाय। यह क्रिया पूर्ण सम्पन्न होने पर साधक गो-मांस-भक्षण और अमर-वारुणी का पान करने का सौभाग्य पाता है। इस प्रकार परिणाम में सुखद परन्तु साधना-काल में कष्टप्रद यह खेचरी मुद्रा अध्याता मार्ग में अत्यन्त निकृष्ट साधन के रूप में निन्दित है। ब्रह्मज्ञानी सन्तों के मत में वह अमृत नहीं, मनुष्य अपनी ही लार का रसास्वादन करता है।

सुरति– 'सूरत' अर्थात् जीवात्मा। जीवात्मा-परमात्मा के तात्त्विक स्वरूप से अभिन्न होने पर भी उसके विस्तार और महत्त्व में एक सीमा आ जाती है। सूरत प्रेम-स्वरूप है, परन्तु परमात्मा प्रेम का अक्षय कोश है। योगी असाधारण दृष्टि-क्षमता द्वारा अन्तर्मुख होकर अध्यात्म-जगत् के दिव्य और आश्चर्यपूर्ण दृश्यों और शब्दों का साक्षात्कार करता है। इस साक्षात्कारिणी दृष्टि को सन्त 'सुरति' कहते हैं।

इस प्रकार ध्यान का ही नाम 'सुरति' है। अतः इसे 'सुरति-योग' या 'सुरति-शब्द योग' भी कहते हैं। एक प्रकार से यह नादानुसन्धान-योग है। नादानुसन्धान से पाप क्षीण होते हैं। सुरति में स्थिरता आ जाने पर क्रमशः ये स्थितियाँ प्राप्त होती हैं—

(1) अमृतस्राव और अमृतपान से परितृप्ति।

(2) ब्रह्माण्ड में विद्युत् की चमक और प्रकाश के दर्शन।

(3) अन्त में सत् पुरुष से मिलन और अभिन्नता की स्थिति में नाद का तिरोहित हो जाना।

साम्प्रदायिक साधना में सबसे अधिक महत्त्व 'सुरति-शब्द-योग-प्रक्रिया' को दिया जाता है। साधना की अन्तिम स्थिति में इसके अभ्यास का प्रारम्भ सुलभ होता है। फिर भी यह दुर्लभ या अलभ्य नहीं है, क्योंकि कुछ सीमाओं के बावजूद अज्ञात रूप से अपने निरुपाधिक तात्त्विक स्वरूप की ओर हृदय-प्रदेश की गहराई में मनुष्य की अन्तर्वृत्ति का आकर्षण होता रहता है। अध्यात्म की उच्चतम दिव्यता का आंशिक स्पर्श मानव-मन को सहज स्वभाव से मिलता ही रहता है। यह स्मरण की अध्यात्मीपरक वृत्ति है। इसे निर्गुण सम्प्रदाय में 'सुरति' कहते हैं।

सन्तों के संग से यह 'सुरति' जाग्रत हो जाती है। उसमें तीव्रता आने पर मनुष्य का मन अन्तर्मुख होता है। अभ्यास से उसमें स्थिरता आती है। तुलसी साहब ने लिखा है— "जो मनुष्य एक बार सन्त के संग को प्राप्तकर अन्य सब सांसारिक संगों को छोड़ देता है, उसी का सम्बन्ध सुरत की डोर से स्वामी के साथ जुड़ता है और वह अपने मूल निवास-स्थान में लौट पाता है।"

तात्पर्य है कि मोक्ष-प्राप्ति में 'सुरति' का अनिवार्य महत्त्व है। मोक्ष-प्राप्ति के बाद भी सुरति अनन्त चिन्मय जीवन का रूप पा लेती है। जीव-शिव की एकता के रूपक में बूँद और समुद्र की एकता का प्रयोग होता है। सन्तों की बानी में सूरत और सुरति दोनों का अर्थ क्रमशः जीव और अन्तःकरण की वृत्ति है। अन्तःकरण की वृत्ति ब्रह्मात्मैक्य के बाद भी बाधित रूप से रहती है और जीवन्मुक्ति का विलक्षण सुख अनुभव करती है। वह स्वयं आनन्दस्वरूपा होकर अपने सम्पर्क में आनेवाले प्रत्येक को आनन्दमय बना देती है। ऐसी परमानन्दमयी स्थिति विरल व्यक्ति को प्राप्त होती है, परन्तु प्रत्येक मनुष्य में इसके लिए योग्यता है। प्रश्न मात्र साधना का है। इसलिए वृत्ति का उन्नयन होने की प्रक्रिया में मात्र स्मरण की स्थिति को साध्य मान लेने से प्रमाद की सम्भावना रहती है। सुरति परम तत्त्व से पूर्ण तादात्म्य प्राप्तकर विलीन हो जाय तब तक सुरति का अभ्यास बना रहना चाहिए। इसी से परम कल्याण की प्राप्ति होती है।

निर्गुण-सम्प्रदाय में प्रयुक्त 'सुरति' और 'निरति' ये शब्द 'नारद' से सम्बन्धित भावों

की अभिव्यक्ति के निमित्त हैं। एक बार सनत्कुमार ने नारद को इसका उपदेश किया था। इस उपदेश के अन्तर्गत 'स्मर', 'आशा' और 'भूमा' क्रमशः सुरति, विरह और निरति हैं।

निरति– 'भूमा' को सनत्कुमार ने आत्मानन्द बताया है। बाह्य विषयों से इन्द्रियों को निवृत्त कर आत्मा में केन्द्रित करने पर अनिर्वचनीय सुख की प्राप्ति होती है। साधना द्वारा बहिर्मुखता से अन्तर्मुखता की ओर वृत्ति को मोड़ने की प्रक्रिया का नाम 'निरति' है। सुरति-निरति परस्पर में सहायक होकर एक-दूसरे को पुष्ट करती रहती हैं। इसके लिए मुँह खोलना आवश्यक नहीं है।

कबीर ने निरति की सफलता के लिए बाहरवाली खिड़कियों को खोलकर भीतर के पट को खोल देने का अर्थात् इन्द्रियों की पराधीनता से मुक्ति और परम स्वातन्त्र्य की प्राप्ति का आदेश दिया है, क्योंकि हृदय को बाह्य जीवन के प्रपञ्चों से विरत कर आभ्यन्तरिक जीवन के अत्यन्त मार्मिक प्रदेश में केन्द्रित करने का मुख्य उद्देश्य तभी सिद्ध होता है। तात्पर्य है कि मन बाह्य पदार्थों से किञ्चित् भी प्रभावित न हो और अन्तर्वृत्ति आत्मा से संलग्न हो। इस अर्थ को हृदयंगम करने की दृष्टि से योगी वर्णन करते हैं— "मनरूप पवन परमात्मारूप समुद्र से हिल-मिलकर 'सुरत-निरत' ध्वनि को उत्पन्न करता है।"

'निरति' शब्द की भाषा शास्त्रीय व्युत्पत्ति का अनुसन्धान करनेवाले इसे 'नृत्य' का अपभ्रंश शब्द बताते हैं। वास्तव में यह एक आन्तरिक उल्लास की स्थिति है। यह अति-चेतन की स्थिति 'निरति' को प्रेरित करती है। सन्तों का 'नेति-नेति' निरति को सूचित करता हैं। बाह्य विराट् विश्व के सौन्दर्य-दर्शन से मनुष्य का मुख मोड़कर, रहस्यपूर्ण आन्तरिक आनन्दलोक में प्रवेश करने का यह आमन्त्रण सन्त के लिए अपरिहार्य होता है। 'यथा पिण्डे तथा ब्रह्माण्डे' की उक्ति तब सार्थक हो जाती है।

साधना के अन्त में प्राप्त होनेवाली सिद्धावस्था के लिए निर्वाण, समाधि, महासुख, सहजावस्था जैसे शब्दों का प्रयोग सन्तों द्वारा प्रचुर मात्रा में हुआ है। एक ही स्थिति के सूक्ष्म विश्लेषण से अनेक पहलू सामने आते हैं, तब उसके नामकरण में विभिन्न शब्दों का प्रयोग होता है। सामान्य अर्थ में इनके लिए 'मोक्ष' शब्द प्रयुक्त होता है।

निर्वाण– चित्त-शुद्धि हो जाने पर मन पूर्ण निर्विघ्न अर्थात् विषय-वासनाजन्य विषाद से मुक्त हो जाता है, क्योंकि वह निर्वासन हो जाता है। वह कल्पना आदि चञ्चल मनोवृत्तियों से मुक्त, रागादि मलों के आसंग से रहित, ग्राह्य-ग्राहक आदि सब द्वन्द्वों से अतीत, मात्र प्रकाशस्वरूप होकर रह जाता है। सन्तों द्वारा वर्णित 'चित्त का सुन्न हो जाना' निर्वाणपरक अर्थ रखता है जिसमें सत्त्व-रजस्-तमस् का प्रश्न ही नहीं उठता, सत् तत्त्व भी शून्यवत् रह जाता है।

'सहजावस्था' के अर्थ में 'निर्वाण' को घटित करते हुए उसका वर्णन इस प्रकार किया गया है— "साधन की अन्तिम स्थिति में मन और प्राण की गति स्वाभाविक रूप से ही निरुद्ध हो जाने पर उन्मनी-भाव को प्राप्त साधक उस अवस्था में पहुँच जाता है जहाँ इड़ा-पिंगला के आवर्तशील काल-चक्र का प्रतिनिधित्व करनेवाला सूर्य-चन्द्र का प्रवेश नहीं हो पाता। इसे सहजयान में 'निर्वाण' कहते हैं और यह प्रत्येक व्यक्ति का अपना स्वभाव है। अर्थात् यह कोई चमत्कार या आश्चर्य नहीं, भौतिकता के कृत्रिम आवरण से मुक्त चित्त का

स्वाभाविक स्वरूप है। इस अर्थ में इसे 'सहजावस्था' और 'महासुख' कहते हैं। योग में इस स्थिति को सामान्य अर्थ में 'समाधि' कहते हैं।''

समाधि– आन्तरिक जगत् में प्रवेश करने पर ध्यान एवं ज्ञान की समाधि की अवस्था प्राप्त होती है। प्रारम्भ में इस स्थिति में अँधेरा रहता है। इसलिए इसे सन्तों ने 'सुन्न' और 'महासुन्न' तक कह दिया है, क्योंकि इसमें रंग-रूप का कोई भेद नहीं रह जाता। मन आत्मलीन होने पर 'ओम्', 'हूँ हूँ' जैसे नाद का श्रवण होने लगता है। तब चित्तवृत्ति त्रिकुटी से ऊपर आनन्दलोक और ब्रह्मलोक की सैर करती हुई निर्वाण को प्राप्त होती है। तब आत्मा मात्र-सत्-चित्-आनन्द है और अनुभवस्वरूप है, ऐसा बोध होता है।

'समाधि' की इस स्थिति के लिए सन्तों ने उन्मनी, मनोन्मनी, अमरत्व, लय, तत्त्व, शून्य, अशून्य, परमपद, अमनस्क, अद्वैत, निरालम्ब, निरञ्जन, जीवनन्मुक्ति, सहजा, तुर्या, अभूतपूर्व आनन्द आदि अनेक शब्दों का व्यवहार किया है और इसे 'राजयोग' तक कहकर उसकी श्रेष्ठता का प्रतिपादन किया है।

परन्तु कबीर ने 'समाधि' को 'सहज' विशेषण देकर उसे पूर्ण व्यावहारिक अर्थ में घटित कर व्यवहार और परमार्थ को एक कर दिया है। चित्त को पूर्णतया निर्विण्ण होने के सिद्धान्त को उन्होंने स्वीकार किया है और इस शरीररूप 'करवा' की इन्द्रिय समूहरूप 'टोंटी' में कहीं एक भी छेद रह गया तो सारी साधना को वे व्यर्थ बताते हैं, क्योंकि उस स्थिति में समाधि सम्भव नहीं है—

जरि गौ कंथा धज गौ टूटी। भजि गौ डंडा रव पर गौ फूटी।।
कहहिं कबीर इ कलि है खोटी, जो रहे करवा सो निकरे टोंटी।।

'कलि' अर्थात् विषय-वासना। यदि 'करवा' माने देहासक्ति या देहाध्यास बना रहेगा तो 'टोंटी' माने इन्द्रिय-द्वार से मन बाहर बह जायगा। यदि सांसारिक बन्धन में मनुष्य को रस न मिलता हो तो उसे क्यों अपनी इन्द्रियों को विषयों में भेजकर अपने आन्तरिक रस को व्यर्थ करना चाहिए। यदि वह उसे भीतर ही परिपक्व होने देगा तो वह रामरस हो जायगा। जहाँ कबीर ने 'खसम' का 'निकृष्ट पति' के अर्थ में प्रयोग किया है वहाँ विषयानन्द की निन्दा की है और उस साधक को कच्चा योगी बताया है (रमैनी 73)।

हठयोगियों के माध्यम से प्रभावित होने से कबीर ने 'समाधि' को चित्त का शून्यचक्र में पहुँचकर समभाव की स्थिति प्राप्त करना कहा है। चित्तवृत्ति का आनन्दस्वरूप परमात्मा के साथ मिलन के अर्थ में दाम्पत्य-रति का भाव भी उसमें जोड़ा है। परन्तु 'सहज समाधि' में किसी आसन, प्राणायाम, मुद्रा आदि की आवश्यकता नहीं। वह तो हर हालत में बनी रहती है—

बैठत उठत पड़े उताने, कहै कबीर हम वही ठिकाने।।

समाधि लगने पर जिस सच्चिदानन्द की प्राप्ति योगी को होती है, उसकी अखण्ड अनुभूति अनायास व्यवहार में भी होती रहे, यह है कबीर की 'सहज समाधि' और हद छोड़कर बेहद हो जाना। यह 'निरञ्जन' से एक होने की संयोगजन्य आनन्द की दिव्य अनुभूति है।

निरञ्जन– संसार में सब-कुछ अञ्जन है अर्थात् विषय की कालिख से मलिन है।

एकमात्र राम निरञ्जन है। अतः सन्तों ने उसी में मनुष्य को मन एकाग्र करने का उपदेश दिया। समाधि लगने पर निरञ्जन से एक होने से जो परमानन्द प्राप्त होता है, वह है **'महासुख'**।

महासुख– वज्रयानियों ने महायान की 'शून्यता' तथा 'करुणा' को प्रतीक शैली में क्रमशः 'प्रज्ञा' और 'उपाय' की संज्ञा दी। इनकी एकता युगनद्ध की स्थिति है और साधना का अन्तिम लक्ष्य है। व्यापक कारुण्य भाव का द्योतक बोधिचित् इस परिभाषा के अन्तर्गत वज्र सत्त्व बन गया। 'प्रजा' का स्वरूप निष्क्रिय ज्ञानमात्र और स्त्रीरूप है। उपाय सक्रिय तत्त्व और पुरुष रूप है। इनका मिलन शिव-शक्ति का मिलन है, इसलिए अनिवार्य है। इससे चित्त में समरसता का प्रादुर्भाव होता है जो अद्भुत आनन्ददायी होता है। यही महासुख है। एक ही व्यक्ति में दो के मिलन की यह आध्यात्मिक घटना गूढ़ और रहस्यपूर्ण मालूम होती है। इसलिए इसे साधना-प्रक्रिया के रूप में समझना आवश्यक है।

इड़ा-पिंगला-इन दो नाड़ियों की विषमता मिट जाय और समता आ जाय तो सुषुम्णा में वे लीन होकर समाधि की स्थिति को सुलभ करा देती हैं। यही त्रिवेणी का संगम और उसमें निमज्जन, तथा उससे प्राप्त आनन्द 'महासुख' है। इस समरसता की प्राप्ति का अर्थ भावाभावविनिर्मुक्त सहज प्रेमाश्रय भगवान् से मिलना। यह सम्भावना निश्चित होने से सहज है। इसलिए इस मिलन से प्राप्त नित्य आनन्द को 'सहजावस्था' या 'सिद्धावस्था' भी कहा गया है।

सहजावस्था– कबीर ने 'सहज समाधि' में 'सहजावस्था' का समावेश कर दिया है। यह है आध्यात्मिक स्वैरक्य का जागरण। इसके लिए सन्तुलित दृष्टिकोण सच्चा साधन है। साधना को उपवासों या क्लेशों से कष्टकर बनाना भी आवश्यक नहीं है और कुत्सित इन्द्रियजन्य विषय-भोग को साधना मान लेना भी उचित नहीं है। सहजावस्था की मूल शक्ति है सहजानुभूति। सहजानुभूति अर्थात् तत्त्वान्वेषण की सहज प्रवृत्ति के फलस्वरूप प्राप्त तत्त्वानुभूति। कबीर ने इसी अर्थ में सहजावस्था का वर्णन किया है। पाँचों इन्द्रियों का स्पर्श करती हुई यह सहज वृत्ति विषय-संस्पर्श से उनकी रक्षा करती है जिससे मनुष्य परब्रह्म की प्राप्ति की साधना निर्विघ्न रूप से कर पाता है और अन्त में वह परमतत्त्व में स्थिर हो जाता है।

इस साधना को सरल बनाये रखने के लिए ही सन्तों ने बाह्य अनुष्ठानों में अपना अविश्वासपूर्ण विरोध प्रदर्शित किया और इसकी व्यर्थता के प्रतिपादन में ब्राह्मण, याज्ञिक, त्रिदण्डी, जटाधारी और क्षपणक का मखौल उड़ाया। किसी प्रकार की पूजा-अर्चा में उनकी श्रद्धा न थी। वे उपदेश करते कि ध्यान-धारणा, पूजा-पाठ से मुक्ति नहीं मिलेगी। कबीर की विचारधारा इससे प्रभावित थी, परन्तु वह अन्धानुकरण नहीं, मौलिक चिन्तन से युक्त थी।

सहज-मार्ग की व्यवस्था का श्रेय गोरखनाथ को है। उन्होंने मौलिक रूप से गृहस्थ जीवन के प्रति अपनी अरुचि व्यक्त की। सहजावस्था प्राप्त करने के लिए उन्होंने संन्यास और ओम् का जप आवश्यक बताया। 'ओम्' में तारक 'ब्रह्मा', पिण्ड 'विष्णु', कुण्डली 'रुद्र', अर्धचन्द्र 'ईश्वर' और 'बिन्दु' सदा शिव है— इस प्रकार की भावनायुक्त व्याख्या करके इनसे भी ऊपर परमतत्त्वस्वरूप निरञ्जन का संकेत किया जो सृष्टि-स्थिति-प्रलय के

मूल कारण हैं। इस निरञ्जन को प्राप्त करना ही सहजावस्था है। इसके लिए साधना में विषय-त्याग, गुरु-कृपा और तत्त्वदर्शन तीनों एक साथ अनिवार्य हैं।

कबीर ने इसी अर्थ में 'निरञ्जन' को परम आराध्य माना था, परन्तु आगे चलकर 'निरञ्जन' के तात्त्विक स्वरूप को दूसरों ने कबीर के नाम पर ग्रन्थ लिख-लिखकर विकृत कर दिया।

निष्कर्ष रूप में इन विभिन्न नामों और अभिव्यक्तियों के मूल तात्पर्य की दृष्टि से सिद्ध सन्त की स्थिति के वर्णन में कहा जायगा— "निर्मल एवं शुद्ध स्वरूप ज्ञानमय आत्मा जिसके हृदय में अनुभूत हो गया, वह निर्बन्ध, विपर्यय होकर त्रिभुवन में विचरण करता है। वह विधि-निषेधों से ऊपर उठ जाता है। उपास्य-उपासक का द्वैत मिट जाने के कारण परमात्मास्वरूप सिद्ध-योगी के लिए उपासना का नियम नहीं रहता। वह द्वैत-अद्वैत, सत्य-असत्य, नित्य-अनित्य, सुख-दुःख, कर्म-भोग आदि सम्पूर्ण द्वन्द्वों से मुक्त अर्थात् निर्द्वन्द्व हो जाने से माया, प्रपञ्च और दम्भ से रहित, ज्ञान-प्रेम की पराभक्ति का अमृतपान करता हुआ जीवन्मुक्त की अनिर्वचनीय अवस्था में रहता है। यही सिद्धों की सिद्धावस्था और सन्तों की सहजावस्था है।"

(7) निर्गुण सम्प्रदाय

निर्गुण की व्याख्या– निर्गुण माने त्रिगुण से मुक्त, निर्विषय नहीं। निर्गुण की व्युत्पत्ति हुई— 'गुणान्निर्गतः' अर्थात् सत्त्व, रजस् और तमस् इन तीन गुणों से परे। भारतीय दर्शन के अनुसार समस्त सृष्टि-प्रपञ्च और सांसारिक दुःखों तथा बन्धनों के मूल में ये ही तीन गुण हैं। इन तीन गुणों से विशिष्ट-प्रकृति से अहंकार, मन, बुद्धि, इन्द्रिय, शरीर आदि विकृतियों का विकास होता है। इन्हीं के प्रभाव से जन्म-मरण के आवागमन में जीव फँसता है। परमात्मा इन गुणों से परे, निराकार, निस्सीम, निर्गुण है।

सन्तों ने वैष्णव-सम्प्रदाय की सगुणोपासना को प्रतीकार्थ में प्रेमाभिव्यक्ति की सुविधा के लिए अंगीकार किया। उन्होंने राम को सगुण न मानकर प्राकृत, लौकिक गुणों से रहित निर्गुण माना और उसके सर्वव्यापक, सर्वान्तर्यामी रूप को लक्ष्य किया। उन्होंने निर्गुण को विशुद्ध रूप में सुरक्षित रखने के लिए ही अवतारवाद में अनास्था प्रकट की। प्रकारान्तर से देखा जाय तो वे हठयोगी की भाँति शुष्क साधना में आस्था नहीं रखते थे। उनका परमात्मा परम प्रेमास्पद होने से मानव-मन की सारी मनोवृत्तियों का उससे सम्बन्ध हो जाता था।

केवल शुद्ध निर्गुण की चर्चा, भावना या अनुभूतिपूर्णता का आभास भी नहीं दे सकती, तो पूर्ण की अनुभूति कैसे देगी? जब निर्गुण-सगुण का भेद मिट जाता है, तब परिपूर्ण परब्रह्म परमात्मा का ज्ञान होता है। यदि पहले से प्रेमपूर्वक परमात्मा की खोज है, तो भक्ति समन्वित ज्ञान के बाद तो परमात्मा से प्रेम हुए बिना रह ही नहीं सकता। अतः ज्ञान समन्वित भक्ति— दोनों अन्त में 'पराभक्ति' का रूप धारण कर लेते हैं। निर्गुण की उपासना का अर्थ है पराभक्ति।

इस विषय में भागवत का तो स्पष्ट कथन है कि निर्मल ज्ञान तथा नैष्कर्म्य भगवान् की भक्ति से स्निग्ध न होने पर नितान्त उपेक्षणीय है। भागवत की यही विशेषता है कि वह अद्वैत ज्ञान के साथ भक्ति का सामञ्जस्य उपस्थित करता है। चैतन्य ही ब्रह्म या भगवान् का रूप है। परन्तु जब तक प्रकृति की सत्त्वगुणरूपी उपाधि के द्वारा वह अनवच्छिन्न नहीं होता, चिद्वस्तु स्वरूपतः अव्यक्त और निराकार भाव में वर्तमान रहती है। इसी को निर्गुण ब्रह्म कहते हैं। जब वह सत्त्व से अवच्छिन्न होता है तब वह सगुणसाकार रूप में व्यक्त होता है। इस प्रकार निर्गुण और सगुण में भेद नहीं है। सत्त्वगुण में तारतम्य से सगुण ब्रह्म अनेक रूपों में व्यक्त होता है।

निर्गुण सम्प्रदाय– 'निर्गुण सम्प्रदाय' धर्म, जाति आदि किसी प्रकार की संकुचितता से मुक्त एक ऐसे आन्दोलन का परिपाक है जिसमें हिन्दू-मुसलमान दोनों धर्म के विरक्त महात्माओं का समागम हुआ है। केवल व्यक्तिगत या सार्वजनिक सुख-दुःख, हर्ष-विषाद, आशा-आकांक्षाओं में ही नहीं, उनके धार्मिक सिद्धान्तों में भी समानता देखने में आती है। इस सम्मिलन की भूमिका का मूलाधार हिन्दुओं के वेदान्त और मुसलमानों के सूफी मत में निहित है।

निर्गुण उपासना का प्रवर्तन किसी साम्प्रदायिक मत के उद्देश्य से प्रेरित न था, बल्कि साम्प्रदायिकता के संकुचित घेरों को तोड़ने के लिए हुआ। निर्गुण मत किसी एकांगी भावना का पोषण नहीं करता। वह कर्मकाण्ड और मूर्तिपूजा के स्थूल विधि-विधान, बाह्याचार, आडम्बर और वेश-भूषा का समर्थन न करके खण्डन करता है। उनके विचार में ये सब अन्धविश्वास से प्रेरित और मनुष्य के चित्त को बहिर्मुख करनेवाले होने से साधक का अपकार करते हैं। व्रत-उपवासादि के सम्बन्ध में भी इस मत ने आत्मपीड़न या इन्द्रिय दमन को अपने आदर्श के विरुद्ध अर्थात् पाप माना है। उनका महत्त्व अन्तःकरण शुद्धि और आत्मज्ञान की सूक्ष्म प्राप्ति में सहायक होने से है। आध्यात्मिक प्रतीक जब स्थूल विधियों का रूप धारण करते हैं, तब निचले स्तर पर आ जाने से परमात्मा का मार्ग अवरुद्ध हो जाता है।

निर्गुण मत भौतिक शरीर की सहायता के बिना ऊँची आध्यात्मिक भूमियों तक पहुँचना असम्भव बताता है। अतः आत्मोपलब्धि के लिए किसी भी उपाय से विभिन्न अन्तर्वृत्तियों में सामञ्जस्य का विशेष आग्रह रखा गया है।

निर्गुण और सगुण में मुख्य अन्तर मूर्तिपूजा के कारण है। निर्गुण मत का उपदेश है कि हृदय-मन्दिर को छोड़ बाहरी मन्दिर या तीर्थ स्थान में जाकर देवी-देवताओं की पूजा करना साधना में बहुत बड़ी बाधा है। इस मत के अनुयायी सन्तों ने भी मूर्तिपूजा को विघ्न माना है। कबीर ने मूर्तिपूजा के विरोध में लिखकर निर्गुण के साधक को सावधान किया है—

पाहन केरा पूतला करि पूजे करतार।
इही भरोसै जे रहे, ते बूड़े काली धार।।

तात्पर्य यह है कि निर्गुण उपासना भारतीय दर्शन की एक कड़ी होने के नाते सांस्कृतिक महत्त्व रखती है। इसकी उपासना-पद्धति भारतीय दर्शन से सुसंगति रखती है। इससे इसे एक विशिष्ट साधना-पद्धति का गौरव प्राप्त है।

सामञ्जस्य की प्राप्ति के लिए इसमें एक क्रम निर्धारित करना अनिवार्य था। भिन्न-भिन्न सन्तों ने आध्यात्मिक भूमियों की भिन्न-भिन्न संख्याएँ निर्धारित की हैं। इसमें यह रहस्य सूचित होता है कि अपने निरुपाधिक आत्मा के अनुभव के लिए साधक स्थूल भूमियों से स्वयं को ऊपर उठा ले और सीमावर्ती आवरणों को भी फाड़ डाले। इस दृष्टि से निर्गुण सन्तों ने परमात्म-प्राप्ति के मार्ग को पक्षी के बच्चे का अण्डे से बाहर निकलने की क्रिया के समान बताया है। साधक अपने काम्य का निश्चय कर ले तो साधन और साध्य एक हो जाते हैं। इसी दृष्टि से निर्गुणी सन्त आत्मा और ब्रह्म के लिए 'राम' का व्यवहार करते हैं।

उनके साध्य हैं राम और साधन है, "निरन्तर सच्चे हृदय से प्रेमपूर्वक तन्मय होकर राम में रमना।" एक बार जिसके हृदय में राम अनुभव में आ जाय, उसे सब सिद्ध हो जाता है। वह किसी सेवा-पूजा से प्रसन्न नहीं होता, मात्र प्रेमपूर्वक जिज्ञासा होनी चाहिए। प्रेम और जिज्ञासा के तत्त्वों पर जोर देने की दृष्टि से ही भक्तिनिष्ठ और ज्ञाननिष्ठ सन्तों ने कर्मकाण्ड की हमेशा निन्दा की है— "कर्म में दर्शन की शक्ति न होने से उसके देवता भी परमेश्वर का दर्शन नहीं करा सकते तो कर्म से परमेश्वर की सिद्धि कैसे हो सकती है? कर्म अन्धा होता है और ज्ञान में दर्शन की शक्ति है। परन्तु स्थूल ज्ञानेन्द्रियों में भी परमेश्वर के दर्शन की क्षमता नहीं है। भक्ति-युक्त ज्ञान ही परमेश्वर के साक्षात्कार में समर्थ है।"[1] इस प्रकार निर्गुणी सन्तों का मुख्य उद्देश्य प्रपञ्च रूप असत्य के आवरण में छिपे परमात्मस्वरूप सत्य की खोज और उसका अनुभव है।

निर्गुण सम्प्रदाय की एक उल्लेखनीय विशेषता यह है कि संग्रह-परिग्रह के साथ भिक्षा को भी ईश्वरानुभूति में विघ्नरूप होने से नापसन्द किया है, क्योंकि ईश्वरानुभूति में भिक्षा विघ्नरूप मानी गयी। ईश्वर की इच्छा की पूर्तिस्वरूप निष्काम-सेवा का प्रतिपादन करते हुए आत्मविश्वास और आत्मनिर्भरता साधक के लिए आवश्यक गुण माने गये। इस कारण अपनी जीविका के लिए किसी पर भाररूप होना उसे पसन्द नहीं। दूसरों पर भरोसा करना वह अपना और ईश्वर का अपमान समझता है। किसी से कुछ भी माँगना कबीर ने मृत्यु के समान दुःखदायी बताया है, क्योंकि वह आध्यात्मिक पतन का कारण है। वे अपने जीवन को लोकोपयोगी बनाने में अपनी व्यावहारिक सफलता देखते हैं।

श्रीकृष्ण ने प्रवृत्ति-निवृत्ति दोनों मार्गों को मर्यादित कर इनका 'ज्ञान-कर्म-योग-समुच्चय' के रूप में समन्वय कर दिया। निष्काम भावना के साथ सदाचरण के सरल मार्ग को प्रशस्त करने के उद्देश्य से उन्होंने इस समुच्चय में भक्ति और योग का पुट भी दिया है। श्रीमद्भगवद्गीता इसका प्रमाण है। इस प्रकार मध्ययुग की इस विचारधारा के मूल संस्थापक महाभारतकालीन श्रीकृष्ण हैं।

सन्त ईश्वररूप होने से निरपेक्ष भाव से, आलस्य छोड़कर अपने उत्तरदायित्व को तत्परता से निभाता है। वह जाति या राष्ट्र की दृष्टि से विचार न करके मानवता के अर्थ में सोचता और असंग भाव से कर्म करता है, परन्तु भविष्य के लिए नहीं, वर्तमान को पूर्णता देने के लिए। इसलिए मानव-हृदय के अन्तरतम में छिपे प्रेम को बाहर प्रकट करने का महान् दायित्व अपना प्रेम देकर करता है। उसका प्रेम पापी को प्रायश्चित्त द्वारा शुद्ध करा

1. भागवत-सप्ताह-प्रवचन, वृन्दावन। स्वामी श्री अखण्डानन्दजी सरस्वती

देता है और निष्पाप जीवन में अलक्षित रूप से छिपी पाप की सम्भावनाओं को मिटा देता है तथा समाज के लिए भयावह तत्त्वों का निवारण कर देता है। सर्वसाधारण की बुद्धि पर उसकी इस विशिष्ट जीवन-शैली का कल्याणकारी प्रभाव पड़ता है। इसमें प्रत्येक व्यक्ति के नागरिक एवं नैतिक महत्त्व को बढ़ाने की क्षमता रहती है। इसलिए उसका भगवत्प्रेम शुष्क सिद्धान्त नहीं, स्थायी प्रवृत्ति है। सिद्धान्त की व्यावहारिक सफलता उसमें पूर्ण अनुराग होना है। उदाहरणार्थ— कबीर की जीवन-शैली के प्रकाश में यह आदर्श एक ठोस यथार्थ के रूप में चरितार्थ हुआ है, ऐसा दावा किया जा सकता है।

निर्गुणी सन्त के ऐसे एकान्तिक और अविचल प्रेम के कारण वह अपने प्रियतम प्रभु का कृपापात्र होकर परम सत्य के रूप में उसका साक्षात्कार करता है। अपने संसार कारागार की दीवारों को प्रेमाग्नि में ध्वस्त कर देनेवाले इन परमात्मानुभवी सन्तों का सम्पर्क सामान्य मनुष्य के हृदय में भी 'सुरति' की चिनगारी को जगाकर उसे अग्निशिखा के रूप में प्रज्वलित कर देता है। सत्संग की महिमा और सन्त की जीवन-शैली की प्रशंसा का मुख्य कारण यही है कि सन्त जहाँ रहते हैं, वहाँ वे आध्यात्मिकता का स्फुरण करनेवाले असाधारण शक्तिशाली केन्द्र होते हैं। समस्त वायुमण्डल उनके श्वास-प्रश्वास से दिव्य हो जाता है तो मानव-हृदय का प्रभावित होना स्वाभाविक है। उनकी प्रत्येक धड़कन में सुरति की अखण्ड धारा से सम्पन्न अजपाजाप के प्रभाव से परमात्मा का स्फुरण होता रहता है।

समन्वय– कबीर-दर्शन अर्थात् निर्गुण सम्प्रदाय की प्रमुख विशेषता अनेक शुभ तत्त्वों का समन्वय है। अतः कबीर-दर्शन को हृदयंगम करने के लिए इस समन्वय के स्वरूप को समझना आवश्यक है। इसके मूल स्रोत के रूप में वेदान्त, योग, सांख्य, तन्त्र, शैव, वाममार्गी शाक्त, नाथ, वैष्णव-दर्शन, इस्लाम और सूफी इन सब मतों के उपकारी तत्त्वों के सम्मिलन से इस उत्कृष्ट परम्परा का निर्माण हुआ। इस सम्प्रदाय के सन्तों के हृदय में सब प्रकार के कल्याणकर प्रभावों को आत्मसात् करने की समुद्र-जैसी उदार क्षमता और विशाल दृष्टि के साथ अध्यात्म के रहस्यों को अपने में पूर्ण सुरक्षित रखकर रत्नगर्भा भी प्रमाणित किया।

निर्गुण मत के अन्तिम स्वरूप को केवल वे ही विशेषताएँ स्वामी रामानन्द की ओर से नहीं मिलीं जो केवल अवतारों या मूर्तिपूजा के विरुद्ध थीं या जिनका सम्बन्ध दाम्पत्य भाव के रूपक थे। ये दोनों विशेषताएँ इस्लाम तथा सूफीमत से आयी थीं।

कबीर की रचनाओं में इस्लाम में वर्णित ईश्वर के लिए 'कर्त्ता' शब्द का प्रयोग, 'एक जोति' से सम्पूर्ण सृष्टि का उत्पन्न होना, 'अम्बर', 'चौदह चन्दा' आदि इस्लामी भावों का प्रदर्शन, 'प्रेम-धियान' को योग-साधना का मुख्य लक्ष्य मानना, कर्मवाद और जन्मान्तरवाद की इस्लामी धर्मशास्त्र के अनुरूप मान्यता आदि से प्रत्यक्ष या परोक्ष प्रभाव का परिणाम है।

इस्लाम द्वारा निर्गुण सम्प्रदाय को हिन्दू धारणाओं और परम्पराओं के प्रति आलोचनात्मक दृष्टिकोण प्राप्त हुआ। सूफीमत ने अभिव्यक्ति की शैली को प्रभावित किया। दाम्पत्य-प्रेम के प्रतीकों के लिए निर्गुणी सन्त-कवि सूफी कवियों के ऋणी माने जाते हैं।

रामानन्द-सम्प्रदाय ने निर्गुण-सम्प्रदाय के विकास को पूर्णता पर पहुँचाने का महत्त्वपूर्ण कार्य करके उस पर अपना आन्तर-बाह्य प्रभाव प्रमाणित किया है, फिर भी उसमें कबीरादि अन्य

सन्तों की स्वतन्त्र विचारधारा के लक्षण हैं। उनका विशिष्टाद्वैत संकीर्ण मत के रूप में उनके किसी शिष्य के लिए बन्धन रूप न था। स्वयं रामानन्द अद्वैतवादी भक्ति ग्रन्थों का बड़ा आदर करते थे, और भक्ति को सर्वोच्च स्थान देते थे। इसी कारण उनके अनुयायी चाहे वे सगुणवादी हों या निर्गुणवादी, सबका जीवन भक्ति का कोई-न-कोई रूप अवश्य था।

सांख्य दर्शन पुरुष और प्रकृति दोनों को भिन्न तथा अनादि-अनन्त और नित्य मानता है। निर्गुण सम्प्रदाय में यह सिद्धान्त उसी रूप में उद्धृत नहीं किया गया है। सन्तों ने तत्त्वों की उत्पत्ति के क्रम पर ध्यान नहीं दिया है। कबीर आदि निर्गुणी सन्तों ने सांख्य सिद्धान्त का उपयोग किया, परन्तु अद्वैत की छाप लगाकर। अतः मुख्यतः तीन प्रकार के दार्शनिक मत निर्गुण-सम्प्रदाय में गृहीत हुए— अद्वैत, द्वैताद्वैत और विशिष्टाद्वैत। इस प्रकार मिश्रित भाषा की तरह ही दार्शनिक सिद्धान्तों की विभिन्नता और प्रभावों की अनेकता में भी निर्गुण सम्प्रदाय में समन्वय है। प्रायः सब सन्तों की प्रणाली एक ही थी। भिन्नता और अनेकता का मुख्य कारण उन सन्तों द्वारा साधना के विभिन्न पार्श्वों पर बल देने में था। उदाहरण के रूप में, निर्गुण सम्प्रदाय ने हठयोग को पूर्ण रूप से स्वीकार न किया तो उसकी नितान्त उपेक्षा भी न की।

निर्गुण-विचारधारा प्रकारान्तर से वेदान्त का अद्वैतवाद है। सन्तों द्वारा ब्रह्मरूप-अध्यात्म के ग्रहण में द्वैत का लेश भी नहीं है।[1] उपनिषदों ने निर्गुण भावना को व्यक्त करने के लिए ब्रह्म को निर्गुण, निष्फल, निरञ्जन आदि नकारात्मक संज्ञाएँ दी हैं। ब्रह्म की सूक्ष्मता और अनिर्वचनीयता के प्रकाशनार्थ उन्होंने 'नेति-नेति' की शैली का व्यवहार किया है।

इस विवेचन से यह निष्कर्ष प्राप्त होता है कि हृदय की भावना ही मुख्य वस्तु है। अनन्य प्रेम में चित्त की तल्लीनता और एकाग्रता मुख्य है। "अपना आराध्य और ध्येय दोनों एक है"— यह जानकर उसके दर्शन, मिलन और स्वरूप को जानने की उत्कण्ठा अवश्य होती है। तब बाहर की वस्तु, व्यक्ति, कर्म और अपना शरीर इसमें सहायक होने पर ही महत्त्वपूर्ण हो सकता है, अन्यथा बाधक। इस प्रकार भक्ति, योग, ज्ञान और निष्काम कर्म चारों का विनियोग एक में हो जाता है। यही निर्गुण-सम्प्रदाय है।

निर्गुण भक्ति : स्वरूप और इतिहास

कबीर ने निर्गुण-भक्ति की परिभाषा देते हुए कहा है—

प्रेम बिना जो भक्ति है, सो निज दम्भ-विचार।
उदर-भरन के कारने, जनम गँवायो सार।।

ज्ञानोपदेशक मार्गों की परम्परा के अन्तिम रूप में निर्गुण-भक्ति की प्राथमिक अवस्था के लक्षण मिलते हैं। इन भक्तिप्रधान ज्ञान-मार्गों में योग का स्वर गौण और ज्ञानयुक्त नैतिकता का प्राधान्य था। "इसी ज्ञान-प्रवण नैतिकता-प्रधान योग मार्ग के खेत में भक्ति का बीज पड़ने से जो मनोहर लता उत्पन्न हुई, उसी का नाम निर्गुण-भक्ति मार्ग है।"[2]

जिसे हम आज-कल 'सन्त-साहित्य' कहते हैं, वह वस्तुतः निर्गुण-भक्तिमार्ग का साहित्य है। 14वीं शताब्दी में इस नवीन साधना-पद्धति का प्रारम्भ हुआ था। कुछ

1. भारतीय संस्कृति और साधना-खण्ड— 1, पृ० 8—म० म० डॉ० श्री गोपीनाथ कविराज
2. कबीर-आचार्य हजारीप्रसाद द्विवेदी, पृ० 77

सामाजिक कारणों से द्रविड़ देश से भक्तिधारा उत्तर में आकर दो रूपों में प्रवाहित हुई—

(1) उच्च जाति के भक्तों में परम्परा से प्रचलित विश्वासों में आस्था होने से वे शास्त्रीय आचार-विचार, व्रत-उपवास, ऊँच-नीच की मर्यादा आदि को स्वीकार करते थे।

(2) निम्न श्रेणी की जातियों के भक्तों में सामाजिक-धार्मिक प्रतिक्रिया के परिणाम-स्वरूप परम्परा एवं शास्त्रीय मर्यादाओं के प्रति तीव्र आक्रामकता थी। वे लोगों के भोगपरक, भगवद्विमुख आचरण से असन्तुष्ट थे। उनका उपदेश था— "किसी भी प्रकार भगवान् का नाम जप करो तो उद्धार निश्चित है।"

भारतीय जनता में स्तर-भेद के कई कारण रहे हैं— राजनीतिक, धार्मिक, सामाजिक, आर्थिक, व्यावसायिक आदि। इन जातियों में भी अनेक उथल-पुथल हुई और वे अनेक शाखा-प्रशाखाओं में विभाजित या संयुक्त हुईं। समय बीतते इन स्तर-भेदों में एक स्थायी व्यवस्था आ गयी। ऐसी स्थिति में निर्गुण-भक्ति-साहित्य का प्रारम्भिक स्वर मुखरित हुआ।

इतिहास के पृष्ठों को उलटने-पलटने पर कुछ महत्त्वपूर्ण घटनाएँ सामने आती हैं— 7वीं-8वीं शताब्दी में भारत में मुसलमानों का प्रवेश, 10वीं शताब्दी से उनके प्रभाव का प्रत्यक्ष होना, उन दिनों भारत में बौद्ध और ब्राह्मण धर्म तथा मन्त्र-तन्त्र की प्रधानता, उत्तर प्रदेश में वेद बाह्य माने गये पाशुपत-मत की प्रबलता।

10वीं शताब्दी के बाद उल्लेखनीय घटनाएँ इस प्रकार हैं— कई सम्प्रदायों का सामूहिक रूप से मुसलमान हो जाना, पंजाब में नाथों, निरञ्जनों और पाशुपतों की अनेक शाखाओं का प्रचार-प्रसार, शैवों और शाक्तों के एक विभाग का ब्राह्मण-मत में मिल जाना तो दूसरे विभाग का मुसलमान हो जाना। अतः शैव, शाक्त और बौद्ध धर्म के सम्प्रदाय न हिन्दू माने गये, न मुसलमान।

सगुण भक्ति का स्वरूप– पाञ्चरात्र की ब्रह्म भावना ब्रह्म की औपनिषदिक कल्पना के नितान्त अनुरूप है—

सर्वद्वन्द्व विनिर्मुक्तं सर्वोपाधि विवर्जितम्।
षाड्गुण्यं तत् परं ब्रह्म सर्व-कारण-कारणम्।।

षाड्गुण्यम्– परब्रह्म का नाम नारायण भी है। वे निर्गुण होकर भी सगुण हैं। प्राकृत गुणों से रहित होने से वे निर्गुण हैं। परन्तु षड्गुणों से सम्पन्न होने के कारण वे सगुण हैं। नारायण समग्र विरोधों का चरम अवसान है। अतः एक ही आधार में सगुण तथा निर्गुण की स्थिति प्रमाणहीन नहीं मानी जा सकती। जिन गुणों से भगवान् का 'षाड्गुण्य-विग्रह' निष्पन्न होता है, वे जगत्-व्यापार के लिए कल्पित किये गये गुण संख्या में छह हैं, जिनके नाम हैं ज्ञान, शक्ति, ऐश्वर्य, बल, वीर्य और तेज।

पाञ्चरात्र में भगवान् विष्णु के दो रूप बताये गये हैं— सगुण तथा निर्गुण। सृष्टि आदि व्यापारों के लिए तीनों गुणों की प्रेरणा से जब भगवान् ब्रह्मादिक त्रिविध रूपों को धारण करते हैं, तब यह सगुण होता है, परन्तु उनका निर्गुण रूप भी महान् होता है। उसी को 'परम पद' की संज्ञा दी जाती है। परमात्मा का यह स्वरूप ज्ञानमय, व्यापक, स्वसंवेद्य, स्वयं प्रकाश और अनुपम है—

हरिखे जगत् जगदेव हरिः। हरितो जगतो नहि भिन्न तनुः।।

"इस संसार में तथा इसके बाहर जितने मूर्त तथा अमूर्त वस्तु-समूह हैं, वे सब भगवान् की ही मूर्ति हैं।" यह भावना जिस हृदय में दृढ़ हो जाती है, वही व्यक्ति रागद्वेष-रूपी संसार के रोगों से मुक्त हो जाता है। अर्थात् सगुण भक्ति की चरम परिणति चित्त-शुद्धि के बाद ब्रह्मात्मैक्य बोध है। यह एक निराली बात है कि सगुण भक्ति में ज्ञान की वांछा गौण और सेवा मुख्य होती है। परन्तु यह भक्ति भक्त के हृदय पर ऐसा प्रबल अधिकार रखती है कि वह ज्ञान-वैराग्य देकर भी उसके अनन्य प्रेम को सुरक्षित रखती है। तब उसके सेवा के क्षेत्र की परिधि सर्वव्यापक तत्त्व और केन्द्र सर्वत्र हो जाते हैं, क्योंकि उसके लिए उसका आराध्य इष्ट-देवता ही सृष्टि में सर्वश्रेष्ठ होता है। ब्रह्म के सारे लक्षण उसमें घटित हो जाते हैं।

निर्गुण-भक्ति की अभिव्यक्ति

ज्ञान के द्वारा उपलब्ध ब्रह्मानन्द की अपेक्षा प्रेमाभिव्यक्ति की कक्षा कहीं ऊँची है। ब्रह्मानन्द रस नहीं होता, पर भक्ति रस है। ब्रह्मानन्द तथा रस में महान् अन्तर है। भक्त निर्वासनता के परिणामस्वरूप प्राप्त होनेवाले मोक्ष की तनिक भी अपेक्षा नहीं रखता। वह अपनी वासनाओं का शोधन कर, संसार से उनका मुख मोड़कर भगवान् की ओर उन्मुख करके भगवद्प्रेमानुभूतिजन्य अलौकिक रसानन्द के लिए लालायित रहता है। इसी अर्थ में ज्ञानी भक्त सन्तों ने गोपी को श्रीकृष्ण दर्शन-लालसा की ध्येयस्वरूपा-प्रतीक और चिन्मया बताया है। भागवत-प्रवर प्रह्लाद ने अपने अनुभव के आधार पर कहा है—

न दानं न तपो नेज्या न शौचं न व्रतानि च।
प्रीयतेऽमलया भक्त्या हरिरन्यद् विडम्बनम्।।

शुद्ध भक्ति अद्वैत-सिद्धि से ही सम्भव है। सन्तों की अनुभववाणी एक स्वर में यही सन्देश देती है कि "पहले आत्मा को ब्रह्म जानो, बाद में एक निष्ठा से संसार की सेवा करो।"

सन्त एकनाथ ने कहा— "जो मनुष्य स्वयं ब्रह्मज्ञान पाकर संसार-बन्धन से मुक्त हो जाता है, परन्तु दीनों का उद्धार नहीं करता, भवताप से सन्तप्त मानवों को अपने उपदेश और अनुभव से मार्गदर्शन नहीं देता, उसका जीवन व्यर्थ है।"

सन्त तुकाराम, नरसिंह मेहता और वैसे अनेक सन्तों की जीवनी और रचनाओं से एक सत्य प्रकट होता है कि— "ज्ञान-भक्ति के सुयोग से इनकी वाणी में मृदुता और माधुर्य से अत्यन्त लालित्य आ गया है। उन्होंने अनुभव किया कि निर्गुण ब्रह्म ही नाम रूप को ग्रहण कर भक्तों की मंगल-कामना के निमित्त इन्द्रिय-गोचर होने के लिए ही अवतार लेता है।"

इससे यह तथ्य उपलब्ध होता है कि निर्गुण उपासना का मार्ग सम्प्रदाय से मुक्त मन को सर्वतोभावेन सम्पूर्ण विश्व की निष्काम सेवा की प्रेरणा देता है। यह मार्ग संन्यास का उपदेश न देकर पूर्णरूप से प्रवृत्ति-मार्ग को भक्ति से भावित कर देता है। इसलिए निर्गुण भक्ति की अभिव्यक्ति केवल शाब्दिक नहीं, कल्याण-कामना से पूर्ण ठोस कर्म का रूप धारण करने की क्षमता रखती है। सन्त-काव्य साहित्यकार का काल्पनिक आडम्बर नहीं है, उसकी अदम्य आत्माभिव्यक्ति और भगवदनुभूति का रस है।

सन्तों की सगुण-विशिष्ट निर्गुण-भक्ति

बीजक-शब्द 1 में 'भक्ति सतोगुरु आनी' से स्वामी रामानन्द द्वारा प्रवर्तित भक्ति मार्ग का संकेत है। अन्यत्र भी कबीर ने कहा है—

भक्ति द्राविड़ी उपजी, लाये रामानन्द।
परगट किया कबीर ने, सप्तद्वीप नवखण्ड।।

सगुण-विशिष्ट निर्गुण भक्ति की एक संक्षिप्त और सारगर्भित व्याख्या में बताया गया— "भक्ति अर्थात् हाथ जोड़ना नहीं, भगवान् के संयोग या विरह की अनुभूति।"[1]

मध्यकालीन युग में प्रचलित अद्वैत-वेदान्त-दर्शन, योग-साधना, पौराणिक मत, पाञ्चरात्र, सूफीमत, इस्लामी मत सबके अपूर्व समन्वय से निर्मित सन्तमत के प्रभाव से सन्तों ने परमात्मा के साथ अनेक प्रकार के वैयक्तिक और सामाजिक सम्बन्ध माने हैं। निर्गुण परमात्मा में सगुण की तरह ऐश्वर्य-माधुर्य-युक्त वात्सल्य, दास्य, सख्य, दाम्पत्य आदि भावों की अभिव्यक्ति उन्होंने की है और भाई-बन्धु, माता-पिता, स्वामी और गुरु रूप में भी सम्बन्ध जोड़ा है। उनका व्यक्तिगत आत्म-निवेदन सगुण भक्त जैसा होने पर भी दोनों की उपासना-पद्धति में अन्तर देखने में आता है। सगुण में बहिर्मुखता के कारण अद्वैत-सिद्धि को असम्भव मानकर सन्तमत ने आभ्यन्तरिक सेवा-पूजा की विशिष्ट व्याख्या की। इसी से उनकी रचनाओं में आरती की 'योग-सम्पृक्त-शैली' और सेवा-पूजा की ज्ञान-भक्ति-समन्वित निवेदन और आत्मसमर्पण की अभिव्यक्ति है। नाम का आधार अनिवार्य हो जाने के कारण निर्गुण-ब्रह्म को वे 'राम' कहते हैं—

कबीर भया है केतकी, भँवर भये सब दास।
जहँ जहँ भगति कबीर की तहँ तहँ राम-निवास।।

'राम तापनीय उपनिषद्' में लिखा है कि योगी लोग जिस नित्यानन्द-स्वरूप, चिन्मय ब्रह्म में रमण करते हैं, वह परब्रह्म परमात्मा 'राम' शब्द द्वारा अभिहित होता है। अभिव्यक्ति की सुविधा की खोज में और अनुभूति में तादात्म्य देखकर सन्तों ने सगुण-भक्ति के स्थूल विधि-निषेध की उपेक्षा कर सात्त्विक मानसी तत्त्व का प्रभाव स्वीकार किया है। परन्तु उनकी भक्ति-निष्ठा किसी एक मूर्ति या रूप में नहीं है। वे प्रत्येक प्राणी को परमात्मा का प्रतीक मानते हैं। आत्म ब्रह्म में स्थूल रूप की प्रतिष्ठा सम्भव नहीं है। वह सगुण-साकार के गुणों के विपरीत निष्क्रिय और अव्यक्त है।

निर्गुण की सगुण रूप में अभिव्यक्ति– सगुण-मत में अवतार माने माया-विशिष्ट ब्रह्म। वे माया को 'दिव्य शक्ति' मानते हैं और 'योग-माया' के अर्थ में उसके प्रति श्रद्धा रखते हैं, क्योंकि उसी के सहारे भगवान् की प्राप्ति सम्भव होती है। परन्तु सन्तमत में माया 'अविद्या' आदि भगवद्-मिलन-विरोधी लक्षणों से युक्त मानी गयी है।

माया– सन्तमत में माया जीव, जगत् तथा ब्रह्म के बीच में भ्रम रूप-व्यवधान उत्पन्न करनेवाली है। अतः एक ओर तो वे अवतारवाद का खण्डन करते हैं और दूसरी ओर भक्तों के कल्याण और उद्धार के प्रयोजन से अवतार के प्रचलित कथानकों का समर्थन भी करते

1. भागवत-सप्ताह-प्रवचन, वृन्दावन— स्वामी श्री अखण्डानन्दजी सरस्वती

हैं। यह उनकी निर्गुण-सगुण में सामञ्जस्य की प्रवृत्ति का परिणाम है। सन्त कीनाराम मन को प्रबोधन करते हैं—

भजु मन नारायण नारायण नारायण
सरजू तीर अयोध्या नगरी,
राम लखन औतारायन।।

कबीर पन्थ में माया आद्याशक्ति-रूप है। वह ब्रह्माण्ड में निरञ्जन की शक्ति है। पिण्ड में मनस्-तत्त्व से युक्त 'कुण्डलिनी' नाम की शक्ति के रूप वही रहती है। इसकी फुफकार का नाम प्रणव है। कबीर ने निरञ्जन को 'नाग' कहकर, उसकी फुफकार रूप ओमकार को लक्ष्य कर 'ग्यान चौंतीसा' में प्रणव की महिमापूर्ण प्रतिष्ठा की है, परन्तु इस शक्ति को 'नागिन' कहकर, उसकी घोर भर्त्सना की है। संसार के सम्बन्ध से इसे माया और 'ठगिनी' कहकर उससे सावधान रहने के लिए उन्होंने उपदेश किया है— "जो इस नागिन को मारता है अर्थात् उसके वश नहीं होता, वह उस पर विजय पाता है और 'नागिन' रूपी माया उसकी चेरी बन जाती है, अर्थात् सिद्ध की सेवा में सारी सिद्धियाँ तत्पर रहती हैं जो माया का विलास-मात्र है। सिद्धावस्था की प्राप्ति माने कुण्डलिनी शक्ति का शिव से मिलन होने पर समरसता की स्थिति प्राप्त होना। इसका अन्तिम लक्ष्य ज्ञानपूर्वक शरीर-कञ्चुक से मुक्ति है।

स्वामी रामानन्द के उपदेश में 'माया' का वेदान्तसम्मत रूप था, उसी को कबीर ने स्वीकार किया है। उपनिषद् में प्रकृति या माया कोई स्वतन्त्र वस्तु नहीं है, ब्रह्म या आत्मा का नामरूपात्मक स्वरूप है। 'मायोपाधिक चैतन्य' अर्थात् संसार का नियामक 'ईश्वर'। कबीर ने 'रघुनाथ की माया' कहकर इसी भाव को 'अविद्या' के अर्थ में घटित किया है।

बात यह है कि ज्ञान के क्षेत्र का निर्गुण ब्रह्म भक्ति के क्षेत्र में अवतरित होने पर भक्त-भगवान् में परस्पर उपासक-उपास्य सम्बन्ध अनायास हो जाता है और पुनः द्वैत अद्वैत में परिणत हो जाता है। इसीलिए निर्गुण-भक्ति की चरम परिणति अद्वैत-बोध में होती है। निर्गुणी सन्तों ने निराकार उपास्य में भक्तवत्सलता, कृपा, करुणा आदि गुणों का आरोप करके भी अवतार को मायिक और नश्वर ही प्रतिपादित किया। जिस निरञ्जन के सम्बन्ध से निर्गुण-मत में कूर्मावतार को स्वीकार किया गया है उसके भी दो रूप बताये गये हैं— सगुण और निर्गुण। कबीर ने उसे निर्गुण माना है। इससे यही कहना होगा कि मध्ययुग में भक्तों का उपास्य निर्गुण-सगुण-विशिष्ट ईश्वर था। सन्त, सूफी और सगुण भक्त सबके लिए इसका उल्लेख व्यावहारिक था।

भक्तों की अवतार भावना में नानात्व में भी परमात्मशक्ति के एकत्व की अभिव्यक्ति है। उनकी आस्था थी कि अव्यक्त की आराधना से परमात्मा का प्रत्यक्ष दर्शन होता है। जैसे अव्यक्त अग्नि प्रकट भी होती है, वैसे निर्विशेष ब्रह्म सगुण होता है। सूत्रकार ने ब्रह्म को 'अनन्त, दिव्य एवं कल्याणमय गुणों से सम्पन्न' कहकर राम-कृष्ण अवतारों में ब्रह्म भाव व्यक्त किया है। इसी कारण उनमें सगुणोपासना के प्रति सहिष्णुता मिलती है। सन्त कबीर ने अपनी निर्गुण भक्ति का निर्वाह करते हुए कहा है—

निरमल निरमल राम गुंण गावै।
सो भगता मेरे मनि भावै।

कबीर अपने उपास्य को सभी का स्वामी और सखा बताते हैं और सगुण में निहित पालन-रक्षण और वरदान के गुणों को निर्गुण में भी देखते हैं। प्रह्लाद की कथा का श्रद्धापूर्वक उल्लेख कर वे कहते हैं—

सर्व सखा का एक हरि स्वामी सो गुरु नाम दयो।
प्रह्लाद की पैज जिन राखी, हरनाखुश नख विदार्‌यो।।

उनकी पुराणपरक श्रद्धा प्रह्लाद की भाँति गोविन्द से भक्ति का वरदान माँगने का लोभ संवरण नहीं कर पाती। वरदान-याचना के साथ भगवान् की पौराणिक महिमा का वे प्रेमपूर्वक गान भी करते हैं—

जाके नाभि-पदम सु उदित ब्रह्मा, चरन गंग तरंग रे।
कहैं कबीर, हरि भगति वांछू जगत गुर गोब्यंद रे।।

वैष्णव-भक्त के उद्‌गार हैं— "जगत् के विचित्र सौन्दर्य के भीतर भगवान् की वंशी जो नाना सुरों में बज रही है, वह सिर्फ हमारे लिये उनकी प्रार्थना है। हमारे हृदय को वे इसी अनिर्वचनीय संगीत के द्वारा पुकार रहे हैं। इसीलिए यह सौन्दर्य-संगीत हमारे हृदय की विरह-वेदना को जगा देता है।

इस प्रकार अनन्य भाव से भगवान् की शरणागति और अनुकूल भाव से भगवान् के विषय में अनुशीलन ही भक्ति है। इससे भक्त के हृदय में अहैतुकी प्रीति का उदय और भगवान् की अहैतुकी कृपा का परस्पर ऐसा वरण होता है कि भक्त के चित्त में समरसता आ जाती है। उसका प्रेम अभेदप्रंतीति-मूलक होता है।

कबीर की अनन्त शरणागति में जीव की लघुता के साथ परमेश्वर के प्रति दीनता और आर्त्ततापूर्वक संसार से रक्षा के लिए प्रार्थना है—

गोब्यंदे, तुम्ह थैं डरपौं भारी।
सरणाई आयों क्यूं गहिये, यह कौन बात तुम्हारी।
धूप दाइन तै छांह तकाई, मति तरवर सच पाऊँ।
बजे बज जलै न जलकूं धावै, मति-जल सीतल होई।
जल ही माँहि अगिनि जे निकसै, और न दूजा कोई।
तारण-तिरण तिरण तू तारण, और न दूजा जानौं।
कहै कबीर सरनाई आयौ, आन देव नहिं मानौं।।

सन्तों के राम : निर्गुण परब्रह्म परमात्मा— जिसके हृदय में एक बार परमात्मा 'राम' की जिज्ञासा जग गयी वह अनायास ही बुद्धि योग से सम्पन्न हो जाता है। कबीर ने इस 'राम' के लिए 'हरि', 'गोविन्द', 'केशव', 'माधव', 'निरञ्जन' आदि अनेक शब्दों का प्रयोग उसकी अनन्त गुणराशि की ओर संकेत करने के लिए किया है, फिर भी वह ऐसा निर्गुण है कि उसे किसी से सेवा नहीं चाहिए। परन्तु कोई उसकी सेवा का आग्रह रखता है तो उसकी भक्ति अर्थात् उसके विरह की अनुभूति पाकर संयोग के लिए साधना करे।

'अनेक नामधारी, निर्विशेष राम' के स्वरूप में भक्तिवश कबीर ने अनेक विशेषताएँ देखीं तब उन नामों को उन्होंने प्रेम से अपनाया। विश्व सृष्टि के रूप में व्यापक राम को 'विष्णु', ब्रह्माण्ड के धारणकर्त्ता और पालक राम को 'गोविन्द', सृष्टि-निर्माता राम को 'कृष्ण', जीव के दस दरवाजों को खोल देनेवाले राम को खुदा, चौरासी लाख योनियों के परवरदिगार राम को 'रब', सब कर्मों के प्रेरक को 'करीम', ज्ञानगम्य राम को 'गोरख', अन्तर्यामी राम को 'महादेव', अलख निरञ्जन राम को 'अल्लाह', त्रिभुवन के एकमात्र योगी राम को 'नाथ', चराचर दृश्यमान् जगत् के साधक राम को 'सिद्ध' कहते हुए उन्होंने यह प्रतिपादित करना चाहा है कि 'राम' सनातन तत्त्व है और वही सर्वरूपों में विद्यमान है।

ऐसा प्रतीत होता है कि प्रेमवश कबीर ने अपने राम के लिए विविध भाव और विचार से प्रेरित होकर विभिन्न नामों का प्रयोग किया है। यह अतिशयोक्ति न माना जायगा कि कबीर के राम के 'सहस्र नाम' उनकी ही रचनाओं से सम्पादित किये जा सकते हैं, क्योंकि इस अनन्त नामधारी और अपरम्पार स्वरूपवाले राम की पूजा जगत् के सब साधक, सिद्ध और पैगम्बर करते हैं।

कहना होगा कि सिद्धान्त रूप से कोई मात्र निर्गुण का आग्रही होकर सगुण का कितना भी विरोध करे, उसके हृदय की माँग भक्तिस्वरूपिणी होने से प्रकारान्तर से वह अपनी अज्ञात दशा में उपासना में प्रवेश करता है। इसका रहस्य यह है कि ज्ञान-गिरा-गोतीत परमात्मा के सामीप्य लाभ का अधिकार उपासना के सोपान पर चढ़ने से ही मिलती है।

दूसरे, अव्यक्त, अचिन्त्य, ज्ञान के लिए अविषय और साक्षात् ज्ञानस्वरूप उपास्य में भावों का आरोप अव्यावहारिक है। इसलिए सगुण की भावना किये बिना उपासक के हृदय को तृप्ति नहीं हो सकती और निर्गुण प्रेमी भी उसमें दिव्य गुणों का आरोप किये बिना अपने मन का समाधान नहीं पा सकता। इसलिए ब्रह्मज्ञान के अधिकारी जिज्ञासु को भी पुराण प्रथम भक्तिक्षेत्र में आमन्त्रित करते हैं।

कबीर साधना-मार्ग की इस सच्चाई की उपेक्षा नहीं कर पाये हैं। उन्होंने पुराण-प्रतिपादित 'अवतार-राम' को लक्ष्य न करके भी सगुण-भक्ति की उन सब विशेषताओं को अपनाया जो ब्रह्मज्ञान पाने में सोपान बन सकती हैं। उनकी वाणी में नवधा भक्ति का सात्त्विक मानस रूप इसका साक्षी है। जहाँ उन्होंने मूर्तिपूजा और बाह्याचार का खण्डन किया है, वहाँ भक्ति का मण्डन भी किया है। "अगम और अपार राम संसार में व्याप्त है तो वह इसी शरीर में भी मिल सकता है"— इस कथन द्वारा उपनिषद् में निरूपित परब्रह्म परमात्मा का ही संकेत है। जीवात्मा के शरीर के भीतर वह वामनरूप में अणुमात्र या अंगुष्ठमात्र होकर हृदयकमल में निवास करते हैं। कबीर के अन्तर्यामी राम भावाभावविनिर्मुक्त सहज प्रेमाश्रय से मिलना भी सहज है। यदि मनुष्य हृदय से प्रार्थना करेगा तो इच्छाएँ अगल-बगल से पलायन कर जायँगी और प्रार्थना हृदय-मन्दिर में विद्यमान राम के पास दूती होकर हमारा सन्देश पहुँचा देगी।

कबीर को अपनी प्रार्थना के फलस्वरूप राम के दर्शन हुए, परन्तु इसका वर्णन करते समय वे अपनी अनुभूति की व्याख्या 'बोल और अबोल के बीच' अर्थात् गूँगे का गुड़ कहकर करते हैं, क्योंकि अनुभवैकगम्य, अगम, अलख, द्वैताद्वैत विलक्षण, त्रिगुणातीत,

प्रेम पारावार ऐसी व्यक्ति के अनुभव में आते हैं। जो सहज भाव से भावित है वह ऐसी पारस्परिक प्रेम की स्थिति है कि राम भक्त को जानते हैं और भक्त राम को। जैसे नैन की व्यथा बैन और बैन की वेदना को श्रवण जानते हैं, पिण्ड का दुःख प्राण और प्राण का दुःख मरण जानता है, आस का दुःख प्यास और प्यास का दुःख पानी जानता है, वैसे ही राम भक्त का दुःख जानते हैं। राम स्वयं सत्-चित्-आनन्दस्वरूप होने से दुःखाभावरूप, सर्वरसाश्रय और पूर्णकाम हैं। उसका स्पर्श मिलते ही भक्त भी आप्तकाम और परमानन्दस्वरूप हो जाता है।

कबीर के अनुसार अन्योन्याश्रयभाव से परमात्मा विश्व में और विश्व परमात्मा में अवस्थित है। इसी कारण वे मन्दिर और मूर्ति में उसे सीमित करना पसन्द नहीं करते। उन्होंने वेद की 'नेति-नेति' प्रणाली को परमात्मा के अन्वेषण के लिए ज्ञानयोग के एक सोपान के रूप में एक सीमा में स्वीकार किया है। उनके मत में परमात्मा का वर्णन किसी सीमित रूप-रेखा में असम्भव है। वह जैसा है वैसा ही है। कबीर-जैसे विरल सन्तों ने विस्तार से अपनी ब्रह्मभावना का अत्यन्त सूक्ष्म, निर्विकल्प रूप में फिर भी यथार्थ वर्णन किया है। उनका अन्तिम निर्णय यही रहा है कि "केवल वही है, और कोई नहीं है।" उनके निर्गुण का विधान और सगुण का निषेध इसी तात्पर्य से प्रेरित है।

वेदान्तदर्शन के ब्रह्मानुभवी सन्तों के मतानुसार "साधना-प्रक्रिया की प्राथमिक स्थिति में 'नेति-नेति' की व्यतिरेक प्रणाली निर्गुण-निराकार के ध्यान के लिए आवश्यक है। अनुभव के बाद 'इति-इति' की अन्वय-प्रणाली से 'सर्वं खल्विदं ब्रह्म' में दृढ़ता आती है और मन कहीं नहीं फँसता। यदि प्रारम्भ में ही अन्वय-प्रणाली अपना ली जाय तो परमार्थ-विषयक विवेक के अभाव में उसे अद्वैत-सिद्धि नहीं होती।"[1] जो 'नेति-नेति' में अटक जाता है, वह भटक जाता है, क्योंकि उसे कहीं दृढ़ता नहीं मिलती।

(8) निर्गुणी सन्तों का रहस्यवाद

आत्मा-परमात्मा की एकता के अनुभव की अभिव्यक्ति को 'रहस्यवाद' कहा जाता है, परन्तु अनुभव की अभिव्यक्ति वाद-प्रेरित नहीं होती और उसके लिए वह किसी अबूझ पहेली की भाँति रहस्य भी नहीं होती। वह स्वानुभूति होने से वाद के घेरे में 'रहस्य' को कुण्ठित नहीं किया जा सकता।

सामान्य मनुष्य जो इस अनुभव से वञ्चित है, जो इसके ज्ञान को गूढ़ समझता है, उसी के लिए वह 'रहस्य' है परन्तु वहाँ भी उसे 'रहस्यवाद' नहीं कहा जा सकता। यदि सबके लिए वह स्पष्ट और हस्तामलकवत् सुलभ हो तो वह किसी के लिए रहस्य नहीं रह जायगा। परन्तु ऐसा देखने में नहीं आता। ज्ञानी अनुभवी के लिए हस्तामलकवत् रहस्य अथक पुरुषार्थ-प्रणीत साधना का परिणाम होने से उसके लिए वे अनुभव महत्त्वपूर्ण हैं। यदि वह शब्दों में उनका प्रकाशन करता है तो दो कारणों से—

---

1. भागवत-सप्ताह प्रवचन, वृन्दावन-स्वामी श्री अखण्डानन्दजी सरस्वती

(1) ब्रह्मानन्द की अदम्य अभिव्यक्ति की तीव्रतम प्रेरणा और

(2) सच्चे जिज्ञासु को मार्ग दर्शन देना।

उसके लिए अपने आध्यात्मिक अनुभव इतने पवित्र होते हैं कि उसके प्रकाशन द्वारा अपने अभिमान की पुष्टि करना और अपना महत्त्व प्रदर्शित करना उसे तनिक भी पसन्द नहीं। अश्रद्धालु के प्रति उसका मौन इस रहस्यानुभव को छिपाने में है और उत्तम अधिकारी के प्रति गुरु या सन्त की 'मौन-मुद्रा' का महत्त्व इस अवाच्य रहस्य की उपलब्धि कराने में है। फिर भी 'रहस्यवाद' शब्द साहित्य में बहुत प्रचलित हुआ। इसके भी दो कारण हैं—

(1) पाश्चात्य Mysticism का अनुवाद और

(2) जिन कवियों ने साक्षात् अनुभव के अभाव में काल्पनिक अनुभूति के सहारे आत्मा और परमात्मा के स्वरूप एवं एकता के बारे में कुछ कहने का प्रयत्न किया और जिनकी जानकारी का आधार-मात्र ग्रन्थ रहे।

बीसवीं शताब्दी की रहस्यवादी हिन्दी काव्य-प्रवृत्ति ऊपर निर्दिष्ट दूसरे कारण से प्रेरित रही। इसी से वह परम्परा अटूट चल न पायी। एक दीये की ज्योति से दूसरे दीये की ज्योति प्रज्वलित होती है, वैसे एक अनुभवी के सान्निध्य से दूसरे के आत्म-चैतन्य का जागरण होता है। यह स्थिति मध्यकालीन सन्तों के जीवन और साहित्य में मिलती है, आधुनिक काव्य-प्रवृत्ति में इसका अभाव है। व्यक्तिगत रूप से रवीन्द्रनाथ ठाकुर, महादेवी वर्मा, सुमित्रानन्दन पन्त, जयशंकर प्रसाद और सूर्यकान्त त्रिपाठी 'निराला' आत्मानुभूति की उत्कृष्ट स्थिति का अनुभव दार्शनिक सत्यों के आधार पर कर पाये, फिर भी उनको वास्तविक अर्थ में अनुभव कहना उचित नहीं है। उनकी पैनी दृष्टि और तीव्र अनुभूति को कल्पना ने सही दिशा अवश्य दी। इससे प्रमाणित होता है कि रहस्यानुभूति विरल होती है और व्यक्तिगत अधिकार पर निर्भर रहती है।

अनुभव के साधारणीकरण में रस होता है, विरलता में रहस्य। "द्रष्टा अथवा ज्ञानी अपने अनुभव को नपी-तुली भाषा में प्रकट नहीं कर सकता और न शेष जगत् उसे समझ ही सकता है। इसी से वह रहस्यपूर्ण हो गया है।"[1]

निर्गुण सम्प्रदाय में रहस्य के अनुभव के लिए सरलतम साधन है 'मन्त्र'। प्रत्येक बीजमन्त्र का एक रहस्य होता है और उस रहस्य के उद्घाटन के लिए विशेष पद्धति या 'गुरु' की आवश्यकता होती है। यह पद्धति सत्संग और गुरु के मार्गदर्शन से ही सीखी जा सकती है। सद्गुरु व्यक्तिभेद के आधार पर विशेष अधिकार के अनुरूप उसकी श्रद्धा, रुचि और संस्कार की प्रबलता का सदुपयोग अध्यात्म-साधना में हो सके वैसी मन्त्र व्यवस्था देता है यदि वह विवेक बल रखता है तो मन्त्र के साथ-साथ आत्मा, परमात्मा और इन दोनों की एकता का अनुभव तथा उसमें विघ्न रूप 'माया' के विषय में उपदेश करता है।

अन्तर्यामी-आत्मा– अंशी परमात्मा का अंश आत्मा है। अतः पूर्ण परमात्मा के सम्बन्ध से वह भी पूर्ण है। सन्तों ने आत्मब्रह्म की साधना द्वारा परमात्म-प्राप्ति में इस बात

---

1. हिन्दी काव्य में निर्गुण सम्प्रदाय— परशुराम चतुर्वेदी

को ध्यान में रखा है। 'स्थालीपुलाकन्याय' से व्यक्ति अपने आत्मा अर्थात् अन्यर्यामी को जान ले तो परमात्मा-सर्वान्तर्यामी को उसी समय जान ले। उपनिषद् के आधार पर गृहीत यह सिद्धान्त अन्तर्यामी की व्याख्या में कहता है कि प्राणियों के हृदय-कमल में निवास करनेवाला भगवान् का जो रूप उनको सब व्यापारों में नियुक्त करता है, उसको 'अन्तर्यामी' की संज्ञा दी गयी है।

मनोविज्ञान के सहारे भी व्यक्ति अन्तर्दर्शन करके 'आत्मा' का आभास अवश्य पा सकता है। बृहदारण्यक उपनिषद् में इस शैली के प्रयोग द्वारा वर्णन किया गया है— "स्वप्न में आत्मा इन्द्रिय-मात्रा रूप को लेकर पुनः जागरित स्थान में आता है। वह हिरण्मय पुरुष जहाँ वासना होती, वहाँ चला जाता। वह देव स्वप्नावस्था में ऊँच-नीच भावों को प्राप्त हुआ, बहुत-से रूप बना लेता है। इसी प्रकार वह स्त्रियों के साथ आनन्द मनाता हुआ-सा रहता है। इसी प्रकार वह आत्मा सुषुप्ति में भी रमण और विहार कर जैसे आया था, वैसे स्वप्नावस्था में लौट जाता है।"[1]

रामानुज-मत के सिद्धान्तानुसार सृष्टि में तीन पदार्थ हैं— चित्, अचित् और ईश्वर। चित् माने भोक्ता जीव, अचित् माने भोग्य जगत् तथा ईश्वर माने अन्तर्यामी परमात्मा। संसार के समस्त पदार्थ गुण-विशिष्ट प्रतीत होने के कारण निर्गुण वस्तु की कल्पना को आचार्य श्रीरामानुज असम्भव मानते हैं। वे आग्रहपूर्वक कहते हैं, "निर्विकल्पक प्रत्यक्ष के अवसर पर भी सविशेष वस्तु की ही प्रतीति होती है। अतः ईश्वर सदा सगुण ही होता है। संक्षेप में, उपनिषदों के प्रतिपाद्य सगुण ब्रह्म के वर्णन में कहा गया है कि ईश्वर प्राकृत गुणरहित, निखिल-हेय-प्रत्यनीक, कल्याण-गुण-गुणाकर, अनन्त ज्ञानानन्दस्वरूप तथा सृष्टि-स्थिति-संहार के कर्त्ता हैं।"

ईश्वर विषयक वर्णित इन गुणों को अन्तर्यामी में आरोपित कर दिया जाय तो वह आत्मा की व्याख्या होगी। आत्मा और परमात्मा में समान लक्षण होने के कारण ही उनकी एकता यथार्थ और अनुभवैकगम्य है। इस सिद्ध एकता के अनुभव की अपेक्षा से ही माया का निवारण कल्पित है। जीव-शिव में परस्पर आकर्षण से मानवीय-भूमि पर शिव के अवतरण और जीव के उत्क्रमण का क्रम रहता है। इसी से भक्ति में अवतार भावना है तो ज्ञान में साक्षादपरोक्ष। भक्ति में सामाजिक रूढ़ियों और परम्पराओं के अतिरिक्त व्यक्ति की वैयक्तिक रुचि और आन्तरिक भावों की अभिव्यक्ति के द्वारा अपने प्रियतम ईश्वर के व्यक्तित्व का निर्माण करने में वह पूर्ण स्वतन्त्र रहता है। इसी से मनुष्य ने अपनी स्वानुभूतियों के अनुरूप निर्मित ईश्वर को सच्चिदानन्दमय बताया है। उसके हृदय की इच्छा, प्रियता और आनन्दानुभूति तब ईश्वर का रूप धारण कर लेती है।

इस सम्बन्ध की अभिव्यक्ति विभिन्न रूपों में मिलती है— सामान्य मनुष्य और अनेक देवी-देवता, योगी और परमात्मा, ज्ञानी और ब्रह्म, भक्त और भगवान्, सन्त और अन्तर्यामी। इन विभिन्न नामकरणों में भावभूमि की एकता लक्षित होती है। मनुष्य अपनी निजी भाव-ग्रन्थियों से प्रेरित और संवेदनशील होने के कारण साधनावस्था में भी अपनी रुचि, संस्कार

1. 4, 3, 11-15

और भावनाओं का यथेष्ट आरोप अपने आराध्य पर करता है। साधना में विभिन्न पद्धतियों, प्रक्रियाओं, सिद्धान्तों आदि का मुख्य कारण यह व्यक्तिगत भाव-संस्पर्श है। पूजा-अर्चा, आत्मनिवेदन और अनुराग, शम-दमादि सम्पत्ति, मनन-चिन्तन की प्रवृत्ति, आत्मानुभूति या हृदय की व्याकुलता की विविधता इस रहस्य का उद्‌घाटन करने में पर्याप्त है। तादात्म्य के तत्त्व का महत्त्व होने से यह परस्पर विरोधों में भी शास्त्र-सम्मत माना जाता है।

उपास्य और उपासक में जब तक तादात्म्य की स्थिति नहीं आती, तब तक बहिर्मुख या अन्तर्मुख रूप में उस विविधता की अभिव्यक्ति को व्यापक रूप में स्वीकार कर लेना आवश्यक है। विभिन्न देवता विशिष्ट भावों, मुद्राओं एवं कार्यों के प्रतीक हैं। इससे आस्था में दृढ़ता आती है। योगी भी अपनी साधनावस्था में इस विविधता का अनुभव करके अधिक उत्साहपूर्वक आगे बढ़ता है। ज्ञानी को अद्वैतानुभव होने तक मायां में विवर्त रूप से विविधता मिलती है। एक सगुणोपासक भक्त एक आराध्य के ऐतिहासिक, पौराणिक और दार्शनिक रूपों में विविध प्रकार की लीलाओं का समावेश करता है।

सन्त भी अपने अन्तर्यामी के साथ जिस प्रकार का सम्बन्ध रखते हैं, वह उनकी अन्तर्मुखी वृत्तियों तथा आत्मानुभूति से संवलित एक प्रकार का भावात्मक रहस्यवाद है। अन्यथा उनमें ब्रह्मानन्द के अलौकिक रस की अभिव्यक्ति न हो पाती। उनकी अलौकिक रसानुभूति रहस्यवाद कही जाती है। इस रहस्यवाद में बुद्धि की अपेक्षा हृदय तत्त्व की प्रधानता है। बौद्धिक विश्लेषण में एकेश्वरवाद, और भावना से वैयक्तिक, सामाजिक, आध्यात्मिक, दार्शनिक और पौराणिक दृष्टि की प्रधानता से उसमें स्त्रष्टा-द्रष्टा का आरोप होता है। फलतः निर्गुण-निराकार होते हुए भी उसमें सगुण लीलायुक्त ईश्वर के वैशिष्ट्य का योग होता है। इससे सन्त-साहित्य की रचना हुई और वही अभिव्यक्ति में प्रेरणा, अनुभूति, वर्ण्य-विषय और तज्जन्य आनन्द सब रूपों में अनुभव में आया।

सन्तों का अन्तर्यामी अलख, अविनाशी, निर्गुण-निराकार और निरुपाधि होते हुए भी मनुष्य के समान संवेदनशील, सन्त की कक्षा का और उसी के समान आदर्श-व्यक्तित्ववाला, कृपालु, करुणालु होता है। इसलिए कबीर को भी कहना पड़ा, 'राम और सन्त अभिन्न हैं।' परोक्ष रूप से अन्तर्यामी राम को 'आदि अवतार' का व्यक्तित्व देने की यह शैली है। कभी सन्त में राम का आरोपण किया जाता है तो कभी राम में सन्त का। कबीर नित्य 'निर्गुण राम' माने अन्तर्यामी के प्राकट्य का आनन्द लूटते हुए मिलते हैं।

सन्त-साधना में नामोपासना मुख्य है, परन्तु किसी एक नाम के प्रति पक्षपात नहीं है, क्योंकि उनका उपास्य अन्तर्यामी है। अतः उन्होंने अपने उपास्य को राम, रहीम, केशव, करीम अनेक नामों से अभिहित किया है। इसे 'आत्माराम' भी कहते हैं और उसे ब्रह्म से अभिन्न बताते हैं। इस प्रकार 'राम' अन्तर्यामी के रूप में परब्रह्म परमात्मा, आत्मब्रह्म, सर्वभूतान्तरात्मा, पुरुषान्तरात्मा, आत्मरूप, पुरुषज्योति, षोडशकलायुक्त पुरुष है। यह अन्तर्यामी उदासीन और निरपेक्ष नहीं, मानवोचित भावुक, संवेदनशील और जिज्ञासु है। वह निर्धूम ज्वाला के समान हृदय में स्थित है।

स्वामी रामानन्द भी निर्गुण-उपासना को श्रेष्ठ बताते थे, परन्तु उन्होंने भगवान् को केवल निर्गुण-निष्क्रिय न माना, भक्तों के पालक और रक्षक भी बताया। वे कहते हैं— "उनके बिना अन्य कोई संकट से मुक्त करनेवाला है ही नहीं।"

सन्तों द्वारा मूर्ति या अष्टयाम-पूजा के विरोध का मुख्य कारण अन्तर्यामी में उनकी निष्ठा थी। उनकी व्याख्या के अनुसार अन्तर्यामी माने मानव-संवेदना के अत्यन्त समीप और बाह्य विधि-निषेध, पूजा, बाह्याडम्बर आदि से परे। इस मूल भावना में न सम्प्रदाय की संकीर्णता है न जाति-पाँति या धर्म का भेदभाव। इसलिए उनका अन्तर्यामी सभी के लिए ग्राह्य है। सन्तों का यह उपास्य अलख और सूक्ष्म फिर भी ऐश्वर्य-विशिष्ट गुणनिधान है।

इस प्रकार उन्होंने अन्तर्यामी में सर्वान्तर्यामी परब्रह्म परमात्मा 'राम' का आरोपण कर उसे सर्वसमर्थ बताया जो जल-थल, रात-दिन, धरती-आसमान को उलट दे सकता है। जब उसे प्रेम-प्रीति का निर्वाह करनेवाला बताया तब भक्ति का ऐसा रंग उस पर चढ़ गया कि उसमें साधुरक्षा, दुष्ट-दलन और धर्मोद्धार की प्रवृत्ति भी देखी गयी।

सर्वान्तर्यामी परब्रह्म परमात्मा– तात्त्विक दृष्टि से परिपूर्ण परब्रह्म परमात्मा द्वैत-अद्वैत से भी परे है। यदि वह एक पग भी नीचे उतरने को विवश है तो समझना चाहिए कि पूर्णता में कमी आ गयी। साधक अपनी आध्यात्मिक साधना द्वारा उत्क्रमण करे और परमात्मा का साक्षात्कार करे यह तो सम्भव है, परन्तु निर्लेप परमतत्त्व में अपने स्वरूप के विरुद्ध न्यूनाधिक मात्राओं का विचार सन्त मत में संगत नहीं माना गया है। संगत यही है कि जब तक साधक पूर्ण ब्रह्म को प्राप्त न कर ले, तब तक वह अपूर्ण रहेगा।

द्वैत मतानुसार— 'अन्त तक परमात्मा परमात्मा ही रहता है, और जीव जीव ही। दोनों का भेद कभी नष्ट नहीं होता।' परन्तु अद्वैत मत ने अभेद को स्वीकार कर उसके लिए ज्ञान की आवश्यकता बतायी है। शुद्ध भक्ति में द्वैत मत ग्राह्य भी है, सह्य भी है और व्यावहारिक भी, परन्तु सन्तों की निर्गुण भक्ति में यह मत भ्रामक माना जाता है। कबीर ने द्वैत मत के भगवान् को 'पूर्ण ब्रह्म का अपूर्ण स्वरूप' बताया है। इसलिए सन्तों ने 'आत्म ब्रह्म की उपासना' अर्थात् अन्तर्यामी परमात्मा का आत्मा के रूप में साक्षात्कार करने पर जोर दिया है। यदि साधक को इसमें सफलता नहीं मिलती तो इसका एकमात्र कारण है माया। उन्होंने माया और अविद्या को एकरूप कर दिया है।

माया– उपनिषदों में निरूपित माया, अविद्या, उपाधि आदि शब्दों पर श्री शंकराचार्य ने विवेचन कर उन्हें परमात्म-प्राप्ति में विघ्नरूप बताया। उनकी विचारधारा से सन्त मत प्रभावित होने के कारण सन्त-साहित्य में इसी अर्थ में इन शब्दों का प्रचुर प्रयोग किया गया है।

दार्शनिक दृष्टि से जिस जगत् को मिथ्या कहा जाता है, वह व्यवहार में सत्य है। इस उलझन को सुलझाने के लिए अद्वैत मत में माया के सिद्धान्त को स्वीकार किया गया है। पुनः इस मत में सैद्धान्तिक रूप से माया के अस्तित्व को अस्वीकार किया गया है।

इस परस्पर-विरोधी विचार की स्पष्टता के लिए यह भी कहा गया है कि अव्यक्त परमात्मा को व्यक्त होने के लिए माया का आवरण धारण करना पड़ता है। यदि व्यक्ति-जीव इस आवरण में छिपे रहस्य अर्थात् आत्मा और परमात्मा की स्वरूपभूत एकता को जान ले तो वह माया से मुक्त हो जाता है, अर्थात् स्वयं को नित्य-शुद्ध-मुक्त जान लेता है और नित्य-सिद्ध एकता का अनुभव उसे ब्रह्मानन्द देता है। इस आनन्द का आभास भी

माया से आवृत जगत् में सम्भव नहीं। इस प्रकार रहस्यवाद में एक ओर ब्रह्मानन्दानुभूति की महिमा है तो दूसरी ओर माया का निवारण भी आवश्यक है।

भक्ति में माया भगवान् की एक विलक्षण, अनिर्वचनीय शक्ति के रूप में स्वीकृत है और योगमाया तथा अविद्या-माया के रूप में दो प्रकार की बतायी गयी है। योगमाया भगवान् से मिलानेवाली होने से वह स्वीकार की जाती है, परन्तु अविद्या-माया उसमें विघ्न रूप होने से उसके निवारण के लिए साधना का उपदेश किया जाता है। भागवत में विलक्षण शक्ति-रूपा माया का स्पष्ट विवेचन है—

ऋतेऽर्थं यत् प्रतीयेत न प्रतीयेत चात्मनि।
तद् विद्यादात्मनो मायां यथाऽऽभासो यथा तमः।।[1]

मायावश भगवान् की लीला रहस्यपूर्ण प्रतीत होती है। अभाव की अनुभूति का कारण माया का आतंक है। भक्त प्रेम से भगवत्प्राप्ति करने पर सम्पूर्ण अभावों से ऊपर उठ जाता है और आनन्द पाता है। प्रेम के कारण माया का रहस्यपूर्ण पर्दा उसके हृदय और बुद्धि पर से हट जाता है।

प्रश्न यह है कि यह पर्दा किस पर है? परमात्मा पर कि आत्मा पर? वास्तव में दोनों माया के आवरण से मुक्त हैं। जीव-भावापन्न मनुष्य की बुद्धि पर, हृदय पर, दृष्टि पर यह पर्दा पड़ा है, अतः वह बहिर्मुख होकर संसार को सत्य मानता है। सत्यस्वरूप आत्मा और परमात्मा अनुभव में न आने के कारण उसे विस्मृत हो गये हैं। अतः लक्ष्य-प्राप्ति का उसका प्रयत्न संसार में आनन्द की खोज के लिए रहता है, आत्मा और परमात्मा की एकता से सच्चिदानन्द की प्राप्ति उसकी कल्पना से परे की वस्तु होने से वह उससे वञ्चित रहता है।

निर्गुणी सन्तों ने माया से बचने के लिए आत्म ब्रह्म की उपासना द्वारा इस नित्य-सिद्ध एकता के अनुभव का उपदेश किया।

आत्मा-परमात्मा की एकता– अद्वैतवादियों के अनुसार वियोग भी केवल एक व्यावहारिक सत्य है। पारमार्थिक रूप में तो कभी वियोग हुआ ही नहीं था। इसलिए वियोग का यह कारण भी तो व्यावहारिक ही हो सकता है।

दर्शनशास्त्र का निरा सिद्धान्त न ब्रह्म का ज्ञान कराने में शक्तिशाली है, न वियोग या संयोगजन्य वेदना या आनन्द की अनुभूति कराने में समर्थ है। सिद्धान्त का आधार भी बुद्धिवाद है, परन्तु ब्रह्म के सम्बन्ध में बुद्धिवाद की अपनी एक सीमा के कारण अपर्याप्त होने से असफल हो जाता है। जहाँ कहीं दर्शनशास्त्र ब्रह्मानुभूति के निकट पहुँचा देता है, वहीं तर्क का साथ छूट जाता है।

एक सिद्धान्त की तार्किक भ्रान्तियों को दूर करने के लिए दूसरे दर्शन का उदय होता है। इस प्रकार उसकी एक परम्परा चलती रहती है और नयी-नयी प्रतिभाओं के आविर्भाव से एक ही सत्य के विभिन्न पहलुओं पर प्रकाश पड़ता है। सर्वांश में पूर्ण तर्कसंगत कोई भी दार्शनिक योजना आज तक नहीं निकली और वैसी सम्भावना भी नहीं है, क्योंकि उस परम सत्य की अनन्त रश्मियाँ हैं और प्रत्येक रश्मि अपने-आप में पूर्ण और स्वतन्त्र है। ये

---

1. 2/9/33

सब एक सनातन ऐक्य सूत्र से सम्बद्ध फिर भी भिन्न होने से प्रत्येक का विकास एक विशिष्ट दिशा में होता है। जब समन्वयवादी दृष्टिकोण का उदय होता है तब सारे बाह्य अलगाव और भिन्नता नहींवत् हो जाते हैं, उसकी अन्तर्धारा प्रस्फुटित होकर सबका एक में समावेश कर देती है। वेद भी जिसका वर्णन करने में समर्थ नहीं हैं, उस तक दर्शन की एक शाखा की पहुँच कैसे हो सकती है? इस दृष्टि से निर्गुण सम्प्रदाय के रहस्यवाद को वह श्रेय प्राप्त होता है। यह रहस्यवाद बाह्य मन और बुद्धि से परे उस शक्ति को उद्बुद्ध करती है जिसके द्वारा निर्गुण ब्रह्म का ज्ञान प्राप्त किया जा सकता है।

ब्रह्मानुभव माने सार-वस्तु की उपलब्धि। इसकी प्राप्ति स्थूल बुद्धि से ऊपर उठने पर ही सम्भव है जब अपरोक्षानुभूति के साम्राज्य में हमें प्रवेश का अधिकार प्राप्त होता है। स्वानुभूति से पता चलता है कि वह सर्वान्तर्यामी परब्रह्म परमात्मा हमारे ही भीतर आत्मा के रूप में विराजमान अन्तर्यामी है।

आत्मा-परमात्मा की एकता कैसी होती है? वृहदारण्यक उपनिषद् वर्णन करता है—'स्त्री-पुरुष के समान आत्मा और परमात्मा सुषुप्ति में मानो आलिंगनबद्ध, आप्तकाम, अकाम और शोकशून्य हो, वैसे परमानन्द में निमग्न होते हैं।'[1]

1. 4/3/21

अवतारवाद

मनुष्य अपने हृदय की तृप्ति और आशा के आधार की रक्षा के अर्थ सत् की रक्षा में किये गये महत्त्व के कार्यों में सदा परमात्मा का हाथ देखता आया है। अतएव अवतार वास्तविक स्थूल रूप में नहीं, बल्कि सूक्ष्म रहस्य-रूप में अवतार है।

(1) अवतार की कल्पना

'अवतारवाद' एक पौराणिक कल्पना होने से उसकी काव्यात्मकता के साथ उससे सम्बन्धित ऐतिहासिक तथ्यों को स्वीकार करना भी अनिवार्य है। इसी से व्यास-प्रणीत पुराणों में अवतारवाद की अभिव्यक्ति भारतीय संस्कृति की परिचायक है। इन पुराणों में संस्कृति के सभी स्तम्भों की उज्ज्वल रेखाएँ अंकित हैं— धर्म, इतिहास, दर्शन, कला, काव्य और विज्ञान। इस भूमिका पर निर्मित अवतारवाद की मान्यता का प्रवर्तन मध्ययुग में परिपक्व अवस्था में हुआ है। इसी से यह उपास्य-उपासक के भाव की दृढ़ता लिये हुए है। इस पौराणिक मान्यता में एक ओर ईश्वर को परिपूर्ण परब्रह्म परमात्मा भी माना गया तो दूसरी ओर प्रतिदिन प्रतिक्षण भक्त पर कृपा-करुणा बरसानेवाला भक्त-वत्सल ईश्वर भी।

ऐसा प्रतीत होता है कि मनुष्य ने अवतार की कल्पना दो प्रमुख उद्देश्यों से प्रेरित होकर की—

1— साम्प्रदायिक प्रयोजन की पूर्ति।

2— विशेष रूप से अपने उपास्य की तथा सामान्य रूप से उपासना की प्रधानता स्थापित करना।

भक्त-भगवान् का विलक्षण सम्बन्ध या तादात्म्य किसी दिव्य या अप्राकृतिक ब्रह्मलोक में नहीं, मर्त्यलोक में ही होता है। वह तटस्थ, निरपेक्ष ब्रह्म नहीं, भक्तों को भजनेवाला भगवान् है। अतः दोनों मानव-प्रेम की समान भाव-भूमिका पर मिलते हैं। ये दोनों मानवोत्कर्ष एवं मानव-आदर्श के चरम बिन्दु हैं। मानव होकर भी ये दोनों जाति, वंश-परम्परा या अन्य सामाजिक प्रथाओं के बन्धन तथा अन्धविश्वासों की जड़ता से परे हैं। इसी से तुलसी के राम भी केवट, निषाद, शबरी, जटायु आदि से प्रेमपूर्ण व्यवहार करते हैं।

इस व्यवहार में एक तथ्य यह सामने आता है कि भगवान् अपनी लीला का विस्तार करके भक्तों पर अनुग्रह करने की इच्छा से अवतरित होते हैं। यह लीला-विस्तार मानव-विग्रह धारण करके ही होता है। यही कारण है कि मध्यकाल में भगवान् के मानव रूप को ही नहीं समग्र मानव रूप को अधिक महत्त्व दिया गया।

पुराने शिल्प में श्रीकृष्णावतार की दुष्ट-दमन-लीलाओं का ही बाहुल्य है, परन्तु बाद में मानव-हृदय की समस्त रागात्मक वृत्तियाँ इसमें केन्द्रित होकर दिव्य बन गयीं। इस उदात्तीकरण की प्रक्रिया का साधनात्मक महत्त्व होने से उत्तर-मध्यकाल के शिल्प में कृष्ण की मानवीय लीलाओं की अभिव्यक्ति एक उद्देश्य बन गयी।

वैदिक काल में देवता मानव के लिए कल्याणकारी होने के कारण ही उसके पूज्य, आराध्य और शरण्य थे। उनकी श्रेष्ठता के सादृश्य को व्यवहार में चरितार्थ करनेवाले ऋषियों को भी उसी काल में आगे चलकर देवताओं के समकक्ष पद-प्रतिष्ठा की प्राप्ति हुई। पौराणिक युग में राजाओं के कार्यों में देव-पराक्रम की भावना से प्रेरित होकर उनमें ईश्वर या विष्णु का अंश माना गया। पुराणों में कई प्रसंगों का वर्णन किया गया है कि क्षत्रिय राजा देवताओं के पक्ष में रहकर युद्ध द्वारा देवशत्रुओं को पराजित करते थे। उदाहरण दुष्यन्त, पुरूरवा आदि। परन्तु देवों ने साक्षात् धरती पर उतरकर राजाओं को युद्ध में मदद की हो, ऐसा कोई वर्णन नहीं मिलता। उनके प्रसादी अस्त्र-शस्त्र, मन्त्र, मानव-वानर आदि के रूप में अवतार लेकर या उनकी शक्ति को उनमें आविष्ट करके उन्होंने मानव की मदद के ऐसे अनेक वर्णन हैं। अर्थात् प्रकारान्तर से मानव में दैवी अंश का प्रमाण है।

देवता गुणातीत नहीं होते। वे प्राकृतिक शक्ति के चरम विकास के प्रतीक होते हैं। इसी से उनके वरदान भी प्रकृति के कार्य तक सीमित रहते हैं, गुणातीत की प्राप्ति नहीं करा सकते। रवीन्द्रनाथ ठाकुर— "मनुष्य की जिज्ञासा की इतिश्री केवल देवताओं के अपूर्ण या आंशिक मानवीकरण की ओर ही नहीं थी अपितु एक ऐसे परम पुरुष व महामानव की थी जो मनुष्यमात्र से श्रेष्ठ, महान् तथा स्वयं पूर्ण मानव रूप में अत्यन्त महान् हो।"[1]

देवताओं के आंशिक मानवीकरण की कल्पना में पूर्ण पुरुष का प्रादुर्भाव हुआ। 'ब्रह्मविद् ब्रह्मैव भवति'— ब्रह्मवाद और एकेश्वरवाद के उत्थान काल में ब्रह्म और ईश्वर दोनों का परस्पर समाहार हो गया और व्यक्ति में उसका आरोपण भी हुआ। इसका एक कारण है, 'अवतार मानव की महानता का युगानुरूप मानदण्ड है।' युग के व्यक्तित्व की अभिव्यक्ति में नये मानव धर्म का प्रादुर्भाव होता है।

अवतारवाद की सीमा में मनुष्य ईश्वर और ईश्वर मनुष्य है। यह एक ऐसा धर्म-निरपेक्ष सत्य है कि इस बिन्दु पर सारे वैर-विरोध समाप्त हो जाते हैं। मुसलमान के पीर, फकीर और पैगम्बर तथा खुदा को हिन्दू और हिन्दू के सन्त, साधु, अवधूत और भगवान् को मुसलमान श्रद्धापूर्वक स्वीकार करते हैं। यही नहीं, वे उनके अनुयायी और भक्त हो जाते हैं।

इसलाम में भी निराकार ईश्वर को मनुष्य के समान कल्पित कर मनुष्य में सारे ईश्वरीय लक्षणों का निरूपण कर परस्पर में समान कर्म, धर्म, स्वभाव का और गुणों का आरोप किया गया है। उसके मत में अल्लाह अल्-हाफिज़ (द्रष्टा), अल्-खालिक (स्रष्टा), अल्-मुसब्बिर (चित्रकार), अलहथी (जीवनदाता), अलकादिर (शक्तिमान्) और अल् कबीर (ज्ञाता) है। वह अल्-रहमान (करुणा-सागर) व्यक्त (अवतरित) होकर जीवों पर कृपा करता है।

---

1. दि रिलीजन ऑफ मेन, पृ॰ 53

अल्लाह के विविध गुण वेदान्त के ब्रह्म और पुराण के भगवान् से पूर्ण साम्य रखते हैं—

(1) जात — एकता, नित्यता, सत्यता, स्वयं, खुद।

(2) जमाल — उदारता, क्षमा (माधुर्यप्रधान), सौन्दर्य, शोभा।

(3) जलाल — शक्ति, शासन (ऐश्वर्यप्रधान)।

(4) कमाल — पूर्ण माने बाह्य और आन्तरिक परस्पर विरोधी गुणों के आश्रय।

सन्त-साहित्य और सूफी-साहित्य के विवेचक ईश्वर में निर्गुण तत्त्वों को देखकर उसे 'निराकार' कहने लगे। दूसरी ओर भारतीय सूफी कवियों ने प्रेमाख्यानक काव्यों में अपने उपास्य के माधुर्यप्रधान रूप को प्रस्तुत करने के पूर्व और समकाल उसके ऐश्वर्यजनित स्रष्टा और सगुण रूपों का वर्णन भी किया है। यह इसलाम का कमाल और उपनिषद् का ब्रह्म पुराण पुरुष अपनी पूर्णता को चरितार्थ करनेवाला उपास्य देवता है। फिर भी इस रहस्य से अनभिज्ञ सामान्य मानव की बुद्धि में यह ग्राह्य नहीं हो सकता, बल्कि प्रश्न उठता है कि शून्य और निराकार में मानवीय गुणों की सम्भावना कैसे होगी?

इस प्रश्न का पूर्ण समाधान न अद्वैत-सिद्धान्त से सम्भव है, न विशिष्टाद्वैतमत, द्वैताद्वैत मत या प्रतिबिम्बवाद से। किसी सिद्धान्त, मत और वाद से परे इस परम तत्त्व की पूर्णता को हृदयंगम करने के लिए महादेवी वर्मा अपना एक युक्तिसम्मत अभिप्राय देती हैं— "मानवीय भावों का आरोप पाञ्चरात्र-विहित उपास्य ब्रह्म पर किया जा सकता है, जो अनेक दिव्य गुणों से युक्त है। यह उपास्य सन्त, सूफी, सगुणोपासक सभी में कहीं अन्तर्यामी, कहीं अर्चा तो कहीं स्त्री या पुरुष, बालक या वृद्ध रूप में गृहीत हुआ है। यह हृदय-प्रधान, भावनात्मक तत्त्वों के आधार पर निर्गुण-सगुण-युक्त ब्रह्म की सभी उपाधियों का संश्लिष्ट रूप है।"

उपास्य ब्रह्म का अवतरण ज्ञान की भूमिका पर नहीं, मनुष्य की भावना के अनुरूप अपनी परम्परा और संस्कारों से प्रभावित भावलोक में होता है। कुछ साधक प्रतीकात्मक संयोग या वस्ल के द्वारा उसके प्रेम का अनुभव करते हैं। हिन्दू संस्कारों से प्रभावित अल्-गज्जाली का मत भी हमारे प्रश्न का समाधान कर देता है— "असीम या अनन्त ईश्वर ज्ञान कभी भी मनुष्य के लिए सम्भव नहीं है। अतः उसे कुछ पैगम्बरी या व्यक्तिगत अनुभूति-जनित रहस्यों का आश्रय ग्रहण करना पड़ता है। इसी से मुहम्मद के बाद ज्योति-अवतार-परम्परा में 'पैगम्बर' अल्लाह का प्रथम और 'वली' दूसरा अवतार माना जाता है। 'वली' खुदा से तदाकारता प्राप्त कर लेनेवाला दिव्य गुण सम्पन्न सन्त है।"

'वली' के कार्य का जहाँ अन्त होता है, पैगम्बर के कार्य का वहीं से प्रारम्भ होता है। इसलाम की मान्यता में सृष्टि में प्रथम ज्योति, फिर रूप का अवतरण होता है। इसलाम से सैकड़ों वर्ष पूर्व इस 'ज्योति-अवतार' का विकास बौद्ध-धर्म में हो चुका था। उदाहरण सद्धर्मपुण्डरीक— "बुद्ध जब उपदेश करना चाहते हैं, तब भूमध्य के ऊर्णकोश से एक रश्मि प्रसूत करते हैं, जिससे अट्ठारह सहस्र बुद्ध-क्षेत्र अवभासित होते हैं।" तात्पर्य यह कि मानव और ईश्वर में प्रवृत्तिगत और गुणात्मक साम्य होने से ईश्वर को मानव के माध्यम से ही जाना जा सकता है। यदि जानने में कठिनाई हो तो इसका कारण ईश्वरीय सम्बन्ध की रहस्यमयता है।

जब ईश्वराराधना में अवतार की अभिव्यक्ति-रूप मूर्ति की पूजा और तत्सम्बन्धी सारे धार्मिक विधि-विधानों की स्थूल-जड़ता में बँधकर मानव ने मानव की उपेक्षा, तिरस्कार, द्वेष आदि वृत्तियों से प्रेरित हो उसका अपकार करना शुरू किया, तब तत्त्वदर्शी सन्तों ने मानव की महिमा को सुरक्षित रखने के लिए ईश्वर से भी अधिक मूल्यवान् मानव को और अणु-परमाणु में व्याप्त ईश्वर का 'अन्तर्यामी' रूप में निवास-स्थान एकमात्र मानव-हृदय को बताया। ईश्वर की मूर्ति का निर्माण भी मानव के समान ही किया जाता है। वह मनुष्य के माध्यम से सृष्टि को देखता है और लोगों पर कृपा-करुणा करता है।

इस सन्दर्भ में 'करुणा' को बौद्ध-धर्म का प्रभाव बताया जाता है, परन्तु यह एकान्त सत्य नहीं है। बौद्ध-धर्म के पूर्व हिन्दू-धर्म में भगवान् को 'करुणा-वरुणालय' कहा गया है। विशेषता इतनी ही है कि बौद्ध-धर्म ने मात्र 'करुणा' पर जोर दिया है, जबकि हिन्दू-धर्म में सब ईश्वरीय गुणों का सविस्तार वर्णन-निरूपण किया गया है और ऊपर से प्रतीत होनेवाले निर्गुण-सगुण के भेद का निवारण कर दोनों के ऐक्य को दर्शन का परम सत्य बताया गया है। इसी से साधना के बल पर व्यक्ति सिद्ध अर्थात् 'पूर्ण मानव' होकर ईश्वर के समान ही श्रद्धेय, वन्दनीय, प्रातःस्मरणीय सद्गुरु या आचार्य का गौरव पाता है।

यह साधनाजनित ईश्वरीय गुणों एवं आदर्शों का मानवीकरण अवतारवाद का भी द्योतक है, क्योंकि इनके आधार पर ही पूर्णावतार या पूर्ण मानव की कल्पना का विकास हुआ और ब्रह्म की महत्ता भी आदर्श मनुष्य के रूप में सोलह या बारह कलाओं के रूप में आँकी गयी। मध्ययुग में साधना का साफल्य ही मनुष्य की श्रेष्ठता एवं चरमोत्कर्ष का कारण हुआ, क्योंकि इस युग में अन्य योनियों को भोग-योनि और केवल मानव-योनि को ही साधना की योनि माना गया और उसे देवदुर्लभ बताया गया।

सन्तों ने मानव-मूल्य के रूप में अवतारवाद का सापेक्ष मूल्य आँका है। इनकी दृष्टि में वे सभी सन्त अवतार हैं, जिनका समाज में विशिष्ट स्थान है तथा जो परम हरिभक्त हैं। रामानन्द कहते हैं कि वानर पशु होकर भी देवता थे तो सन्त क्यों देवता नहीं हो सकता?

सिद्धों और नाथों में गुरु का ईश्वर तुल्य महत्त्व था। वे गुरु को ईश्वर का अवतार ही मानते थे। नकुलीश, सकुलीश, गोरखनाथ, मत्स्येन्द्रनाथ, ये सब शिव के ही अवतार माने गये हैं। इसका कारण है, शैव-दर्शन का प्रभाव। शिव स्वयं जगद्गुरु हैं, जगत्पिता हैं। श्रीकृष्ण भी जगद्गुरु के रूप में प्रसिद्ध हैं—

वसुदेवसुतं देवं कंस-चाणूर-मर्दनम्।
देवकी परमानन्दं कृष्णं वन्दे जगद्गुरुम्।।

नादवंशानुसारी गुरु-परम्परा का प्रारम्भ तात्त्विक दृष्टि से 'नारायण' से हुआ है, परन्तु धरती पर अवतरित मनुष्यों में सर्वप्रथम 'कृष्ण-द्वैपायन व्यास' का नाम आता है। नारायण की परम्परा में क्रमशः नारायण, ब्रह्मा, नारद और व्यास से ज्ञानधारा की परम्परा आगे बढ़ी। इन संस्कारों की विरासत के साथ ज्ञाननिधि का आदान-प्रदान होने के कारण स्पष्ट है कि भारत में गुरु में भगवद्-बुद्धि की प्रणाली अति प्राचीन है। श्रीराचन्द्र और श्रीकृष्ण भी अपने गुरु वशिष्ठ और संदीपन में भक्तिभाव रखते थे। बौद्ध-धर्म में 'करुणामूर्ति गुरु' की भावना का स्रोत हिन्दू-धर्म में ही मिलता है।

मध्ययुग से सन्तों में भी गुरु में अवतारत्व की भावना चरम सीमा पर थी। प्रत्येक सम्प्रदाय ने अपनी विशेषताओं को महत्त्व देने के प्रयोजन से अपने आचार्य को अवतार का महत्त्व दिया। ये सन्त-सम्प्रदाय सामान्य-रूप से गुरु-सम्प्रदाय भी कहे जाते हैं। इन सम्प्रदायों में इष्टदेव के स्थान पर गुरु की ही पूजा होती है। इनकी रचना 'गुरु को अंग' गुरुमहिमा और गुरु के अवतारोचित कार्य की चर्चा के लिए ही लिखे गये हैं। गुरु को परमात्मा मानने के कारण परम्परा का स्वीकार भी इस अर्थ में हुआ कि एक ही गुरु का पुनः-पुनः अवतरण होता है।

प्रायः अवतार-आचार्य अपने अवसान के पश्चात् अपने अवतारी इष्टदेव-उपास्य से तदाकार होकर स्वयं भी अवतारी उपास्य होकर अपने सम्प्रदायों में प्रचलित हो जाते हैं। चेतना का स्वभाव लचीला है। जड़ता के अभाव में आत्मा परब्रह्म है तो मनुष्य का किसी व्यक्ति अवतार से तादात्म्य हो जाना असम्भव या आश्चर्य का कारण नहीं है। जड़तारहित एक निरन्तर चेतन-प्रवाह के अर्थ में अवतार-परम्परा की उपयोगिता माननी पड़ेगी। मानव के व्यावहारिक जीवन को उदात्त बनाने का यह प्रशस्त मार्ग है।

राम और कृष्ण-जैसे अवतारी पुरुष अपने उत्तरदायित्व की रक्षा के लिए शस्त्र धारण करते थे, आचार्य यह कार्य शास्त्र धारण करके करते हैं। इस प्रकार सामान्य मानव मिटकर सन्त होनेवाला महापुरुष अवतार भावना के विकास के प्रभाव से स्वयं अंशी या अवतारी हो जाता है। सम्प्रदायों में उनके प्रति गाये जानेवाले स्तोत्र सर्वोत्कर्षवादी होते हैं। अतः गुरु के विराट् रूप, सर्वात्मवादी रूप तथा निर्गुण और सगुण रूप का वर्णन किया जाता है।

महात्मा गाँधी ने अवतार को शरीरधारी पुरुष-विशेष के अर्थ में घटित करते हुए इस अवतार भावना की मनोवैज्ञानिक व्याख्या द्वारा इस विषय में अपने अनुकूल विचारों को प्रकट किया है— "जीव-मात्र ईश्वर के अवतार हैं, परन्तु लौकिक भाषा में हम सबको अवतार नहीं कहते। जो पुरुष अपने युग में सबसे श्रेष्ठ धर्मवान् है, उसे भावी प्रजा अवतार रूप मानती है। इसमें मुझे कोई दोष नहीं जान पड़ता। इससे न तो ईश्वर के बड़प्पन में कमी आती है, न उसमें सत्य को आघात पहुँचता है।"

मध्ययुगीन सन्तों ने भी पौराणिक अन्धविश्वासपूर्ण तथ्यों को हटाकर एक नये व्यक्तित्व को जन्म दिया था। उनकी परिभाषा में "सहज और भोले भाव की रहनि में जो रहता है, वह सन्त है।" उसे ब्रह्म और ईश्वर के समान भी प्रतिष्ठा दी गयी। कबीर ने ऐसे सन्त-व्यक्तित्व को ही राम से अभिन्न माना है। संक्षेप में, साकार प्रतीक-पूजा की अपेक्षा सन्त को साक्षात् परमात्मा मानकर उसकी शरण में जाना मनुष्य के लिए अधिक श्रेयस्कर है।

गुरु नानक ने सन्त और ब्रह्म के लक्षण समान दिखाकर उन्हें एक सिद्ध किया है। प्रेमी भक्तों ने सन्त को साधकों तक प्रियतम का सन्देश पहुँचानेवाला 'ईश्वरीय दूत' कहा तो ज्ञानी और योगी-जनों ने उसे 'ज्योति-अवतार' बताया। इन सन्तों के जीवन का प्रमुख प्रयोजन सामान्यजनों का उद्धार-कार्य है। इस कारण राम की लीला की अभिव्यक्ति में सन्त अभिनेता की भूमिका अदा करते हैं।

आध्यात्मिक उन्नयन की प्रक्रिया में मनुष्य का सन्त होना और सन्त होकर परमात्मा के समकक्ष मान्यता प्राप्त करना अवतार का एक क्रम है जिसे उत्क्रमण कहते हैं। परब्रह्म

का सगुण होना ऊपर से नीचे उतरना होने से अवतरण है। अवतारवाद के विकास में केवल अवतरण ही नहीं, उत्क्रमणशील प्रवृत्तियों का भी योग रहा है। साथ ही सन्तों के निर्गुण-निराकार उपास्य में उपलब्ध पाञ्चरात्रों के अन्तर्यामी रूप का विवेचन किया गया है। यह मानव-मनोविज्ञान का ऐसा रहस्य है, जिसमें मनुष्य को ईश्वर रूप हुए बिना चैन नहीं मिलता। ईश्वररूप होने के प्रयत्न का नाम सच्चा और एकमात्र पुरुषार्थ है। यही आत्मदर्शन है, यही आत्मब्रह्म की राम रूप में अभिव्यक्ति है। सन्त में राम और राम में सन्त एकरस है। इसी कारण सन्त अवतार और देवता से भी श्रेष्ठ है।

इस अवतारत्व में सगुण-निर्गुण का कोई भेद किये बिना प्रायः समान रूप से पौराणिक भक्तों एवं सन्तों के नाम लिये गये हैं। इसी से प्रेरित होकर परवर्ती सन्तों ने पौराणिक पद्धति में ही सन्तों का अवतार माना। इसमें धारणा ऐसी है कि भगवान् ही सन्तों के रूप में सम्प्रदाय द्वारा भक्ति-प्रवर्तन के उद्देश्य से अवतरित होते हैं। परमात्मा अन्य अवतारों में निर्गुण से संयुक्त होते हैं, सन्त-अवतार में निर्गुण से मुक्त होते हैं।

ऐसा प्रतीत होता है कि इस अवतारवाद में मुख्य प्रयोजन सन्त मत का प्रवर्तन होगा। सन्त मत की श्रेष्ठता के अभिप्राय से ईश्वर की अपेक्षा सन्तों और महापुरुषों के अवतरण का प्रचार अधिक हुआ। इस मान्यता के अनुसार जब-जब मनुष्य का राजनीतिक, सामाजिक या नैतिक पतन होता है, तब पैगम्बर महापुरुषों का अवतार होता है। ये सन्त उपदेशक माने दैवी मार्गदर्शक हैं। वह धर्म या सम्प्रदाय का आदि प्रवर्तक होता है। उपास्य ब्रह्म अवतारी, दिव्य मानव या दैवी गुरु-रूप में मान्य है।

एक प्रकार से अवतार-पूजा स्मृति-पूजा है। 'कौन व्यक्ति अवतार-पद के उपयुक्त है'— इस बात का निर्णय जातीय मस्तिष्क तब तक नहीं कर सकता, जब तक वह व्यक्ति स्वयं इस संसार में विद्यमान है। श्रद्धा की यह पुनीत अञ्जलि किसी व्यक्ति-विशेष को नहीं, उसकी स्मृति को अर्पित की जाती है। इसके साथ-साथ यह भी तथ्य है कि अवतारों को जो सम्मान मृत्यु के बाद मिलता है, साधुओं और गुरुओं को इसी जीवन में मिलता है। निर्गुणियों ने साधुओं के विशेषकर गुरुओं के महत्त्व को बढ़ाने के लिए अवतारवाद का उपयोग किया है। साधु और गुरु पृथ्वी पर साक्षात् परमात्मा माने गये हैं।

धर्म या सम्प्रदायों से सम्बद्ध अवतरित रूपों के अतिरिक्त सर्वप्रथम विष्णु में ब्रह्म की व्यापक अभिव्यक्ति को अवतरित रूप बताया गया है।

विष्णु– परमात्मा के सृष्टिरूप अवतार की अभिव्यक्ति में विष्णु को सर्वोपरि महत्त्व दिया गया है। भगवान् के लीलात्मक रूप एवं युगल-रूप में अवतार का निरूपण भी सर्वप्रथम विष्णु में ही किया गया। मध्यकालीन सगुण-भक्ति-सम्मन्न साहित्य में इसका पर्याप्त विस्तार मिलता है।

आगे चलकर विष्णु के अवतार रूप में मनुष्य-विशेष की पूजा और ईश्वरवादी तत्त्वों का समावेश हो जाने से सन्तों ने इस प्रवृत्ति की कटु आलोचना की। वे विष्णु के ऐतिहासिक मानव-रूप को 'माया-विशिष्ट अवतार' होने से नहीं मानते। दूसरे, अवतारों के नाम पर धार्मिक आडम्बर और अन्धश्रद्धा से प्रेरित होकर तथाकथित अवतार के उचित-अनुचित कार्यों में भी दिव्यता और ईश्वरता का आरोप, व्यक्ति पूजा की प्रधानता से

बहुदेववाद की प्रथा आदि दोष आ जाने से उनके मूल कारण 'अवतारवाद' का ही उन्होंने सख्त विरोध किया तथा विष्णु के एकेश्वरवादी निराकार रूप का प्रवर्तन किया। कबीर ने इस सिद्धान्त की पुष्टि में सृष्टि एवं ब्रह्मावतार का उल्लेख किया है—

'सकल औतार जाके महिमण्डल अनन्त खड़ा कर जोरे।'

यहाँ अनन्त का हाथ जोड़कर खड़ा रहना उसके अव्यक्त, निर्गुण, निराकार, निष्क्रिय, तटस्थ और असंग रूप की अभिव्यक्ति के लिए है।

महाकाव्यों में विष्णु केवल ब्रह्म होकर ही नहीं रह गये। प्रारम्भ में विष्णु अन्य वैदिक देवताओं के सदृश केवल एक देवता थे। वामन के रूप में उनको श्रेष्ठता प्राप्त हुई। उसके बाद विष्णु के वाचक नारायण, वासुदेव, राम, कृष्ण, सबमें परब्रह्म की भावना दार्शनिक स्तर पर दृढ़ हो गयी। इससे व्यक्ति-पुरुष का स्थान इनकी अपेक्षा गौण हो गया। इसी से सन्तों ने और महाकवियों ने विष्णु को षोडशकलायुक्त और निर्गुण-सगुण-विशिष्ट विराट् रूपधारी सर्वात्मा और एकेश्वरवादी उपास्य रूप में पसन्द किया। उन्होंने परब्रह्म की अभिव्यक्ति के तीन रूप माने-परमात्मा, विश्वात्मा और जीवात्मा।

राम-कृष्ण विषयक महाकाव्यों में उनका वैष्णवीकृत अंशावतार या पूर्णावतार साम्प्रदायिक भावनाओं से प्रेरित है। कृष्णावत और रामावत सम्प्रदायों में उपास्य रूप में वे दोनों पूर्णावतार माने गये हैं। रामावतार में भगवान् से भी बढ़कर भक्त की पूजा की महिमा बढ़ी। इसी कारण विष्णु के अवतारों की संख्या में वृद्धि होती गयी। विविध देवताओं और ऋषियों को उनके भक्त रूप में लोकप्रियता प्राप्त हुई। कालान्तर में उनका विष्णु के अवतार रूप में परिणत होना इस तथ्य का प्रमाण है।

रामावतार– वाल्मीकि रामायण में अवतार-भावना की अभिव्यक्ति में भक्तिभाव गौण दिव्यता का भाव मुख्य है। इस महाकाव्य के नायक राम के अवतारत्व का विकास प्रारम्भ में साम्प्रदायिक या पौराणिक न होकर आलंकारिक विदित होता है। संक्षिप्त रामकथा में राम विष्णु के अवतार नहीं हैं, किन्तु विष्णु के वीर्य और तेज से युक्त होने के कारण उनके समान वे वीर्यवान् अवश्य माने गये हैं। यह रामायण का वैष्णवीकृत रूप है।

अतः विष्णु के समान उनके पराक्रमी रूप का विकास विष्णु के अवतार-रूप में सम्भव प्रतीत होता है, क्योंकि अवतारवादी साहित्य में वीर्य सदैव पराक्रम का परिचायक रहा है। वैदिक काल से पौराणिक अवतार में अनेक गुण कल्पित किये गये हैं— वीर्य माने पराभूत करने की क्षमता और तेज इनके दो प्रमुख गुण हैं।

कालान्तर में राम में एकेश्वरवादी, सर्वात्मवादी और विराट्-पुरुष के इष्टदेवात्मक तत्त्वों से युक्त 'उपास्य राम' के रूप में उनका प्रचार हुआ। 'मर्यादा पुरुषोत्तम रामचन्द्र' का लोकरंजक रूप शील, शक्ति तथा सौन्दर्य का मधुर निकेतन बनकर मानवों के हृदय को ही आकृष्ट नहीं करता, प्रत्युत मानव-समाज के लिए अनुकरणीय तथा आदरणीय आदर्शों को भी उपस्थित करता है। इस प्रकार राम को इष्टदेवता मानने से 'रामावत सम्प्रदाय' की विशेष लोकप्रियता बढ़ी।

पूर्व-तापनीय और उत्तर-तापनीय उपनिषदों के आधार पर राम अति प्राचीन हैं। वेदों

में भी राम की महिमा अज्ञात नहीं है। राम के ब्रह्मत्व और मन्त्रों के साथ दो भुजा से लेकर अट्ठारह भुजाओं तक का वर्णन है और वैसी मूर्तियाँ भी मिलती हैं। महाभारत के टीकाकार नीलकण्ठ धनुर्धर ने वेद के मन्त्रों को एकत्रकर 'मन्त्र रामायण' नामक सुप्रसिद्ध ग्रन्थ का निर्माण आज से चार सौ वर्ष पूर्व किया था। इसका अनुशीलन राम-उपासना की प्राचीनता दिखलाने के लिए पर्याप्त है।

प्रारम्भ में राम और कृष्ण विष्णु के अंशावतार माने जाते थे। वाल्मीकि रामायण के प्रथम काण्ड में अंशावतार और षष्ठ काण्ड में पूर्णावतार राम का वर्णन है। राम की उपासना श्रीवैष्णवों में प्राचीन काल में भी प्रचलित थी, परन्तु जनता में उसका उतना प्रचलन न था जितना होना चाहिए था। शठकोपाचार्य राम के विशिष्ट उपासक माने जाते हैं। रामानुजाचार्य ने राम की विधिवत् पूजा का भी प्रारम्भ किया और अपने गद्यात्मक स्तोत्रों में श्रीरामचन्द्र की 'काकुत्स्थ' रूप से स्तुति की। कम्बन ने अपने रामायण में बताया है— "राम पूर्णावतार हैं और अन्य अवतार समुद्र में खुर के समान हैं।" इसमें स्पष्ट होता है कि आलवारों में रामोपासना का विशेष महत्त्व था। वे स्वतन्त्र रूप से राममूर्ति की पूजा करते थे। परन्तु जनता में उसके प्रचार का महनीय कार्य स्वामी रामानन्द के उद्योग तथा अध्यवसाय का फल है।

गुप्तकाल में वैष्णव धर्म का अत्यधिक उत्थान हुआ। तब से राम की भक्ति में साम्प्रदायिकता का प्रवेश हुआ। डॉ॰ भण्डारकर के मतानुसार रामपूजा का विशेष प्रचार ईसा की 11वीं शती से हुआ। हिन्दी-साहित्य में राम की अवतार रूप में प्रतिष्ठा 14वीं शताब्दी से हुई। परन्तु रामावतार की ऐतिहासिक खोज के लिए पर्याप्त प्रमाणों का अभाव है। वैदिक युग के राम और मध्ययुग के राम में भारी अन्तर लक्षित होता है। आधुनिक राम परवर्ती और उपदेशात्मक होने से अनुमान से प्रेरित अधिक हैं। इस प्रकार के चित्रण में श्रद्धा-भक्ति की प्रधानता का मुख्य प्रयोजन राम के चरित्र की महिमा दिखाना है जिससे लोगों को उनकी उपासना के लिए प्रेरणा मिले और अपने जीवन का नैतिक निर्माण कर सके।

'आनन्द-रामायण' में विभिन्न अवतारों में दोष और अभाव दिखाकर रामावतार की श्रेष्ठता का प्रतिपादन किया गया है। इसका मुख्य प्रयोजन यह दिखाना है कि राम को सभी प्रकार के गृहस्थ-सुख की प्राप्ति थी और उनकी भक्ति करनेवाले को भी वैसा ही फल मिलेगा। सकाम-भक्ति में आराध्य किस वस्तु का स्वामी है, यह देखना भी महत्त्वपूर्ण है। वह अपने पास जो होगा, वही देगा। 'आनन्द-रामायण' में 'अध्यात्म-रामायण' की शैली में ही अवतार और उपास्य रूप में एक विशिष्ट प्रकार के राम का साम्प्रदायिक रूप मिलता है।

सगुणोपासना के मूल स्रोत 'पाञ्चरात्र' और उस पर आधारित रामानुज-सम्प्रदाय में मान्य 'परिविग्रह' माने उपास्य ईश्वर का प्रथम और परम रूप ईश्वर का अद्वितीय रूप है। उससे परे कुछ भी नहीं है। इस सगुणोपासना में 'निर्गुण राम' की भावना का बीज तात्त्विक स्तर पर मिलता है। इसलिए ब्रह्मवादियों द्वारा निरूपित निर्गुण-निराकार रूप राम का एक विशिष्ट रूप मात्र है, क्योंकि उसके साथ भी अनेक प्रयोजनों के सम्बन्ध स्थापित किये गये हैं।

रामावतार का प्रयोजन– 'आदि काव्य' के समय से आज तक मर्यादापालक राजा 'राम' के अवतार का मुख्य हेतु 'भू-भार-हरण' बताया जाता है। इसमें वैदिक विष्णु-विषयक

मान्यता प्रबल रही है। वाल्मीकि रामायण में उनके अवतार का मुख्य प्रयोजन देवशत्रु रावणादि राक्षसों का वध बताया गया है। आगे चलकर मध्ययुग में तुलसीदास ने भगत, भूमि, भूसुर, 'सुरभि पर कृपा करनेवाले' और 'सुरहित नर-तनु-धारी' कहा।

राम भक्ति-साहित्य– ईसा पूर्व रामावतार की प्रसिद्धि थी। रामावतार की प्राचीनता को माननेवाले भण्डारकर लिखते हैं— "रघुवंश के दसवें सर्ग में वर्णित क्षीरशायी विष्णु का अवतार 'राम' अधिक प्रामाणिक है क्योंकि महाकाव्यों और पुराणों की तुलना में 'रघुवंश' के प्रक्षिप्त होने की सम्भावना कम है। बौद्ध-पालि-साहित्य में रामावतार को कुछ और बोधिसत्त्व के रूप में तथा जैनों में आठवें बलदेव के रूप में मान्यता दी गयी है।"

भास के संस्कृत नाटकों में 'राम' मात्र अवतार नहीं हैं। लेखक ने उनमें मानव-चरित्र के उत्तम गुणों का आधान कर वर्णन किया है कि राम सत्य के, लक्ष्मण शील के और सीता भक्ति की साक्षात् स्वरूप थीं।

मध्ययुग में रामभक्ति का प्रारम्भ इस धारा के प्रवर्तक अनन्तानन्द की परम्परा में आनेवाले कील्हदास से और उनके शिष्य द्वारकादास से माना जाता है। तुलसी के पूर्व या समकालीन राम के निर्गुण-रूप से सम्बद्ध साहित्य सन्त-सम्प्रदायों में मिलता है। सन्त मत के प्रवर्तक रामानन्द के बारह शिष्यों में कबीर अवतारवाद और सगुणोपासना के विरोधी थे।

अवतारवादी राम-साहित्य की परम्परा गोस्वामी तुलसीदास से प्रारम्भ होती है। उस समय राम का उपास्य रूप प्रचलित था। तुलसीदास ने रामायणों की और रामचरित की परम्परा को आगे बढ़ाया। तुलसी के राम वाल्मीकि रामायण के विष्णु नहीं हैं, परवर्ती पुराणों के क्षीरशायी विष्णु या नारायण हैं। उसमें पौराणिक कल्पावतार की भावना का समावेश है। इसी कारण उनके राम पौराणिक भगवान् के अतिरिक्त शांकर-मत में प्रतिपादित उपनिषदों के निर्गुण ब्रह्म के अवतार हैं। अतः वे अगुण, अरूप, अलख और अज होते हुए भी भक्त के प्रेमवश सगुण रूप धारण करते हैं।

ऐसा प्रतीत होता है कि 'उपास्य-ब्रह्म-राम' अवतार ग्रहण करनेवाले विष्णु, क्षीरशायी विष्णु, ब्रह्म और पाञ्चरात्र के 'पर-विग्रह' इन सबका समन्वित रूप है।

तुलसी ने अपने उपास्य राम को निर्गुण ब्रह्म के रूप में निरूपित किया, परन्तु अवतार भी माना जो बिना नाम-रूप के होकर भी भक्त के लिए अनेक प्रकार के चरित्र करतें हैं। वे राम के रूप में नटवत् माने प्राकृत नर के अनुरूप लीला करनेवाले हैं। राम का यह उपास्य रूप उपयोगितावादी दृष्टिकोण से प्रभावित है। इसके द्वारा यह सूचित करने का प्रयत्न है कि ब्रह्म पारमार्थिक से अधिक व्यावहारिक है और तटस्थ की अपेक्षा सक्रिय है। वास्तव में तुलसी ने परब्रह्म परमात्मा के निर्गुण और सगुण दोनों रूपों का एक में चरितार्थ कर पूर्णता का प्रतिपादन किया है।

उत्तर मध्यकाल में रामावतार की अभिव्यक्ति साहित्यिक क्षेत्र में मुख्यतः दो शैलियों में हुई— (1) साम्प्रदायिक और (2) रीतिकालीन काव्य। अग्रदास, नाभादास आदि में सम्प्रदाय-सम्मत अर्चावतार के साथ सखीभाव से युक्त उनके युगल रूप का माधुर्यपूर्ण वर्णन किया है तथा दरबारी कवि केशव, सेनापति आदि की रचनाओं में रीतिकालीन रूप का वर्णन है। केशव ने राम को अवतारी पुराणपुरुष के नायकत्व का व्यक्तित्व दिया है।

सेनापति ने इष्टदेव की परम्परा में प्रयुक्त 'ब्रह्म' से अभिहित एकेश्वरवादी-भावना की पुष्टि के उपादानों का उपयोग कर राम का चित्रण किया है।

रामानन्द सम्प्रदाय– भक्ति कें तृतीय उत्थान में धर्म तथा साहित्य द्वारा पूरे देश में भावनात्मक एकता का कार्य हुआ जिसका प्रभाव आज तक है। सर्वप्रथम स्वामी रामानन्द के द्वारा काशी में रामभक्ति का उदय हुआ। वे इसकी लोकप्रियता के लिए सम्पूर्ण श्रेय के पात्र हैं। उन्होंने 15वीं शताब्दी में उत्तर प्रदेश में रामभक्ति के प्रवर्तक आचार्य का कार्य किया। यह एक धार्मिक क्रान्ति थी। वह एकान्त जन-आन्दोलन के रूप में सम्पूर्ण उत्तर प्रदेश में फैल गया।

इस भक्तिधारा की आत्मा वैष्णवता थी परन्तु वह दो शाखाओं में विभक्त हुई, जिससे राम के 'अर्चारूप' की प्रधानता से सगुण भक्ति और 'अन्तर्यामी रूप' से निर्गुण भक्ति दो स्वतन्त्र सम्प्रदायों के रूप में अस्तित्व में आयी। सगुण भक्ति में उपास्य राम के साथ मूर्ति और बहुदेववाद का समन्वय हुआ। इसके प्रतिनिधि हिन्दी कवि सन्त तुलसीदास और निर्गुण भक्ति के प्रतिनिधि कवि सन्त कबीर हुए।

ध्येय रूप राम का ध्यान करने की विधि में स्वामी रामानन्द ने ईश्वर, माया और जीव के 'तत्त्वत्रय' का सिद्धान्त प्रतीक शैली में निरूपित किया है। इसमें राम ईश्वर, सीता माया या प्रकृति और लक्ष्मण जीव के प्रतीक रूप हैं।

रामानन्द की सफलता और लोकप्रियता का कारण यह सर्वजनसुलभ क्रान्तिकारी भक्ति-आन्दोलन था। उनके द्वारा स्थापित सम्प्रदाय सबसे अधिक सुगठित था। उन्होंने रामानुज के विशिष्टाद्वैत-प्रधान सम्प्रदाय को ही आगे बढ़ाया जो 'श्री सम्प्रदाय' के नाम से प्रसिद्ध था और उसी परम्परा में उनके गुरु राघवानन्द ने 'रामावत सम्प्रदाय' के नाम से राम-सीता की इष्टदेव के रूप में प्रतिष्ठा की थी। वे परम्पराप्राप्त सम्प्रदाय के स्थूल घेरे में बँधे न होने के कारण अनेक सुधार-परिवर्तन किये। उस युग की भक्ति-प्रवृत्ति में भी ये संस्कार थे। उन्होंने इन संस्कारों से लाभ उठाकर समन्वयवादी दृष्टिकोण अपनाया। इससे उनके सम्प्रदाय में कुछ उल्लेखनीय विशेषताएँ आ गयीं। उसकी मुख्य विशेषता थी साम्प्रदायिक रूढ़ आचार-विचार का त्याग कर देने से भक्ति मार्ग का सरल और सुलभ होना। उन्होंने जातिभेद और वर्णाश्रम की व्यवस्था को सामाजिक जीवन में मर्यादित बताकर व्यापक और उदार भक्ति-भावना में सबको समान अधिकार दिया—

जाति पाँति पूछै नहीं कोई, हरि को भजै सो हरि को होई।।

इससे हिन्दू-मुसलमान, स्त्री-पुरुष, ब्राह्मण-शूद्र सब भक्ति में स्वीकृत हुए। उनके इस समन्वयवादी उदार मत से कबीर, तुलसी आदि अनेक सन्त प्रभावित हुए। उन्होंने रामानुज के विशिष्टाद्वैत मत के दार्शनिक पक्ष को स्वीकार करते हुए भी तत्त्ववाद पर अधिक जोर न दिया। वे व्यावहारिक सफलता की कसौटी पर सिद्धान्त को परखने के बाद ही उसको महत्त्व देते थे।

एक बार भोजन की पंक्ति भेद की समस्या पर रामानन्द और उनके गुरु राघवानन्द में सैद्धान्तिक मतभेद हो जाने से गुरु ने स्वयं उनके विचारों में सच्चाई देखकर अपना अलग सम्प्रदाय चलाने की अनुमति दी। इस प्रकार 'रामानन्दी-सम्प्रदाय' का जन्म हुआ।

तीन सम्प्रदायों के इस इतिहास से दो बातें उपलब्ध होती हैं—

(1) साम्प्रदायिकता की मूल प्रेरणा अवतार भावना से भावित होती है।

(2) सम्प्रदाय-प्रवर्तक आचार्य भी अवतार रूप में प्रसिद्ध हो जाते हैं।

'रामानन्द सम्प्रदाय' का मान्य ग्रन्थ है 'अगस्त्य संहिता'। इसमें रामानन्द के प्रभाव का वर्णन है— 'स्वामी.रामानन्द अपने शिष्य-प्रशिष्यों से घिरकर पृथ्वी में निरन्तर सुशोभित होंगे। जगद्गुरु होकर वे कल्याण मार्ग के कारण शुभ ज्ञान के दाता होंगे। वे जगत् में प्राणियों के ध्येय और पूज्य होंगे। उनके दर्शन, स्मरण और नामोच्चारण से जीव मुक्त हो जायगा।'

इस संहिता में अगस्त्य-सुतीक्ष्ण संवाद से स्वामी रामानन्द की अपने सम्प्रदाय में कितनी महिमा थी, यह भी स्पष्ट हो जाता है। प्रश्न था कि कलियुग में लोक-कल्याण कैसे होगा? नारायण ने अपने नित्य पार्षदों के साथ अवतार की बात सनत्कुमारादि को सुनायी थी। वे नारायण (विष्णु) ही रामानन्द थे।

इस सम्प्रदाय में अद्वैत मत की प्रधानता का कारण है, 'अध्यात्म रामायण' का प्रभाव। यह इस सम्प्रदाय का धर्मग्रन्थ है। सन्तों में 'अध्यात्म रामायण' का विशेष प्रचलन उसमें निरूपित 'आत्मब्रह्म' की प्रधानता से है। आत्मब्रह्म के अर्थ में राम के तीन रूप 'राम-हृदय' प्रकरण में वर्णित है— (1) बुद्ध्यवच्छिन्न चेतन (बुद्धि में व्याप्त), (2) सर्वत्र परिपूर्ण और (3) आभास (बुद्धि में प्रतिबिम्बित)—

इदं रहस्यं हृदयं ममात्मनो।[1]

रामानन्द ने 'राम' रूप में आत्मब्रह्म की अभिव्यक्ति की है—

आतम माहिं जब भये अनंदा,
मिटि गये तिमिर प्रगटे रघुचंदा।[2]

उन्होंने चौबीसों अवतारों को नश्वर बताकर अवतारवादी दृष्टिकोण को विरोधपूर्वक अस्वीकार किया है—

न तहाँ ब्रह्मा क्यौ बिसन,
न तहाँ चौबीसू वप वरन।[3]

आगे चलकर 'रामानन्द सम्प्रदाय' में 'रामचरितमानस' को भी साम्प्रदायिक महत्त्व दिया गया।

भक्ति और ज्ञान के साथ रामानन्द भक्ति-साधना में योग को भी महत्त्व देते थे। कृष्णदास पयहारी द्वारा आमेर के योगियों का परास्त होना इससे सम्बन्धित एक महत्त्वपूर्ण उल्लेखनीय घटना है। शायद अपने वर्चस्व की सुरक्षा के लिए इस सम्प्रदाय के अनुयायियों ने योग को अपना लिया होगा ऐसी आचार्य रामचन्द्र शुक्ल की मान्यता है।

---

1. अध्यात्म रामायण 1-1-46
2. ग्यानतिलक
3. रामानन्द की हिन्दी रचनाएँ

इस उदार सम्प्रदाय ने अपने विकासक्रम में प्रेमाभक्ति को भी स्वीकार किया। नाभाजी के समय में भक्तों के लिए 'भक्ति दशधा के आगार' वाली उक्ति प्रचलित थी। शायद उसी समय से 'रामानन्द-सम्प्रदाय' में शृङ्गार का प्रवेश हुआ और माधुर्य-भाव के उपासकों का 'रसिक-सम्प्रदाय' के नाम से स्वतन्त्र सम्प्रदाय चला।

अवतार-परम्परा और सामूहिक अवतार– वास्तव में परम्परा का सूत्र-चैतन्य की एकता को सूचित कर तात्त्विक अभेद को व्यवहार तक ले आता है। इसकी सूक्ष्मता पर जिसका ध्यान पहुँचेगा, उसे शीघ्र ही भेद-भाव से मुक्ति मिल जायगी, सर्वत्र उसे वही वह दिखने लगेगा। परन्तु यह परिणाम देखने में नहीं आता। कारण, स्थूल घटनात्मक रूप का ही स्वीकार और तात्त्विक दृष्टि का अभाव मिलता है।

'भक्तमाल' में अनेक भक्तों के स्वतन्त्र अवतार के अतिरिक्त अवतार-परम्परा और सामूहिक अवतार का वर्णन भी मिलता है। यह प्रवृत्ति मध्ययुग के पूर्व भी विद्यमान थी। उपमात्मक शैली में कार्य, भाव और नाम-साम्य से माने गये अवतारों में आगे चलकर दृढ़ आस्था हो जाने पर उसके आलंकारिक रूप का लोप हो गया और उसे वाचक रूप में गृहीत किया गया।

पुराणकार व्यास की परम्परा में माधवदास, वाल्मीकि की परम्परा में तुलसीदास, विदुर की परम्परा में नरसिंह मेहता (राजा मुचुकुन्द की परम्परा में भी नरसिंह मेहता का उल्लेख किया जाता है।), ध्रुव के अवतार पञ्चम वसु आदि का वर्णन उनके व्यक्तित्व में अर्थात् विशेष लक्षण या कार्य में साम्य होने से कल्पित हैं। जहाँ भी एक व्यक्ति में, एक ही समय में एक से अधिक नामों को जोड़कर उसे अवतार बताया जाता है, वहाँ स्पष्ट ही मनुष्य की भावना प्रेरक होती है। वह किसी एक व्यक्ति की भावना या दृष्टि से नहीं, विभिन्न व्यक्तियों की अपने-अपने संस्कारों से उद्‌भूत भावना और दृष्टि से प्रेरित होती है।

पौराणिक परम्परा में पौराणिक अवतारी पुरुषों और देवताओं के आधार पर काल्पनिक कथाएँ गढ़ी जाती हैं। नाम-साम्य से कल्पित अवतार-परम्परा में शंकराचार्य शंकर के, रामानुज लक्ष्मण के अर्थात् शेष के, रामानन्द राम के, कृष्ण चैतन्य कृष्ण के अवतार माने गये।

भगवत्सम्बन्ध से स्थूल वस्तु की जड़ता छूट जाती है और वह चिन्मय हो जाती है। इस भावना के अनुसार भगवान् के आयुध भी चिन्मय हैं। बारह आलवार भगवान् के आयुध के अवतार माने जाते हैं। श्री कृष्णावतार में दिन में सखा वेद मन्त्र के अवतार थे और रात्रि में सखियाँ ऋचाओं की अवतार थीं।

भावसाम्य की दृष्टि से शुकदेवजी पूर्वजन्म में राधाजी के शुक थे। वे राधाजी द्वारा मिले गुरुमन्त्र 'श्रीकृष्ण' का उच्चारण करते थे, अतः दूसरे जन्म में वे भागवत के श्रेष्ठ वक्ता हुए। हित हरिवंश श्रीकृष्ण की वंशी के अवतार माने गये, क्योंकि उन्होंने श्रीकृष्ण-लीला के उत्तम पद गाये। सखी भावापन्न अग्रदास सिय-सहचरी और मीराँ में गोपी प्रेम की तीव्रता होने से वह गोपी का अवतार मानी गयीं। गोपियों को श्रीकृष्ण के रहस्य का ज्ञान होने का कारण पूर्व-जन्म में उनका ऋषि होना था और कई गोपियाँ तो साक्षात् श्रुति का अवतार मानी गयीं। कृष्णावतार के समय कुछ ऋषि-मुनि ने तो ब्रज में पंछी रूप में अवतरित होना भी पसन्द किया।

इस प्रकार अवतार-कल्पना में प्रमुख तीन प्रवृत्तियाँ लक्षिण होती हैं—

(1) जन-श्रुतियों और उपमाओं से सम्बन्धित।

(2) पौराणिक और सम्प्रदायेतर देवताओं के अवतार।

(3) सम्प्रदाय और उसके साहित्य में इष्टदेव या उपास्य के अवतार या गुरु परम्परा के प्रभावानुरूप स्वयं उपास्य रूप में मान्य।

इस कल्पना के प्राथमिक स्तर पर अवतार और अवतारी में वैषम्य देखने में आता है, परन्तु कालान्तर में अवतारीकरण की सक्रिय प्रक्रिया के परिपाक से यह विषमता क्षीण होकर लुप्त हो जाती है और दोनों सम-धरातल पर प्रतिष्ठित हो जाते हैं। यह है मानव का भेद में असहिष्णु हृदय। स्वाभाविक समता को पाने के अनेक प्रयत्नों में यह भी एक प्रयत्न है। व्यक्ति स्वयं जिस आदर्श को पाना चाहता है, परन्तु अपनी कमजोरियों, अभावों और कठिनाइयों के कारण नहीं सिद्ध कर पाता, तब वह किसी अन्य में प्रतिफलित देखना चाहता है। अपनी हीनता-ग्रन्थि का पूर्ण निवारण नहीं हो पाता, तब अपने आदर्श के प्रतिफलन के आधार में वह अपनी प्रिय परन्तु कल्पित गुरुता-ग्रन्थि का आधान कर उससे अपना सम्बन्ध जोड़कर अपनी हीनता-ग्रन्थि को स्वस्थता देता है। वह इस उपाय से अपकारी मानसिक विकृतियों से बच जाता है और कभी-कभी प्रभु-कृपा या गुरु-कृपा से अपने हीन भावों से मुक्त होकर सच्ची गुरुता पा लेता है। कबीर के व्यक्तित्व का अध्ययन इस मनोवैज्ञानिक अनुसन्धान की उपलब्धि में बहुत सहायक है।

अवतार-परम्परा का एक उदाहरण स्वामी रामानन्द के विषय में देखने से पता चलेगा कि किस प्रकार समय के प्रवाह के साथ एक ही व्यक्ति में आरोपित भावना में परिवर्तनशील विकासक्रम सम्पन्न होकर उसे अवतार और अवतारी के रूप में प्रतिष्ठित किया जाता है।

स्वामी रामानन्द बाद में अपने सम्प्रदाय में राम अर्थात् नारायण के अवतार माने गये। 'भक्तमाल' में उनका उद्धार-कार्य राम के समान बताया गया है। 'सम्प्रदाय-प्रदीप' इस सम्प्रदाय का मान्य ग्रन्थ है। उसमें वर्णन है— "रामानन्द पूर्व जन्म में अर्जुन के आगे लड़कर मरा हुआ एक वीर पुरुष है। वह पूर्वकृत किसी भारी पाप के फलस्वरूप सहस्त्र जन्मों के चक्कर में पड़ा हुआ है। अन्त में वह वल्लभाचार्य से दीक्षित होता है।"

इस प्रकार की दन्तकथाओं का प्रचार साम्प्रदायिक पक्षपात से प्रेरित होता है। वे अपने सम्प्रदाय में कहीं सूर्य के तो कहीं कपिल के अवतार भी माने गये हैं। तटस्थ दृष्टि से विचार किया जाय तो वस्तुस्थिति स्पष्ट हो जाय। ये सारी मान्यताएँ नग्न सत्य होतीं तो विवाद का विषय न बनतीं। परस्पर विरोधी भावनाओं के प्रकाश में इस अवतारवाद की कल्पना को भावजगत् का सत्य कहा जा सकता है, जो नितान्त व्यक्तिगत है। वह चित्-तत्त्व को लक्ष्य करने पर तात्त्विक सत्य भी है, परन्तु वह सर्वामान्य और सर्वग्राह्य ठोस यथार्थ नहीं है। सत्य होता तो सबका एक स्वर, एक मत होता। परस्पर के विद्वेष की प्रवृत्ति तब शिथिल या निष्फल हो जाती, अनेक सम्प्रदायों का निर्माण न होता, सबका एक ही इष्टदेव होता। परन्तु वास्तविक स्थिति इससे भिन्न है, विपरीत है। एक सम्प्रदाय में जो श्रेष्ठ है मान्य है, वह दूसरे सम्प्रदाय में निकृष्ट और अमान्य है।

सामूहिक अवतार– रामायण-महाभारत में वर्णित सामूहिक अवतारों की रूपरेखा केवल रामभक्ति और कृष्णभक्ति के सम्प्रदायों में ही नहीं है, सम्प्रदाय से बाहर साहित्य में भी विभिन्न रूपों में प्रचलित हुई, क्योंकि अवतारवाद के प्रारम्भ में ही महाकाव्य-नायकों के अवतारवादी विकास के साथ सामूहिक अवतारवाद की भावना का प्रसार हो चुका था। प्रारम्भ में सामूहिक अवतार पात्रों के वैशिष्ट्यवादीकरण के निमित्त व्यक्तियों में अतिमानवीय गुण कल्पित हुए। अवतारवादी सम्बन्धों के माध्यम से उनका चित्रण अधिक भव्य और उदात्त हो गया।

चरित्र-रूपान्तर और व्यक्तित्व-आरोपण की यह प्रक्रिया नितान्त मनोवैज्ञानिक है और इसका भाव सम्बन्ध चित्रण करनेवाले के मानस से है, न कि उसके विषय से। भक्तों, उपासकों ने देखा कि पूर्व-प्रतिष्ठित वैदिक देवताओं के रूप और भाव की इनसे बहुत अधिक सादृश्यता है। अतः उपासकों ने सन्तों और भक्तप्रवरों पर इष्टदेव के विशेषण आरोपित किये। इस विशेषीकरण की प्रक्रिया के सम्पन्न होते ही ईश्वर और मनुष्य समान भूमिका पर प्रतिष्ठित हुए। इसके फलस्वरूप वैयक्तिक धरातल पर प्राचीन अवतारवाद के प्रयोजन को मान्यता दी गयी, परन्तु ईश्वर की समष्टिगत अभिव्यक्ति में उसका महत्त्व निःशेष हो गया।

साम्प्रदायिक प्रवृत्तियों में 'सामूहिक अवतारवाद' उनके प्रचार, प्रसार और धार्मिक एवं सामाजिक प्रतिष्ठा का अमोघ साधन सिद्ध हुआ। 'रामानन्द-सम्प्रदाय' के मान्य ग्रन्थ 'अगस्त्य-सुतीक्ष्ण-संवाद' में सनकादि कुमारों के वचन उद्धृत कर बताया गया है कि 'नारायण' ने अपने नित्य पार्षदों के साथ अवतार की बात कही थी। नारायण ने रामानन्द के रूप में जब अवतार लिया, तब ब्रह्मा ने अनन्तानन्द, नारद ने सुरसुरानन्द, शंकर ने सुखानन्द, सनत्कुमार ने नरहर्यानन्द, कपिल ने योगानन्द, मनु ने पीपा, प्रह्लाद ने कबीर, जनक ने भावानन्द, भीष्म ने सेना, बलि ने धना, शुकदेव ने गालवानन्द, यमराज ने रमादास और लक्ष्मी ने पद्मावती के रूप में अवतार ग्रहण किया।

सामान्य रूप से यह प्रश्न हो सकता है कि मुक्तात्मा का पुनर्जन्म कैसे हुआ? परन्तु पौराणिक सत्य के अनुसार नारायण जब अवतार लेते हैं, तब अपने संकल्प से अपने नित्य पार्षदों को तथा देवताओं को भी अपने अवतार प्रयोजन की पूर्ति में साधन बनाकर जन्म लेने को प्रेरित करते हैं। 'रामानन्द-सम्प्रदाय' की इस सामूहिक-अवतार की कल्पना अवतार-परम्परा का एक रूप है और पुराण के अनुकरण में गृहीत है। अनन्य और एकनिष्ठ प्रेमी भक्तों के विषय में की गयी ये कल्पनाएँ एक प्रेरक उदाहरण के रूप में श्लाघ्य हैं, परन्तु इसमें दम्भ-पाखण्ड, झूठ-कपट आदि दोषों के प्रवेश के लिए पूर्ण अवकाश होने से निरापद नहीं है।

इस विषय के विशेषज्ञों द्वारा इस प्रकार की अवतार भावना के प्रति समर्थन और विरोध दोनों प्रदर्शित हुए हैं और दोनों ने सदाशय से प्रेरित होकर ही वह किया है। इसलिए इस प्रवृत्ति में ज्वलन्त विवेक के साथ सन्तुलित, प्रदीप्त अन्तर्दृष्टि के प्रकाश में ही किसी निर्णय पर पहुँचा जा सकता है। व्यक्तिगत रूप से मनमानी करने से अनर्थ की उत्पत्ति होने की पूरी सम्भावना है।

युगावतार-परम्परा– श्रीमद्भगवद्गीता में सर्वप्रथम श्रीकृष्ण ने 'सम्भवामि युगे युगे' का अपनी प्रतिज्ञा का संकेत दिया है। युगावतार की मान्यता स्वतन्त्र रूप से अपने-अपने सम्प्रदाय की श्रेष्ठता सिद्ध करने के लिए योगी, वैरागी, सन्तों के जीवन से प्राचीन युग तक की परम्पराओं को सम्बद्ध करके प्रवर्तित की गयी। सत्ययुग से कलियुग तक ये परम्पराएँ अनेक हैं—

(1) छान्दोग्य उपनिषद् में आत्मज्ञान की परम्परा-ब्रह्मा, प्रजापति, मनु, प्रजा वर्ग।

(2) गीता में कर्मयोग की परम्परा— भगवान्, सूर्य, मनु, इक्ष्वाकु। महाभारत-काल में सिद्धों-साधकों की परम्परा भी थी।

(3) विष्णुपुराण में कपिल— प्राणियों के कल्याण और परमज्ञान का उपदेश करने के लिए; राम प्रजासुख के लिए, वेद-व्यास वेद-पुराण की रचना के लिए और कल्कि जन-कल्याण के लिए। यह लोक-नायकों द्वारा लोकसंग्रह के प्रयोजनार्थ अवतार हैं। विशेष युग में लोक-कल्याण के लिए आवश्यक कार्य-विशेष को पूर्ण करना इसका प्रयोजन है।

(4) श्रीमद्भागवत में रंग की प्रधानता से युगानुरूप अवतारों का वर्गीकरण— सत्ययुग में शुक्ल, त्रेतायुग में रक्त, द्वापर युग में श्याम और कल्कि-युग में कृष्णवर्ण।

(5) नाथ-साहित्य में ज्ञानावतार के लिए विभिन्न युगों में सिद्ध कौलों की परम्परा का वर्णन है— भैरव-शिव ने चार अवतार लिये-स्वयं (कौल-ज्ञान), महाकौल (महाकौल), सिद्ध कौल (सिद्धामृत), मत्स्योदरकौल (मत्स्येन्द्रनाथ द्वारा ज्ञान-प्रचार) नाथयोगी-सम्प्रदाय की चर्चा में इसकी सविस्तार जानकारी दी गयी है। उन्होंने सामूहिक अवतार की परम्परा को भी स्वीकार किया है और सृष्टि-अवतारक्रम में उपास्यतत्त्व को सन्निहित किया है। नाद और बिन्दु की प्रधानता से उनकी परम्परा की कल्पना अपने-आप में विशेष महत्त्वपूर्ण बतायी जाती है।

(6) नाद अंशावतार— नाथपन्थियों के समान सन्तों ने भी नाद-अंशावतार का उल्लेख किया है— 'जब-जब काल पर आक्रमण होगा, 'नाद' अंश-रूप से अवतरित होगा। वह विश्व में सारे भ्रमों को मिटाकर भक्तिपथ दृढ़ करेगा, तथा इन पन्थों को प्रकाश देगा।'

(7) महाराष्ट्र में हंसावतार की परम्परा— हंस, दत्तात्रेय, श्रीकृष्ण और चक्रधर।

(8) सिखों की परम्परा— वामन, राम, कृष्ण और नानक। नानक को गुरु अंगद और अमरदास का अवतार भी बताया गया है।

(9) गुरु गोविन्द सिंह की पूर्व परम्परा— परशुराम, राम, कृष्ण और गोविन्द सिंह।

(10) युग्म अवतार की कल्पना में परम्परा दोनों की समानान्तर चलती है। गोविन्द और परमेश्वर, राम और लक्ष्मण, कृष्ण और बलभद्र, वीरभान और जोगीदास।

(11) नारायणीयोपाख्यान में सनातन नारायण ने चार मूर्तियोंवाले धर्म के पुत्ररूप में जन्म लिया था। उनके चार पुत्र थे— नर, नारायण, हरि और कृष्ण।

(12) कबीर पन्थ में धर्मदास ने चार अवतार बताये हैं— सत्त, मन्दर, करुणामय और

नाम। उन्हीं के चार अर्चावतार हैं— सत्तसुकृत, मुनीन्द्र, करुणामय, कबीर। यहाँ मुनीन्द्र से राम और करुणामय से कृष्ण उपलक्षित हैं। 'सुकृत' का प्रयोग तैत्तिरीयोपनिषद् में है। असत् से सत् रूप में उसने अपने को प्रकट किया, इसलिए 'सुकृत' कहा गया।

कबीर की इस अवतार-परम्परा के वर्णन में सन्त 'दरिया' ने 'ज्ञानदीपक' में सुकृत, मुनीन्द्र और करुणामय का विस्तृत वर्णन करते हुए लिखा है— 'ये अवतार सत्तनाम की आस्था बढ़ाने और सन्तों एवं आत्माओं के उद्धार निमित्त हुए थे।' इससे यह निष्कर्ष प्राप्त होता है कि कबीर से सम्बद्ध सोलहों पन्थों में कबीर-अवतार की परम्परा मान्य थी।

साध सम्प्रदाय के मतानुसार प्रथम तीनों युगों में साधुओं का सामान्य अवतार तथा कलियुग में पूर्णावतार होता है। जहाँ तक सन्त के साथ युगावतार-परम्परा का सम्बन्ध है, उनके अवतार प्रयोजनवश होते हैं। वे ज्ञान, तन्त्र, मन्त्र, योग और अन्य सन्तोपयोगी शास्त्रों के प्रवर्तन के उद्देश्य से अवतरित होते हैं। अवतार-परम्परा के इतिहास से भी यह सत्य उपलब्ध होता है कि योगी, सिद्ध और ज्ञानी के साथ शुद्ध शास्त्रज्ञान का अवतार होता है।

समय बीतते इन सन्तों के अवतार के साथ पौराणिक अवतारों का समन्वय कर दिया गया। इन्हें अवतारों का मिश्रित रूप माना जाता है।

पाञ्चरात्र में चतुर्व्यूह का निरूपण युगानुबद्ध न होने से उसे युगावतार परम्परा के अन्तर्गत नहीं माना जाता। पाञ्चरात्र-मत में वासुदेव इष्ट हैं। संकर्षण-उपदेशक, प्रद्युम्न-मार्गक्रिया के आचार्य और अनिरुद्ध मोक्ष-रहस्य के निर्देशक हैं।

सम्प्रदाय और अवतारवाद– अवतारवाद अपने स्वस्थ रूप में एकेश्वरवाद की अभिव्यक्ति है, परन्तु पूर्ण को खण्डित कर सम्प्रदाय के व्यक्ति दायरे में उसे सीमित कर देने से अनेक समस्याएँ उत्पन्न हुईं। जो धर्म मानव-जीवन की सब समस्याओं का सही समाधान दे सकता है, वह धर्म ही अनेक प्रकार की समस्याओं के जाल में उलझ गया। परन्तु सत्य हमेशा सत्य ही रहता है। उसको झुठलाने के प्रयत्न में विकृतियाँ आती भी हैं तो वे बाहर-ही-बाहर रह जाती हैं। सत्य का स्वरूप तो अविकृत ही रहता है।

साम्प्रदायिक प्रवृत्ति से उपास्य-रूपों के अवतार की भावना अनिवार्य हो गयी। भक्ति-साधना में उपनिषदों की चिन्तन-प्रक्रिया का प्रवेश होता गया और राम तथा कृष्ण मात्र अंश या अवतार न रहकर पूर्ण ब्रह्म और सर्वशक्तिमान् ईश्वर माने गये। यह है अविकृत परम सत्य का विस्फोट। मात्र बाहरी ढाँचा ही बदला, परमात्मा किसी भी नाम-रूप में परमात्मा ही रहा। बाहर प्रकट सत्य को दबा देने से वह गहरे में दब जाता है और पुनः अवकाश पाकर विस्फोटक शक्ति के साथ प्रकट होता है।

इस प्रकार की भावनाओं में उदात्तता के साथ पूर्णता की ओर मानव-मन के उन्नत प्रयाण की सम्भावनाएँ हैं, आदर्श को आत्मसात् करने की इस मनोवैज्ञानिक प्रक्रिया का अकाट्य प्रमाण इस युग में भी मिलता है। आधुनिक मनोविज्ञान मानव के शरीर-विज्ञान को प्रभावित करने की मानस-चिकित्सा में पूर्ण सफल हुआ है। इसके अन्तर्गत स्त्री को पुरुष और पुरुष को स्त्री के अंग इसी जन्म में और इसी शरीर में रूपान्तरित होकर मिलते हैं। यह है चेतना का सर्वात्मक लचीला रूप। इस कारण अंशावतार, विशेषावतार, पूर्णावतार,

आवेशावतार, युगावतार आदि अनेक प्रकारों के मूल में इसी प्रकार का दार्शनिक आधार पर व्यक्त होनेवाला कोई-न-कोई मनोवैज्ञानिक सत्य अवश्य उपलब्ध होगा।

साम्प्रदायिक मान्यताओं की प्रधानता से अवतार की विधि-निषेधात्मक पूजा-पद्धतियों के लिए विशेष-विशेष संहिताओं का निर्माण हुआ। इसी की एक प्रतिक्रिया है— बाह्याचार का अतिरेक और साम्प्रदायिक विद्वेष। सन्तों द्वारा अवतार की निन्दा का यही मुख्य कारण था।

अवतार न माननेवाले सन्तों ने गुरु को परमात्मा बताया और आगे वे गुरु भी अपने सम्प्रदाय में अवतार की सीमा में सीमित व्यक्ति-अवतार मात्र रह गये। जिसका विरोध, उसी का प्रकारान्तर से समर्थन और पुनः विरोध नये रूप में समर्थन का विषय बन जाय। यह भ्रमणं क्यों? निश्चित होता है कि गलती कहीं साम्प्रदायिकता की कार्य शैली में है, अवतार कोई दोष नहीं है। जिसे अपना प्रिय आदर्श सिद्ध करना है, वह तो अवश्य अपने आदर्श की सेवा-पूजा करेगा, उसकी कृपा-करुणा का आकांक्षी होगा, और उसमें महानता की स्थापना कर स्वयं झुकेगा। यह किसी दीन-हीन प्राणी की प्रवृत्ति नहीं है, पूर्णता की ओर अभियान है। जब तक उसे निर्गुण या सगुण रूप में ऐसा कोई आधार नहीं मिलता, तभी तक वह दीन-हीन है। आधार पाते ही वह अपने में दिव्य शक्ति के स्रोत को स्फूर्तिमान् होते अनुभव करता है। इसी से पाञ्चरात्रों में अंशावतार के बदले दीप से प्रज्वलित दीप के समान पूर्णावतार का विधान किया गया। पूर्ण ब्रह्म या पूर्ण पुरुषोत्तम को आराध्य मानने से ही अवतार को पूर्ण ब्रह्म या पूर्णावतार की संज्ञा दी गयी। युगानुरूप नया रूप धारण करने की क्षमता से युक्त अवतार व्यूहवाद में निरूपित हुआ है। वह युगावतार कहा जाता है।

शुद्ध उद्देश्य की दृष्टि से देखा जाय तो किसी भी साधना में तत्सम्बन्धी सम्प्रदाय साधक के लिए सुलभ एक प्रशस्त राजमार्ग है। अनेक सम्प्रदायों की विविध प्रकार की प्रवृत्तियों, विधि-विधानों और अभिव्यक्तियों को देखने से एक तथ्य यह भी सामने आ जाता है कि कुछ सम्प्रदाय अपने आराध्य या आचार्य-प्रवर्तक के उपदेश को महत्त्व देकर चलते हैं, तब उनकी प्रवृत्तियाँ और अभिव्यक्तियाँ इष्टसम्मत और आचार्यसम्मत होती हैं। दूसरी ओर कुछ सम्प्रदाय ऐसे भी हैं जो शिष्यों, भक्तों और अनुयायियों की माँग को आधार बनाकर चलते हैं। वे युक्तिपूर्वक आराध्य और आचार्य में अपनी माँग या अपेक्षाओं का विपरीत क्रम से आरोप कर उन्हें आदेश-उपदेश का रूप देते हैं, क्योंकि साम्प्रदायिक सिद्धान्त किसी एक महान् व्यक्ति के मार्ग दर्शन को स्वीकार करता है, किसी अनुयायी के मन की मौज को नहीं। इसलिए आचार्य द्वारा प्रवर्तित सम्प्रदाय दीर्घ काल तक जीवित रह सकते हैं, अनुयायी द्वारा चलाये सम्प्रदाय में भटकाव और भ्रम-जाल होने से जल्दी समाप्त हो जाते हैं। उदाहरण के रूप में मध्ययुग में रसिक-सम्प्रदाय अस्तित्व में आया। उसमें आचार्य की अपेक्षा साधक और भक्तों के संगठन से वह चला। कालान्तर में उन्होंने अपने आचार्य के नाम पर उनके अवताररूप और प्रयोजन का वर्णन किया।

यह मध्ययुगीन साम्प्रदायिक प्रवृत्ति का स्वरूप था जो दो रूपों में व्यक्त हुआ— (1) अर्चा और आचार्य के साथ सन्त या भक्त भी उपास्य रूप में गृहीत हुए, (2) रसिक सम्प्रदाय के प्रभाव से भगवान् के सेव्य रूपों में सखाभाव की अपेक्षा सखी भाव का विशेष प्रचलन। प्रियत्व की प्रधानता से दास्यभाव भी सखीभाव में परिणत हो गया।

सम्प्रदाय कभी-कभी अपनी मूल प्रवृत्ति को सुरक्षित रखते हुए नये नाम धारण करते हुए भी मिलते हैं। श्रीसम्प्रदाय, निम्बार्क-सम्प्रदाय, माध्व-सम्प्रदाय, रुद्र-सम्प्रदाय आदि ने देश के विभिन्न प्रदेशों में भक्ति का प्रचार कर शंकराचार्य के मायावाद का खण्डन किया। मध्ययुग में इनसे सम्बद्ध सम्प्रदायों की व्याप्ति हुई। श्री सम्प्रदाय से रामावत या रामानन्दी सम्प्रदाय, रुद्र-सम्प्रदाय से वल्लभ-सम्प्रदाय, माध्व-सम्प्रदाय से चैतन्य-सम्प्रदाय और निम्बार्क-सम्प्रदाय से राधा-वल्लभी सम्प्रदाय का विकास हुआ।

मूल में प्रत्येक सम्प्रदाय साधक को अन्तर्मुख होने की साधना-प्रणाली देता है और सम्प्रदाय का बाह्याचार तो मात्र आधार रूप होता है।

अवतारवाद का विरोध

'अवतार' की अपेक्षा 'अवतारवाद' का विरोध और खण्डन अधिक हुआ है। यह धार्मिक संघर्ष के इतिहास का एक ठोस तथ्य और प्रकट सत्य है। इस संघर्ष के मूल्य में 'अवतारवाद' की ओट में फैली और पनपी अनेक बुराइयाँ रही हैं। फिर भी 'अवतार' को कोई आँच नहीं आयी, यह भी पूर्ण सत्य है। यदि विरोध करनेवाला 'अवतार' और 'अवतारवाद' का विवेक नहीं रखता, तो वह मनुष्य के हित की रक्षा तो नहीं कर पाता, उसका अहित अवश्य करता है।

रामानन्द और कबीर-जैसे तत्त्वदर्शी महापुरुषों ने बुराइयों के निवारणार्थ और साधना की पूर्णता के हेतु परमार्थ-साधना के अमोघ साधन के रूप में नाम का प्रचार किया और रूप अर्थात् अवतारवाद का विरोध कर परमसत्य का प्रतिपादन किया। साधनों में सबसे बड़ा और एकमात्र विघ्न 'माया' है। माया से मुक्त साधक ही साधना में सफल हो सकता है। इसलिए कबीर ने माया के प्रति सदैव अनादर व्यक्त किया। गुणात्मक त्रिदेव को माया का कार्य और अलख, अनादि, निर्गुण, निराकार परमात्मा को माया से परे बताया। इस प्रकार सगुण और निर्गुण के बीच उन्होंने एक स्पष्ट विभाजक रेखा खींच दी। इसके प्रतिपादन में वे 'नेति-नेति' की शैली अपनाते हैं— "कबीर उस साहब का साहचर्य चाहते हैं, जिसने कभी न दो दशरथ के घर अवतार लिया है, न तो लंकाधीश को सताया है, न वह देवयोनि में अवतरित हुआ है, न यशोदा की गोद में खेला है, न ग्वालिनों के संग घूमा है। उसने न गोवर्धन धारण किया है, न वराह रूप में वेद और धरती का उद्धार किया है। वह न गण्डक में शालग्राम बना है, न जल में मस्त्य या कूर्म रूप में भ्रमण किया है। उसने न बदरीनाथ में तप किया है, न परशुराम होकर क्षत्रियों को दण्ड दिया है। उसने न द्वारका में शरीर त्याग किया है, न वह जगन्नाथपुरी की मूर्ति है।"

कबीर के विचारानुसार ये सब उसके आरोपित रूप हैं। इसमें खण्डन का प्रयत्न नहीं है, अपवाद की शैली में और ज्ञान के आवेश में परम तत्त्व की ओर संकेत किया गया है। तत्त्व पर सीधी चोट करने के लिए कबीर ने प्राकृतिक पञ्चभूतादि तत्त्वों का भी निषेध किया है— "जिस समय न तो यह पृथ्वी थी, न यह आकाश था, उस समय नन्द के नन्दन कहाँ थे? अनादि और अविनाशी तो एकमात्र निरञ्जन है। सगुणोपासकों का नन्दनन्दन तो चौरासी लाख योनियों में भ्रमण करते-करते थक गया है।"

कबीर ने सब अवतारों को माया के अन्तर्गत रख दिया है, सैद्धान्तिक दृष्टि से यह मत अग्राह्य नहीं है, ईश्वर और त्रिदेव सोपाधिक होने के कारण माया-विशिष्ट हैं। नानक आदि सन्तों ने त्रिदेव को स्पष्ट शब्दों में माया का पुत्र कहा है। निरुपाधिक ब्रह्म इन सबसे परे है।

सन्तों ने अवतार-भावना की उद्भावना के मूल स्रोत को खोज निकाला, तब उनके समक्ष यह तथ्य स्पष्ट हुआ कि इसका सम्बन्ध ब्राह्मण शास्त्रियों द्वारा रचित धर्मग्रन्थों से है। इसके अतिरिक्त इन ब्राह्मणों के दम्भ पाखण्ड की पोल भी उन्होंने देखी जो पुरखों द्वारा प्राप्त सम्प्रदाय और शास्त्रों का उपयोग आजीविका के लिए करते थे और अवतार का वास्तविक रहस्य या धर्म का सच्चा स्वरूप बिलकुल नहीं समझते थे। सन्तों की अवतार के प्रति आक्रामक और खण्डनात्मक प्रवृत्ति के मूल में समाज की अज्ञानता, अन्धश्रद्धा, धर्मभ्रष्टता, ब्राह्मणों का असत्याचरण आदि अन्य अनेक कारण थे और वे इन दोषों से मानव-समाज को बचाकर उन्हें शुद्ध धर्म का स्वरूप समझाना चाहते थे। इस प्रकार की उनकी प्रतिक्रियात्मक सदाशयता की सच्चाई और तीव्रता तथा समस्या की गम्भीरता, सबने मिलकर उनकी वाणी में ओजस्विता और निर्भयता, स्पष्टवादिता और चुनौती आदि ऐसे अनेक तत्त्वों को उभारा। इससे धार्मिक क्षेत्र में क्रान्तिकारी वातावरण का निर्माण हुआ। परम्परा से प्राप्त सदियों पुरानी जड़ रूढ़ियों के चंगुल में से सब मुक्त हो गये हों ऐसा दावा करना व्यर्थ है, परन्तु उससे जन-जीवन प्रभावित हुआ और उनका विवेक जाग्रत हुआ।

कबीर ने उस काल के पाखण्डी एवं अवतारवादी तथा अन्धविश्वासी ब्राह्मणों पर कटु प्रहार करते हुए अवतार रूप में मान्य ब्राह्मणों से विचित्र सम्बन्ध जोड़कर उनको सदैव छली और पाखण्डी कहा है। वामन के रूप में उन्होंने बलि से छल किया और वैसे अनेक धोखा-धड़ी और चोरी के आपत्तिजनक कार्य किये—

बावन रूप छलो बलिराजा। ब्रह्म कीनो कौन को काजा।
बाह्मन ही कीन्हों सब चोरी। बाह्मन ही को लागत खोरी।।
बाह्मन कीन्हों ग्रन्थ पुराना। कैसहु के मोहि मानुस जाना।
एक से ब्रह्मे पन्थ चलाया। एक से भूत-प्रेत मन लाया।।

जो ब्राह्मण समाज के लिए अपने सत् चरित्र द्वारा आदर्श प्रस्तुत कर लोगों का कल्याण कर सकते हैं, वे ही जब गलत काम करने लग जायँ तो कैसे उनको क्षमा किया जा सकता है? अपना पथ और अपनी पूजा चलाने के लिए धर्म के नाम पर भ्रामक ग्रन्थों का निर्माण करनेवाले ब्राह्मणों के प्रति वे अत्यन्त असहिष्णु हो उठे। अतः उन्होंने उनकी अवहेलना कर दी और उनके द्वारा सिद्ध किये अवतारी ईश्वर को भी न माना—

कोउ काहू को कहा न माना, झूठा खसम कबीर न जाना।।

मध्ययुग में राजनीतिक और सामाजिक संघर्ष का बहुत बड़ा कारण धार्मिक मतवाद और मूर्तिपूजा था। कबीर ने बड़ी उग्रता के साथ मूर्तिपूजा का विरोध किया, क्योंकि इसमें से जातिभेद उत्पन्न हुआ था और ब्राह्मण लोभी और पेटू हो गये थे। वे मूर्तिपूजा के नाम पर अपने संग्रह-परिग्रह को ही बढ़ा रहे थे। कबीर का तर्क था कि सबके पावी-पवन माने पञ्चभूत एक हैं, फिर

भी सगुणोपासक ब्राह्मण अन्य जातियों को अपने से निकृष्ट बताकर अपना भोजन अलग बनाते हैं और शालग्राम को लगाये भोग को भी स्वयं चट कर जाते हैं—

एकै पवन एक ही पानी, करी रसोई न्यारी जानी।

x x x

सालिगराम सिला करि पूजा, तुलसी तोड़ि भया न दूजा।।

कबीर ने इन सब बातों का डटकर विरोध किया, फिर भी वह विरोधभाव किसी पूर्वग्रह से प्रेरित न था, स्वयं इन अनर्थों के फल के भुक्तभोगी होने के कारण सूक्ष्म निरीक्षण के सारग्रहण की प्रवृत्ति से प्रेरित और विवेक-सम्मत था।

माया से युक्त होने के कारण अवतार को कबीर नश्वर मानते थे। मात्र निराकार परमात्मा को काल से अप्रभावित बताते हुए वे कहते हैं— "निरञ्जन के दस अवतार हुए, उन्हें भी अपनी करनी का फल भोगना पड़ा—"

दस अवतार निरंजन कहिये, सो अपना न कोई।
यह तो अपनो करनी भोगे, कर्ता और हो कोई।।

निरञ्जन में कबीर का ब्रह्मभाव था, परन्तु साम्प्रदायिक विद्वेषवश जब लोगों ने निरञ्जन को घटिया बताना चाहा, और निरञ्जन-सम्प्रदाय में जब अवतार-रूप में उसकी पूजा चल पड़ी, तब कबीर ने यह उक्ति कही होगी ऐसा अनुमान है।

नामोपासक सन्तों की परम्परा से नृसिंहावतार और प्रह्लाद का सम्बन्ध होने से सम्भवतः कबीर ने विरोध भाव से उनका उल्लेख नहीं किया है, बल्कि 'अनेक बार प्रह्लाद के उबारने की कथा' लिखकर अवतार को स्वीकार किया है। कबीर का तर्क भी वहाँ हार जाता है और वे चुप्पी लगा जाते हैं। प्रतीत होता है कि प्रह्लाद से उनका पूर्ण तादात्म्य था। प्रह्लाद की भक्ति ब्रजवासियों जैसी ही थी और हृदय में अन्तर्यामी राम को पानेवाले वे सन्तों के लिए आदर्श रूप रहे हैं। उनकी दृष्टि में—

अद्वेष्टा सर्वभूतानां मैत्रः करुण एव च।
निर्ममो निरहंकारः समदुःखसुखः क्षमी।। गीता 12।13

प्रह्लाद में ज्ञानी भक्त के सब लक्षण थे—

यस्मान्नो द्विजते लोको लोकान्नो द्विजते च यः।
हर्षामर्षभयोद्वेगैर्मुक्तो यः स च मे प्रियः।। गीता 12।14

खड्ग-खम्भ में सर्वत्र व्याप्त विष्णु के सर्वात्मवादी रूप की उपासना में सन्तों ने प्रह्लाद की तरह निर्गुण-निराकार भक्तवत्सल और सन्त-सुखदायी परमात्मा का अनुभव किया है।

इस विवेचन से यह निष्कर्ष मिलता है कि प्रत्येक मनुष्य चाहे साधक हो, सिद्ध हो, संसारी हो या धर्मात्मा, सबको अपने हृदय में एक ऐसा आधार आवश्यक मालूम होता है जो नित्य हो, सर्वशक्तिमान् हो और अपने लिये सर्वदा अनुकूल हो। इसी कारण कबीर आदि निर्गुणी सन्तों ने सिद्धान्त रूप से अवतार का खण्डन किया, परन्तु उनके अनुयायियों ने उन्हें भी अवतार की कक्षा में प्रतिष्ठित कर दिया और 'सत्य' की पूजा छोड़ एक विशेष व्यक्तित्व के रूप में उनकी स्मृति की पूजा करने लगे। यह साम्प्रदायिक मनःस्थिति है।

नामावतार

जहाँ नाम होगा वहाँ उससे सम्बन्धित रूप अवश्य होगा और जहाँ रूप होगा वहाँ नाम अवश्य होगा। सम्भव है, कभी रूप दूर रह जाय, नामोच्चारण में तो प्रत्येक मनुष्य पूर्ण स्वतन्त्र है। वह भगवान् को किसी भी नाम से पुकार सकता है। उसकी पुकार में सच्चाई होगी, तो भगवान् उसके प्रति आकृष्ट होकर प्रकट हो जाते हैं। यह नामोपासना की सिद्धि है और प्रह्लाद के जीवन की इस घटना ने नामनिष्ठा को श्रद्धा का पूरा बल दिया।

उपनिषदों में सांकेतिक शैली में वर्णन किया गया है कि जहाँ सूर्य और चन्द्र की माने बुद्धि और मन की गति नहीं है, वहाँ शब्द से काम हो जाता है। जहाँ आँख से दिखता नहीं, बुद्धि सोच नहीं सकती वहाँ शब्द पहचान करा देता है। भक्ति मार्ग में भगवान् का ध्यान करने के लिए बुद्धि, मन और वाक् तीनों को अन्तर्मुख करने के लिए एक प्राथमिक विधि बतायी जाती है— "हृदय देश में सूर्य का, सूर्य के भीतर चन्द्र का और चन्द्र के भीतर अग्नि का ध्यान करके मध्य में आराध्य को स्थित देखो।"

इन तीनों प्रकारों में मूल संकेतों में और उनके अर्थों में पूर्ण समानता है। अग्नि में आराध्य के दर्शन का अर्थ है, नाम में रूप के दर्शन। जहाँ तक नाम जप का प्रश्न है, निर्गुण-सगुण दोनों साधकों के लिए यह अनिवार्य साधन है, क्योंकि जप करने से निश्चित सिद्धि होती है। इसलिए गुरु-द्वारा दी गयी मन्त्र-दीक्षा शिष्य के हृदय में नामावतार है। यह अव्यक्त को व्यक्त करने की प्रक्रिया है। भक्ति, ज्ञान और योग समन्वित महाराष्ट्र के वारकरी सम्प्रदाय के भक्तों और सन्तों के जीवन में नाम-निष्ठा देखने में आती है। नाथ सम्प्रदाय में दीक्षित और वारकरी सम्प्रदाय के प्रतिष्ठापक सन्त ज्ञानेश्वर ने नामोपासना पर जोर दिया था। उनकी परम्परा में आगे चलकर एक नाथ ने नाम-महिमा का वर्णन करते हुए कहा कि "राम के नाम बिना ब्रह्मज्ञान भी निरर्थक है। जिस प्रकार बीज ही वृक्ष के सब अंगों में प्रकट होता है, सुवर्ण मूल धातु ही सब अलंकारों में विद्यमान है, वैसे ही निर्विकार राम ही साकार राम भी है। नाम से प्रेम हो तो यह ज्ञान हो जाय और सारे रसों के सार रूप अवर्णनीय आनन्द का अनुभव नाम संकीर्त्तन में मिल जाय। यही नहीं, इस अबाध रस प्रवाह में सांसारिक बाधाओं की कोई स्थिति नहीं है।" उसका अदम्य आवेग उन विघ्न-बाधाओं को लाँघ जाता है।

तुकाराम ने अपने आराध्य सगुण बालकृष्ण, वेद के नारायण, योगियों के शून्य, ज्ञानियों के ब्रह्म, मुक्त जीवों के परिपूर्ण आत्मा, हरि और विष्णु सबको एक कहा है। यदि किसी की बुद्धि में भेद-भाव आ जाय तो वह अमंगलकारी भ्रम है। बालकृष्ण ही सर्वत्र व्याप्त है।

'राम' शब्द से निर्गुणियों का अभिप्राय विष्णु के अवतार-विशेष, जिसे हिन्दू मानते हैं, नहीं है, प्रत्युत 'परब्रह्म राम' से है। उनके मत में परब्रह्म किसी मनुष्य-विशेष के रूप में पृथ्वी पर नहीं उतरता। 'राम' शब्द के अन्तर्गत वे भी बहुत सूक्ष्म सगुण भावना का अस्तित्व मानते हैं। इस कारण 'नाम-साधना' में राम शब्द का महत्त्व मन्त्र के रूप में है। 'राम' मन्त्र के जप से सिद्धि मिलने पर परमात्मा को भी उन्होंने 'राम' कह दिया।

इसी प्रकार कृष्ण, नारायण, गोविन्द, वासुदेव, हरि, शिव आदि अनेक नाम हैं और जिसने जिस नाम के जप से सिद्धि पायी, उसके लिए परमात्मा का वह नाम प्रमाणित हो चुका। यह है नाम की कसौटी। व्यक्तिभेद के अधिकार से अनेक नाम-मन्त्र हुए, परन्तु परिणाम सबका एक रहा, अतः अनुभवी सन्तों को किसी नाम से न द्वेष रहा न किसी एक नाम में आग्रह। परन्तु कुल सन्तों में अवतार-विरोध इतना तीव्र था कि 'राम' शब्द से भी उनको द्वेष हो गया। उन्होंने कबीर आदि सन्तों की वचनावली में से 'राम' शब्द को हटाकर 'नाम' शब्द रखा। फिर भी अवतार की समस्या का अन्त नहीं हुआ। उन्होंने निरञ्जन को भी अवतार माना और कबीर को अवतार सिद्ध करने के लिए सम्प्रदाय भी चलाया।

कबीरपन्थी मानते हैं कि कबीर ने 'सत्य नाम' का प्रचार किया, राम का नहीं। परन्तु असल बात यह है कि कबीर ने जिस सत्य नाम का प्रचार किया, वह 'राम-नाम' ही है। वस्तुतः नाम कोई भी हो, यदि वह परमात्मा की अनुभूति देनेवाला है तो सच्चिदानन्द-स्वरूप है। 'बुद्धि में ईश्वर का अवतार चित् की प्रधानता से ज्ञानावतार है। हृदय में ईश्वर का अवतार आनन्द की प्रधानता से प्रेमावतार है। कर्म में ईश्वर का अवतार 'सत्' की प्रधानता से 'धर्मावतार' है।'[1] हृदय में नामावतार हो जाय तो वह उपर्युक्त तीनों से संवलित होने के कारण सच्चिदानन्दस्वरूप होने से श्रेष्ठतम है।

नामावतार की परम्परा बहुत प्राचीन है। इससे नाम-साम्य में भी अवतार बुद्धि देखने में आती है। कभी कार्य-साम्य नाम-साम्य का अनुसन्धान करता है तो कभी नाम-साम्य से कार्य-साम्य आरोपित होता है। नाम अन्तर्यामी अव्यक्त आत्मब्रह्म के जागरण में आध्यात्मिक शक्तिस्वरूप है और परमात्मा से मिलानेवाला अमोघ साधन है। परन्तु नाम का सम्बन्ध जितना निर्गुण-निराकार और अव्यक्त से है, उतना ही सगुण-साकार और व्यक्त से है। इसीलिए 'नाम' पुकारने पर रूप प्रकट होता है। इस दृष्टि से देखा जाय तो नामोपासना सगुणोपासना में भी एक अनिवार्य साधन है। पाञ्चरात्र में निरूपित वैष्णव-धर्म के सन्दर्भ में सगुण ईश्वर और भक्ति-मार्ग में अवतार की महिमा इस विषय पर सम्यक् प्रकाश डालती है।

'पाञ्चरात्र' में वैष्णव धर्म– वैष्णव-धर्म अर्थात् भक्ति-मार्ग। विभिन्न देशों में जहाँ भी आज वैष्णव-धर्म जीवित अवस्था में प्राप्त होता है, उसे देखते हुए यह अनुमान हो सकता है कि यह धर्म अपनी प्राथमिक स्थिति में भी इतना शक्तिशाली था कि उसने विदेशी विधर्मियों को भी अत्यधिक प्रभावित किया। उसका प्रभाव गहरा, व्यापक और मार्मिक रहा होगा, अन्यथा आज उसमें वह प्राणवत्ता न मिलती। इसके प्रथम उत्थान ने शिल्प-कला को भी जीवन दिया, इसके प्रमाण आज भी उपलब्ध हैं।

प्रथम उत्थान– (1) जावा के सामाजिक जीवन तथा कलात्मक चित्रण में, (2) चम्पा के इतिहास में राम और कृष्ण के वीर रूप का वर्णन, कृष्ण द्वारा गोवर्धन-धारण, कंसवध आदि प्रसंग। (3) विष्णु के अन्य नामों का उल्लेख-पुरुषोत्तम, नारायण, हरि, गोविन्द आदि। (4) विश्व का श्रेष्ठ कला मन्दिर-'अंगकोरवाट' (5) बाली द्वीप में 'विष्णु-स्तव'।

1. भागवत-सप्ताह-प्रवचन, वृन्दावन (स्वामीजी)

द्वितीय उत्थान– रामानुज आदि आचार्यों की दृष्टि में शङ्कराचार्य का मायावाद भक्ति का महान् प्रतिबन्धक जान पड़ा, क्योंकि अभेद बोध में भक्तिभाव का स्फुरण शक्य नहीं है। भेदसिद्धि हो तो भक्ति का स्रोत खुल जाय। इस दृष्टि से विशिष्टाद्वैत मत का प्रवर्तन हुआ और बाद के आचार्यों ने शुद्धाद्वैत, विशुद्धाद्वैत, द्वैताद्वैत आदि मतों के प्रवर्तन द्वारा केवलाद्वैत से अपने भक्ति-मार्ग को विलक्षण प्रमाणित करने का प्रयत्न किया और भेदसिद्धि से भक्ति को परिपुष्ट किया। भक्ति-सिद्धान्त के अनुसार शरणागति ही एकमात्र मोक्षोपाय माना गया। इसमें कर्म का अनुष्ठान अवाञ्छनीय माना गया है।

तृतीय उत्थान– 15वीं शताब्दी के प्रारम्भ में उत्तर प्रदेश में स्वामी रामानन्द ने 'रामभक्ति' के रूप में वैष्णव-मत को लोकव्यापी बनाया। तुलसीदास और कबीरदास-जैसे सन्तों ने अपनी-अपनी रुचि और संस्कार के अनुरूप उसे सगुण भक्ति और निर्गुण भक्ति का रूप दिया तथा उसे अपने जीवन में चरितार्थ कर जनता के लिए एक अनुकरणीय आदर्श प्रस्तुत किया।

वैष्णव-भक्त की रूपोपासना– तथ्य यह है कि भक्ति-सम्प्रदाय में अत्यन्त अल्पमात्रा में ही सही, द्वैतभाव अवश्यमेव विद्यमान रहता है। जब स्वयं परमात्मा लीला के लिए दो होने को प्रवृत्त हुआ, तो मनुष्य आत्मविलास के लिए और आत्मरमण करता हुआ भी एक होकर नहीं रह सकता। ऐसी स्थिति में भक्त के लिए भजनीय अनिवार्य है।

सगुण भगवान् के अवतार की कल्पना द्वैतमूलक है, परन्तु संसार के द्वन्द्व से मुक्त करनेवाली है। संसार का रूप बन्धनात्मक है और भगवान् का रूप संसार को बाधित कर देनेवाला और रूपातीत को समझने का साधन है। वह चल होकर भी सनातन की ओर इशारा करता है और रूप की सीमा-रेखा को स्वीकार करके भी असीम की व्यञ्जना करता है।

बिहारी-जैसे कवियों की भावना वैष्णव-भावना के ऊँचे स्तर तक पहुँच तो पाती है, परन्तु मुग्ध भाव के कारण उससे अतीत की कल्पना में असमर्थ रहती है। परन्तु वैष्णव-भक्त उससे आगे बढ़कर आत्मनिवेदन की अन्तिम स्थिति में भक्ति की चरम दशा प्राप्त कर स्वयं को निःशेष कर देते हैं। इसी कारण वे रूप के साथ अपनी वृत्तियों को बाँधकर भी मुक्त हो जाते हैं।

अनेक सम्प्रदायों और मतों के रहते किसी को भक्ति के विषय में भ्रान्ति होना और उससे प्रेरित होकर विरोध करने की प्रवृत्ति का जग जाना स्वाभाविक है, क्योंकि उसकी साधना-पद्धति निश्चित नहीं हो सकती, उसके आराध्य का एक निश्चित रूप अवश्य रहता है।

भक्ति के विविध रूप– प्रारम्भ में भक्त की साधना को शास्त्रीय मार्ग-दर्शन सहायक होता है। वह गुरु के द्वारा उपदिष्ट मार्ग अपनाता है। ज्यों-ज्यों उसके अन्तर में भक्ति भाव का स्फुरण सहज होता जाता है, वह शास्त्रीय नियमों से स्वयं को मुक्त अनुभव करता है और अन्त में वह भक्ति का सार पा लेता है, अर्थात् आर्त्तता रागात्मिका में पर्यवसित हो जाती है।

प्रारम्भ में भक्ति शान्त भाव में व्यक्त होती है और क्रमशः दास्य, सख्य, वात्सल्यादि भावों से भावित होती हुई माधुर्य में परिणत हो जाती है। भगवान् की लीला इन पाँचों भावों से सम्बद्ध रहती है। भगवान् की संवित् और ह्लादिनी शक्ति के सुयोग से निष्पन्न माधुर्य ही भक्ति का सार है।

माधुर्य भक्ति– इसके तीन रूप हैं— साधारणी, समंजसा और समर्था। समर्था में भक्त पूर्ण निःस्वार्थ हो जाता है। उसके लिए अपने भजनीय भगवान् को आनन्द देना मुख्य हो जाता है। इसके लिए साध्य मुख्य होने से आवश्यक मालूम पड़ने पर बिना विधि-निषेधों की चिन्ता किये वह शास्त्र का उल्लंघन भी कर देता है। इसका उदाहरण गोपी की कृष्ण भक्ति है। वह भी उत्कृष्ट स्थिति में राधाभाव अर्थात् महाभाव है। चैतन्य-सम्प्रदाय में 'रस-साधना-पद्धति' होने से महाभाव की प्राप्ति उनका लक्ष्य होता है।

सगुण भगवान् का स्वरूप– भक्त, जिसने मात्र भगवान् का नाम सुना-पढ़ा है। मूर्ति के दर्शन या पूजा-अर्चा की है, वह क्या शुरू से सगुण भगवान् का स्वरूप जानता है। वह शायद भगवान् को अपने समान परन्तु असाधारण शक्तिशाली और दिव्य-सौन्दर्यशाली कल्पित करता है। पाञ्चरात्र में प्राप्त विवरण किसी सामान्य, अनुभवशून्य भक्त की दृष्टि नहीं है, किसी सिद्ध, ज्ञानी भक्तप्रवर के अनुभवों का निचोड़ है।

पाञ्चरात्र का सर्वप्रथम मान्य विवरण महाभारत के शान्तिपर्व में उपलब्ध है। प्राचीन ग्रन्थों में यह विषय 'संहिता' से नामकरण के प्रसिद्ध था। मूलतः इनकी रचना उत्तर भारत में हुई थी। वहीं से दक्षिण में उसका प्रचार हुआ।

पाञ्चरात्र में परमात्मा का वर्णन– 'परमात्मा न भूत है न भविष्य है, न वर्तमान। वह न ह्रस्व है न दीर्घ। वह न आदि है न अन्त है न मध्य। वह द्वन्द्वों से विनिर्मुक्त, सब उपाधियों से वर्जित, सब कारणों का कारण, षाड्गुण्य रूप है।'

षाड्गुण्य– परब्रह्म का ही नाम 'नारायण' है। वह निर्गुण होकर भी सगुण है। निर्गुण होने से वह प्राकृत गुणों से रहित परन्तु षड्गुणों से सम्पन्न होने से सगुण है। नारायण समग्र विरोधों का चरम अवसान है। अतः एक ही आधार में सगुण और निर्गुण दोनों हैं। ज्ञान, शक्ति, ऐश्वर्य, बल, वीर्य और तेज इन छह गुणों से भगवान् का विग्रह निष्पन्न होता है। ये गुण जगत्-व्यापार के लिए कल्पित हैं।

इसी कारण वेद ने जिस परम तत्त्व को ऋषियों के भी इन्द्रिय, मन तथा बुद्धि से अप्राप्य देश में रख दिया है, पुराणों ने उसी को सर्वसाधारण के इन्द्रिय, मन तथा बुद्धि के समीप लाकर रख दिया है। वेदों के 'सत्यं ज्ञानमनन्तं ब्रह्म' ने पुराणों में सौन्दर्यमूर्ति तथा पतितपावन भगवान् के रूप में अपने को प्रकाशित किया है।

वैष्णव-धर्म के व्यावहारिक रूप की, आचार, तीर्थ, व्रत आदि की जानकारी के लिए विशेष रूप से पद्म-पुराण का अनुशीलन आवश्यक है। अन्य पुराण भी किसी-न-किसी प्रकार से वह बात कहते ही हैं। सभी पुराणों ने 'भागवत' के लिए ही भगवान् की कथा-लीला का वर्णन किया है। इसी से पुराणों के चूड़ामणि 'श्रीमद्भागवत' कहे गये।

भागवत और सगुण भगवान्– अनादि, अनन्त और सनातन होने से ब्रह्म प्रत्येक जीव का सहयोगी और समानधर्मी है। वही ईश्वरीय प्रेम में व्याकुल होकर अपना स्वरूप भूल जाता है और उसकी खोज करने लगता है। ज्ञानमूलक खोज दर्शन देता है, प्रेममूलक खोज भक्ति देता है। 'भागवत' के मन्तव्यानुसार—

आत्मारामाश्च मुनयो निर्ग्रन्था अप्युरुक्रमे।
कुर्वन्त्य हैतुकी भक्तिमित्थंभूतगणो हरिः।।[1]

अर्थात् वे मननशील विद्वान् जिनकी बाहरी वृत्ति बिलकुल बन्द हो गयी है, जो आत्मा में ही अपने में आप रमण किया करते हैं, जिनकी सब ग्रन्थियाँ खुल गयी हैं, जो सर्वथा मुक्त हैं, भगवान् विष्णु में अहैतुकी भक्ति करते हैं, क्योंकि जगत् के हृदय का आकर्षण करनेवाले हरि में स्वभाव से ही ऐसे मनोहर कल्याणकारी गुण विद्यमान रहते हैं।

अरूप को रूप देने के लिए मनुष्य ने नाना प्रकार की कल्पनाएँ की हैं। इसके लिए उसे प्रतीक-भाव का आश्रय लेना पड़ता है। सर्वप्रथम ब्रह्म जगत् के स्रष्टा, पालक और संहर्ता-रूप में माना गया है और उसके साथ मानव-मन में भक्ति भाव को परिपुष्ट करने के लिए उपादान भी प्राप्त हुए। संस्कृति के मूल तत्त्व अन्तरंग धर्म और बहिरंग सभ्यता का उसी के साथ उदय हुआ।

शंकराचार्य ने भागवतों के लिए पाँच प्रकार की भक्ति बतायी, वही नवधा में विश्लेषित हुई। इस विश्लेषण में मानव-मनोविज्ञान और भगवत्तत्त्व का सम्बन्ध इस सत्य को स्थापित करता है कि अवतारों से ही उस लीला का विस्तार होता है जिसका श्रवण और मनन भक्ति का प्रधान साधन है। अवतारों की विविध लीलाओं के फलस्वरूप ही उन विविध नामों का उद्भव होता है जिनका कीर्त्तन और जप भक्त के लिए बहुत आवश्यक साधन है।

भक्ति के लिए भगवान् के साथ वैयक्तिक सम्बन्ध आवश्यक है और अवतार उस सम्बन्ध के लिए उपयुक्त सामग्री प्रदान करते हैं। यही कारण है कि मध्यकाल के प्रायः सभी धार्मिक सम्प्रदायों ने अवतार की कोई-न-कोई कल्पना अवश्य की है। अवतार की यह कल्पना निराधार नहीं है। इसके मूल में दार्शनिक भूमिका है। एक अखण्ड, द्वन्द्वातीत, निर्गुण-सगुण से परे, ब्रह्म की सत्ता को निर्विवाद रूप से परम सत्य कहा गया है।

ब्रह्म एक, अखण्ड, अद्वितीय और निर्द्वन्द्व होने से निर्विकारी और शान्त है। वह अव्यक्त, अरूप, निराकार, निर्गुण होकर भी अनेकानेक रूप के साथ सम्पूर्ण सृष्टि के रूप में व्यक्त हो रहा है। भगवान् के ऐश्वर्य का अनुभव करने पर हृदय में दास्य-भक्ति का और उनके माधुर्य का अनुभव करने पर दाम्पत्य-रति का स्फुरण होता है। दास्य और दाम्पत्य परस्पर की पुष्टि करनेवाले हैं।

मनुष्य के हृदय में जब भगवान् के प्रति विशुद्ध माने निष्काम भक्ति प्रवाहित होती है, तब ईश्वर अपने को निछावर कर देता है। इसके प्रमाणस्वरूप राम-कृष्णादि अवतारों की अवतारणा हुई और अत्यन्त सामान्य एवं निम्न जाति के व्यक्ति के उद्धार के लिए धराधाम पर आये। उनमें पूर्ण मानवता अर्थात् मानव के आदर्श का व्यावहारिक रूप चरितार्थ किया गया और उसकी उपलब्धि अत्यन्त सहज, स्वभाव से प्रेमी और सबकी आत्मा से अभिन्न बताया गया। एक सामान्य मनुष्य के लिए मात्र वेदान्त या पुराण से जिसका सही पता पाना मुश्किल है, धर्म की मर्यादा में जो सीमित नहीं किया जा सकता

---

1. 1/7/10

वही अवतार रूप में सुगम और भक्ति द्वारा सुलभ बताया गया। इससे मधुर रस की साधना-पद्धति का आविष्कार और निरूपण हुआ।

इससे प्रतिपादित होता है कि "परमात्मा और अवतार के बीच में सृष्टि होती है। सृष्टि न हो तो परमात्मा को किसके लिए और क्यों अवतार लेना पड़े"[1] इसके साथ अवतार का प्रयोजन और मानव-हृदय की अनेकानेक रागात्मक वृत्तियों का सम्बन्ध देखने में आया। आचार्यों ने स्वानुभूति के आधार पर और मनुष्य को ठोस आधार प्रदान करने की सदाशयता से भक्ति-ग्रन्थों का निर्माण किया तथा भावुक भक्तों ने अपने भक्ति-भाव को गीतों के माध्यम से व्यक्त किया। पुराण इन सिद्धान्तों का काव्यात्मक अवतरण है। मानव-हृदय पर अधिकार कर लेनेवाली विमोहक-सम्मोहक भगवत् लीलाओं का वर्णन पुराणों में हुआ। इन भक्ति-ग्रन्थों में पाञ्चरात्र विशेष उल्लेखनीय है।

सगुण भक्ति में भगवान् के स्वरूप को हृदयंगम करने के लिए उनके गुणों का ध्यान किया जाता है। भगवान् के गुण अनन्त और अचिन्त्य हैं। भक्ति की सिद्धि की दृष्टि से आचार्यों ने मुख्य चार गुणों के ध्यान पर बल दिया है— (1) लीला जिससे समस्त लोक चमत्कृत रह जाते हैं और अद्भुत की सृष्टि होती है। (2) अतुलित प्रेम उनकी ओर प्रियमण्डल को आकृष्ट करता है और उससे परस्पर की शोभा में अभिवृद्धि होती है। (3) वंशी-निनाद जो संसार-विष को उतारनेवाली और भगवान् के प्रेमामृत का पान करानेवाली है। (4) चिन्मय रूप माधुरी की एक झलक भी मिल जाय तो चराचर विस्मय-विमुग्ध रह जाता है।

अवतार और भक्ति

भक्ति अर्थात् भगवद्भाव के साथ अवतार का सम्बन्ध होने से अवतारी के सगुण रूप पर आधारित लीलागान का अतिशय महत्त्व देखने में आता है। भक्ति से भक्त का हृदय निर्मल होता है और वह उत्तरोत्तर उदात्तता की भूमियों पर आरोहण करता हुआ ऐसी स्थिति को प्राप्त होता है, जहाँ सगुण-निर्गुण का भेद नहीं रहता। इसी से शाण्डिल्य ने अपने भक्ति सूत्र में कहा है— 'भक्तिः प्रमेया श्रुतिभ्यः।' (112।9) अर्थात् भक्ति श्रुति से साक्षात् रूप से जानी जा सकती है। तात्पर्य है कि ज्ञानी का हृदय भक्ति से ही तृप्त होता है। इस पराभक्ति की स्थिति में अद्वैत बोध और भगवद्-प्रेम के मधुर मिश्रण से उसके हृदय में मधुर रस का परिपाक होता है।

जिस प्रकार सगुण प्रेमी भक्त भगवान् की विविध लीलाओं के गान में तन्मय होकर अलौकिक आनन्द पाता है, उसी प्रकार निर्गुण प्रेमी भक्त परमात्मा से ऐक्यानुभूतिजन्य ब्रह्मानन्द की प्राप्त होता हुआ विविध भंगिमाओं के साथ अपनी रहस्यपूर्ण स्थितियों का वर्णन करता है। इससे भक्तिपूर्ण गीतों में एक ओर सगुण का लीलागान, युगलरूप की आराधना और उससे उत्पन्न रसिक-सम्प्रदाय में माधुर्य भक्ति-इन तीनों की अभिव्यक्ति हुई है तो दूसरी ओर निर्गुण के प्रति प्रेम, समर्पण और माधुर्य-भक्ति की गूढ़ व्यञ्जना हुई है।

1. स्वामी अखण्डानन्द सरस्वती— छान्दोग्य उपनिषद्-प्रवचन- जनवरी, 77

सगुण-भक्ति का निर्गुण-भक्ति में पर्यवसान होने पर स्पष्ट ही अनुभूति की सूक्ष्मतम व्यञ्जना इसमें ओत-प्रोत अद्वैत ज्ञान की झलक दे जाती है। इसी प्रकार कोरा ज्ञानी जब प्रेमी हो जाता है तब उसके ज्ञान में सरसता आये बिना नहीं रहती। वह मानो भूल जाता है कि कभी उसने सगुण का विरोध किया था। वह निर्गुण को लक्ष्य करते हुए भी अपनी भावाभिव्यक्ति में द्वैत का आधार लेने को विवश रहता है।

सगुण सम्प्रदायों में अवतारवाद का विकास हुआ। ईश्वर के अर्चावतार की श्रद्धामूलक कल्पना से जड़ प्रतीकों का निर्माण हुआ जिसमें विशेष रूप से राम, कृष्ण आदि ऐतिहासिक अवतारों की अभिव्यक्ति महत्त्वपूर्ण रही।

सगुण में अवतारों का बाह्यीकरण लीलात्मक और रागात्मक प्रयोजनों से प्रेरित है। ईश्वर को समस्त अभिव्यक्तियों के निमित्त 'अवतार' का प्रयोग किया गया। अतः आचार्य-प्रवर्तक से और पैगम्बरों से भी अवतार का सम्बन्ध जुड़ा। सन्तों की जीवनियों में उपलब्ध चमत्कारपूर्ण पौराणिक तथ्यों की उपलब्धि जन-श्रुतिपरक अवतारी कार्यों से भरी है। सामान्य मनुष्य, जो संसार में उलझा हुआ है, परन्तु किसी सर्वशक्तिमान् का आधार चाहता है, वह भक्ति के प्रथम सोपान से भी निम्नतम भूमिका पर स्थित होने के कारण सगुण भगवान् का विशेष आग्रही होता है। इसलिए मूर्तिपूजा में वह निष्ठावान् होता है। प्रभु-कृपा से कोई सद्गुरु मिल जाय और उनमें उसे भगवद्-बुद्धि हो जाय तो उसके हृदय में गुरुभक्ति का स्फुरण भी हो जाता है। परन्तु उसके लिए निर्गुण-भक्ति सुगम न होने से वह गुरु में अवतार भावना करने लगता है। यह उसके आध्यात्मिक अधिकार के अनुरूप है।

गुरु वही हो सकते हैं जो व्यक्तिगत अधिकार से भक्ति-साधना की व्यवस्था दे सकें। उत्तम अधिकारी के लिए भी गुरु भक्ति अन्त में उसे निर्गुण-भक्ति की पराकाष्ठा पर ले जाती है। चाहे कोई मूर्ति की उपेक्षा करे और अवतार का विरोध करके सगुण में अपनी निष्ठा न रखे, गुरु के परमात्मस्वरूप का साक्षात् बोध हो जाने पर सगुण के प्रति उसकी सारी विरोधी मान्यताएँ बालू की दीवार की भाँति क्षण भर में ढह जाती हैं। इसी कारण, चाहे कोई ज्ञानी हो या अज्ञानी, भक्ति के लिए भगवान् के अवतार की कल्पना आवश्यक है।

'ब्रह्म के आनन्दस्वरूप' की कल्पना भक्त-ज्ञानी जनों के स्वानुभव का परिपाक होने से वह सामान्य जन के लिए कल्पना है, उनके लिए तो वह अपनी आत्मा है। परन्तु साहित्यिक अभिव्यक्ति की दृष्टि से उसे 'कल्पना' कहा जा सकता है। वैदिक काल से ही ब्रह्म के 'रसो वै सः' के अनुसार रसात्मक रूप के साथ 'आनन्दस्वरूप' की कल्पना का उद्भव और विकास होता रहा है। उसमें निरपेक्षता का लक्षण घटित किया जाय तो प्रयोजन की कल्पना में दोष आ जाता है। अतः प्रारम्भ से मध्यकाल के अन्त तक रक्षा, रञ्जन और रसास्वादन—इन तीन प्रयोजनों से सन्निविष्ट अवतार का जन्म तो हुआ देवपक्षीय विष्णु के असुर-संहारक या देवरक्षक पराक्रम में, विस्तार हुआ परब्रह्म विष्णु एवं उनके तद्रूप अवतारी उपास्यों में, और पर्यवसान हुआ इसके वशवर्ती अवतारी उपास्यों की नित्य और नैमित्तिक, गुप्त और प्रकट रससिक्त लीलाओं में। रामायण, गीता और भागवत से यह बात स्पष्ट हो जाती है।

फिर भी आवतारवाद का रूप केवल इन्हीं प्रयोजनों तक आबद्ध नहीं रहा, अपितु सगुण साहित्य के अतिरिक्त बौद्ध-सिद्ध साहित्य में 'शून्यता' एवं 'करुणा' का अवतारवादी रूप निरूपित हुआ। इसी प्रकार जैन, नाथ, सन्त और सूफी साहित्य में भी उसके विभिन्न रूप मिलते हैं। लीला अर्थात् बालवत् क्रीड़ा। भू-भार हरण, भक्तों की रक्षा आदि प्रयोजन। लीला और प्रयोजन एकरस हो गये तब ब्रह्मवादियों के मायारहित ब्रह्म से युक्त नटवत् लीला-अवतार की भावना हुई।

श्रीमद्भगवद्गीता में अवतार का प्रयोजन-रूप व्यक्त हुआ है तो विष्णु-पुराण में लीलात्मक युगल-रूप वर्णित हुआ है। प्रारम्भ में रामोपासक कवियों ने मन को स्वच्छ कर देनेवाली रामचरित या रामलीला के वर्णन में राम की प्रकट लीला का सविस्तार वर्णन किया है। उनके बाद के कवियों ने मात्र युगल रूप की लीलाओं का वर्णन और विवेचन राधा-कृष्ण के युगल-रूप-लीला के अनुकरण में किया है।

सगुणोपासक भक्त एक आराध्य के ऐतिहासिक, पौराणिक और दार्शनिक रूपों में विविध प्रकार की लीलाओं का समावेश करता है। मध्यकालीन उपास्यों का रसात्मक रूप लीला का ही एक विकसित रूप है क्योंकि राम और कृष्ण के ब्रह्म में स्वरूपित होने पर पहले तो लीलात्मक रूपों की कल्पना की गयी, बाद में रसात्मक। ब्रह्म के रसात्मक रूप में सत्-चित् की अपेक्षा आनन्द की अधिकता को व्यक्त करने का प्रयत्न रहता है।

सगुण-भक्ति में आचार्यों ने शास्त्रीय विधि-निषेध का निरूपण किया है, इसी से निर्गुण भक्ति से स्पष्ट उसकी भिन्नता मिलती है। निर्गुण के उपासक मात्र नामोपासना को स्वीकार करते हैं। सन्त की आत्मब्रह्मपरक निर्गुण भक्ति पर सगुण भक्ति के सात्त्विक मानसी तत्त्व का प्रभाव है। उसकी निष्ठा मूर्ति या किसी एक रूप में न होकर प्रत्येक प्राणी को परमात्मा का प्रतीक अर्थात् व्यक्त रूप मानने में है। आत्मब्रह्म में स्थूल रूप सम्भव नहीं है। यह तो सगुण-साकार के गुण हैं। सगुण निष्क्रिय और अव्यक्त नहीं होता, वह पालक और अभीष्टदाता होता है। इस सन्दर्भ में 'पाञ्चरात्र' एक विशेष जानकारी देता है।

सर्वप्रथम 'शतपथ-ब्राह्मण' में 'पाञ्चरात्र' शब्द है। यह अति प्राचीन संज्ञा है। 'पाञ्चरात्र' वेद्र की 'एकायन-शाखा' से सम्बन्ध रखनेवाला होने से उसमें चारों वेद के अतिरिक्त 'सांख्य-योग' का समावेश भी हो गया है। इसमें उपास्य प्रवृत्ति की प्रधानता होने से सृजन-पालन और संहार के अतिरिक्त भक्तों पर अनुग्रह करने के लिए परब्रह्म का अवतार माना गया। वह अनन्त अवतार धारण करता है, परन्तु मुख्य चार विभाग में इन अवतारों की व्याख्या की गयी— ब्यूह, विभव, अन्तर्यामी और अर्चावतार। ब्यूह में सृष्टि-अवतरण का और अन्य तीनों में उपास्य के विभिन्न रूपों का समावेश किया गया है। उपास्य-उपासक सम्बन्ध की प्रधानता से 'पाञ्चरात्र-मत' भागवत-धर्म या वैष्णव-धर्म के नाम से लोक में अधिक प्रसिद्ध है।

भागवत धर्म– भागवत-धर्म की उत्पत्ति व्रज में हुई थी। सात्वतों के प्रयत्न से वह दक्षिण में प्रसारित हुआ और पुनः द्रविड़-संस्कार-सम्पन्न होकर उत्तर में आया। यह भागवत धर्म हृदय का धर्म है अर्थात् मानव-मानव में एकता और प्रेम का धर्म-सन्देश देता है।

जो व्यक्ति इस सन्देश को व्यावहारिक रूप देने में सफल होता है, उस मनुष्य के हृदय में सौन्दर्य-माधुर्य भावों की वृद्धि होती है और उसका हृदय सरस, रस-स्निग्ध और निर्वासन हो जाता है। 'नारदीय-संहिता' के अनुसार 'पाञ्चरात्र' का अर्थ इस प्रकार है— 'रात्र' माने ज्ञान। 'रात्रं च ज्ञान वचनं, ज्ञानं पञ्चविधम् स्मृतम्।' इसमें परमतत्त्व, मुक्ति, भुक्ति, योग तथा विषय माने संसार— इन पाँचों का निरूपण होने से यह 'पाञ्चरात्र' कहा गया।

श्रीमद्भागवत में विभिन्न जातियों में एकता का भाव प्रदर्शित कर 'भागवत'-'धर्म' में सर्व मनुष्यों के समानाधिकार की घोषणा की गयी है—

किरात-हूणान्ध्र पुलिन्द-पुल्कसा
आभीर कङ्का यवना खशादयः।
येऽन्ये च परमा यदुपाश्रयाश्रयाः
शुध्यन्ति तस्मै प्रभविष्णवे नमः।।[1]

अर्थात् वैष्णवों के भागवत-धर्म में हूण, आन्ध्र, पुलिन्द, पुल्कस, आभीर, कङ्क, यवन, खस आदि सब जातियों का प्रवेश है। इसके प्रमाण में शिलालेख पर आधारित एक ऐतिहासिक घटना उद्धृत की जाती है—

'एक परम भागवत हेलियोडोरस नामक यवन-दूत के उल्लेख में बताया गया है कि वह पश्चिमोत्तर प्रदेश के ग्रीक शासक एण्टिअलकिडास का दूत बनकर विदिशामण्डल के राजा काशीपुत्र भागभद्र के दरबार में आया था और यहीं उसने भगवान् विष्णु की पूजा के निमित्त गरुडध्वज का स्थापन किया था।'

इस शिलालेख में हेलियोडोरस अपने नाम के साथ 'भागवत' की उपाधि धारण करता है। तब भारत के पश्चिमोत्तर प्रदेश में भागवत-धर्म फैला हुआ था। 200 ई॰ पूर्व बेस नगर के इस शिलालेख में देवाधिदेव 'वासुदेव', 'दिव' का पुत्र और लक्षशिला का निवासी बताया गया है। तात्पर्य यह कि तब यूनानी द्वारा यह भागवत धर्म स्वीकृत था और 'वासुदेव' देवाधिदेव थे।

भागवत-धर्म में भगवत्तत्त्व के दो रूप बताये गये हैं— ऐश्वर्य—जिसके उपासक भक्त दास्यभाव से भक्ति करते हैं और माधुर्य— जिसके उपासक भक्त स्वयं प्रेमिका होकर प्रियतम परमात्मा की भक्ति करते हैं।

ईसा की 4थीं-5वीं शताब्दी में वैष्णव-धर्म का सुवर्ण-युग बताया जाता है। उस समय अहिबुध्न्य, परम संहिता, सात्वत संहिता जैसे महत्त्वपूर्ण भागवत-धर्म-ग्रन्थों की रचना हुई।[2]

अत्रप शोडाश के समय मथुरा में प्रथम कृष्ण-मन्दिर का निर्माण भागवत-धर्म से प्रेरित और अनुमोदित था। पाणिनी ने ईसा 68वीं शताब्दी में भागवत-धर्म के प्रचलन को स्वीकार किया है।

डॉ॰ ग्रियर्सन ने ईसाइयत के प्रचारार्थ एक झूठ मत चलाया कि 'नारद ने ईसाईमत के अनुयायियों से प्रथम भक्ति-रहस्य सीखा। तब भारत में भक्तिमार्ग चला।' परन्तु सप्रमाण

1. 2/4/18
2. भागवत सम्प्रदाय, पृ॰ 92

इतिहास ने सिद्ध किया है कि ईसा पूर्व 1500 वर्ष पर महाभारत युद्ध हुआ तब भारत में भागवत-धर्म का प्रचार था।

श्रीमद्भागवत में व्रज में गोप-गोपियों के श्रीकृष्ण-प्रेम में पाञ्चरात्र-मतानुसार भागवत-धर्म के सब लक्षण घटित होते हैं। इसलिए यह निर्विवाद है कि श्रीकृष्ण में परमात्म-भाव और उनके माधुर्य-रूप की उपासना भी अति प्राचीन है। प्रारम्भ में युगल-रूप में की गयी उपासना तादात्म्य के कारण मधुर रस में परिणत हुई। उससे रसिक-सम्प्रदाय का आविर्भाव हुआ।

अवतारवाद की दृष्टि से हिन्दू प्रेमाख्यान 'रामायण' या महाभारत की परम्परा में नहीं आते प्रत्युत भारतीय प्रेम-देवता काम और रति ही कहीं नायक-नायिकाओं के उपमान बनते हैं और कहीं स्वयं उनके अवतार-रूप में उपस्थित होते हैं। यों काम और रति वैदिक देवताओं में प्रचलित देवों में से हैं, परन्तु महाभारत के पूर्व इनका अस्तित्त्व पृथक्-पृथक् मिलता है। वे सर्वप्रथम महाभारत में 'युगल' रूप में लक्षित होते हैं तथा 'विष्णु-पुराण' (चौथी शताब्दी) में प्रद्युम्न— मायावती के अवतार रूप में अभिहित किये जाते हैं। तब से लेकर मध्ययुग तक किसी-न-किसी रूप में इनका अवतारवादी रूप मिलता है।

परब्रह्म के विषय में भागवत-सम्प्रदाय का बीज इस श्रुति वाक्य में निहित है—

'रसो वै सः'

और

'रसो ह्येवायं लब्ध्वाऽऽनन्दी भवति।'

श्रीमद्भागवत में इसी का विस्तार है। समस्त वैष्णव-सम्प्रदायों में रस-सिद्धान्त का कुछ-न-कुछ वर्णन मिलता है; परन्तु गौड़ीय-वैष्णव-सम्प्रदाय तो यह सर्वस्व है। रस-सिद्धान्त की यथार्थता और उसकी लोकप्रियता के प्रभाव से भागवत-धर्म के अन्तर्गत 'युगल' रूप की आराधना की महिमा बढ़ी।

युगल रूप– अवतार-क्रम में राम के बाद कृष्ण का अवतार हुआ, परन्तु मधुर रस की दृष्टि से युगल रूप की भक्ति प्रथम श्रीकृष्ण और राधा के प्रति व्यक्त हुई। बाद में राम-भक्ति के विभिन्न सम्प्रदायों पर मधुर भक्ति का प्रभाव पड़ने से रसिक-सम्प्रदाय का उदय हुआ।

वैष्णव भक्तों की दृष्टि में मुख्यतम रस भक्तिरस ही है। अन्य आलंकारिक भगवद्-रति अर्थात् भक्ति को भाव के अन्तर्गत मानकर तज्जन्य आनन्द की गणना हीन कोटि में किया करते थे, परन्तु वैष्णवों ने विशेषतः गौड़ीय वैष्णवों ने भक्ति को भावदशा से ऊपर उठाकर केवल रसदशा में ही नहीं माना है, प्रत्युत उसे सब रसों से श्रेष्ठ, प्रधान अथवा प्रकृति-रस माना है। भक्ति का ही उत्कृष्टतम रूप 'मधुर भाव' के नाम से भक्ति के क्षेत्र में प्रख्यात है।

ऐश्वर्य-भावना में भगवान् 'कर्तुमकर्तुम् अन्यथा कर्तुम् समर्थं' हैं। वे हमारे सर्वशक्तिशाली ईश्वर और भक्त लोग उनके दास हैं। इस भावना में बड़े अदब के साथ विधि-विधानों को मानते हुए शिष्टाचार की पद्धति से उनके पास जाना पड़ता है।

परन्तु माधुर्य-भावना में भगवान् हमारे प्रियतम हैं, उच्चतम प्रेम के पूर्ण आधार हैं तथा भक्त उनके प्रेम का रसास्वादन करनेवाला है। विभिन्न रुचि-संस्कार-स्वभाव से नाना प्रकार की ये भक्त-प्रियतमाएँ उसी एक को भजती हैं। वैष्णवजनों को इस माधुर्य भाव की भक्ति का अवसर रसिक-शिरोमणि भगवान् श्रीकृष्ण की उपासना के प्रसंग में प्राप्त हुआ।

इस प्रकार इस प्रकृष्ट भक्ति-भावना का रहस्य भगवत्-तत्त्व के स्वरूप में अन्तर्निहित है। अवतार अर्थात् रूप की अभिव्यक्ति। मधुर रस में रूप के प्रति परकीया प्रेम को श्रेष्ठ बताया गया है, परन्तु मनुष्य तब तक रूप की ही अभिव्यक्ति में लगा रहता है, तब तक उसका प्रेम विशुद्ध न होने से मलिन रहता है। जब साधक रूप के ऊपर स्वरूप का आरोप कर अपने विशुद्ध रूप में प्रतिष्ठित हो जाता है, तब उसका प्रेम भी निर्मल हो जाने से विशुद्ध रूप में प्रकाशित हो उठता है। बिना रूप की सहायता के स्वरूप की उपलब्धि नहीं होती। इसीलिए ये लोग अपार्थिव प्रेम की अनुभूति के लिए, परकीया के साथ प्रेम की साधना भी नितान्त आवश्यक मानते हैं।

इससे यह प्रतिपादित होता है कि रस एक समग्र मानसिक वृत्ति है और भाव उसी का प्रारम्भिक आधार है। 'भक्तिरसामृत सिन्धु' में भाव की परिभाषा इस प्रकार है— 'विशेष शुद्ध सत्त्व से सम्पन्न जो उसकी भक्ति है, वही भाव कहलाती है। भाव एक मनःस्थिति है जो परब्रह्म परमात्मा की चित्-शक्ति की दिव्य अभिव्यक्तियों का प्राकृतिक गुण होने के कारण स्वभावतः तथा स्वरूपतः शुद्ध चित्त ही है। इस स्थिति में भगवत्-सन्बन्धी नानाविध तदनुकूल इच्छाएँ मन को मृदु तथा शान्त बना देती हैं जिससे वह अनेकविध भावों को ग्रहण करने में समर्थ होता है।'

भाव की इस परिभाषा के अनुसार श्रीकृष्ण के नित्य सहचरों तथा सहचारियों के मन के भाव को ही भाव कहते हैं और यही भाव चित्त में अचल हो जाता है तब उसे स्थायी भाव कहते हैं। वैष्णव-शास्त्रों के अनुसार भक्तिरस का भाव कृष्णरति ही है।

भाव की ही एक दशा है 'रस' और वह भावमयी अवस्था एक अनन्य-अखण्ड मनोदशा है। इसके उन्मेष के निमित्त मुख्य आधार को बाह्य वस्तुओं के परिपोष की आवश्यकता होती है। उसमें अन्दर की वस्तु है 'भाव' और बाहरी वस्तुएँ हैं— विभाव, अनुभाव आदि। रस के उन्मेष के निमित्त 'भाव' ही मुख्य आधार है।

इस स्थायी भाव में श्रीकृष्ण के प्रति प्रियता का तत्त्व संयोग का आदि कारण कान्ताभाव से प्रेरित होता है और उसकी चरम अवस्था में निरन्तर सेवा का भाव रहता है। यही है गोपी भाव जो उदात्त आन्तरिक भाव है और भक्ति साधना का उज्ज्वलतम प्रतीक है—

न खलु गोपिकानन्दनो भवानखिल देहिनामन्तरात्मदृक्।
विखनसार्थितो विश्वगुप्तये सख उदेयिवान् सात्वतां कुले।।[1]

इस साधना की तीन स्थितियाँ हैं— प्रवर्तक, साधक और सिद्ध। इसकी ध्यान-विधि में हृदय को आठ पंखुड़ियोंवाले कमल के रूप में कल्पित किया जाता है। ये आठ स्थायी-भाव की प्रतीक हैं। मध्य से कर्णिका आठों भाव के समष्टि रूप 'महाभाव' की प्रतीक हैं। एक-एक पंखुड़ी

1. भागवत 10/31/4

के ध्यान से प्रत्येक भाव को जगाकर कर्णिका में स्थित श्रीकृष्ण से उसे सम्बद्ध किया जाता है। गोपीभाव से युक्त होनेवाले साधक को इसमें शीघ्र सफलता मिलती है।

गोपीभाव के दो रूप हैं— स्वकीया और परकीया। दोनों में श्रीकृष्ण से ही प्रियता जुड़ती है। स्वकीया माने भगवान् की आनन्दरूपा सृष्टि करनेवाली शक्ति और दूसरा परकीया भाव अनन्य कान्ताभाव है। भगवान् के साथ भक्त के लीला, विहार आदि का ध्यान है। रस की परिपक्वता के लिए कुञ्जलीला में विरह और चरण की उपासना है। यह भक्ति भक्त अपने हृदय में प्रेमभावित होकर इस प्रकार करता है, जैसे बालक दर्पण में अपने प्रतिबिम्ब को देख उसके साथ नाना भाँति की चेष्टा-क्रीड़ा करता हुआ मनोरञ्जन करता है। जीव प्रतिबिम्ब अर्थात् मात्र द्रष्टा है।

बाल भाव से उपासना में भी वैष्णव-सम्प्रदाय में युगल-उपासना का आग्रह है। जीव अल्प होने से अपनी सुरक्षा के लिए मातृशक्ति 'राधा' का प्रथम आशय लेता है, तब पितृशक्ति अर्थात् श्रीकृष्ण की कृपा प्राप्त होती है। कृपा-प्राप्ति माने श्रीकृष्ण से मिलन।

'राधा' नाम की व्युत्पत्ति दो प्रकार से बतलायी गयी है—

राधेत्येवं संसिद्धा राकारो दानवाचकः।
स्वयं निर्वाणदात्री या सा राधा परिकीर्तिताः।।
रा च रासे च मननाद् धा एव धारणादहो।
हरेरालिङ्गनादारात् तेन राधा प्रकीर्तिता।।[1]

राधा का अर्थ है संसिद्धा अर्थात् सम्यक् स्थित (नित्य)। रा माने दाने और धा माने आधान करनेवाली। इस व्युत्पत्ति से निर्वाण की दात्री होने के कारण ही वे 'राधा' कहलाती हैं। रा माने रास में स्थिति। धा मानें धारण। रास में विद्यमान रहने तथा भगवान् श्रीकृष्ण को आलिंगन देने के कारण ही श्रीमती 'राधा' इस नाम से प्रसिद्ध हैं।

राधा गोलोक में भगवान् श्रीकृष्ण की हृदयेश्वरी प्राणवल्लभा हैं। श्रीदामा के शाप से राधा इस भूतल पर अवतीर्ण होती हैं। ब्रह्मवैवर्तपुराण में श्रीकृष्ण और राधा के विवाह का वर्णन है। अतः वे कृष्ण की स्वकीया ही हैं, यह बात निर्विवाद है।

चैतन्य-सम्प्रदाय के भक्त-कवियों ने राधा-कृष्ण के युगल रूप का विस्तार किया है। सामान्य-रूप से चैतन्य-सम्प्रदाय में प्रचलित युगल-रूप पर स्थानीय बौद्ध-सहजिया मत के 'युगनद्ध' का प्रभाव कहा जाता है।

भक्ति में रागात्मक तत्त्वों के प्रभाव से प्रेम रसरूप है। इससे रसिक सम्प्रदायों में जीवात्मा और परमात्मा का सम्बन्ध स्त्री-पुरुष-वत् माना गया। परन्तु इस सम्बन्ध का चरम लक्ष्य है विषयानन्द-शून्य शुद्ध ब्रह्मानन्द की प्राप्ति। वृहदारण्यक उपनिषद् में इसकी मूल रूपरेखा है। वह सिद्धान्तरूप में 'बाउल-सम्प्रदाय' में गृहीत हुआ है।

आगे चलकर अग्रदेव ने कृष्णभक्ति से और भी प्रभाव ग्रहण किया। रामानन्द सम्प्रदाय में मानसी-भक्ति का प्रचार इन्हीं के द्वारा हुआ था। शृंगार-प्रधान 'रामानन्दी-

1. ब्रह्मपुराण— 223/224

रसिक-सम्प्रदाय' के ये आदि प्रवर्तक माने जाते हैं। नाभाजी के समय तक रामानन्दी सम्प्रदाय योग (नाथपन्थी) तथा शृंगार (कृष्ण-भक्ति) दोनों से ही प्रभावित हो गया था। कृष्णदास पयहारी के अनन्तानन्द के शिष्य अग्रदास, कील्हदास, द्वारकादास (योगी) थे। इनकी भावधारा पर कृष्णभक्ति का प्रभाव था, वे माधुर्यभाव-सम्बन्ध को स्वीकार भी करते थे, परन्तु उसकी कोई व्यावहारिक स्थिति न थी। आगे चलकर रसिक-सम्प्रदाय का आविर्भाव हुआ।

मध्यकालीन सूफी-साहित्य में किशोर-किशोरी का युगल रूप है, और उनका सम्बन्ध राधा-कृष्ण के सम्बन्ध-सा है, परन्तु वे आराधना किसी एक की ही करते हैं। सूफी साधकों का विश्वास है कि अल्लाह का अव्यक्त रूप 'जलाल' है, व्यक्त रूप 'जमाल' है माने सौन्दर्य है। उनकी अवतारवादी परम्परा में प्रेम मूल प्रेरणा है जिसे वे 'खत्र' कहते हैं। प्रेम से नूर, शेर, रूह, कल्ब, कालिब (शरीर) का क्रमशः अवतार होता है। अर्थात् अल्लाह का प्रेम अवतरित होकर शरीर में व्याप्त हो जाता है। इस सर्वोत्तम प्रेमोपासना के आलम्बन प्रिया-प्रियतम या किशोर-किशोरी हैं। इन्हें वाजीव और मुमकीन का युगल भी कहा गया है। अरब में वाजीव पुरुष प्रेमी और सनातन सत्ता का प्रतीक है और मुमकीन प्रेमिका स्त्री का प्रतीक है। फारस में पुरुष-स्त्री में प्रेमी-प्रियतमा और प्रियतम-प्रेमिका दोनों प्रकार के युगल-रूप की भावना की जाती है।

बाउल सम्प्रदाय[1]– बंगाल के गाँवों में गीत गा-गाकर जीवनयापन करनेवाला एक सम्प्रदाय जिसके अनुयायियों में से कुछ हिन्दू होते हैं कुछ मुसलमान। हिन्दू बाउल अधिकतर वैष्णव हैं और मुसलिम बाउल सूफी। दोनों दिव्य-प्रेम-मार्ग के गायक हैं। 'बाउल' शब्द का हिन्दी रूपान्तर 'बाउर, बावला, बौरा, बावरा' है। इन्हें 'बातुल' या 'व्याकुल'— इन दोनों शब्दों का विकसित रूप माना जा सकता है। 'नरहरि' नामक बाउल की कुछ पंक्तियां[2] इनकी सामान्य प्रकृति की परिचायिका हैं— "अरे भाई, मैं 'बाउल' इसलिए कहलाता हूँ कि मैं न तो किसी मालिक की आज्ञा मानता हूँ न किसी का शासन मानता हूँ। न किसी विधि-निषेध एवं परम्परागत आचार-व्यवहार की पाबन्दी का कायल हूँ।"

इनका सर्वप्रथम परिचय 15वीं शती के आस-पास मिलता है। पश्चिमी बंगाल में इनका प्रधान केन्द्र नदिया के आस-पास है। ये अपने को मानव-जाति का न कहकर पक्षियों की जाति का कहते हैं जो पृथ्वी पर चलने की अपेक्षा आकाश में उड़ने के अभ्यस्त होते हैं। इनके गीतों की कोई लिखित परम्परा नहीं है।

बाउलों के बहुत-से सिद्धान्त तो ऐसे हैं जो बौद्ध-सिद्धों से लेकर सूफी साधकों तक में प्राप्त होते हैं परन्तु कुछ उनकी निजी विशेषताएँ भी हैं। वे 'मनेर मानुष' के खोजी हैं और उसके सम्बन्ध में आतुर होकर कहते हैं— "कोथाय पाव तारे, आमार मनेर मानुष ये रो (हीरामणि-मुहम्मद मंसूर उद्दीन)।" यह 'मनेर मानुष' वास्तव में कोई मानवोपरि परमात्मा नहीं, वरन् मनुष्य का ही एक आदर्श रूप प्रतीत होता है। उल्टी साधना, गुरु का महत्त्व,

1. हिन्दी साहित्य-कोश-भाग 1, पृ० 511
2. मिडिवल मिस्टीसिज्म ऑफ इण्डिया— क्षितिमोहन सेन

मानव-देह का महत्त्व आदि तत्त्व तो 'सहज-साधना-पद्धति' के अवशिष्ट चिह्न हैं, किन्तु 'मनेर मानुष' की स्थापना इनकी मौलिक देन है, जिसे रवीन्द्रनाथ ठाकुर तक ने स्वीकार किया है।

प्रायः बाउल या रसिक भक्त स्वप्न में ही उसके (जीवात्मा-परमात्मा के सम्बन्ध का) रसात्मक सम्पर्क का अनुभव करते हैं। वह अनुभव सेन्द्रिय से अतीन्द्रिय की ओर उन्मुख होता हुआ प्रतीत होता है।

बृहदारण्यक[1] के अनुसार स्वप्न में आत्मा इन्द्रिय-मात्रा-रूप को लेकर पुनः जागरित स्थान में आता है। वह हिरण्मय पुरुष जहाँ वासना होती है वहाँ चला जाता है। वह देव स्वप्नावस्था में ऊँच-नीच भावों को प्राप्त हुआ, बहुत-से रूप बना लेता है। इसी प्रकार वह स्त्रियों के साथ आनन्द मनाता हुआ, हँसता हुआ तथा भय देखता हुआ-सा रहता है। इसी प्रकार सुषुप्ति में भी वह आत्मा रमण और विहार कर जैसे आया था, वैसे स्वप्नावस्था में लौट जाता है, तथा स्त्री-पुरुषवत् जीवात्मा-परमात्मा आलिंगनबद्ध होकर आप्तकाम, आत्मकाम, अकाम और शोकशून्य होकर रहता है।

इस आत्मरमण की प्रतीकात्मक अभिव्यक्ति को प्रेम लक्षणा भक्ति के माधुर्य से रूपायित करनेवाला 'सहजिया वैष्णव-सम्प्रदाय' इस सन्दर्भ में विशेष उल्लेखनीय है।

'सहजिया-वैष्णव-सम्प्रदाय'– भक्ति-प्रचारक आचार्यों के मूल स्रोत-तमिल आलवारों की सरल भक्ति-साधना और सूफी-सम्प्रदाय के प्रेम-भाव ने मिलकर 'वैष्णव-सहजिया-सम्प्रदाय' को जन्म दिया। बौद्ध सहजिया के मूल सिद्धान्तों ने उसी प्रकार उसे पूरी शक्ति प्रदान की। इसकी प्रथम प्रतिष्ठापक भागवत की गोपियाँ हैं। उनका प्रेम शुद्ध, कामनारहित, स्वार्थविहीन और श्रेष्ठ था। सहजयानी ग्रन्थों में कृष्ण 'काम' के और राधा 'मदन' की प्रतीक हैं। इसमें काम का शोधन वाञ्छनीय है, दमन नहीं। अतः इस सम्प्रदाय के अनुयायी रागानुगा प्रेमाभक्ति में निष्ठावान् हैं और वाममार्ग के पक्षपाती हैं। इसमें माधुर्य-भाव एकमात्र साधन और आधार है।

इस मत में मनुष्य परमात्मा का ही रूप है और प्रेम ही परमात्मा का सहज धर्म है जिसे मनुष्य भगवान् की विभूति होने के कारण स्वतः धारण करता है। इसी प्रेम के द्वारा वह अपने व्यक्तित्व का इतना प्रसार कर लेता है कि वह भगवान् के साथ भी अपनी पूर्ण एकता स्थापित कर लेता है। तब वह सिद्ध बन जाता है और परम पुरुषार्थ प्राप्त कर लेता है।

'वैष्णव-सहजिया-सम्प्रदाय' ने उसी 'सहज' को अपना प्रेम-पात्र मानकर उसे उपलब्ध करना अपना परम ध्येय समझा। इस प्रकार इनके प्रथम वर्ग की प्रवृत्ति जहाँ श्रद्धा तथा भक्ति के साधन द्वारा भगवान् की उपासना की ओर बढ़ी, वहाँ दूसरे ने उसी सत्य को प्रियतम के रूप में स्वीकार कर उसके साथ अभिन्न बन जाना ही अपने लिये परम पुरुषार्थ निर्धारित किया।

वैष्णव सहजिया लोगों की उक्त-प्रेम-भावना सूफी-सम्प्रदाय के इश्क-हकीकी से भी बहुत-कुछ प्रभावित रही। आगे चलकर इन दोनों का संश्लिष्ट रूप कबीरदास-जैसे सन्तों के लिए 'विरह-गर्भित—प्रेम' के भाव में परिणत होने पर लक्षित हुआ।

---

1. 4/3/11—13, 15 और 21

अधिक पूर्व की ओर बंगाल प्रान्त में 'वैष्णव-सहजिया-सम्प्रदाय' की नींव पड़ चुकी थी। बंगाली कवि चण्डीदास कदाचित् उसी समय के लगभग अपने पदों के माधुर्य द्वारा उधर के निवासियों को मन्त्र-मुग्ध-से कर रहे थे। कवि चण्डीदास की यह परम्परा सम्भवतः प्रसिद्ध भक्त कवि जयदेव द्वारा भी प्रभावित रही जिनकी प्रशंसा कबीरदास ने अपनी रचनाओं में की है।

गौड़ीय वैष्णवों में माधुर्य के साथ सख्य, दास्य और वात्सल्य को भी स्वीकार किया गया है। माधुर्य-भाव में जीव साधक-गोपी और परमात्मा प्रियतम श्रीकृष्ण हैं। नम्म आलवार ने इसे आध्यात्मिक सहवास कहा है। इसमें परकीया से सम्बन्धित माधुर्य-भाव के दो पक्ष हैं—

(1) आध्यात्मिक तो प्रशंसनीय, उपादेय और ग्राह्य आदर्श। प्राथमिक साधन के रूप में यह महत्त्वपूर्ण है।

(2) सामाजिक तो निन्दनीय।

इसमें काम वृत्ति के विषदंश का निवारण होता है। इसकी दो रीतियाँ हैं— (1) निवृत्तिमार्ग तो दमन और (2) प्रवृत्तिमार्ग तो स्त्री का संग अर्थात् तान्त्रिक अनुष्ठान की क्रियाएँ। इसलिए पुरुष-साधक स्त्री-भाव से साधना करे ऐसा विधान है। यदि उसमें स्त्री-सहज प्रकृत भाव जग जाय तो उसका भगवद् प्रेम उदित होकर काम पर पूरा काबू पा ले।

तत्त्व की अनुभूति पुरुष को होती है, अतः स्त्री-संग द्वारा प्रकृति-भाव को पाना आवश्यक है। इसमें 'गोपी-भाव' प्रमाण है। यह रागात्मिका भक्ति साधन और साध्य दोनों है। साध्य भगवान् की तीन शक्तियों का ज्ञान साधक जीव को होना चाहिए। ये हैं—

(1) अन्तरंग स्वरूप-शक्ति चित् है। भगवान् सौन्दर्य-माधुर्य निकेतन हैं, आनन्द का अक्षय स्रोत है। वे प्रेम निधान हैं। राधा और कृष्ण एक हैं, जैसे कस्तूरी और उसकी गन्ध।

(2) तटस्थ शक्ति जीव है।

(3) बहिरंग शक्ति माया है।

ये दोनों शक्तियाँ लीन तो ब्रह्म और व्यक्त तो भगवान् का अवतार।

विभिन्न साधना-पद्धतियों द्वारा भक्ति की श्रेष्ठता का प्रतिपादन अवतार-भावना को पुष्ट करनेवाला है। उड़ीसा के पञ्चसखाओं द्वारा चैतन्य की भक्ति-धारा का प्रसार हुआ। ये पञ्चसखा तान्त्रिक मत के प्रचारक थे। उनके ग्रन्थों में मन्त्र-तन्त्र, गुरु-महिमा, कुण्डलिनी-जागरण, सहस्रार में शिव-शक्ति का संयोग आदि। विचारों पर नाथ-मत का प्रभाव स्पष्ट लक्षित होता है।

उनका उदार दृष्टिकोण जाति-पाँति का बन्धन नहीं मानता था। वे सबको शिष्य बनाते थे। बाह्याडम्बर का वे विरोध करते थे और अन्तर्याग का आग्रह रखते थे। आरण्यकों में बहिर्याग की अपेक्षा अन्तर्याग को विशेष महत्त्व दिया गया है। 'चित्तवृत्ति-निरोधात्मक-योग' के विपुल प्रचार का यह युग है। इन दोनों से पुष्ट होकर भक्ति की प्रबलता की ओर साधकों का ध्यान स्वतः आकृष्ट हुआ।

ये पञ्चसखा तीर्थाटन और तत्त्वहीन मन्त्र की आलोचना करते थे। माया से मुक्ति के लिए क्रिया, ज्ञान, धन और दान को अनावश्यक और भक्ति को अनिवार्य मानते थे, क्योंकि वे मानसिक विशुद्धि के पक्षपाती थे। उनका उपदेश था— "काठ की मनियों को छोड़ मन की मनियों का जप करो।"

उनकी साधना में आत्मा-दर्शन के लिए भक्ति-समन्वित योग का महत्त्व था—

जप तप तीरथ करसि गया, काशीवास वयस गोवाइ।
जानि योग युगुति मन मोहित बिने हरि-भक्ति गति नाइ।।[1]

परमात्म-प्राप्ति के लक्ष्य की सिद्धि के लिए मार्गदर्शक के रूप में गुरु अनिवार्य थे। उनका परमात्मा निराकार महाविष्णु शून्य-पुरुष है और समस्त जगत् का रचयिता होने से 'आदि-ब्रह्म' है। वह अवतार लेने पर 'बिन्दु-ब्रह्म' होकर आदि-शक्ति के योग से सृष्टि करता है। 'बिन्दु-ब्रह्म' के दो रूप हैं— 'रा' और 'म'। जब उसका लीलावतार होता है तब राधा और कृष्ण के दो रूप अवतरित होते हैं।

पञ्चसखा अपने नाम में 'दास' लगाते हैं। यह उनके धर्म-सम्प्रदाय का सूचक शब्द है और उसका अर्थ है 'ब्रह्मज्ञानी' प्रतीकार्थ में 'दास' 'भगवान् के चरणारविन्द की सेवा करनेवाला है।' 'कबीरदास' के नाम से प्रसिद्धि पानेवाले कबीर के नाम में भी इस अर्थ की गम्भीरता को देखा जा सकता है। 'शून्य संहिता' में एक श्लोक 'दास' की व्याख्या इस प्रकार करता है—

नामतत्त्व चिह्नि आत्मा तत्त्वज्ञानी नामब्रह्मे पार आश।
ब्रह्मदर्शी सहि अवश्य आइ प्रभुङ्कर सेहि दास।।

अवतार और योग

विभिन्न सम्प्रदायों की चर्चा के सिलसिले में कुछ मतभेद के साथ विचार-साम्य भी मिलता है। ठोस तथ्यों की उपलब्धिस्वरूप यह प्रतिपादित हो जाता है—

(1) भक्ति-भाव की प्रधानता से अवतार तत्त्व का स्वीकार।

(2) मूर्ति-पूजा के विरोध में ज्ञान का महत्त्व।

(3) भक्ति और ज्ञान के समन्वय से आत्मब्रह्म की साधना।

(4) आत्मब्रह्म की साधना में योग का महत्त्व।

इससे अन्तिम उपलब्धिस्वरूप अनुभवी सन्तों का मत उल्लेखनीय है— "संसार की निवृत्ति का एक साधन हृदयाकाश में जाकर बैठना है। निराकार को देखना माने और कुछ न देखना। यह है तो समाधि। व्योम है तो देवता। व्योमासुर माने भक्ति छुड़ाकर समाधि लगाना। योग वासना का निवारण नहीं करता, मन को ठप कर देता है। विक्षेप होने पर फिर वही संसार आ जाता है। भक्ति वासना का निवारण करती है। यदि भगवान् के रूप, लीला, माधुर्य का ध्यान छुड़वाकर समाधि लगती है, तो उसे बोलेंगे 'व्योमासुर' वेद, धर्म, योग किसी में भी असुर न आने पावे। अतः प्रथम भक्ति। वासना का मुँह मुड़ जाय, भगवान् में लग जाय; फिर योग करना चाहिए,. पहले नहीं। समाधि का अर्थ है कबर-गुफा को ढँक देना।"[2]

योग का अर्थ है जीवात्मा और परमात्मा का संयोग। इसलिए योग साधन और साध्य दोनों है। इसी प्रकार सांकेतिक भाषा में शून्यता और करुणा का योग परमात्मा का अवतारवादी रूप है। वज्रयान-साहित्य में उसकी विस्तृत चर्चा है।

---

1. बड़गीत— 13
2. भागवत-सप्ताह-प्रवचन, वृन्दावन-स्वामी अखण्डानन्दजी सरस्वती

नाथ-साहित्य में परम शिव या शुद्ध शिव को सृष्टि से पूर्व प्रलयावस्था में कर्तृत्वशक्ति से परे कहा गया है। सृष्टि की इच्छा होने पर वह अपने को शक्ति से युक्त करता है। यह इच्छा शक्ति युक्त शिव सगुण अर्थात् अवतार है। यह शिव-शक्ति-योग के दो विभिन्न सम्प्रदाय परस्पर के समर्थक और पूरक हैं। इसी से गोरखनाथ शैव थे तो मत्स्येन्द्रनाथ शाक्त। योग की चरम सिद्धि में विराट् अर्थात् योग-ऐश्वर्य से तादात्म्य होने पर पूर्णता प्राप्त होती है। यह है ससीम की असीम में अभिव्यक्ति।

विष्णु के चौबीस अवतारों में जिन नर-नारायण, दत्तात्रेय, कपिल आदि साधकों का नाम आता है, उनके पौराणिक रूपों को देखने पर स्पष्ट पता चलता है कि किसी-न-किसी प्रकार की योग-साधना से सम्बद्ध थे। परन्तु मध्ययुग में नाथों का विष्णु या विष्णु की अवतार-परम्परा से कोई विशेष सम्बन्ध ज्ञात नहीं होता।

शिव के अतिरिक्त इन नाथों का विभिन्न सम्बन्ध बौद्ध वज्रयानी शाखा से भी रहा है। फलतः नौ नाथों में मुंख्य गोरखनाथ एक ओर तो शिव के अवतार हैं और दूसरी ओर वे वज्रयानी चौरासी सिद्धों में गोरक्षया के नाम से गृहीत हुए हैं।

गोरखनाथ योगी होने के कारण योग साधना एवं इसका प्रचार उनके अवतार का प्रयोजन माना गया।

आश्चर्य यह है कि अवतार के साथ योग का सम्बन्ध जोड़ने के बाद भी उस अवतार में अवतारी परमात्मा की भावना होती है और योगाभ्यास में भक्ति प्रधान हो जाती है। यह आध्यात्मिक साधना का स्वस्थ विकासक्रम है।

(2) पैगम्बरी अवतार

इसलाम मत– इसलाम मतानुसार एकेश्वरवादी उपासना से प्रेरित सन्तों ने इसलाम और हिन्दू-धर्म के समन्वय से पैगम्बरी-अवतारवाद का प्रवर्तन किया। वे पैगम्बर को श्रेष्ठ मानते हैं। असल में अरब के इसलाम-धर्म में भी हिन्दू धर्म की तरह बहुदेववाद पहले प्रचलित था, अन्धविश्वास और रूढ़ियाँ थीं। मुहम्मद साहब ने बहुदेववाद को पाप या अपराध बताया और एकेश्वर की प्रतिष्ठा कर एकमात्र 'अल्लाह' को मान्यता दी। फिर तो मुहम्मद साहब स्वयं अल्लाह के साकार स्वरूप तथा उपास्य रूप गृहीत हुए और अवतार-भावना का क्रमशः विकास हुआ। इसके अन्तर्गत चार विभाग किये गये—

(1) केवल अवतार।

(2) प्रथम पुरुष।

(3) नबियों और रसूलों के रूप में अवतरित होनेवाले अवतारी।

(4) उपास्य।

मुहम्मद अवतारों के मूल स्रोत माने प्रथम पुरुष नारायण के समान हुए। उनसे फिर परम्परा में सन्त या वली, फरिश्ते और उनके वीर्य से उत्पन्न वंशजों का क्रम निश्चित हुआ। फरिश्तों का शरीर ज्योतिर्मय होता है। इस ज्योति से उत्पन्न मनुष्य में दर्पणवत् एक ओर तमाच्छन्न होता है। इसी में ज्योति प्रतिबिम्बित होती है। प्रकृति का व्यक्त रूप परम-

ज्योति का प्रतिबिम्ब भी बताया जाता है। पशु दोनों ओर से तमाच्छन्न हैं। इसलिए मनुष्य उत्क्रमण का अधिकारी है, पशु नहीं।

उपनिषद् की शैली में इसलाम में भी ब्रह्म के समान अल्लाह आदि रूप में विशुद्ध ज्ञानस्वरूप है। चिन्तन से वह इल्मी और भावात्मक रूप से 'हाली' रूप में प्रकट होता है। निर्गुण को वे 'जलाल' माने 'तनजीह' और सगुण को 'जमाल' माने तसवीह बताते हैं।

वैष्णव मत और इसलाम में वैषम्य के रहते भी इस विषय में आश्चर्यपूर्ण साम्य भी मिलता है। परमात्मा के अवरोह और उपासक के आरोह-क्रम में उन्होंने व्यूह के समानान्तर परमात्मा के चार रूपों की कल्पना की है—

इसलाम	सूफी	वैष्णव	उपनिषद्
(1) अहदिय्यत	वाहूत (हाहूत)	वासुदेव	चित्त
(2) उलूहिय्यत	लाहूत	संकर्षण	अहंकार
(3) सबूबिय्यत	ज़वरूत	प्रद्युम्न	बुद्धि
(4) उबूदिय्यत	नासूत	अनिरुद्ध	मन

ऐसा प्रतीत होता है कि इसलामी अवतार भावना की अपनी कोई मौलिक रूपरेखा नहीं है। उन्होंने बौद्ध, ईसाई, हिन्दू और यहूदी-धर्म की विभिन्न मान्यताओं के रूप को मिश्रित किया है। पैगम्बरों ने खुदा को साक्षात् तो नहीं देखा, किन्तु जिस प्रकार का आभास इन्होंने पदार्थों और मनुष्यों में पाया है, वह एक प्रकार का अवतारवादी रूप ही है। पैगम्बर का अर्थ है प्रोफेट माने प्रवर्तक।

मुहम्मद ज्योति-अवतार थे और उन्होंने ज्ञान-ज्योति का प्रवर्तन किया। ज्योति शुद्ध ज्ञानस्वरूप ब्रह्म है। उनसे फिर ज्योति-अवतार-परम्परा चल पड़ी। दिव्यगुण सम्पन्न और उत्क्रमणशील साधक वली के कार्य का अन्त होता है, वहीं से पैगम्बर के कार्य का प्रारम्भ माना जाता है।

'इमाम' को 'इली' कहा जाता है। इसलाम के अवतारवादी सम्प्रदायों में इमाम केवल अवतार नहीं है, उनकी अवतार परम्परा भी है। इससे विदित होता है कि 'अल्लाह' भी विभिन्न रूपों में अवतरित होता है।

सूफी मत– सूफियों के बहुत-से अवतारवादी विश्वास सन्तों और भक्तों के अनुसार ही मिलते हैं। वे भी ईश्वरीय सम्बन्ध की गोपनीयता को मानते हैं। मंसूर अल् हल्लाज़ वर्षों तक भारतीय साधकों के बीच रह चुका था। भारत से केवल वेदान्त ही नहीं, अवतारवाद, पुनर्जन्म, देवों का मानवीकरण आदि प्रवृत्तियों से भी वह प्रभावित था। आवेशावतार की भावना में उसकी विशेष निष्ठा होने से भावावेश में वह अपने को स्वयं अल्लाह का अवतार भी मानता था और उस दशा में वह अपने शिष्यों को बताता था— "तुम्हीं नोह हो, तुम्हीं मूसा हो, तुम्हीं मुहम्मद हो। मैंने उनकी आत्माओं को तुम लोगों के शरीर में आने के लिए निमन्त्रित किया है।" वह ईश्वर के सभी गुणों को मनुष्य में ईंधन में अग्निवत् ओत-प्रोत बताकर ईश्वरदर्शन का उपदेश करता था। वह आत्मवादी अवतार का विश्वासी था।

इससे यह निष्कर्ष प्राप्त होता है कि भारत आने के पूर्व सूफियों पर भारतीय अवतारवादी और उपास्यवादी सिद्धान्तों का पर्याप्त प्रभाव पड़ चुका था। सूफी-दर्शन समन्वयवादी है। वे धर्मग्रन्थ की दिव्यता, ज्ञान की अपौरुषेयता और पुरुष की दिव्यता में विश्वास करते हैं। श्रीराम और श्रीकृष्ण के प्रति उनमें उत्तरोत्तर श्रद्धा बढ़ती गयी। फलस्वरूप, परवर्ती सूफियों पर 'श्रीकृष्ण-भक्ति-दर्शन' और 'रसिक-सम्प्रदाय' का अधिक प्रभाव पड़ा। वे गोकुल-वृन्दावन में मक्का-मदीना और राधा-कृष्ण में स्वयं की और मुहम्मद की भावना करते थे।

आध्यात्मिक क्षेत्र में निष्पक्ष और शुद्ध चिन्तन प्रभाव को अवरुद्ध नहीं कर पाता, बल्कि जाने-अनजाने अनुकूल तत्त्वों को आत्मसात् करने की एक अलक्षित प्रवृत्ति भी मानव-चित्त में क्रियाशील रहती है। यह तथ्य 'अल्लोपनिषद् की रचना के रूप में हिन्दू पुराणकार पर सूफी प्रभाव को भी प्रमाणित करता है। इसलामी पैगम्बरों और आदम-नूह की वंश-परम्परा का विस्तृत वर्णन, आदम 'मनु' और आदम-पत्नी 'हौवा' का वैष्णवीकरण 'हव्यवती' के रूप में, जल-प्रलय की कथा को उनके सम्बन्धित करना,— यह सब हिन्दू-दर्शन पर सूफी-दर्शन का प्रभाव माना जाता है।'[1]

सूफियों का ईश्वर निराकार होने पर भी सगुण-साकार का निर्माण और प्राकट्य करता है। प्रयोजनवश अवतार-रूप में प्राकट्य को वे 'हुलूल' कहते हैं।

निर्गुण-सम्प्रदाय की विभिन्न शाखाएँ, इसलाम का एकेश्वरवाद और सूफी मत की समन्वयवादी विचारधारा सब सिद्धान्त में निर्गुण-निराकार का प्रतिपादन करते हैं, परन्तु उनके व्यवहार में वह कट्टरता किसी रूप में देखने में नहीं आती। निराकार एकेश्वरवादी सम्प्रदाय उपास्य की स्मृति-पूजा के साथ अपनी परम्परा के मान्य महापुरुषों की समाधि की पूजा भी करते हैं। यह निर्गुण मत का सगुण के प्रति झुकाव की पराकाष्ठा है। अब मृत में अवतार-भावना हो सकती है तो जीवित मनुष्य क्यों ईश्वर का अवतार नहीं हो सकता।

अन्त में यही कहना पड़ेगा कि आध्यात्मिक मार्ग में श्रद्धेय विभूति जो कोई भी हो— सन्त, पुरोहित, धर्म प्रवक्ता, सुधारक या प्रचारक, उनमें अवतार भावना का आरोपण क्रमिक विकास प्रक्रिया से गुजरने पर प्रथम मूर्तिपूजा, फिर स्मृतिपूजा और अन्त में ईश्वरीय अवतार का रूप धारण कर लेता है। परमात्मा के दूतों और भक्तों में अवतार-भावना के परिपाक से जो श्रद्धा की गयी उसने अद्‌भुत की सृष्टि की। उदाहरण— "बुद्ध बिना नाव नदी पार करते हैं, जीसस समुद्र पर टहलते हैं, मुहम्मद आकाश-मार्ग से यात्रा करते हैं।" इनमें बहुतों का जन्म अज्ञात रूप से कुमारी कन्याओं या विधवाओं द्वारा हुआ, जैसे ईसा, कबीर। इनके भक्तों ने इनकी सहायता, रक्षा, कृपा, आशीर्वाद सबमें दैवी तत्त्वों का अनुभव किया। मानो भक्ति ने ज्ञान को चुप कर दिया।

इस प्रकार धर्म के नाम पर जो वैर-वैमनस्य, विरोध और आक्रमण, संघर्ष और खण्डन आदि विध्वंसात्मक प्रवृत्तियाँ हैं, वे तात्त्विक दृष्टि के अभाव की सूचना देती हैं। तत्त्व के प्रकाश में इनकी सत्ता कोई नहीं है। सन्तों की साधना शैली ऐसी थी कि—

गाइ निर्गुण सगुण मिलते। ध्यान निर्गुण में रहा।

---

1. भविष्य पुराण, अध्याय 255-257

कबीर आदि सन्त सम्प्रदायवाद, जातिवाद, वर्णभेद और वर्गभेद के विरोधी थे। उन्होंने राम-रहीम और कृष्ण-करीम की एकता पर बल देकर हिन्दू-मुसलिम ऐक्य का प्रयत्न किया।

सगुणवादी तुलसीदास, सूरदास और निर्गुणवादी कबीर, रैदास आदि के लक्ष्य में समानता होने से उन्होंने अपने-अपने ढंग से मानवता, भारतीय सभ्यता और संस्कृति की रक्षा की। व्यक्तिगत रूप से प्रत्येक की धार्मिक स्वतन्त्रता को वे मानते थे।

इसी अभिप्राय से विधर्मी आक्रमणकारियों के आतंक से हिन्दू धर्म पर संकट आने पर सूरदास, तुलसीदास, रामानुज, मध्व, निम्बार्क तथा चैतन्य सम्प्रदाय के सन्तों ने हिन्दू-संस्कृति के आन्तरिक पक्ष को दृढ़ किया। कबीर-जायसी आदि ने आक्रमण को निरर्थक घोषित किया और समन्वय द्वारा विद्वेष की आग को शान्त करने का प्रयत्न किया। इस प्रकार उन सबके प्रयत्नों में सार्वभौम प्रेम की ही अभिव्यक्ति हुई है।

निरञ्जन : अवतार-पुरुष के रूप में– अवतारीकरण की प्रक्रिया में जो भाव नाद-बिन्दु-युक्त शब्द-ब्रह्म में अथवा यूनानी 'लोगोस' में है, उसी का विस्तार 'निरञ्जन' से लेकर 'सत्यपुरुष' तक हुआ।

'कबीर-मन्सूर' में लिखा है कि "सत्यपुरुष समस्त जगत् का कर्त्ता है। वह कभी गर्भ में नहीं आता। वह सबसे अतीत, सबसे परे और सबसे ऊपर है। कबीर साहब उसी सत्पुरुष के अनागत वक्ता (भविष्यवक्ता) हैं। सत्यपुरुष में जो गुण हैं, वे सब कबीर साहब में भी हैं। वस्तुतः कबीर उनसे अभिन्न और संसार के त्राणकर्त्ता हैं। ये ही सत्पुरुष सत्ययुग में 'सुकृते', त्रेता में 'मुनीन्द्र', द्वापर में 'करुणामय स्वामी' और कलियुग में 'कबीर' नाम से अवतरित हुए।"

कबीर साहब ने ब्रह्म-सृष्टि को 'सूक्ष्म वेद' दिया। यह 'सूक्ष्म वेद' निर्दोष और निष्कलंक था। परन्तु आगे चलकर वह दूषित हो गया। इस विषय में एक पौराणिक आख्यान प्रचलित है— "सत्य पुरुष ने सृष्टि के लिए छह पुत्र उत्पन्न किये थे जिनके नाम थे— सहज, अंकुर, इच्छा, सुहंग (सोऽहं), अचिन्त (न्त्य) और अक्षर। ये छहों बड़े तेजस्वी और तपस्वी हुए। सारा जगत् उस समय जल से परिपूर्ण था। उस जल में सत्यपुरुष ने एक अण्डे के रूप में अपनी सातवीं सन्तान को छोड़ दिया। (मन्वादि शास्त्रों में इसी अण्डे को 'हिरण्यगर्भ' कहा है।)"

उस समय अक्षर-पुरुष तपोमग्न था। उसके पास जाकर यह अण्डा फूटा और उसमें से निरञ्जन निकला। वह दुर्दमनीय काल-पुरुष था। उसे असंख्य युगों पर्यन्त अखण्ड राज्य-भोग का वरदान पिता से प्राप्त था। निरञ्जन बड़ा प्रचण्ड, शक्तिशाली, अभिमानी और प्रतापी था। उसके चरित्र में जो-जो विशेषताएँ व्यक्त हुईं, वे उसके लिए एक-एक नाम हो गयीं, काल, कैल, अंकार, ओंकार, निर्गुण, निरंकार, ब्रह्म, ब्रह्मा, धर्मराज, खुदा, अल्लाह, करीम, अद्वैत, केशव, हरि, नारायण, विश्वम्भर, वासुदेव, जगदीश, जगन्नाथ, परमेश्वर, ईश्वर, विश्वनाथ, खालिक, रब, रब्बिल, आलामी, हक आदि निरञ्जन को लक्ष्य करके ही प्रचलित हुए हैं। इन नामों को देखने से स्पष्ट पता लगता है कि 'निरञ्जन' हिन्दू, बौद्ध तथा मुसलमान तीनों धर्म मतों में स्वीकृत थे और उन्होंने अपनी-अपनी

मान्यताओं में प्रतिफलित विशेषताओं के लिए अपने मतानुसार और अपनी शब्दावली में नाम निर्धारित किये। निर्गुण सम्प्रदाय में इन सबका समन्वय होने के कारण यह विचित्र नाम-मिश्रण एकत्र ही प्राप्त हो जाता है।

निरञ्जन ने वरदान के रूप में पिता से प्राप्त आज्ञा का पालन करते हुए सृष्टि का जाल फैलाना चाहा। कूर्मजी के पेट में सम्पूर्ण सृष्टि का मसाला भरा हुआ था और वे निरञ्जन को यह मसाला देना नहीं चाहते थे। दोनों में लड़ाई हुई, परन्तु निरञ्जन को सफलता न मिली, तब निरञ्जन ने वह मसाला चुरा लिया। इस मसाले को सृष्टि रूप में रूपान्तरित करने का काम निरञ्जन अकेले नहीं कर सकता था। अतः उसने आदिशक्ति का आह्वान किया। वह माया-रूप में प्रकट हुई, तब उसके संयोग से निरञ्जन ने सत्त्व, रजस् और तमस् की प्रधानता से क्रमशः विष्णु, ब्रह्मा और शिव को उत्पन्न किया और स्वयं अपने लोक में चला गया। उस समय उसने माया को सूचना दी कि "इन पुत्रों को मेरा पता मत बताना।"

निरञ्जन सब ओर से निवृत्त होकर अपने लोक में समाधिस्थ हो गया। उसके हृदय में 'सूक्ष्म वेद' प्रकट हुए। वेद का स्थूल अंश उसके नाक से बाहर निकला जिसे 'त्वचा-ज्ञान' वाला आधुनिक 'स्थूल वेद' बताया जाता है।

कबीर-पन्थ में प्रवर्तित मान्यता के अनुसार यह 'त्वचा-ज्ञान' वाला आधुनिक 'स्थूल वेद' दोषी और पाखण्डी निरञ्जन के संसर्ग से दूषित हो गया है। उसके भीतर महामाया कुण्डलिनी ओम् से उत्पन्न होने के बाद निरञ्जन के मन का स्पर्श पाकर जहरीली नागिन हो गयी। उसके संसर्ग से स्थूल वेद भी विषाक्त हो गये।

संसार में सज्जनों और भक्तों के उद्धार के लिए कबीर ने सूक्ष्म वेद को प्रकट कर दिया। इसके चार विभाग हैं— सूक्ष्म ॠग्वेद अर्थात् कूटवाणी, यजुर्वेद अर्थात् टकसार वाणी, सामवेद अर्थात् मूकज्ञानवाणी और अथर्ववेद अर्थात् बीजकवाणी।

निरञ्जन का पूर्व जीवन यशस्वी मालूम पड़ता है, परन्तु तपस्या के बाद उत्तर जीवन में यह एक योगभ्रष्ट पुरुष के रूप में सामने आता है। मानो, उसने सिद्धि का दुरुपयोग किया। संसार को स्थूल वेद देकर निरञ्जन ने अपना पाखण्ड बढ़ा दिया। वह माया का स्वामी होकर भी कलुषित हो गया। सत्यपुरुष के नाम का लोप कर वह स्वयं पूजा चाहने लगा। उसके तीनों पुत्र-विष्णु, ब्रह्मा और शंकर इसी संस्कार के प्रभाव से पिता का अनुगमन करते हुए निरञ्जन के नाम का लोप कर अपनी पूजा चाहने लगे। इसी कारण निरञ्जन की प्रतिष्ठा घट गयी। वह महात्माओं की परमार्थ-साधना में विघ्न लाता रहा। कबीर को भी उससे संघर्ष करना पड़ा। इस प्रकार वह निम्न स्तर पर उतार दिया गया।

कबीर ने अपने बीजक में जिस निरञ्जन की सर्वशक्तिमान् निर्दोष ब्रह्म के रूप में महिमा गायी, उसे परम काम्य बताया, वही निरञ्जन आगे चलकर 'शैतान' के रूप में वर्णित हुआ।

'मूल निरञ्जन' मत बारह मतों में तीसरा है। कबीर-बानी में इसका उल्लेख है। 'अनुराग-सागर' में इसका परिचय है। इसमें लिखा है— "काल का 'मनभंग' नाम का दूत 'मूल कथा' को लेकर पन्थ चलायेगा और अपने पन्थ का नाम 'मूल पन्थ' रखेगा। 'लूदी'

नाम से इस पन्थ की व्याख्या कर 'पारस' नाम देकर इसका प्रचार करेगा। वह अपने मुँह से 'झंग' शब्द का सुमिरन करेगा और समस्त जीवों को एक साथ पकड़कर रखेगा।''

(3) कबीर-दर्शन में अवतारवाद

कबीर के राम निर्गुण होने से उन्होंने 'राम' को अवतार से भिन्न बताकर अनेक युक्तियों द्वारा अवतारवाद का खण्डन किया है—

मरि गये ब्रह्मा कासी के वासी, सीब सहित मुये अबिनासी।
मथुरा मरि गौ कृष्ण गुवांरा (ग्वाला) मरि-मरि गये दसों औतारा।।

कबीर के नीर-क्षीर विवेक ने बताया—

सन्तो! आवे जाय सो माया।

इस माया की अनिर्वचनीयता का वर्णन कर निषेध-शैली में अनेक अवतारों का उल्लेख कर कबीर ने अवतारवाद का खण्डन कर जिज्ञासु साधक की चित्तवृत्ति को तत्त्वाभिमुख करने का प्रयत्न किया—

(1) है प्रतिपाल काल नहीं थाके, न कहूँ गया न आया।
(2) क्या मकसूद मछ-कछ होना, संखासुर न संघारा।
(3) वै करता करि ब्राह (वराह) कहाये, धरनि धरौ न मारा।
(4) हरिनाकुस नख वोद्र (उदर) विदारो, सो नहि करता होई।
(5) बावन रूप बलि को जांचो, जो जांचो सो माया।
(6) परसराम छत्री नहिं मारा, ई छल मायै कीन्हा।
(7) सिरजनहार न व्याही सीता, जल पषांन नहीं बांधा।
(8) गोपी ग्वाल न गोकुल आया, कर तें कंस न मारा।
(9) वै करता नहीं बोध (बुद्ध) कहायो, नहिं असुर संहारा।।
(10) भये कलंकी नहिं, कालिहिं गहि मारा।
(11) दस औतार ईसरी माया करता कै दिन पूजा।
(12) ई छल-बल सब मायै कीन्हा, जती सती सभ टारा।।

कबीर के ये निर्गुण-प्रतिपादक तर्क अकाट्य हैं। उन्होंने अत्यन्त कौशलपूर्वक अवतारवाद का खण्डन और निर्गुण-निराकार का मण्डन किया है। 'दसों अवतार' को 'ईश्वरी माया' बताकर प्रकारान्तर से एक साथ अद्वैत मत और सगुण-भक्ति-सिद्धान्त को स्वीकार कर लिया है। इन पौराणिक तथ्यों की ऐतिहासिकता का वे विरोध नहीं करते। ईश्वरीय शक्ति से युक्त इन विभूतियों को वे पूर्ण मानव मान सकते हैं, ब्रह्म का अवतार नहीं। ''कूटस्थ, अविचल, अविकल, निर्द्वन्द्व ब्रह्मतत्त्व किसी एक रूप में कल्पित होकर, कर्त्ताभाव धारण कर कुछ नहीं करता।''— यह उनका प्रतिपाद्य है। इस दृष्टि से सोचा जाय तो असंगति का दोष नहीं रहता। सर्वव्यापक ब्रह्म सगुण से भिन्न कैसे होगा? मात्र

अवतारवाद की संकुचित सीमा और अन्धश्रद्धा को तोड़ने के उद्देश्य से वह भिन्न बताया गया है। अन्यथा इन ज्ञानी सन्तों की दृष्टि में भेद-दर्शन और अपूर्णता का दोष आ जायगा।

कबीर के राम और कृष्ण अन्तर्यामी निराकार विष्णु हैं और उनके गुरु उससे बिलकुल कम नहीं, शायद एक दर्जा ऊपर हैं—

गुरु गोविंद तो एक है, दूजा यहू आकार।

आकार-निमित्त द्वैत में भी अद्वैत-दर्शन सगुण की सत्ता को मानकर ही चल सकता है। गुरु को सगुण परन्तु निमित्त मात्र और वास्तविक परमेश्वर से एक बताकर कबीर ने 'अवतार' शब्द का प्रयोग न करके भी निर्गुण की सगुण में अभिव्यक्ति के अवतारवादी सिद्धान्त को ही स्वीकार किया है। परन्तु कबीर की शैली में वह कौशल है कि उसके सिद्धान्तों में किसी को भ्रान्ति नहीं हो सकती।

तथ्य रूप में यह भी निश्चित है कि कबीर का झुकाव निर्गुण के प्रति था। यदि उनका झुकाव सगुण के प्रति होता, तो उलटवाँसियों की तरह अनेक गूढ़ रहस्यों का प्रकाशन वे अपने मौलिक ढंग से करते। परन्तु शुद्ध तात्त्विक दृष्टि के कारण माया का निरूपण करने में उन्होंने सगुण की उपेक्षा कर दी। परमात्मा में उन्होंने जिन गुणों का आरोप किया है, वह उनके प्रेमवश होने से है।

कबीर : एक अवतार

सन्तमत में निराकार उपास्य-रूप भक्तवत्सल, करुणा-कृपा-बरसानेवाला, परन्तु अवतार लेने पर वह भी नश्वर और मायिक माना गया। इसी से सन्त-साहित्य में निराकारोपासना की प्रधानता और मुक्तक काव्य के कारण अवतार-वर्णन उल्लेख-मात्र और अल्प है। "उत्तर मध्यकाल के अनेक निर्गुणमार्गी सम्प्रदायों ने अवतारवाद की भावधारा का विरोध जमकर किया है पर प्रतिक्रिया ने भी आगे चलकर क्रिया का रूप ग्रहण किया है। निर्गुण-सम्प्रदाय के अनेक प्रवर्तक भगवान् के 'स्वयं-रूप' स्वीकार कर लिये गये हैं।"[1]

निर्गुण-सम्प्रदाय में तात्त्विक महत्त्व रखनेवाले अनेक पारिभाषिक शब्द थे। उन्होंने उनका अवतारीकरण वैष्णवेतर सम्प्रदायों में प्रचलित अनेक रूढ़ शब्दों को उनके पौराणिक रूपों सहित अपनाकर नूतन ढंग से किया। उदाहरण— 'सुकृत' उपनिषदों से गृहीत हुआ तो परवर्ती बौद्ध-धर्म से सम्बन्धित सिद्ध साहित्य में निरूपित 'धर्मराय', 'निरञ्जन', 'मुनीन्द्र' जैसे शब्द पूर्वी भारत में प्रचलित 'धर्म-ठाकुरेर-सम्प्रदाय' से गृहीत हुआ।

स्वामी रामानन्द द्वारा सन्तों में 'अन्तर्यामी' आत्मरूप 'राम' का प्रचार हुआ। वे निर्गुणोपासक होने पर भी पूर्णता-लाभ के लिए सगुणोपासना का महत्त्व स्वीकार कर उसका भी प्रचार प्रतिपादनपूर्वक करते थे। इसी दृष्टि से अनेक सन्तों ने मिथ्याचार के निवारणार्थ अवतारवाद की कटु-कठोर आलोचना की है तो साधना की पूर्णता को ध्यान में रखकर उसका समर्थन भी किया है, इससे सूचित होता है कि परमात्म-प्राप्ति करनेवाले व्यक्ति को

---

1. मध्यकालीन साहित्य में अवतारवाद— डॉ॰ कपिलदेव, पृ॰ 8
(भूमिका-आचार्य हजारीप्रसाद द्विवेदी)

एकांगी दृष्टिकोण न अपनाकर तटस्थता और विवेक से तत्त्व को हृदयंगम करनेवाले सब साधनों का उपयोग करना चाहिए। कबीर ने इसी उद्देश्य से 'माया-संवलित' रूप में सगुणावतार का उल्लेख किया है—

अब घट प्रगट भये राम राइ। सोधि सरीर कतक की नांइ।

और—

सबै रसाइण में किया, हरि-सा और न कोइ।
तिल एक घट में संचरै, तो सब तन कंचन होइ।।

कबीर की वाणी में ये तात्त्विक संकेत उनके शिष्यों द्वारा अवतारपरक अर्थ में गृहीत हुए। इसके फलस्वरूप कबीर की मृत्यु के कुछ ही काल उपरान्त उनके शिष्यों ने उनके अवतारत्व का प्रचार करना शुरू किया और 'कबीर-पन्थ' अस्तित्व में आया।

कबीर पन्थ– पन्थ अर्थात् मार्ग— ईश्वर-प्राप्ति का मार्ग। चेलों द्वारा किसी परम्परा की स्थापना कर देना पन्थ नहीं है। इसीलिए तुलसी साहब ने कबीरपन्थी महन्त फूलदास को उलाहना दिया था— "कबीर द्वारा प्रवर्तित मार्ग को मिटाकर अपने निजी मतानुसार नवीन पन्थ तुमने चला दिया। जो कुछ कबीर के मतानुसार आत्मा की मुक्ति के लिए था, उसके स्थान पर तुमने एक नवीन जाल बिछा दिया।"[1]

यही नहीं, पन्थ प्रवर्तन के विरोधी तुलसी साहब के नाम पर भी 'साहिब पन्थ' चल पड़ा।

कबीरपन्थियों में अवतार भावना का ऐसा विकास हुआ कि कबीर ने जिन रूढ़ियों, मान्यताओं, आचारों और साम्प्रदायिक प्रवृत्तियों का विरोध किया था, उन्हीं को स्वीकृति दी गयी। अपने धर्म-सम्प्रदाय की पुष्टि के लिए 'बीजक' को धर्म ग्रन्थ के रूप में मान्यता दी गयी और अनेक प्रक्षिप्त रचनाएँ कबीर के नाम पर रची गयीं। अब कबीर अवतार-रूप में मात्र उपास्य न रहे, उनके जीवन से सम्बद्ध घटनाओं पर पौराणिक रंग चढ़ाया गया और उनके कार्यों को अवतारोचित रूप प्रदान किया गया। यह भी प्रतिपादन किया गया कि— परमहंसों के उद्धार के निमित्त कबीर ने काशी में अवतार लिया—

हंस उबारन सतगुरु जग में आइया।
प्रगट भए काशी में 'दास' कबीर कहाइया।।

मगहर में हिन्दू-तुरुकों का संघर्ष मिटाने के लिए कबीर प्रकट हुए और उनके शिष्यों ने महाभारत के पाण्डवों से कबीर का विलक्षण सम्बन्ध जोड़ा— "करोड़ों आचारियों के उपस्थित रहने पर भी पाण्डवों का यज्ञ सफल नहीं हो रहा था। तब 'सुपच' भक्त के रूप में कबीर का जन्म हुआ था। उन्होंने ग्रास उठाया कि तुरन्त भारी घण्टा बजने लगा। उन्होंने ही तक्षक द्वारा काटी हुई रानी का विष उतारा था।"

धर्मदास ने वर्णन किया है— "साहेब की बलिहारी है कि उन्होंने गणिका के साहचर्य से काशी में अपनी हँसी करवायी और अपने चरण से जल ढारकर हरि की जलती हुई पगड़ी की रक्षा की।"[2]

---

1. हिन्दी काव्य में निर्गुण संप्रदाय— परशुराम चतुर्वेदी-पृ॰ 332
2. धरम, शब्द, पृ॰ 3/9

अपने सद्गुरु के प्रति कृतज्ञता-ज्ञापन के साथ धर्मदास ने जगन्नाथ-मन्दिर से कबीर का सम्बन्ध जोड़ महिमागान किया है, उससे वे मात्र अवतार नहीं रहते, अवतारी का परमात्म-रूप भी पा लेते हैं—

हरि को मन्दिर बनन न पावै, समुद्र लहर उठि भारी।
आसा रूप के समुद हटायो, तीरथ करे संसारी।।
जो जा सुमिरे, तो ता प्रगटे, जग में नर अरु नारी।
धरमदास पर किरपा कीन्हीं, हंसराज लखे भारी।।
जो जो सरन गही सतगुरु की, उबरे नर अरु नारी।
साहेब कबीर मुक्ति के दाता, हमको लियो उबारी।।[1]

'साहेब' परमात्मा का वाचक है जो कबीरपन्थ जैसे अन्य सन्त-सम्प्रदायों में भी स्वामी, मालिक, परमात्मा आदि अर्थों में प्रयुक्त होता है।

धर्मदास 'अमर सुखनिधान' में प्राप्त परिचय के अनुसार पहले सगुणोपासक थे। 'अनुराग सागर' और अन्य रचनाओं में वे निराकारोपासक के रूप में मिलते हैं। कबीर ने इन्हें शिष्य बनाकर निराकारोपासना की शिक्षा दी। परन्तु मूल में उनके सगुणोपासना के संस्कार थे। अतः उन्होंने सम्प्रदाय में गुरु को इष्टदेव के रूप में स्थापित कर अर्चाविग्रहों के सदृश मूर्ति, चित्र और ग्रन्थ की पूजा चलायी और कबीर को उपास्य एवं अवतारी दोनों रूपों में प्रतिष्ठित किया। फिर तो सम्प्रदायवाद ऐसा दृढ़ और रूढ़ हो गया कि अवतार-परम्परा को भी स्वीकार हो गया और परवर्ती सम्प्रदायों में कबीरावतार की अनेक आस्था-मूलक मान्यताएँ चल पड़ीं। "साध लोग अपने आदि गुरु 'उदादास' को कबीर का अवतार तथा दोनों को परमात्मा का प्रतीक समझते हैं।"[2] बिहारी, दरियादास भी अपने को कबीर का अवतार मानते हैं।[3] अतः सत्पुरुष के सोलह पुत्रों में एक कबीर माने गये जो पुनः-पुनः अवतार लेते हैं। 'शाहजहाँ के राज्यकाल में धर्मदास और धरनीश्वर के रूप में कबीर ने ही अवतार लिया।'— ऐसी मान्यता प्रवर्तित हुई।

संक्षेप में अवतारवाद की इस विस्तृत चर्चा का सार इतना ही है कि साहित्य में अवतार का प्रचुर वर्णन सहज सादृश्य की स्वाभाविक अभिव्यक्ति से प्रेरित है और उपमा रूपकादि के प्रयोगों में पौराणिक तत्त्वों के योगदान से कल्पना का स्थान भावना ले लेती है और उससे साम्प्रदायिक विकास में अवतार और अवतारी समकक्ष हो जाते हैं।

कबीरपन्थ के परवर्ती सन्तों में भी 'कल्कि' अवतार की चर्चा करते हुए कहा गया है कि वे (कल्कि) म्लेच्छरूपी तृण के लिए अग्नि के सदृश अवतरित होंगे। 'कल्कि' की ज्योति से युक्त होकर 'निरञ्जन राम' अनेक प्रकार के कौतुक करेंगे—

पावक रूप निकलंक अवतारा। तृन समान म्लेच्छ संहारा।
बहुर कलंकी ज्योति समाई। कौतुक करै निरंजन राई।।[4]

---

1. धरम, शब्द 10
2. उत्तरी भारत की सन्त-परम्परा-श्रो परशुराम चतुर्वेदी- पृ० 400
3. सन्त कवि दरिया-एक अनुशीलन— धर्मेन्द्र ब्रह्मचारी- पृ० 169
4. ज्ञानसागर

कल्कि मध्यकालीन युग की उस आशावादी धारणा के भी द्योतक हैं, जिसकें मूल में तत्कालीन दासता और दमन का निवारण और भविष्य के आदर्शवादी समाज की कल्पना सँजोयी गयी है।

कबीर से पश्चात्

कबीर जिस रामानन्द-सम्प्रदाय से प्रभावित थे, वह नाथ-सम्प्रदाय और वैष्णव-सम्प्रदाय की विचारधारा का समन्वय था। परन्तु कबीरपन्थी लोगों ने गोरखनाथ आदि योगियों के प्रति विरोध का भाव प्रकट किया है, क्योंकि वे अपने पन्थ को सबसे निराला और विशेष मानकर लोक में उसका प्रचार करना चाहते थे।

दूसरे, जिन सूक्ष्म दार्शनिक विचारों का प्रचार कबीर ने किया था, कुछ काल उपरान्त उनके तत्त्वार्थ को दर्शन-बुद्धि से समझना उनके अनुयायियों के लिए कठिन हो गया। तब वे अपने पूर्ववर्ती सन्तों तथा धर्मावलम्बियों के अनुभवों को अपने से निम्न स्तर के प्रमाणित करने लगे परन्तु अधूरे ज्ञान के बल पर वे कबीर के मूल उद्देश्य को सुरक्षित न रख पाये। कबीर के पश्चात् मुसलिम भावना ने और भी अधिक प्रभावशाली ढङ्ग से परन्तु अलक्षित रूप से इनकी दार्शनिक विचारधारा में प्रवेश किया। इसी के फलस्वरूप कबीर पन्थ की 'धर्मदासी-शाखा' और वीरभान द्वारा प्रवर्तित 'साधु-सम्प्रदाय' में भी कबीर, मुहम्मद के अनुकरण में एक धर्म दूत जैसे माने जाने लगे।

कबीर के परवर्ती सन्त-कवियों को सगुण एवं निर्गुण सम्प्रदाय के बीच की कड़ी समझना चाहिए। न तो वे सगुणवादियों की तरह परमात्मा की निर्गुण सत्ता की अवहेलना कर उसकी प्रतिभासित सगुण सत्ता को ही सब-कुछ समझते हैं और न ही मूर्तिपूजा और अवतारवाद को नष्ट कर देना चाहते हैं। यद्यपि वे अन्त में बाह्य कर्मकाण्ड का त्याग आवश्यक बतलाते हैं, परन्तु आरम्भिक अवस्था में इसकी उपयोगिता मानते थे।

कबीरपन्थ की प्रतिष्ठा के बाद भी 'मूल निरञ्जन' सम्प्रदाय ने पुनः एक बार सिर उठाया था और अपनी मूल कथा को आगे करके अपनी श्रेष्ठता प्रदर्शित कर प्रतिष्ठा को स्थायीरूप देने की कोशिश की थी। कबीरपन्थी साहित्य में 'निरञ्जन' की मूल वस्तु को कबीर-महिमा के प्रचार में साधन बनाया गया है। आज निरञ्जन-सम्प्रदाय विस्मरण में लुप्त है, परन्तु कबीर-साहित्य से इस मत का आभास प्राप्त होता है। यह पन्थ कबीर मतानुयायी था।

कबीरपन्थ में सृष्टि-प्रक्रिया-विषयक एक पौराणिक कथा है। उसका सारांश है—"मार्ग-प्रतिद्वन्द्वी देवता का नाम 'काल' है। उसे 'निरञ्जन' अथवा 'धर्मराज' की संज्ञा दी जाती है। यह देवता मानसरोवर में निवास करता है। शून्य के ध्यान से निरञ्जन की प्राप्ति होती है।

इस देवता 'निरञ्जन' ने सारे संसार को भरमाया था। शायद इसीलिए ब्राह्मण मत कट्टरतावश इसका प्रतिद्वन्द्वी हो गया था, परन्तु वैष्णव मत समन्वय की प्रवृत्ति से उदार होने के कारण कुछ प्रतिकूलता के साथ अनुकूल भी था।

उड़ीसा के जगन्नाथजी को और बुद्ध को भी 'निरञ्जन' बताया गया है। ऐसा जान

पड़ता है कि राढ़ भूमि, झारखण्ड, पूर्वी बिहार, उड़ीसा के उत्तरी भाग, छोटा नागपुर को घेरकर रीवा से पश्चिमी बंगाल तक के क्षेत्र में सबसे बड़े देवता के स्थान पर धर्म या निरञ्जन की पूजा एक जीवित मत के रूप में प्रचलित थी, जिसके बारे में अनुमान किया गया है कि यह बौद्ध-धर्म का प्रभाव-प्रचार या विस्मृत रूप अर्थात् भग्नावशेष था। बिहार के मानभूम, बंगाल के वीरभूम और बाँकुडा आदि जिलों में एक प्रकार के धर्म-सम्प्रदाय का पता लगा है। यह धर्म-मत अब भी जी रहा है। इस पन्थ से कबीरपन्थ का संघर्ष भी हुआ और यह भी तथ्य है कि धर्मदासी शाखा ने कबीरपन्थी होते हुए भी इसे आत्मसात् कर लिया।

धार्मिक सम्प्रदायों का यह एक ऐतिहासिक तथ्य है कि समन्वय और विभाजन की प्रक्रिया हमेशा प्रत्यक्ष या परोक्ष रूप से सक्रिय रहती है। कबीर के बाद थोड़े ही समय में निर्गुण-सम्प्रदाय में विविध मतों के तत्त्व एवं अनुयायियों का मिश्रण हो गया था। पुनः व्यक्ति-विशेष को महत्त्व की स्वीकृति रूप कबीर-पन्थ, दादू-पन्थ और नानक-पन्थ के अतिरिक्त अन्य अनेक पन्थ चल पड़े।[1] ये हैं, कबीर के शिष्य जग्गूदास द्वारा प्रवर्तित जग्गापन्थ, मारवाड़ी दरिया का दरियापन्थ, तुलसी साहब के अनुयायियों में प्रचलित हाथरस का 'साहिब पन्थ' तथा शिवदयाल का 'राधास्वामी पन्थ'। अन्तिम दोनों पन्थ निर्गुण पन्थ की बहुत आधुनिक शाखाएँ हैं।

1. हिन्दी काव्य में निर्गुण सम्प्रदाय-परशुराम चतुर्वेदी-पृ॰ 330

सन्त-साहित्य और कबीर

सन्त-साहित्य में प्रमुख स्वर भगवत्प्रेमानुभूति की अनिवार्यता को लेकर व्यक्त हुआ है और उसका प्रतिपाद्य 'भगवत्प्रेम' अनुभव से आस्वाद्य है। उन दिनों उत्तर के हठयोगियों और दक्षिण के भक्तों में मौलिक अन्तर था, परन्तु निर्गुण-सम्प्रदाय की समन्वयवादी प्रवृत्ति ने नया व्यक्तित्व धारण किया, इससे विरोधी तत्त्वों का त्याग और पूरक तत्त्वों का सम्मिलन स्वाभाविक हो गया। योगी और भक्त के स्वतन्त्र मत इस प्रकार थे—

योगी	**भक्त**
शरीर से बुद्धि-पर्यन्त सब जड़।	शरीर से बुद्धि-पर्यन्त सब चेतन।
ज्ञान का गर्व।	अज्ञान का भरोसा।
पिण्ड ही ब्रह्माण्ड।	ब्रह्माण्ड ही पिण्ड।
अपने पर भरोसा।	राम पर भरोसा।
प्रेम दुर्बल।	ज्ञान कठोर।

इन दो धाराओं का अद्भुत मिलन ही निर्गुण-धारा का वह साहित्य है जिसमें एक तरफ कभी न झुकनेवाला अक्खड़पन है और दूसरी ओर घर फूँक मस्तीवाला फक्कड़पन। यह साहित्य अपने-आप में स्वतन्त्र नहीं है। नाथपन्थ की मध्यस्थता में इसमें सहजयान और बज्रयान की तथा शैव और तन्त्रमत की अनेक साधनाएँ और चिन्ताएँ आ गयी हैं तथा दक्षिण के भक्ति प्रचारक आचार्यों की शिक्षा के द्वारा वेदान्तिक और अन्य शास्त्रीय चिन्ताएँ भी।

इनके साहित्य में परमात्मा-प्रेम दक्षिण से वेदान्त-भक्ति भक्ति के संयोग से दो रूपों में व्यक्त हुआ। सगुण उपासना में पौराणिक अवतार का परोक्ष प्रभाव और योगियों के ध्येय-स्वरूप निर्गुण-परब्रह्म-परमात्मा के प्रति निर्गुण-प्रेम का प्रत्यक्ष प्रभाव। इन दोनों के प्रभाव का परिणाम तारतम्य से इस प्रकार रहा—

सगुण उपासना	**निर्गुण उपासना**
बाह्य-जीवन में रसमयता।	शुष्क बाह्याचार का निवारण।
समन्वय और समझौता।	विद्रोह द्वारा जड़ परम्पराओं का ध्वंस।
शास्त्रीय विधि-निषेध का महत्त्व।	प्रमाण रूप में अनुभव का महत्त्व।
श्रद्धा में श्रेष्ठता।	ज्ञान की श्रेष्ठता।

दोनों में समानता

(1) प्रेम का महत्त्व, शुष्क ज्ञान का नहीं।

(2) बाह्याचार अनावश्यक, आन्तरिक प्रेम-निवेदन आवश्यक।

(3) अहैतुकी भक्ति श्रेष्ठ।

(4) निःशेष आत्म-समर्पण अनिवार्य।

ये समान लक्षण और निर्गुण-प्रेम की विशेषताएँ कबीर की रचनाओं में हैं, परन्तु नवधा-भक्ति का शास्त्रीय स्थूल रूप नहीं, मानसी सात्त्विक रूप मिलता है। उदाहरण—

(1) कबीर ने 'श्रवण' का प्रयोग करके कहना चाहा है कि 'सबद' के सुनते ही जी निकलने लगता है, देह की सारी सुध-बुध खो जाती है।

(2) 'कीर्त्तन' का मार्मिक अर्थ व्यञ्जित करते हुए कबीर ने लिखा है— "हरिगुण के स्मरण और गान की चेष्टा भी हृदय में मार्मिक विरह-वेदना जगा देती है।"

(3) 'वन्दन' एक उलझन बन गया, क्योंकि राममय मन किसी अन्य को न पाकर 'सिर झुकाना किसे?'— इस उलझन में फँस गया।

कबीर-साहित्य में बीजक

दर्शन और काव्य में एकता– कबीर के दार्शनिक विचारों को समझने के लिए जिस प्रकार वेदान्त, वैष्णव-भक्ति और बौद्ध-दर्शन से निर्गुण-सम्प्रदाय के सन्त-मत तक की एक विचार-यात्रा अपेक्षित है, वैसे ही कबीर के साहित्य को समझने के लिए भी तत्सम्बन्धी रचनाओं का अनुशीलन कबीर के साहित्यिक वैशिष्ट्य को उद्घाटित करता है। परन्तु यह विषय अत्यन्त व्यापक और गहरा होने से एक स्वतन्त्र ग्रन्थ की अपेक्षा रखता है, क्योंकि परम्पराओं से प्राप्त काव्यधारा के साथ कबीर के काव्य का तुलनात्मक अध्ययन विभिन्न प्रेरणा-स्रोतों और प्रभावों के प्रकाश में कबीर की मौलिकता के निर्णय में सहायक हो सकता है। इस विशद अध्ययन के लिए इस ग्रन्थ में अवकाश नहीं है। फिर भी जिन विभिन्न दार्शनिक विचारधाराओं का सम्मिलन कबीर के समन्वयवादी दर्शन में प्राप्त होता है, वे उनके साहित्य के प्रेरणा-स्रोत होने से वस्तु को हृदयंगम करने के लिए यहाँ पर एक भूमिका अवश्य मिल जाती है। इसका रहस्य है, 'कबीर के दर्शन और काव्य में एकता', मध्ययुग में प्रायः सब कवियों ने अपनी दार्शनिक विचारधारा को जनकवि के कर्त्तव्य का निर्वाह करते हुए काव्य के माध्यम से लोक तक पहुँचाया और उनके जीवन को एक विशेष परन्तु निश्चित दिशा में मोड़ने का सन्देश दिया। कबीर के व्यक्तित्व और कृतित्व से भी इसी निर्णय का समर्थन होता है।

जनकवि कबीर– प्रत्येक देश में प्रत्येक जाति और उपजाति का लोक-साहित्य अवश्य होता है, चाहे वह लिपिबद्ध हो या न हो। परम्परा से प्रवाहित लोक-साहित्य की अविच्छिन्न धारा त्याग और ग्रहण की प्रक्रिया में से गुजरती हुई चलती है, तब उसकी सम्बद्ध कवि-परम्परा भी लुप्तप्राय रहती है। कबीर की रचनाओं के अनुसन्धानकवाद भी सन्दिग्ध-असन्दिग्ध का प्रश्न अनुत्तरित ही रह जाता है। परन्तु उनके 'जनकवि' होने में

किसी को सन्देह नहीं। चाहे उनकी कुछ रचनाएँ लुप्त भी हो गयी होंगी और कुछ मूल रूप में पूर्णतः सुरक्षित भी न हों, परन्तु उपलब्ध प्रामाणिक रचनाओं के आधार पर उनका 'जनकवि' होना सर्वमान्य है—

'उत्तर भारत में भक्ति आन्दोलन का सूत्रपात वैष्णव-आचार्यों की प्रेरणा से हुआ। यह भक्ति-आन्दोलन सिद्धान्तों की मञ्जूषा में ही बन्द रह जाता यदि इसे जनकवियों की वाणी प्राप्त न होती। इन कवियों ने तत्कालीन जनभाषाओं में भक्ति की किरणों का आलोक विकीर्ण कर जन-जन के मानस को पवित्र कर दिया। ऐसे जनकवियों में पहला नाम कबीर का ही है।'[1]

तत्कालीन साहित्यिक वातावरण– शुद्ध और उच्चतम, ललित साहित्य-सृजन की दृष्टि से तत्कालीन वातावरण विशेष अनुकूल नहीं, बल्कि प्रतिकूल ही कहा जायगा। वैराग्य की प्रधानता और नीरस उपदेशों की प्रमुखता से सन्तकाव्य ने स्वतन्त्र रूप से अपना मत प्रकट किया। यह सन्तकाव्य दो धाराओं का संगम था—

(1) नामदेव, त्रिलोचन, सदना आदि उन सन्तों की वाणी जिसमें ब्रह्म, माया और जीव से अधिक जगत् और शरीर की अस्थिरता का वर्णन और तत्सम्बन्धी उपदेश किया गया।

(2) जयदेव की 'गीतगोविन्द' की शैली में ब्रह्मनिरूपण। उसके प्रभाव से विद्यापति को 'पदावली' रचने की प्रेरणा मिली।

प्रथम प्रकार की काव्यधारा काव्यशास्त्रीय विधि-विधान से आबद्ध न थी। मुक्तक काव्य रूप की प्रचुरता और गतानुगतिकता के साथ सोद्देश्यता भी थी। जैन साधु धर्म-प्रचार के लिए और अन्य कवि दरबार में यश और अर्थ-लाभ के लिए काव्य-रचना करते थे। जो सन्त इन दोनों उद्देश्यों से मुक्त मात्र भगवद्भाव से काव्य-रचना करते थे, उनके काव्य में निवृत्तिपरक दृष्टि और भगवद्प्रेम की व्यञ्जना थी।

सिद्ध-साहित्य में भी ये सारे लक्षण दृष्टिगोचर होते हैं। परम्परा ग्रहण और मौलिक सृजन-शक्ति का अभाव होने से अनेक कवियों की रचनाओं में अनुभूति की गति देखने में नहीं आती। परन्तु कबीर को आध्यात्मिक अनुभूतियों का बल प्राप्त होने से एवं लोक-जीवन से स्वयं को अभिन्न जानकर उन्होंने जो कुछ भी वर्णन, निरूपण, कथन या विधान किया, कहीं भी कल्पना का आश्रय उन्हें नहीं लेना पड़ा है। स्वानुभव ने उनकी अभिव्यक्ति में सूक्ष्मता, मार्मिकता, तीव्रता और तीक्ष्णता भर दिये हैं।

कबीर के समय भक्ति क्षेत्र के साथ साहित्यिक क्षेत्र में भी विद्यापति की शास्त्रीय शैली का प्रवर्तन था, परन्तु कबीर की रचनाओं में शुद्ध साहित्यिकता न थी। उनकी वाणी में यदि प्राचीन दार्शनिक एवं आध्यात्मिक अनुभवों की एवं मान्यताओं की स्वीकृति मिलती है तो वह मात्र स्वानुभव के आधार पर। समाज जीवन के गाढ़ सम्पर्क के कारण उन्होंने अपनी वाणी में तत्कालीन जन-जीवन का चित्र प्रस्तुत किया है। यह चित्र उच्च शिक्षित वर्ग का कम है; मुख्यतः एक विशिष्ट समाज के वैष्णव और जोगी के चित्रण के लिए उन्होंने कहावतों, मुहावरों और प्रतीकों का विशेष प्रयोग किया है।

---

1. हिन्दी साहित्य कोश-भा॰ 2, पृ॰ 62

कबीर-साहित्य की वस्तु– मध्यकालीन साहित्य में वर्ण्यविषय की दृष्टि से पौराणिक कथाओं का बहुत अधिक प्रचलन था। उसी वातावरण की देनस्वरूप कबीर की रचनाओं में भी पौराणिक कथाओं का उल्लेख मिलता है। उन्होंने सत्संग के माध्यम से इन कथाओं का जो फुटकल परिचय प्राप्त किया, उससे उनके दृष्टिकोण में एक अपरिहार्य दोष यह आया कि वे वेद और पुराणों में पूर्ण संगति न खोज पाये। वास्तव में वेदान्त में अध्यात्म-दर्शन का सिद्धान्त है, तो पुराणों में उनका जीवन से अविच्छिन्न व्यावहारिक सम्बन्ध है। उन्होंने अपनी अनुभूति के आधार पर अपनी मौलिक भाषा-शैली में पौराणिक तत्त्व को ही दुहराया है। इससे एक बात यह प्रतिपादित होती है कि जाने-अनजाने सत्य का प्रकाशन होता ही है।

वास्तव में कबीर कहीं सीमित न थे। निष्कर्ष रूप में कहना होगा कि वे शुद्ध सत्य के पुजारी थे, सत्यान्वेषण और सत्यानुभूति में सचेष्ट थे। अतः सत्य की अभिव्यक्ति में प्रचलित मुख्य मतों के साधनभूत शब्दों का उन्होंने खुलकर व्यवहार किया। सत्य-सम्मत किसी भी मत के मूल सिद्धान्त से उनका विरोध न था। उनका दृढ़ निश्चय था कि 'एक, अनन्त, नित्य, चरम-परम सत्य की उपलब्धि में हृदय और मस्तिष्क शुद्ध हो तो सिद्धि अवश्य सम्भव है। जो सत्य की ध्रुवता में निष्ठावान् है, उसके लिए किसी मत या सम्प्रदाय का महत्त्व नहीं है।'

'कबीर की रचनाओं में व्यक्त होनेवाली शुद्ध-हृदयता, स्वानुभूति, निर्भयता, विचार-स्वातन्त्र्य तथा सबसे बढ़कर सच्चे सात्त्विक जीवन को अपनाने की प्रबल प्रवृत्ति हमें इनको आदर्श मानव-जीवन के निर्माताओं के रूप में स्वीकार करने को बाधित करती है।'[1]

कबीर के शिष्यों, अनुयायियों और सामान्य श्रद्धालु जन को कबीर में अवतार-भावना क्यों हुई? इसे निराधार बता देने से प्रश्न का समाधान नहीं होता। कबीर के 'उदात्त अहं' में कहीं इसका उत्तर छिपा है। अनेक अश्रद्धालुओं ने कबीर को अहंकारी कहा, परन्तु वास्तव में उनका स्वर समस्त मानव-जाति के प्रति प्रेम से प्रेरित सद्भाव-सम्पन्न हृदय का उद्घोष था। अध्यात्म-मार्ग का यात्री यदि अपने अहंकार की पुष्टि करता है तो इस दूषित प्रवृत्ति के कारण उसकी साधना कभी सफल नहीं हो पाती।

उनकी वाणी का लोकव्यापी प्रचार कोई यान्त्रिक क्रिया नहीं थी, लोकप्रियता का सजीव उदाहरण था। ईश्वरीय अनुभूति के उल्लास की तीव्रता ही उनके आदेश को सम्पूर्ण विश्व में व्याप्त होने की प्रेरणा देता है, उसके प्रभाव में इसी से एक अदम्य शक्ति निहित रहती है। मानो परमात्मा की ही यह योजना थी कि कबीर अपने अनुभवों का प्रकाशन करें। संसार-सागर में डूबता-उतराता जो कोई भी जीव उनके शब्द की नौका का सहारा पा लेगा, उसका तो बेड़ा पार हो जायगा। यह कल्याण मानो धार्मिक आदेश का सांस्कृतिक रूप धारण कर लेता है और सम्पूर्ण मानवता को एक सूत्र में मिलाने का अभियान रचता है। इस प्रकार उनकी वाणी में मुख्य दो सन्देश बुलन्द हैं—

---

1. हिन्दी काव्य में निर्गुण सम्प्रदाय-ले॰ स्व॰ डॉ॰ पीताम्बरदत्त बड़थ्वाल— अनुवादक श्री परशुराम चतुर्वेदी, पृ॰ 44

(1) सत्य के प्रति एकनिष्ठा।

(2) समाज के व्यवहार में समता।

इसी से कल्याण मार्ग पर साधना सम्भव है। कबीर के दर्शन में समन्वय की सौम्यता और उसके सन्देश में क्रान्ति की सजगता है। उन्होंने एक ऐसे सामान्य मानव की प्रतिष्ठा की जिसके लिए शास्त्र और सम्प्रदाय, जाति और धर्म, कुल और संस्कार किसी भी विशेषता की अपेक्षा नहीं है।

कबीर की साहित्यिक गतिविधि का एक स्वतन्त्र प्रवृत्ति के रूप में मूल्यांकन करने पर दो बातें हमारे ध्यान को आकृष्ट किये बिना नहीं रहतीं— (1) कबीर पर विभिन्न प्रभाव और (2) कबीर का दूसरों पर प्रभाव।

कबीर पर प्रभाव– 'प्रभाव' की प्रक्रिया एक ऐसा मनोवैज्ञानिक सत्य है, जिससे कोई चेतन प्राणी तो क्या, जड़ वस्तु भी बच नहीं पाती। जिसमें चैतन्य जितना अधिक गतिशील, वह उतना ही अधिक अन्य प्रभावों को ग्रहण करने में तत्पर होता है। यह क्रिया अज्ञात, फिर भी व्यक्ति की रुचि, संस्कार और उसकी आन्तरिक योग्यता से सम्बन्ध रखती है। कबीर इस नियम के अपवाद नहीं थे, इसलिए उन पर विभिन्न प्रभावों को लक्ष्य किया गया है। दर्शन-विषयक प्रभावों की चर्चा पहले हो चुकी है। काव्य-वस्तु का प्रभाव भी उतना ही महत्त्वपूर्ण है।

सन्त कवयित्री लालदेद का नाम सन्तमत के प्रथम प्रवर्तकों में बड़े आदर और श्रद्धा से लिया जाता है। डॉ॰ ग्रियर्सन के अनुसार कबीर पर लालदेद का प्रभाव है, परन्तु उसे आंशिक रूप में ही स्वीकार करना उचित है, क्योंकि वह मूर्तिपूजा का विरोध नहीं करती थी। वह सच्ची हिन्दू ललना थी। राम-रहीम, केशव-करीम को बह एक मानती थी। जुलाहों में प्रचलित पारिभाषिक शब्दों का प्रयोग और योग की प्रक्रिया का निरूपण भी उनकी रचनाओं में मिलता है—

उलटि गंगा समुद्रहि सोखे, ससि और सूर गरासे।

अन्य सन्तों की अपेक्षा लालदेद की एक अतिरिक्त विशेषता उसे कबीर से भी अलग बताती है और वह है सहजयानी बौद्ध, जैनमुनि, नाथयोगी तथा सहजिया वैष्णवों के समान अपनी परमात्मानुभूति के प्रकाशनार्थ विभिन्न काव्य-रूपों की मौलिक रचना के साथ भाष्य और टीका-टिप्पणी।

कबीर का जीवन मुसलमान परिवार में बीता, परन्तु हिन्दू साधुओं का सत्संग मिलने के कारण उन्होंने नवीन दृष्टिकोण अपनाया। स्वामी रामानन्द से उन्होंने एकान्तिक प्रेम-पुष्ट वेदान्त का ज्ञान प्राप्त किया था और शेख तकी से सूफी मत का। इन्हीं दोनों के प्रभाव से कबीर के परमात्मा अमूर्त और निर्गुण रहे। इस नवीन निर्गुणवाद में समय की सब आवश्यकताओं की पूर्ति का आयोजन हुआ तथा भारतीय सस्कृति का सारा निचोड़ भी इसमें आ गया।

कबीर का प्रभाव– कबीर के काव्य का प्रभाव इतना व्यापक रहा है कि वह देश-काल की सीमाओं को पार कर अनेक भाषाओं में अनुवादित हुआ। उन्होंने जाति, वर्ग एवं

सम्प्रदायों की सीमाओं का अतिक्रमण कर एक ऐसे मानव धर्म और मानव-समाज की स्थापना की जिसमें विभिन्न दृष्टिकोण रखनेवाले व्यक्ति भी निस्संकोच होकर सम्मिलित हुए। इसी कारण कबीरपन्थ में हिन्दू और मुसलमानों का प्रवेश समान रूप से देखा जाता है। कबीर वास्तव में एक ऐसे महाकवि थे जिन्होंने जीवनगत सत्य का सन्देश हृद्गत सौन्दर्य के दृष्टिकोण से रखा। जीवन की स्वाभाविक और सात्त्विक क्रियाशीलता में ही उनके धर्म की व्यवस्था है। इसके प्रचार के लिए उन्होंने साखी, सबद आदि मुक्तक काव्य-रूपों को अपनाया तो प्रेम सौन्दर्य के प्रकाशनार्थ पद, गीत आदि को।

कबीर की अभिव्यक्ति-शैली नितान्त निजी और अनुभूत आदर्श के ठोस यथार्थ पर निर्भर होने से उनके अनुकरण और अनुसरण में चलनेवाले सन्तों की एक परम्परा आज तक चली आ रही है। उनके परवर्ती सन्तों ने उनके पथ-प्रदर्शन को स्वीकार करते हुए उनके स्वर में स्वर मिलाकर अपनी रचनाएँ की हैं।

परस्पर प्रभाव की इस प्रक्रिया के फलस्वरूप एक नवीन सम्प्रदाय के प्रवर्तन का श्रेय कबीर को दिया जाता है।

नवीन सम्प्रदाय– कबीर ने कभी किसी नवीन सम्प्रदाय के प्रवर्तन की कल्पना भी नहीं की थी, फिर भी नानक देव के समय से ही भिन्न-भिन्न सम्प्रदाय कबीर के मतानुसार चलने लगे। फलतः विभिन्न विचार-शैलियों के संघर्ष या सहयोग से उन सुधारक सम्प्रदायों ने अपनी प्रवृत्तियों को आगे बढ़ाया। अन्त में उनके संयुक्त प्रयास से एक ऐसी स्थिति उत्पन्न हो गयी कि उससे प्रभावित अथवा उसका अनुभव करनेवाला कोई भी व्यक्ति उसका समर्थक व सहयोगी हुए बिना नहीं रह सकता था। कबीर भी ऐसी प्रतिक्रिया के प्रति अत्यन्त संवेदनशील थे।

उन्होंने अपने समक्ष उपस्थित समस्याओं पर अधिक-से-अधिक व्यापक दृष्टिकोण के साथ विचार करने का प्रयत्न किया। उन्होंने परिस्थितियों और मानव-मन के रहस्यों के अध्ययन के फलस्वरूप जो निष्कर्ष प्राप्त किये उन्हें अपने काव्य में प्रस्तुत करके उसके मूल्यांकन का कार्य प्रत्येक व्यक्ति के निजी अनुभव पर छोड़ दिया। यह थी उनकी बेफिक्री। जो कोई भी व्यक्ति कबीर की इस उच्चतम कक्षा पर अपना आसन जमा सकता है उसके लिए निर्गुण-सगुण का विवाद मिथ्या सिद्ध हो जाता है। यही नहीं उसके व्यक्तित्व में ज्ञान और भक्ति के सामञ्जस्य से बुद्धि और हृदय में संवादिता आ जाती है। वह व्यक्ति यदि व्यर्थ के वितण्डावाद से मुक्ति पाकर कबीर-दर्शन को आत्मसात् कर ले तो कोई आश्चर्य नहीं। उसके लिए शून्य, सहज, योग, प्रेम सब अनुभव में एकरस होकर उसके उदात्त अहं को दृढ़ता देते हैं। इस दृष्टि से कबीर-काव्य का मूल्यांकन करने पर आज भी उसका महत्त्व स्वीकार करना पड़ेगा। इसी से प्रमाणित होता है कि चाहे काव्य की भाषा कोई भी हो, उसके छन्द कैसे भी हों, पाण्डित्य के आडम्बर से रहित क्यों न हों, यदि सनातन मूल्यों की रक्षा की जाती है तो वह काव्य नित्य आधुनिक है।

सिद्ध-साहित्य की परम्परा में काव्यरूप और कबीर– सिद्धों के समय संस्कृत, प्राकृत और अपभ्रंश साहित्य में प्रचलित काव्यरूप छन्द-विशिष्ट नामकरण से पहचाने जाते थे। विशेषकर गीतों और पदों का प्रचलन उस समय अधिक था और धीरे-धीरे उनके रूप

बदलने लगे थे। सिद्धों के पद साम्प्रदायिक थे और संगीत की माधुरी से लोगों के चित्त को आकृष्ट करते थे। जब छन्द और पद में भेद न था, भक्ति और वैराग्य की प्रधानता से रचे जानेवाले ये पद अध्यात्मपरक श्रृंगार को भी व्यञ्जित करते थे।

दोहा छन्द सर्वप्रथम अपभ्रंश साहित्य में मिलता है। लोक-भाषाओं में उसका सर्वाधिक प्रयोग किया गया। शिक्षित-अशिक्षित सबके द्वारा 'दोहा' का स्वागत हुआ, क्योंकि वह प्रचारात्मक अभिव्यक्ति की दृष्टि से एक प्रभावोत्पादक, विचारोत्तेजक, भावप्रवण और सशक्त साधन प्रमाणित हुआ। सिद्धों द्वारा 'दोहा' साहित्य का मंगलाचरण हुआ, परन्तु आगे चलकर जैन-कवियों और चारण-कवियों ने उस साहित्य को अत्यन्त समृद्ध किया। उसकी लोकप्रियता का मुख्य कारण था उसकी रचना में सरलता और भाव-ग्रहण में सुगमता। लोक-साहित्य का तो वह मुख्य अंग हो गया। चौपाई और चौपाई छन्द ने 'दोहा' के प्रचार और विकास में काफी सहायता पहुँचायीं।

पद, दोहा आदि को तानपूरे का संगीत कहा जाता है। सिद्ध वीणापाणि की रचनाओं में अनेक राग-रागिनियों के संयोजन से युक्त पद मिलते हैं। इससे एक बात स्पष्ट है कि सिद्धों के समय पद, दोहा, चौपाई आदि प्रचलित थे। दोहा-चौपाई की प्रबन्ध-शैली सूफी-कवियों की देन नहीं है, यह भी प्रमाणित हो चुका है, क्योंकि सिद्ध सरहपा, कृपाचार्य आदि उनके आगमन के पूर्व हो चुके हैं और उनकी रचनाओं में इसी शैली को अपनाया गया है। दस-दस बारह-बारह चौपाइयों के बाद धत्ता, उल्लाला आदि के योग से प्रबन्ध-काव्य की रचना की, एक पुष्ट परम्परा भारतीय साहित्य में अति प्राचीन है। सबद, रमैनी, गीत और बानी (साखी) सन्त-साहित्य में विशेष प्रयुक्त हुए।

सिद्ध-साहित्य की भाषा और कबीर– सिद्धों ने अपनी रचनाओं में जनभाषा को आश्रय दिया। इससे संस्कृत का ह्रास हुआ। प्राकृत भी उच्च साहित्यिक भाषा के स्तर पर विकसित होने के कारण जनभाषा का रूप अपभ्रंश था। इसे 'सन्ध्या-भाषा' कहा गया। इसके कई कारण थे— (1) नयी अभिव्यञ्जना शैली (2) लोकभाषा— गुजराती, मराठी, ब्रज, मारवाड़ी, बंगाली आदि अपभ्रंश के भग्नावशेष के रूप में विकास की ओर बढ़ रही थीं (3) सम्प्रदायगत सांकेतिक प्रतीक-पद्धति का विकास (4) उलटवाँसी, कूट-प्रयोग और विरोधाभास में नूतन शैली का आविर्भाव (5) अनेक के मिश्रण से बनी सधुक्कड़ी अर्थात् सन्त-भाषा। (6) भाषा की नयी परम्परा जो उद्‌गम की स्थिति में है (7) स्पष्ट-अस्पष्ट मागधी अपभ्रंश (8) सन्ध्या का आलोक और अन्धकार (9) दो प्रदेशों की सन्धि पर बोली जानेवाली भाषा— उदाहरण बंगाल-बिहार की सीमा। (10) अभिसन्धि या रहस्य। (11) अपभ्रंश का सन्ध्याकाल (परन्तु यह स्थिति उपनिषद् काल में भी थी।)

'सधुक्कड़ी' शब्द का अर्थ है, देश के सभी भागों में विचरण करनेवाले साधुओं द्वारा प्रयोग में आनेवाली सम्मिलित भाषा। भाषा-शास्त्र, व्याकरण और साहित्य-शास्त्र की दृष्टि से विद्वानों के लिए भले यह एक समस्या हो, इसमें जन-जीवन यथार्थ रूप में प्रतिबिम्बित मिलता है। शिष्ट वर्ग से अधिक सामान्य जनता के सम्पर्क के प्रभाव से उनकी भाषा का यह रूप बना। वे स्थानीय भाषाओं का पुट देकर उनके लिए अपनी बानियों को सुगम बनाते थे। वे भाषा की शुद्धि की विशेष चिन्ता न करते थे, बल्कि भाव-विचार के विनिमय को महत्त्वपूर्ण मानते थे। इसलिए कबीर-साहित्य का मूलमन्त्र था—

का भाषा का संस्करित, भाव चाहिए सांच।

वास्तव में कबीर के भाषा-विषयक अनेक प्रयोग नितान्त मौलिक होने के कारण तथा सन्त वाणी की परम्परा सुलभ होने के कारण अत्यन्त विलक्षण थे।

कबीर की भाषा– कबीर ने प्राप्त परम्परा की वस्तु और भाषा दोनों को ग्रहण किया, परन्तु उस भण्डार को अपने निजी ढंग के प्रयोगों द्वारा और भी समृद्ध किया। कबीर ने देश भर क प्रान्तीय शब्दों को पचा लिया था, परन्तु अधिकता पूरबी जनपद-भाषा की थी। निष्कर्ष यह कि कबीर की भाषा अत्यन्त सामान्य होते हुए भी अत्यन्त प्रभावोत्पादक और शक्तिशाली थी।

कबीर के काव्य का साहित्यिक महत्त्व माना जाय या नहीं, यह एक विवादास्पद विषय है। परन्तु अनेक विद्वानों ने उसके द्वारा प्रयुक्त उपमा, रूपक, उत्प्रेक्षा, यमक, दृष्टान्त आदि अलंकारों की प्रचुरता देख, भाषा की सरसता और सुबोधता देख, काव्य-सौष्ठव के अभाव में भी उसे साहित्यिक माना है। रूपकों और प्रतीकों के साथ कबीर की उलटवाँसियों में निहित चमत्कारपूर्ण व्यञ्जना और रहस्य-स्फोट की सर्वोपरि शक्ति अतुलनीय है। उनमें कार्य-व्यापार की परस्पर विरोधी स्थितियों को प्रस्तुत कर विपर्यय का आभास उत्पन्न करते हुए भी तात्त्विक सत्य की प्रतिष्ठा का उपक्रम अनुपम है। अध्यात्म के गूढ़ रहस्य का संकेत देने में उनकी भाषा इसी कारण सफल है। उदाहरण— माया का प्रभाव बताने के लिए वे लिखते हैं— 'पहले पूत पीछे री माई।' उनके प्रतीकात्मक क्रिया प्रयोग गागर में सागर भर देते हैं। उदाहरण-'उन्मन' या 'अमन' के लिए वे रूई धुनना, 'आखेट करना' कहते हैं। एक साथ वैराग्य, आश्चर्य, भक्ति, ज्ञान और धर्म का तात्त्विक बोध करानेवाली उनकी भाषा में शान्त और अद्भुत रस की निष्पत्ति की अदभ्य शक्ति है।

इस असाधारण शक्ति का एक कारण तर्क और भावुकता से मुक्त, उन्मादपूर्ण मादकता से रहित ब्रह्मानन्दजन्य मस्ती है। उनकी भाषा का गौरव बढ़ाने में इस मस्ती का सर्वोच्च महत्त्व है। उनके व्यंग्य-वचन, उनकी गर्वोक्तियाँ और सहजोक्तियाँ सब कबीर के व्यक्तित्व को असाधारणता प्रदान करनेवाले हैं। उनका व्यंग्य करारा है, परन्तु पीड़ा पहुँचाने के अभिप्राय से नहीं, बुराइयों के प्रति ग्लानि उत्पन्न कर मानव-हृदय का पवित्र भाव-सौन्दर्य से श्रृंगार करने के लिए वे अपनी गर्वोक्तियों में भी मानव को अपना हार्दिक प्रेम और सहानुभूति देने को विवश और अधीर रहते हैं। नग्न सत्य की घोषणा में सदा तत्पर कबीर समय की आवश्यकता के अनुसार अपनी भाषा का प्रयोग करने के लिए प्रेरित थे। इसी से चमक-दमक और सजावट का मोह छोड़कर रूखापन को सह लिया, परन्तु काव्य-पक्ष की मार्मिकता का ह्रास न होने दिया। उन्हें भाषा के स्वच्छन्द प्रयोग का अधिकार किसी द्वारा दिया नहीं गया था। यह तो महामानव के विगलित अहं के स्फुल्लिगों की स्वच्छन्द चमक थी जो ब्रह्मतेज से प्रकाशित होने के कारण आत्म-विस्तार का महत्त्व रखती थी। वे समर्थ आलोचक और उदार आत्मनिरीक्षक थे। उन्होंने इसके लिए विधेय-निषेध दोनों पक्षों के सार्थक संकेत किये हैं। उनकी आलोचनात्मक प्रवृत्ति के प्रभाव से कई बार उनकी भाषा-शैली प्रश्नार्थक हो जाती है। उनके प्रश्नों में एक निश्चित निर्णय के साथ लक्ष्य का संकेत भी रहता है। मर्मज्ञ के लिए प्रश्न ही उत्तर बन जाता है।

इसी प्रकार कबीर ने आदेश-उपदेश और उद्‌बोधन-प्रबोधन आदि भावों से प्रेरित होकर विभिन्न सम्बोधनों का प्रयोग भी विशिष्ट तात्पर्य के साथ किया है—

(1) मुल्ला, काजी, पण्डित, पाण्डे— इन सम्बोधनों के प्रयोग द्वारा उन्होंने धर्मगुरुओं की अन्तर्दृष्टि के उन्मेष हेतु उनके द्वारा होनेवाले गलत आचार पर विचार करने को ललकारा है। उनकी यह ललकार ऐसा अस्त्र है, जिसका किसी विरोधी के पास कोई जवाब नहीं है, क्योंकि उसकी मूल वस्तु सीधे विरोधी के मिथ्याचार से निकली हुई होती है। इसी कारण खण्डन विद्या में कबीर बेजोड़ हैं। वे शास्त्र न पढ़े थे, परन्तु उनकी शास्त्रार्थ की शैली अकाट्य और मौलिक थी।

(2) 'साधु' सम्बोधन में कबीर सन्तमत अर्थात् अपने या अन्य सन्तों के विचारों को व्यक्त करने का प्रयत्न करते हैं। तब उनकी उक्ति में प्रभावोत्पादक शक्ति के साथ 'मण्डन' का हेतु रहने से कठोरता नहीं होती।

(3) 'भाई' का सम्बोधन साधारण जनता के प्रति अपनत्व की भावना से युक्त रहता है।

(4) 'जोगिया'— स्वयं जोगी जाति के होते हुए भी उन्होंने सम्बोधन द्वारा उसके प्रति गौरव का अभाव व्यक्त किया है। बाहरी भेष धारण कर जोगी बननेवालों पर यह कड़ी फटकार है। साथ में स्वयं जिस जाति के सदस्य रूप में प्रसिद्ध हुए उससे विलक्षण अपने व्यक्तित्व की छाप छोड़ जानेवाले कबीर किसी मतवाद या जातिवाद से ऊपर उठने का सन्देश भी देते हैं।

(5) 'अवधू'— कबीर अपनी अक्खड़ता और उपहास को व्यक्त करने के अभिप्राय से 'अवधू' को लक्ष्य करके उसे पूर्ण वैराग्य और अनन्य भक्ति का, सर्वात्म-दर्शन का संकेत देते हैं।

इन अन्यपरक सम्बोधनों के अतिरिक्त कबीर ने अनेक प्रसंगों पर स्वपरक सम्बोधन करके कुछ अपने अन्तर्जगत् की झाँकियाँ भी प्रस्तुत की हैं जो वास्तव में मनोरम और प्रेरक हैं—

(1) हंस कबीर— स्वयं को मुक्तात्मा के रूप में नित्य-शुद्ध-बुद्ध अनुभव करनेवाले सन्त कबीर सच्चिदानन्द की अदम्य आत्माभिव्यक्ति के लिए विवश और आत्मगौरव से प्रसन्न होकर बोलते हैं तब मानो उनकी भाषा-शैली आत्मसंलाप का रूप धारण कर लेती है।

(2) 'कहहिं कबीर'— यह स्वोक्ति आत्म-सम्बोधन है। इसमें अन्तर्दर्शन, आत्मविश्लेषण और आत्मान्वेषण की प्रवृत्ति है। अपनी दृढ़ता और निश्चय की घोषणा करते हुए वे अपने अनुभवों का संकेत भी 'कहहिं कबीर' द्वारा दे देते हैं। मानो, वे बड़े अधिकारपूर्वक किसी सत्य का प्रकाशन करते हैं।

(3) 'कहैं कबीर'— इसमें अन्योक्ति का भाव है। 'कहहिं कबीर' में वक्ता मुख्य है तो 'कहैं कबीर' में श्रोता मुख्य है। वास्तव में कबीर की वाणी श्रोताओं को लक्ष्य करके ही स्फुटित हुई है।

(4) 'दास कबीर'— परमात्म-प्रेम का पान करनेवाले कबीर के हृदय में एक ही तीव्र लालसा थी, अपने प्रियतम की सेवा। सेवाव्रती कबीर को परमात्मा से तादात्म्यता का व्यवहार में अनुभव बना रहा। जैसे ब्रह्म परस्पर विरोधी धर्मों का आश्रय है, वैसे कबीर में

भी अनेक परस्पर विरोधी भाव मिलते हैं, परन्तु इससे उनकी अध्यात्म-साधना और परम-सिद्धि का प्रकाशन ही होता है। 'शिवोऽहम्' कहनेवाला 'दास' भी होता है, यह सन्तजगत् की बहुत बड़ी वास्तविकता है।

'कबीरा'– अतिशय आवेशयुक्त होकर झूठ-कपट पर प्रहार करते समय 'कबीरा' का प्रयोग अन्य सामान्य प्रयोगों से कुछ विलक्षण प्रतीत होता है। मात्र कर्मजञ्जाल में उलझे हुए, अज्ञानी, वञ्चक वेशधारी साधुओं को फटकारते समय 'कबीर', 'कबीरा', 'कबीरन' का रूप धारण कर लेता है।

विषयानुरूप भाषा-प्रयोग– भाषा के सफल प्रयोग का अर्थ है विषय-वस्तु की स्पष्टता और कथन तथा कथ्य में एकता। एक पद में वे हठयोग में वर्णित चक्रों का उल्लेख करते हैं और उन्हें विभिन्न देवताओं के निवास-स्थान बताकर मानो यह कहना चाहते हैं कि 'सारे देवता मनुष्य के भीतर ही हैं, उन्हें खोजने के लिए बाहर भटकना अनावश्यक और व्यर्थ है।' इस विवरणप्रधान पद में कबीर कहते हैं—

'षट्दल-कमल में 'मन के मोहन बीठला' निवास करते हैं। अष्टदल कमल में श्रीरंग केलि करते हैं। द्वादशदल कमल में वैकुण्ठ-बिहारी विष्णु का स्थान है (इस प्रकार का स्पष्ट वर्णन नहीं है, परन्तु त्रिवेणी-स्नान के बाद सनकादिक का साथ बताया है। उससे यह संकेत मिलता है।) गगनगुफा में अनन्तता का दर्शन होता है। षोडशदल कमल में बनवारी हैं।'

तात्पर्य यह है कि 'सहज समाधि हो तो भगवान् पद-पद दर्शन देते हैं।' यह है कबीर का 'सहज-मतवाद'। इसके अनुसार निर्गुणब्रह्म वेदान्त का अद्वितीय ब्रह्म तो है ही, वह सगुण-निर्गुण के भेद से परे, एकमात्र परम तत्त्व है। यही उनका साध्य था।

अन्त में यही उपलब्ध होता है कि कबीर के लिए भाषा एक साधन था, काव्य रूप अपने भाव-विचार के वाहन थे और उनका साहित्य अनुभवों का अक्षय कोश। आज भी कबीर हमारे साथ हैं तो इस सजीव साहित्य के कारण ही।

आज कबीर के नाम पर उपलब्ध साम्प्रदायिक विचारोंवाली रचनाएँ वास्तव में कबीर की नहीं हैं। उनके जीवनकाल में ही उनके नाम से अलग-अलग पन्थ चले और पन्थ-स्थापकों ने ये ग्रन्थ रच दिये। सम्प्रदायवाद छापातिलक, भेष-भाव आदि का समर्थन करनेवाली इन रचनाओं को कोई विवेकी कबीर की प्रामाणिक रचना नहीं मान सकता। इस दृष्टि से 'बीजक' एक ऐसा काव्य-संग्रह है, जिसे अनेक विद्वान् आलोचकों ने परीक्षण के बाद कबीर की प्रामाणिक रचना के रूप में मान्यता दी है।

●

बीजक

कबीरपन्थियों में कबीरदास के स्वयंवेद के चार भेद बताये गये हैं—

(1) कूट-वाणी

(2) टकसार

(3) मूल ज्ञान

(4) बीजक-वाणी।

इस ग्रन्थ में 'बीजक' का विशेष अध्ययन प्रस्तुत किया जा रहा है। स्वयं बीजक के विषय में परम्परा है कि 'भगवानदास' नामक किसी शिष्य ने कबीरदास की जीवितावस्था में ही बीजक का अपहरण किया था—

भग्गूदास की खबरि जनाई। ले चरणामृत साधु पियाई।।
कोऊ आय कह कालिंजर गयऊ। बीजक ग्रन्थ चोराइ ले गयऊ।।
सतगुरु कह वह निगुरा पन्थी। काह भयौ लै बीजक ग्रन्थी।।
चोरी करि वह चोर कहांई। काह भयौ बड़ भक्त कहाई।।
बीज मूल हम प्रगट चिन्हाई। बीज न चीन्हों दुर्मति लाई।।[1]

ले भागने के कारण ही 'भगवानदास' 'भग्गूदास' बन गया। कहते हैं, इस शिष्य ने बीजक को विकृत भी किया था। कहा गया है कि स्वयं कबीरदास ने ही 'बघेलवंश-विस्तार' में भग्गूदास की इस करतूत की चर्चा की है। परन्तु कबीरदास के नाम पर पाये जानेवाले इस कथन की भाषा और युक्ति सभी बतलाते हैं कि यह बाद की साम्प्रदायिक होड़ के कारण लिखा गया है।

बीजक में कुछ अंश अवश्य बाद के हैं। कहरा, बिरहुली आदि में बिहारी भाषा के बहुत प्रयोग हैं। कहा जाता है कि 'बीजक' बहुत दिनों तक छपरा जिले के धनौती मठ में पड़ा रहा। बाद में उसे प्रचारित किया गया।[2]

जो हो, बीजक कबीरदास के मतों का पुराना और प्रामाणिक संग्रह है, इसमें सन्देह नहीं।

जिस प्रकार उड़ीसा में बौद्ध-धर्म वैष्णव-धर्म के रूप में आविर्भूत होकर भी ब्राह्मणों का कोपभाजन बना था, उसी प्रकार उन क्षेत्रों में भी हुआ था, जो बीजक के प्रचार-क्षेत्र में आते थे। 'विप्रमतीसी' में ब्राह्मणों के वैष्णव-विद्वेष का उल्लेख है—

---

1. विश्व— पृ० 24
2. कबीरपन्थी साहित्य— हजारीप्रसाद द्विवेदी— कबीर— पृ० 17

हरिभक्तन के छूत लगायी

विष्णुभक्त देखे दुख पाये।

श्री विश्वनाथसिंह जू देव ने अपनी टीका के अन्त में कबीरदास का कहा जानेवाला एक पद उद्धृत किया है जिसमें कहा गया है कि बीजक का मत ही ग्राह्य है—

सायर बीजक के पद

सन्तौ बीजक मत परमाना।
कैयक खोजि खोजि थके कोई विरला जन पहिचाना।।
चारिउ जुग और निगम चतुर्भुज गावै ग्रन्थ अपारा।
विष्नु विरंचि रुद्र ऋषि गावैं शेष न पावैं पारा।।
कोई निगुण सगुण ठहरावै कोई ज्योति बतावै।
नाम धनी को सब ठहरावै रूप को नहीं लखावै।।
कोउ सूच्छम कोउ थूल कहावैं कोउ अक्षर निज सांचा।
सतगुरु कहं बिरले पहिचानैं भूले फिरै असांचा।।
लोभ के भक्ति सरै नहिं कामा साहब परम सयाना।
अगम अगोचर धाम धनी कौ सबै कहें ह्यॉं जाना।।
देखै न पन्थ मिलै नहिं पन्थी, ढूँढ़त ठौर-ठिकाना।
कोउ ठहरावै शून्यक कीन्हा ज्योति एक परमाना।।
कोउ कहैं रूपरेख नहिं वाके धरत कौन कौ ध्याना।
रोम-रोम में परगट कर्ता काहे भरम भुलाना।।
पक्ष-अपक्ष सवै पचि हारे करता न कोई विचारा।
कौन रूप है सांचा साहब नहिं कोई विस्तारा।।
बहु परचै परतीति दृढ़ावै सांचे को बिसरावै।
कलपत कोटि जन्म जुग जावै दर्शन कतहु न पावै।।
परम दयालु परम पुरुषोत्तम ताहि चीन्ह नर कोई।
तत्पर हाल-निहाल करत हैं रीझत है निज सोई।।
बधिक कर्म करि भक्ति दृढ़ावै नाना मत कौ ज्ञानी।
बीजक-मतु कोइ विरला जानै भूलि फिरे अभिमानी।।
कह कबीर कर्ता में सब है कर्ता सकल समाना।
भेद बिना सब भरम परे कोउ बूझौ सन्त सुजाना।।[1]

"यह पद सन्देहात्मक होने पर भी महत्त्वपूर्ण है, क्योंकि इसमें कबीरदास का अपना

---

1. विश्व— पृ॰ 657-8

मत प्रकट होता हो या नहीं, पर इतना निश्चित रूप से प्रकट हो जाता है कि काफी प्राचीन काल से कबीर के नाम पर चलनेवाले ग्रन्थ सन्देह की दृष्टि से देखे जाते रहे हैं।''[1]

डॉ॰ रामकुमार वर्मा— ''बीजक कबीर-वाणी का प्रामाणिक ग्रन्थ कहा जाता है। यह कबीर द्वारा ही लिखा गया है, इसमें सन्देह है। कबीर ने जिस भाषा और शैली में अपनी वाणी कही है, वह उनके साहित्यिक एवं शास्त्रीय निष्ठा का प्रमाण नहीं देती।''

कबीर की एक साखी यह कहती है—

कबीर संसा दूर करु, पुस्तक देई बहाय।

और जनश्रुति बताती है—

मसि कागद छूयो नहीं, कलम गही नहीं हाथ।

इस स्थिति में कबीर द्वारा 'बीजक' लिखा जाना सन्दिग्ध जान पड़ता है। 'सन्दिग्ध' ही नहीं, निश्चित रूप से 'बीजक' कबीर द्वारा लिपिबद्ध नहीं हुआ है। उसकी रचना अवश्य कबीर ने की होगी। उन्होंने अपने सिद्धान्त और उपदेश मौखिक रूप से ही दिये। वे सदैव कहते रहे—

''कहै कबीर सुनो भाई सन्तो''

उन्होंने कभी नहीं कहा कि 'लिखै कबीर पढ़ौ भाई सन्तो।' उनकी कथित वाणी का मौलिक रूप उनके समय में प्रचारित हुआ। यह बात निश्चित है कि उन्होंने मौखिक रूप से जो कुछ कहा, वह उनके शिष्यों द्वारा लिपिबद्ध हुआ और कबीर के नाम से ही प्रचारित हुआ।

सम्भव है कि उनके शिष्यों ने अपनी रचनाओं को भी कबीर के नाम से ही प्रचारित कर दिया हो। कबीर के नाम से आज 61 ग्रन्थ उपलब्ध होते हैं। इसमें अनेक रचनाएँ कबीर के पश्चात् लिखी गयी होंगी ऐसा अनुमान है, क्योंकि उनमें बाह्याचार और कर्मकाण्ड का विरूपण विशेष रूप से हुआ है। इसके विपरीत कबीर ने सदैव बाह्याचार और कर्मकाण्ड की निन्दा की है।[2]

कबीरपन्थी महात्मा पूरन साहेब ने कबीर साहेब के मुख्य ग्रन्थ 'मूल बीजक' की जो टीका लिखी है, उसके अनुसार 'बीजक' के निम्नलिखित ग्यारह अंगों का निर्देश और विस्तार निम्न प्रकार से दिया है—

(1) रमैनी 84

(2) शब्द 115

(3) ज्ञान-चौंतीसा 34

(4) विप्रमतीसी 1

(5) कहरा 12

(6) बसन्त 12

---

1. आचार्य हजारीप्रसाद द्विवेदी— 'कबीर'- पृ॰ 16-17
2. हिन्दी साहित्य कोश— भा॰ 2, पृ॰ 363

(7) चाचर 2

(8) बेलि 2

(9) बिरहुली 1

(10) हिंडोला 3

(11) साखी 353

इस प्रकार बीजक में छन्दों की कुल संख्या 619 है।

'बीजक' शब्द की व्याख्या– 'बीजक' तान्त्रिक उपासना से सम्बद्ध शब्द है, वैसे भूस्तर-विद्या से भी उसका सम्बन्ध है। बौद्ध-तन्त्र में जिन सूत्रों से रहस्यमय तत्त्व की उपलब्धि होती थी उन्हें 'बीज-सूत्र' या 'बीजाक्षर' का नाम दिया गया। इसी बीजाक्षर में मन्त्रों की सृष्टि मानी गयी। इस भाँति बीजाक्षर से शब्द-तत्त्व का भी बोध हुआ।

कबीर 'बीजक' की व्याख्या में कहते हैं—

एक सयान सयान न होई। दूसर सयान न जाने कोई।।
तीसर सयान सयान दिखाई। चौथे सयान तहाँ ले जाई।।
पँचये सयान न जाने कोई। छठये भा सभ गैल बिगोई।।
सतयाँ सयान जो जानहु भाई। लोक वेद माँ देउ देखाई।।
बीजक वित्त बतावै। जो वित्त गुप्ता होय।।
ऐसे शब्द बतावै जीव को बूझै बिरला कोय।। (रमैनी 37)

उपर्युक्त उद्धरण में 'बीजक' का सम्बन्ध 'शब्द' से ही जोड़ा गया है। 'सयान' की मीमांसा उसके गर्भित संकेतों के स्फोट से ही सम्भव है। कबीर की दार्शनिक विचारधारा को ध्यान में रखने पर उसके अर्थ इस प्रकार होंगे— एक सयान माने ब्रह्म, दूसर सयान माने माया। तीसर सयान माने त्रिगुण। चौथे सयान माने चार वेद। पँचयें सयान माने पंच महाभूत। छठयें सयान माने काम, क्रोध, लोभ, मोह, मद, मत्सर— ये छह मन के दोष। सतयाँ सयान माने शब्द।

इस प्रकार 'बीजक' वास्तविक तत्त्व का बोधक है। यह तत्त्व संसार में गुप्त रहता है। 'बीजक' के द्वारा ही ब्रह्म के वास्तविक तत्त्व का (शब्द) बोध होता है, जिससे समस्त सृष्टि का निर्माण हुआ है। इस दृष्टि से प्रणव ही 'बीजक' है जिसने शब्द-साखी आदि रूपों में वैसे ही विस्तार पाया है, जैसे प्रणव से चारों वेद का विस्तार हुआ है।

वाणिज्य-क्षेत्र में 'बीजक' उस पुर्जी या सूची को कहते हैं, जिसमें क्रय-विक्रय के पदार्थों का असली मूल्य अंकित है और जिसके साथ गोपनीयता का वातावरण रहता है।

सहायक ग्रन्थों की सूची

लेखक	पुस्तक
स्वामी अखण्डानन्द सरस्वती	माण्डूक्य प्रवचन (आगम प्रकरण)
	माण्डूक्य कारिका प्रवचन (वैतथ्य प्रकरण)
	माण्डूक्य कारिका प्रवचन (अद्वैत प्रकरण)
	माण्डूक्य कारिका प्रवचन (अलातशान्ति प्रकरण)
	कठोपनिषद्-प्रवचन भाग 1 और 2
	अपरोक्षानुभूति-प्रवचन
	मुण्डक-सुधा
	ईशावास्य-प्रवचन
	स्पन्द-तत्त्व
	सांख्ययोग
	कर्मयोग
	ध्यानयोग
	ज्ञान-विज्ञान-योग
	विभूति योग
	भक्ति योग
	ब्रह्मज्ञान और उसकी साधना
	पुरुषोत्तम योग
	साधना और ब्रह्मानुभूति
	आत्मबोध
	नारद भक्ति दर्शन
	भक्ति सर्वस्व
	गोपीगीत
	वेणुगीत

लेखक	पुस्तक
स्वामी अखण्डानन्द सरस्वती	गोपियों के पाँच प्रेमगीत
	श्रीमद्भागवत रहस्य
	व्यवहार और परमार्थ
	कपिलोपदेश
	भागवत-विचार दोहन
	भगवान् के पाँच अवतार
	मोहन की मोहिनी
	ज्ञान निर्झर
	भगवन्नाम कौमुदी और कुछ निष्कर्ष
	महाराजश्री : एक परिचय
	विवेक कीजिये
	ब्रह्मसूत्र भाग 1, 2 और 3
श्री अयोध्यासिंह उपाध्याय	कबीर वचनावली
डॉ॰ कपिलदेव पाण्डेय	मध्यकालीन साहित्य में अवतारवाद
म॰म॰डॉ॰ श्री गोपीनाथ कविराज	भारतीय संस्कृति और साधना खण्ड 1 और 2
श्री गोविन्दलाल छावड़ा	क्रान्तिकारी कबीर
डॉ॰ श्री गोविन्द त्रिगुणायत	कबीर ग्रन्थावली (सटीक)
शास्त्री धर्मेन्द्र ब्रह्मचारी	सन्तमत का सरभंग सम्प्रदाय
श्री धर्मपाल मैनी	कबीर के धार्मिक विश्वास
आचार्य परशुराम चतुर्वेदी	उत्तरी भारत की सन्त परम्परा
	कबीर-साहित्य-चिन्तन
स्व॰ डॉ॰ पीताम्बरदत्त बड़थ्वाल अनु॰ आचार्य परशुराम चतुर्वेदी	हिन्दी काव्य में निर्गुण सम्प्रदाय
प्रो॰ पुष्पपाल सिंह	कबीर ग्रन्थावली (सटीक)
डॉ॰ बदरीनारायण श्रीवास्तव	रामानन्द सम्प्रदाय तथा हिन्दी साहित्य पर उसका प्रभाव
डॉ॰ श्री बलदेव उपाध्याय	भागवत सम्प्रदाय
डॉ॰ बालमुकुन्द गुप्त	कबीर-काव्य कौस्तुभ
श्री ब्रह्मदत्त शर्मा	कबीर : कल्पनाशक्ति और काव्य-सौन्दर्य
स्वामी मुक्तानन्द	चित् शक्ति विलास

लेखक	पुस्तक
श्री राजेन्द्रसिंह गौड़	सन्त कबीर दर्शन
डॉ॰ रामजीलाल सहाय	महात्मा कबीर एवं महात्मा गाँधी के विचारों का तुलनात्मक अध्ययन
डॉ॰ रामकुमार वर्मा	सन्त कबीर
	हिन्दी साहित्य का आलोचनात्मक इतिहास
डॉ॰ रामरतन भटनागर	कबीर
	कबीर साहित्य की भूमिका
श्री श्यामसुन्दर दास (सम्पादक)	कबीर ग्रन्थावली
डॉ॰ श्री सरनामसिंह शर्मा	कबीर : एक विवेचन
श्री सीताराम चतुर्वेदी	कबीर-संग्रह
श्री हंसदास शास्त्री श्री महावीर प्रसाद	बीजक
आचार्य हजारीप्रसाद द्विवेदी	कबीर
	मध्यकालीन धर्म साधना

कोश :

हिन्दी साहित्य कोश— भाग 1 और 2

हिन्दी शब्द सागर— भाग 1 से 11

भगवद्गोमण्डल— भाग 1 से 9

पत्र-पत्रिकाएँ :

चिन्तामणि (त्रैमासिक)	— वर्ष 1 से 10 के सब अंक
	— वर्ष 11 के तीन अंक
नवभारत टाइम्स	— 12 जून, 1976

●